Helmut Willke
Symbolische Systeme

D1730458

Gedruckt mit freundlicher Unterstützung
der semantics Kommunikationsmanagement GmbH, Aachen
www.semantics.de

# Helmut Willke

# Symbolische Systeme

Grundriss einer soziologischen Theorie

**VELBRÜCK WISSENSCHAFT**

Erste Auflage 2005
© Velbrück Wissenschaft, Weilerswist 2005
www.velbrueck-wissenschaft.de
Gesetzt vom Verlag aus der Sabon
Druck: dd ag, Birkach
Printed in Germany
ISBN 3-938808-01-2

*Bibliografische Information Der Deutschen Bibliothek*
Die Deutsche Bibliothek verzeichnet diese Publikation in der
Deutschen Nationalbibliografie; detaillierte bibliografische Daten
sind im Internet über http://dnb.ddb.de abrufbar.

Eine digitale Ausgabe dieses Titels in Form einer text- und
seitenidentischen PDF-Datei ist im Verlag Humanities Online
(www.humanities-online.de) erhältlich.

# Inhalt

# Einleitung

Dieser Entwurf einer soziologischen Theorie symbolischer Systeme wählt drei unterschiedliche Denktraditionen als Ausgangspunkte: die Philosophie symbolischer Formen von Ernst Cassirer, die Sprachtheorie von Ferdinand de Saussure und die Systemtheorie von Niklas Luhmann. Ziel der Analyse ist es, diese drei Denkwelten zu einem mehrdimensionalen Bild zu verknüpfen und daraus Einsichten über innere Form und Eigenlogik der Symbolsysteme zu entwickeln.

In allen drei Traditionen spielen Symbole und symbolisch generalisierte Kommunikationen eine überragende Rolle. Cassirer verfolgt die Spur der Mythen des Denkens, die im Sinne einer »Allmacht der Gedanken«[1] eine direkte Einwirkung des Denkens auf die Welt versprechen – nicht nur im archaischen Mythos, sondern bis heute in den Mythen der Moderne. Saussure ist auf der Spur der Mythen der Sprache, die den Menschen daran hindern zu sehen, wie fundamental er der Eigenordnung der Sprache ausgeliefert ist. Und Luhmanns Sorge ist die moderne Mythologie einer »Flucht ins Subjekt«, die zugleich eine Flucht vor der Eigenlogik sozialer Systeme ist, wenn sie zur Überraschung der Subjekte aus nichts anderem bestehen als aus Kommunikationen.

So sind mit diesen Ideengebäuden die drei Themen versammelt, um deren Zusammenspiel und Interferenz es im vorliegenden Text geht: Denken, Sprache und Kommunikation. Im Kern geht es um *Umschreibungen* der Konzeptionen von Saussure, Cassirer und Luhmann mit der Absicht, die frappierende Souveränität der Symbolsysteme einem Denken begreiflich zu machen, das bereits Schwierigkeiten damit hat zu sehen, dass es ohne Sprache nichts ist.

Alle Kommunikation ist symbolisch vermittelt und alle Symbole dienen der Kommunikation. Deshalb hat eine soziologische Systemtheorie, die auf der basalen Operation der Kommunikation gründet, ein legitimes Interesse an Symbolen. Das Leitproblem der Symbolisierung stößt Beobachter der unterschiedlichsten Herkunft und Ausrichtung unweigerlich auf eine eigenständige und im Hegelschen Sinne »entäußerte« Logik der symbolischen Formen, auf *die innere Form* der Symbolsysteme: Diese innere Form zeigt sich »ebensowohl im Mythos wie in der Sprache, ebensowohl in der künstlerischen Gestaltung wie in der Bildung der theoretischen Grundbegriffe von der Welt und vom Zusammenhang der Welt«.[2]

Zugleich trennt die Spezifik der inneren Form der Symbolsysteme

---

1 Freud 1944: 116.
2 Cassirer 2001: 29.

Welten, die zwar einer gemeinsamen Evolution entspringen, aber nach ihrer Entfaltung, nach ihrer Entäußerung und operativen Schließung als Systeme keinen direkten Zugang mehr zueinander haben.

Wenn die unterschiedlichen Systemebenen der Ausbildung symbolischer Formen – Bewusstsein, Sprache und Kommunikation – jeweils ihre eigene Logik ausbilden und damit die Trennung der Welt in radikal geschiedene Symbolsysteme verfestigen, dann ist das Denken in einer neuen Runde zurück bei Hegels Frage nach der Einheit des Ganzen. Tatsächlich hat Hegel in frappierender Klarheit vorgedacht, was heute mit elaborierten Überlegungen zur Differenzierungstheorie und zum Formenkalkül wieder nachgedacht werden kann. In Kapitel 4 wird daher die Argumentation Hegels aufgegriffen und genutzt, um die innere Form der Kommunikation zu beschreiben. Dieses Wiederaufgreifen wendet sich ganz explizit auch gegen den in Philosophie und Soziologie verbreiteten Affekt, Hegel schlicht mit »Idealismus« gleichzusetzen und damit jede Diskussion abzubrechen.

Den roten Faden dieses Buches bildet das Zusammenspiel der Symbolsysteme des Bewusstseins (Denken), der Sprache (*langue*) und der Kommunikation (soziale Systeme). Zwischen Bewusstsein, Sprache und Kommunikation spielen sich symbolische Kopplungen ein, die das Kunststück fertigbringen, die Autonomie der Symbolsysteme zu wahren und sie dennoch untereinander in Resonanz zu bringen. So koppelt sich etwa das Denken in der Kommunikation an eine zweite Logik, die nicht die seine ist. Es muss dann erdulden, dass sich soziale und symbolische Systeme seiner Ideen bemächtigen, sie verfremden und in Konsequenzen zurückspielen, die nicht den Intentionen des Bewusstseins entsprechen. Diese Entfremdung schlägt allerdings *jedem* Symbolsystem entgegen. Sie zwingt ihr Zusammenspiel in unwahrscheinliche Architekturen der Resonanz und Dissonanz, in eine wilde »Zirkulation der Symbole« (Saussure), die weit von direkter Steuerung und linearer Wirkung entfernt sind.

Erst mit dieser Komplizierung kann sich das Denken von der animistischen Vorstellung befreien, durch Denken die Sprache oder gar die Kommunikation steuern zu können. Das muss nicht das Ende jeder Einflussnahme des Denkens auf Sprache und Kommunikationssysteme sein. Aber mit dem Eingeständnis von Distanz und Differenz verändern sich die Parameter möglicher Beeinflussung grundlegend vom Mythos der »Allmacht der Gedanken« zu einer distanzierten, indirekten und dezentralen Kontextsteuerung.

Deshalb ist es eine der Absichten dieses Textes, allgemeine Grundlagen einer Steuerungstheorie der Symbolsysteme zu skizzieren. Es sind Teilstudien zu einer allgemeinen Steuerungstheorie, die darin begründet sind, dass eine Steuerungstheorie sozialer Systeme unbrauchbar ist, solange sie die besondere Steuerungsproblematik symbolischer Systeme nicht berücksichtigt. Denn das, was Menschen als die Eigensinnigkeit sozialer Systeme erfahren, verdankt sich der eigensinnigen und eigendynamischen Logik der Symbolsysteme, die Kommunikation im Ganzen fundieren, und die insbesondere die Steigerungsformen der Sprache in symbolisch generalisierten Kommunikationmedien zu fremden Welten formen, denen der Mensch zunehmend ratlos gegenübersteht.

Im Ganzen zielt der Text auf Überlegungen zu einem kontextuellen Modus des Umgangs mit Symbolsystemen. Diesem elaborierten Modus sind allerdings zwei Stufen vorgelagert, die gesellschaftsgeschichtliche Epochen kennzeichnen, die auch in der Moderne noch keineswegs überwunden sind. Seit jeher versuchen Akteure, Symbole zu steuern oder mit Hilfe von Symbolen in andere Realitäten einzugreifen. Allerdings gibt es gesellschaftsgeschichtlich unterschiedliche Entwicklungsstufen dieser Steuerungsabsichten.

Ein *instrumenteller* Modus der Steuerung von Symbolsystemen zeigt sich beispielhaft in dem erstaunlich pragmatischen Umgang des archaischen Menschen mit den Symbolsystemen der Mythologien. Symbole dienen hier der Absicht, in Situationen elementarer Ungewissheit durch eine instrumentelle Verwendung der Symbole auf Realitäten einzuwirken oder gar sie zu steuern.

Ein *reflexiver* Modus der Steuerung von Symbolsystemen kommt ins Spiel, wenn die Realität der Symbole als Symbole durchschaut und damit der Mythos einer direkten Wirksamkeit der Symbole durch eine andere Praxis widerlegt ist. Nicht zufällig hat sich dieser Modus besonders deutlich im »rationalen« Symbolsystem des Geldes ausgebildet. Das Symbolsystem des Geldes wird deshalb häufig als Beispiel für die Operationslogik generalisierter Symbolsysteme herangezogen.

Ein *kontextueller* Modus ist dadurch charakterisiert, dass handelnde Personen oder Systeme sich klar darüber sind, dass sie über Symbole nicht magisch oder instrumentell eine Realität steuern können. Weiter sind sie sich klar darüber, dass sie einer Problematik oder einer Systemdynamik gegenüberstehen, in der auch ein reflexiver Modus der Steuerung nicht brauchbar ist, weil das Wissen über die Eigendynamik der Systeme nicht ausreicht, um einschätzen zu können, welche Wirkungen Interventionen haben könnten. Und schließlich sind sie sich klar darüber, dass eine Einwirkung auf Symbole auch unter der Voraussetzung, dass Symbole nicht Realität darstellen, sondern nur Symbole sind, Rückwirkungen auf eine hinter den Symbolen spielende Realität haben wird, die noch schwerer einzuschätzen sind als die Eigendynamik der Systeme selbst.

Die Eigenlogiken symbolischer Systeme fallen den Beobachtungsinstrumenten des Bewusstseins vor allem durch ihre überraschenden und nicht-intendierten Wirkungen auf, die dem widersprechen, was das Bewusstsein zu wissen glaubt. Je klarer Symboliken dem Denken als operativ geschlossene und eigendynamische Systeme[3] gegenübertreten, desto schärfer profiliert sich Nichtwissen und Ungewissheit als die andere, komplementäre Seite des Wissens. Wenn das Denken im Umgang mit den Symbolsystemen der Sprache und der Kommunikation für sich Wissen reklamiert, dann klingt dieser Anspruch zunehmend hohl. Es ist zu erwarten, dass Einsichten in die Logik der Symbolsysteme den Eindruck verstärken, dass die Bewältigung der Myriaden von Problemen sozialer Komplexität weniger mit Wissen zu bewerkstelligen ist als mit fundierterer Expertise im Umgang mit Nichtwissen.

Eine weit bedenklichere Überraschung bereiten die Symbolsysteme dem Denken dadurch, dass sie die systemische Logik der Steigerung rücksichtsloser vorantreiben als das Denken selbst. Die Steigerung der Symbolisierung vollzieht sich in Stufen der Rekursivität und der Metasymbolisierung, in denen Symbole oder Kontexte von Symbolen ihrerseits symbolisiert und für symbolische Operationen verfügbar werden. Die Steigerung von Austauschbeziehungen zu einem symbolisch über Geld gesteuerten Markt hat Adam Smith beschrieben und die darin versteckte Logik mit der Formel der »unsichtbaren Hand« bezeichnet. Die Steigerung des Geldes zum reflexiven Symbolsystem des Finanzkapitals hat Marx als einen sich selbst fortschreibenden Prozess beschrieben, den nicht mehr die Logik der Kapitalisten lenkt, sondern die Logik des Kapitals.

Mit der Expansion der gesellschaftlichen Funktionssysteme zu lateralen Weltsystemen schwingen ihre Symbolsysteme in eine Dynamik der Selbststeigerung ein, der die bescheiden gebliebenen Mittel des Denkens wenig entgegensetzen können. Das Denken kann mit den fortgeschrittenen Rekursionen der Symbolsysteme nicht mehr mithalten. Der koevolutionäre Konnex von Denken, Sprache und Kommunikation droht aus dem Gleichgewicht zu geraten, weil die reflexiv aufgetürmten Architekturen symbolisch generalisierter Kommunikation dem Denken fremd und ungeheuer werden.[4] Schon ist nicht mehr abweisbar, dass

3 »Die Sprache ist ein geschlossenes System, und die Th\ orie muss ein ebenso geschlossenes System sein wie die Sprache. Hier ist der schwierige Punkt, denn es ist nichts, verschiedene Behauptungen, eine nach der andern, über die Betrachtungsweise der Sprache zu machen; das Ganze ist in einem System zu koordinieren.« Saussure 2003: 33 (Fußnote 46: Cf. SM/G, S. 29, Hervorhebungen hinzugefügt.).

4 Ausführlich dazu Deacon, der treffend vom Menschen als »the symbolic species« spricht. »The key to this is the co-evolutionary perspective which recognizes that the evolution of language took place neither inside nor outside brains, but at the interface where cultural evolutionary processes affect biological evolutionary processes.« Deacon 1997: 409. Folgerungen für die Veränderung von Arbeit zur »symbolic analysis« zieht Reich 1991.

das Denken auf diese bestürzende Ungewissheit mit neuen Mythen und alten Fundamentalismen reagiert. Als Teil einer soziologischen Steuerungstheorie führt die Symboltheorie daher zu der Frage, wie das Denken zu denken ist und die Sprache zu sprechen, um der drohenden Übermacht der Symbolsysteme Einhalt gebieten zu können.

Das Denken, so eine Leithypothese dieser Analyse, müsste sich aus der denkenden Beeinflussung der Symbolsysteme der Kommunikation zurückziehen, weil es der Prämissen setzenden Kraft der Medien nichts Ebenbürtiges entgegenzusetzen hat und sich folglich mit seiner Prätention der Steuerung des Sprechens und der Kommunikation nur noch blamieren kann. Aber was verhilft dem Denken dann noch zu einem ebenbürtigen Mythos, der dem Bewusstsein sein notwendiges Scheitern zugesteht und es dennoch nicht als vergeblich sich selbst überlässt? Das Denken gerät gegenüber den elaborierten Symbolsystemen ins Hintertreffen und verliert die Kontrolle über die eigendynamischen Rekursionen der Symboliken. Auch wenn vorerst kein Ausweg aus diesem Dilemma erkennbar ist, so wäre doch schon einiges gewonnen, wenn die vorherrschenden Kontrollmythen und Steuerungsphantasien damit erschüttert werden könnten.

Wenn die alte Welt der Symbole ihre größten Gefahren in den Ungeheuern des Denkens sah, dann entspringen in der Gegenwart die größten Risiken den Ungeheuern der Kommunikation. Die Symbolsysteme der Kommunikation sind die übermächtigen Geister, die dem mythisch geschlossenen Behältnis des Denkens entwichen sind. Ob es dienstbare Geister sind oder Dämonen, ist nicht die Frage, denn sie sind beides. Aber es ist die Frage, ob Menschen innerhalb der engen Schranken ihrer Denkmöglichkeiten die Mittel und Modelle finden, Sprache in einer Weise zu nutzen, die der symbolisch verdichteten Kommunikation zumindest die Optionen kontextueller Steuerung eröffnen.

# I. Die innere Form der Symbolsysteme

## 1. Exposition zur Symboltheorie: Saussure, Cassirer, Luhmann

> »Because symbolic reference is inherently systemic,
> there can be no symbolization with out systematic relationships.«
> Terrence Deacon 1997: 100

Am Anfang symbolischer Systeme war das Sprechen und am Ende ist das Schweigen. Zwischen Anfang und Ende operieren die Differenzen, welche aus Wörtern Sprachen auftürmen und sie nach ihrer Erschöpfung als Symbole wieder zum Schweigen bringen. Mit Sprache beginnt eine Art von Selbstreferenz, die auf der Selbstreferenz der Dinge zwar aufbaut, das Verweisen selbst nun aber von den Dingen löst und mit Hilfe von Symbolisierung in die Imagination transferiert. Dass eine Selbstreferenz der Dinge möglich ist, lehren die Naturwissenschaften, die autokatalytische Prozesse, Hyperzyklen, selbstorganisierende Systeme, biologische Autopoiese und ähnliche Vorgänge als Bedingungen der Möglichkeit von Leben beschreiben. Sobald Biologen Leben rekonstruktiv beobachten wollen, müssen sie die Möglichkeit einer Selbstreferenz von Dingen als Bedingung der Möglichkeit des Aufbaus hoch organisierter Komplexität akzeptieren. In ähnlicher Weise setzt eine theologische Beobachtung lebender Systeme eine Selbstreferenz Gottes voraus oder eine philosophische Beobachtung des Lebens eine Selbstreferenz des Seins.

Eine Analyse symbolischer Systeme in der Perspektive der soziologischen Systemtheorie ist mit einer Fülle von Einstiegsschwierigkeiten verbunden, weil Symbolsysteme als Gegenstand soziologischer Analyse nahezu unbeschrieben sind. Darüber hinaus erschwert die systemtheoretische Fundierung der Analyse einen Zugang insofern, als ein ganzer Kontext theoretischer Vorannahmen, Begriffsentscheidungen, Postulate, Konzeptionen etc. impliziert ist, der nicht laufend mit behandelt und mit erläutert wird. Um die Verwirrung nicht unnötig zu steigern, sollten Leserinnen und Leser[1] ein kleines systemtheoretisches Kompendium im Hinterkopf mitführen, nicht um auf Systemtheorie verpflichtet zu sein,

---

[1] Im folgenden impliziert in geeigneten Fällen die männliche Form immer auch die weibliche, manchmal auch umgekehrt.

sondern um begriffliche und argumentative Entscheidungen des Textes mitvollziehen zu können.

Das Grundgerüst systemtheoretischen Denkens harmoniert indessen überraschend gut mit Prämissen der philosophischen Analyse symbolischer Formen vor allem bei Ernst Cassirer und mit Prämissen der Zeichentheorie etwa bei Ferdinand de Saussure. Dies erleichtert eine Verbindung zwischen allgemeiner soziologischer Systemtheorie und Symboltheorie. Für ein Verständnis des Grundgerüstes ist es wichtig zu sehen, dass systemtheoretisches Denken soziale Systeme als Kommunikationssysteme begreift, das heißt als Systeme, die nicht aus Menschen bestehen, sondern aus Kommunikationen, also aus sinnhaft konstituierten Elementen. Da Sinn immer symbolisch aufgebaut ist und als symbolisch konstituierte Einheit operiert, folgt zwingend, dass alle sozialen Systeme auch symbolische Systeme darstellen. Allerdings sind nicht alle symbolischen Systeme auch soziale Systeme. Insbesondere Bewusstsein als Ausdruck der Operationsweise psychischer Systeme und Sprache als paradigmatisches symbolisches System gehören nicht zur Kategorie sozialer Systeme. Sie bilden als mentale bzw. linguistische Systeme eigene Kategorien von Systemen.

In einer frühen Kategorisierung hat Niklas Luhmann die für ihn relevante Gesamtheit von Systemen in die Kategorien Maschinen, Organismen, psychische Systeme und soziale Systeme unterteilt. Die Kategorie symbolischer Systeme steht quer dazu. Sie stellt auf andere Unterscheidungsmerkmale ab, weil es nicht auf die »Richtigkeit« der Kategorien ankommt, sondern auf ihren Nutzen für vergleichende Analysen: »Die Aussage ›es gibt Systeme‹ besagt also nur, dass es Forschungsgegenstände gibt, die Merkmale aufweisen, die es rechtfertigen, den Systembegriff anzuwenden; so wie umgekehrt dieser Begriff dazu dient, Sachverhalte herauszuabstrahieren, die unter diesem Gesichtspunkt miteinander und mit andersartigen Sachverhalten auf gleich/ungleich hin vergleichbar sind.«[2]

In diesem Sinne lässt sich auch das Bewusstsein als ein System verstehen, das für den Menschen als organisches System die Hauptleistungen des Fühlens und des Denkens erbringt (was mögliche weitere Leistungen des Bewusstseins nicht ausschließt). Insoweit das Bewusstsein Denken ist, Denken sinnhaft operiert und Sinn immer symbolisch gefasst ist, lässt sich das Denken – genauer: das denkende Bewusstsein – als symbolisches System fassen. Das Denken kann auf der einen Seite in der Aggregationsform eines Systems betrachtet werden – dann stehen die allgemeinen Strukturen, Prozesse und Regeln des denkenden Bewusstseins im Vordergrund – und es kann auf der anderen Seite als Medium in Erscheinung treten, das es erlaubt, mentale Prozesse in bestimmte

2 Luhmann 1984a: 16.

Formen zu bringen, insbesondere Formen, die an die Formen der Sprache anschließbar sind.

Analog dazu soll hier Sprache als *langue*[3] und als *langage* zwei unterschiedliche Aggregationsformen anzeigen. In der einen Ausprägung erscheint Sprache als System (geprägt durch Strukturen, Prozesse, Regeln und weitere institutionelle Verfestigungen) und in der anderen als Medium. Luhmann hat Sprache nicht als System gesehen, weil er ihre Bedeutung als Medium hervorheben wollte. Für ihn war vorrangig, Sprache in ihrer Zwischenstellung als strukturelle Kopplung von Bewusstsein und Kommunikation, als eine von vielen möglichen Medien der Kommunikation zu markieren. Mit diesem Hintergrund kommt er zu der Aussage: »Sprache ist kein System.«[4] Aber er bezieht sich dabei auf eine Interpretation von Saussures Linguistik, die vom *Cours de linguistique générale* geprägt ist und die später aufgefundenen und veröffentlichten Arbeiten Saussures nicht berücksichtigen konnte.

Luhmann hat ganz explizit auch nicht ausgeschlossen, Sprache als System zu verstehen, wenn klar wäre, worin die *Operation* des Systems besteht. Es liegt für ihn auf der Hand, dass Sprache jedenfalls *auch* ein System in dem Sinne ist, dass sie *alle* Merkmale eines komplexen dynamischen, selbstreferentiellen, rekursiven Systems aufweist und in diesem Sinn wie das Bewusstsein zugleich als Medium und als System gesehen werden kann: Bewusstsein ist ein Medium, »obwohl es für sich selbst ein strukturdeterminiertes System ist«.[5]

Bewusstsein und Sprache werden im folgenden als Forschungsgegenstände begriffen, die systemische Merkmale aufweisen und mit Erkenntnisgewinn als mentale und linguistische Systeme in Beziehung mit der Kategorie der sozialen Systeme zu bringen sind. Psychische oder mentale Systeme hat auch Luhmann immer als Systeme eigener Art, aber eben als Systeme behandelt. Für eine Kategorie symbolischer Systeme hat er keine Notwendigkeit gesehen, weil er sowohl die Sprache wie die Symbolordnungen generalisierter Kommunikation (wie Macht, Geld, Kunst etc.) als Medien[6] verstanden hat. Daran schließe ich an und erweitere diese Disposition in einer wichtigen Hinsicht: Ich verstehe *auch* die Symbolordnungen der Medien als Systeme.

3 Mit *langue* mein Saussure nicht Sprechen oder Einzelsprache, sondern Sprache als generelles, abstraktes Zeichensystem.
4 Luhmann 2002: 279.
5 Luhmann 1987b: 468.
6 Der Begriff ›Medium‹ steht im Rahmen dieses Textes für Kommunikationsmedium im Sinne von »Erfolgsmedium«, schließt also in der Regel die »Verbreitungsmedien« nicht ein. Zu dieser Unterscheidung Luhmann 1997: 202 ff. Zu aufschlussreichen Parallelen zwischen beiden Formen von Medien siehe aber Winkler 2004: 110 ff.

Dies ist darin begründet, dass ich in einem Schritt über Luhmann hinaus nach der inneren Form der Medien, nach ihrer Ordnung, ihrer generativen Logik und den Gesetzen ihrer Formbildung frage. Es ist die Frage nach der generalisierten Sprache hinter den Sprachen, nach der systemischen Logik hinter dem Toben der Medien. Hier geht es um »die Sprache als Gesamtprodukt, die Sprache als symbolisches System«.[7] Die Kommunikationsmedien sind zwar selbst nicht direkt beobachtbar, sie lassen sich aber gerade in ihren systemischen Qualitäten rekonstruieren. Mit dieser Perspektive kommt in den Blick, dass die Medien einen instituierten oder systemischen Kern aufweisen, eine Selbstbeschreibung und eine Leitidee, die gegenüber der komplementären Seite des pastösen, plastischen Mediums andere Merkmale hervorheben: Systemische Verfestigungen und Einschreibungen der Symbolordnungen, die mit gesellschaftsgeschichtlichen Epochen kovariieren und unterschiedliche Verhältnisse von medialer Semantik und Gesellschaftsstruktur etablieren.

Der Gegenstand einer soziologischen Symboltheorie sind kommunikativ konstituierte Symbolsysteme. Um diese hinsichtlich der Bedingungen ihrer Möglichkeit zu verstehen, ist es erforderlich, die in jeder Kommunikation vorausgesetzten Momente des Denkens und des Sprechens mit zu thematisieren. Allerdings geschieht dies nicht umfassend, sondern nur mit Blick auf die für Kommunikation konstitutiven Beziehungen zwischen Bewusstsein, Sprache und Kommunikation. So werden psychische Systeme unter dem Aspekt des Denkens einbezogen und die Seite der Gefühle wird bewusst vernachlässigt. Selbst das Denken wird bewusst einseitig in seiner Rolle als personales Korrelat und als individuelle Seite des Prozesses des Sprechens betrachtet. Es geht also nicht um kognitionspsychologische oder linguistische Fragen, sondern um die soziologische Frage nach den Bedingungen der Möglichkeit von Kommunikation.

Sprache als Zeichensystem und als *langue* im Sinne von Saussure steht für Luhmann ganz am Rand, weil er das Schwergewicht seiner Analyse auf Kommunikation und die Konstituierung der komplexen Operation des Kommunizierens legt. Dabei setzt er Sprache als Medium voraus, interessiert sich aber wenig für die Eigenlogik der Sprache als Zeichensystem. An diesem Punkt entscheidet die vorliegende Analyse anders. Es spricht nichts dagegen, Sprache als gesprochene Sprache *(langage)* auch weiterhin als Medium zu verstehen. Das Zeichensystem der Sprache mit der Gesamtheit seiner elaborierten Strukturen, Prozesse und Regeln, seiner Strukturmuster, Operationsprinzipien und Relationierungsregeln, wird in bewusster Erweiterung der Luhmanschen Konzeption hier als linguistisches System verstanden, das einen eigenen und

7 Winkler 2004: 78.

bislang in der soziologischen Systemtheorie vernachlässigten Beitrag in der Konstituierung von Kommunikation leistet. »Wenn Worte etwas sagen, so nicht einfach deshalb, weil wir es so wollen, sondern vielmehr, weil sie zirkulieren, *weil sie in einem System wechselseitiger Beziehungen stehen, einem System*, das sich, von Generation zu Generation weitergegeben, unablässig verändert.«[8]

Die basale Operation der Sprache *(langue)* ist daher der Vollzug semantischer Relationierung im Kontext eines systemspezifischen Beziehungsgefüges. Da jeder Vollzug als basale Operation zugleich das Sprachsystem reproduziert, handelt es sich um ein operativ geschlossenes, selbstreferentielles System. Das Besondere an diesem System der Sprache als Zeichensystem ist, dass es gewissermaßen alles vorbereitet und sich selbst nach seiner eigenen Logik auf Operationsfähigkeit einrichtet – und dann für den ›Vollzug‹ einen Anstoß von außen benötigt: einen Willen zum Sprechen, der es als System aktiviert, aber eben als System und nicht nur als Aggregat von Elementen: »Was überhaupt *gedacht* und *gesagt* werden kann, muss in der Grammatik einer Sprache dispositiv bereitliegen.«[9]

Sprache ist ein Sinnsystem und mithin ein Symbolsystem. »Die *Sprache* liegt als Netz über der Totalität der Dinge und schreibt das Symbolische ins Reale ein.«[10] Was Bolz treffend als ›Einschreiben ins Reale‹ bezeichnet, beschreibt exakt die für Reduktionisten unvorstellbare eigenständige Wirklichkeit des Symbolischen und die *Rückwirkung* des Symbolischen (etwa des Bewusstseins oder der Sprache) auf das Reale (etwa physiologische Gehirnprozesse oder konkrete Handlungen). Auch das denkende Bewusstsein operiert symbolisch und kann in seiner bedeutungsgenerierenden Operationsform als Symbolsystem verstanden werden.[11] »Some sort of regimented combinatorial organization is a logical necessity for any system of symbolic reference. Without an explicit syntactic framework and an implicit interpretive mapping, it is possible neither to produce unambiguous symbolic information nor to acquire symbols in the first place. Because symbolic reference is inherently systemic, there can be no symbolization without systematic relationships.«[12] Deshalb ist der Kern einer soziologischen Symboltheorie

---

8 Fehr 2003: 225; Saussure 2003 a. »Die Sprache (›langue‹) ist ein System, das nur seine eigene Ordnung zulässt.« Fehr 2003: 33 u. 76.

9 Abel 2004: 263.

10 Bolz 1983: 473.

11 »Der wesentliche Denkakt ist Symbolisierung« zitiert Susanne Langer (1965: 35) A. D. Ritchie. »Das Verwenden und Verstehen symbolisierender Zeichen kann als das ursprünglichste und grundlegendste Merkmal des menschlichen Geistes angesehen werden.« Abel 2004: 304.

12 Deacon 1997: 100, der in diesem Werk die bislang vielleicht fundierteste Analyse des Verhältnisses von Denken, Sprache und Symbolisierung aus

die Verbindung zwischen Bewusstsein, Sprache und Kommunikation. Die soziologische Systemtheorie kümmert sich vorrangig um die Seite der Kommunikation. Dagegen muss eine systemtheoretisch angelegte Symboltheorie auch auf die sich wechselseitig fundierenden Seiten der Sprache und des Bewusstseins zurückgreifen, um zu einem brauchbaren Verständnis des Zusammenhangs der Trias von Bewusstsein, Sprache und Kommunikation zu gelangen. Dies bedeutet nicht, dass die soziologische Symboltheorie in die Erkenntnisdomänen der Kognitionspsychologie und der Linguistik einbrechen wollte. Vielmehr lässt sie die Fachkompetenz dieser Disziplinen gänzlich unberührt, weil es ihr auf die Bedeutung kognitionspsychologischer und linguistischer Konstruktionen für die *Konstituierung von Kommunikation* ankommt.

Allerdings sind von einer Symboltheorie gravierende Auswirkungen auf die Konstituierung des Gegenstands der Soziologie zu erwarten. Anschließend an die Analysen der Basiskategorie *Sinn* bei Weber, Simmel, Husserl und anderen, hat Luhmann die spezifische Ausprägung von Sinn als *Kommunikation* zur elementaren Einheit sozialer Systeme begründet. Er hat damit eine der ganz wenigen Theorien ausgearbeitet, die Soziologie als eigenständige Disziplin begründen. Und er hat den Weg geebnet für ein Verständnis des Zusammenhangs von Sinn und Kommunikation, das Individuen (als mentale Systeme) und soziale Systeme (als Kommunikationssysteme) auf der gemeinsamen Basis von Sinn in eine Relation struktureller Kopplung bringt, die Zusammenhang und Distanz, Autonomie und Relationierung zugleich erlaubt und fordert.

Auch wenn die Symboltheorie noch ein Zwerg ist, kann sie doch auf den Schultern dieses Riesen stehen und weiter sehen. Sie kann sehen, dass es auf dem von Luhmann bestellten Spielfeld möglich ist, den Kommunikationsbegriff fundamentaler zu fassen und die prekäre Bindung an Kategorien wie Information oder Mitteilung tiefer zu legen. Wenn Soziologie auf der Kategorie der Kommunikation gründet, und diese Grundentscheidung soll hier nachdrücklich beibehalten werden, dann erscheint es vordringlich, Kommunikation als spezielle Ausprägung eines allgemeineren Prozesses der *Symbolisierung* zu verstehen. Die Dynamik der Genese und Formbildung von Kommunikationen lässt sich besser verstehen, wenn der zugrunde liegende Prozess der Symbolisierung mit im Blick ist und einigermaßen erhellt erscheint. Genau dies ist bislang nicht der Fall. Die Symboltheorie hat eine lange Geschichte in der Philosophie und eine gewisse Bedeutung auch in anderen Disziplinen wie Psychologie oder Kunsttheorie, aber man kann nicht behaupten, dass sie die Soziologie in einem substanziellen Sinne beschäftigt hat.

der Sicht der Neurowissenschaften und der evolutionären Anthropologie vorlegt.

Eine zweite Komponente des Grundgerüstes der Systemtheorie ist die Annahme (die inzwischen zum Bestand der Komplexitätstheorie gehört), dass komplexe Systeme, seien sie nun präbiotisch, organisch oder sinnhaft aufgebaut, durch *Grenzbildung* Spielräume für autonomes Operieren entwickeln können und auf dieser Basis die Fähigkeit zur Selbstreferenz ausbilden. Das gilt auch für die Sprache als System: »Die wichtigste Tatsache der Sprache [langue] ist, dass sie Unterteilungen mit sich bringt, begrenzbare Einheiten.«[13] Selbstreferenz meint, dass die Operationen des Systems auf Operationen des Systems zugreifen, das System also selbst bestimmte Voraussetzungen und Prämissen seines Operierens schafft und sich genau darin von seiner Umwelt unabhängig macht.

Selbstreferenz und Autonomie führen bei bestimmten höher entwickelten Systemen zu operativer Geschlossenheit. Dies meint, dass das System selbst, und nur das System, die Grundregeln und Tiefenstrukturen seiner Operationsform bestimmt. So bestimmt etwa eine lebende Zelle mit ihrem Genom ihre eigenen Operationsregeln. Sie kann zwar nur überleben, wenn sie aus ihrer Umwelt auch Nahrungsstoffe etc. aufnimmt, aber sie entwickelt sich nur und ausschließlich gemäß den Prämissen, die in ihrem Genom festgelegt sind: Eine Pilzkultur braucht zwar eine Nährlösung, aber sie kann sich nur zu Pilzzellen ausbilden – oder absterben. Auch intensivste Interventionsversuche der Umwelt machen daraus keinen Frosch.

Funktional äquivalent formt ein Mensch in seiner Persönlichkeit oder Identität die Regeln seiner Selbststeuerung. Damit ist er/sie eben diese Person und keine andere. Oder eine Organisation bestimmt in ihrer Gründungscharta, ihrem Leitbild oder ihrer Vision die Grundregeln ihrer Operationsform. Sie ist damit als identische Organisation erkennbar und von anderen Organisationen zu unterscheiden. Eine systemtheoretisch besonders wichtige Form operativer Autonomie entwickeln in der Moderne die verschiedenen Funktionssysteme der Gesellschaft: Politik, Ökonomie, Wissenschaft, Erziehung, Gesundheitssystem, Familie, Sport, Kultur etc. bilden sich als spezialisierte, arbeitsteilig organisierte Bereiche aus, die jeweils eine eigene Leitdifferenz und ein dazugehöriges Kommunikationsmedium, eigene spezialisierte Organisationen und Rollenduale ausbilden: Beispielsweise im Fall der Politik die Leitdifferenz Mehrheit/Minderheit, das Kommunikationsmedium der Macht, die spezialisierte Organisationsform der Parteien und das Rollendual von Wählern und Gewählten. Alle Funktionssysteme weisen diese gesamte Apparatur auf – und genau darin zeigt sich nach Max Webers grundlegenden Analysen der Übergang von der gesellschaftsgeschichtlichen Vormoderne (etwa Mittelalter) zur Moderne.

13 Saussure 2003 a: 324 u. 364.

Die soziologische Systemtheorie hat sich intensiv mit den Funktionssystemen der modernen Gesellschaft befasst. Niklas Luhmann hat eine ganze Reihe von Einzelanalysen der Funktionssysteme vorgelegt und beispielhaft haben Gunther Teubner dies für den Fall des Rechtssystems oder Dirk Baecker für den Fall der Ökonomie komplementiert. Seit Parsons gilt ein besonderes Augenmerk den symbolischen Austauschmedien, die in der Präzisierung durch Luhmann zu den symbolisch generalisierten Kommunikationsmedien werden. Man kann sich die Medien als Architekturen verdichteter, kompakter, schneller und hochgradig vorgeformter Kommunikation vorstellen, die auf die Besonderheiten der jeweiligen Funktionssysteme ausgerichtet sind: also etwa Macht auf die Besonderheiten der Politik, Geld auf die Besonderheiten der Ökonomie oder Wissen auf die Besonderheiten des Wissenschaftssystems.

Die Analyse der den Formen ›einfacher‹ Kommunikation nachgeordneten Stufen der Symbolisierung ist als soziologische Theorie der Kommunikationsmedien weit fortgeschritten, während die Analyse der *vorgeordneten* Stufen der Symbolisierung und insbesondere die Analyse des Zusammenspiels der fundierenden Symbolsysteme des Bewusstseins und der Sprache mit den abgeleiteten Symbolsystemen der Kommunikation weithin Desiderat ist. Damit handelt sich selbst die fortgeschrittene Soziologie das Problem ein, ihre Grundeinheiten wie Sinn oder Kommunikation zu setzen, als wären es nicht weiter abgeleitete Entitäten. Dabei sind sie keineswegs originäre Einheiten oder qua Natur Letztelemente, sondern »Ergebnis einer verborgenen Operation des Geistes«[14] und zugleich emergente Ergebnisse einer Kollision und Kollusion der ganz unterschiedlichen Symbolsysteme des Bewusstseins, der Sprache und der Kommunikation.

Die hier vorgelegt Symboltheorie hat das Ziel, die Architekturen und Operationsformen der Kommunikationsmedien als Symbolsysteme zu rekonstruieren. Dies klingt zunächst nach einer gravierenden Revision der Medientheorie, weil Luhmann die symbolisch generalisierten Kommunikationsmedien eben als Medien und nicht als Systeme versteht. Eine nähere Betrachtung zeigt indessen, dass die intendierte Revision keineswegs revolutionär ist, sondern nur eine Fortentwicklung auf der

---

14 Saussure 2003 b: 82. Insbesondere Terrence Deacon hat ein wenig Licht in diese verborgene Operationsweise gebracht. »Symbols do not, then, get accumulated into unstructured collections that can be arbitrarily shuffled into different combinations. The system of representational relationships, which develops between symbols *as symbol systems grow*, comprises an ever more complex matrix. In abstract terms, this is a kind of tangled hierarchic network of nodes and connections that defines a vast and constantly changing semantic space.« Deacon 1997: 100. (Hervorhebung H. W.)

Grundlage des systemischen Denkens darstellt. Für Luhmann sind Medien Steigerungsformen (»Zusatzeinrichtungen«) der Sprache mit der Funktion, »die wirksame Übertragung reduzierter Komplexität zu steuern«.[15] Dann spricht nichts dagegen, auch die Medien – wie die Sprache selbst – in zwei Aggregationsformen zu betrachten: Zum einen im Lichte der Differenz von Medium und Form als fluide Medien, die sich in beliebige Formen ausprägen lassen, so wie eine gesprochene Sprache beliebig viele und unterschiedliche Sätze zulässt; und zum anderen im Lichte der Differenz von *langage* und *langue* als Systeme eigener Art und eigener Dignität, als Symbolsysteme, die mit spezifischen Strukturen, Prozessmustern und Regeln eine eigene Logik ausbilden und sich in ihrer Symbollogik von anderen Medien abgrenzen.

Die großen Symbolordnungen jenseits der Sprache wie vor allem Macht, Recht, Geld, Kapital, Wissen, Liebe, Glaube, Moral, Kunst, Mythos, Ideologie etc. lassen sich also in einer Blickrichtung als Kommunikationsmedien betrachten und medientheoretisch analysieren. Sie lassen sich in einer anderen Blickrichtung als Ordnungen organisierter Komplexität, als *Systeme* eigener Art betrachten und mit den elaborierten Instrumenten der Systemtheorie analysieren. Dass etwa das Recht oder das Kapital oder die Moral komplexe symbolische Ordnungen darstellen, die nicht nur aus einer beliebigen Aggregation unterschiedlicher Elemente bestehen, sondern elaborierte Regeln und Metaregeln ihrer Operationsweise ausbilden, dürfte nicht gerade eine überraschende oder revolutionäre Einsicht darstellen.

Kommunikationsmedium und Symbolsystem sind zwei Seiten einer Medaille, die sich in unterschiedlichen Perspektiven zeigen. In der Perspektive eines *sozialen Systems* wie etwa einer Gesellschaft betonen die Kommunikationsmedien als Medien den Aspekt der funktionalen Differenzierung und die Notwendigkeit, effizientere Mechanismen der Übertragung reduzierter Komplexität zu etablieren. In der Perspektive einer Theorie *symbolischer Systeme* erscheinen die Kommunikationsmedien als feingliedrig organisierte Verdichtungen[16] von Symbolen mit einer spezifischen Grammatik der Formbildung, die aufgrund der Selbstreferenz und Rekursivität symbolischer Operationen ein eigenes Muster der Systembildung gar nicht vermeiden können. Sie realisieren gegenüber den Symbolsystemen des Bewusstseins und der Sprache (*langue)* eine eigene Emergenzstufe und eigene Operationsmechanismen, die systemische Merkmale aufweisen. Die Analyse dieser Merkmale der Symbolsysteme ist ein tragender Teil der vorliegenden Arbeit.

Kommunikation wird in dieser Sicht nicht einfach als soziale Tatsache gesetzt, sondern als Komponente der koevolutionären Trias von Be-

---

15 Luhmann 1975 b: 173.
16 Aufschlussreich hierzu Winkler 2004: 120 ff.

wusstsein, Sprache und Kommunikation rekonstruiert.[17] Sie verdankt sich also primär einem komplexen Zusammenspiel unterschiedlicher System- und Symbolebenen. Dabei wird sich herausstellen, dass es nicht mehr ausreicht, die Medien in einer evolutionären Perspektive zu verstehen. Da die Kommunikationsmedien zwingend an die fundierenden Sinnsysteme des Bewusstseins und der Sprache gekoppelt sind, teilen sie deren Größe: Dass Denken und Sprechen nämlich über eine Evolution hinausreichen, die an eine ziellose Gegenwart gebunden ist. Sie lösen sich von der Gegenwart und eröffnen sich mit der Fähigkeit zur *Imagination* eine völlig neue Welt. »By internalizing much of the physical trial and error, and even internalizing abstract models of physical processes that can be extrapolated to their possible and impossible extremes, we are capable of what genetic evolution is not: forethought. ... Symbolic processes have freed this process from the bounds of the immediate present and possible.«[18]

Imagination spielt in diesem Sinne in einer anderen Klasse als Evolution. Imagination setzt die Evolution eines mentalen Systems voraus, das sein eigenes internes Operieren gegenüber den Perturbationen durch Umweltereignisse nicht nur stabilhalten, sondern sogar als Bezugspunkt seiner Operationen – Selbstreferenz – vorziehen kann. Was sich innerhalb des mentalen Systems abspielt, wird gleichwertig oder wichtiger als externe Signale. Entwickelte mentale Systeme können dadurch Eigenzustände in Form von Vorstellungen, Projektionen und Projekten produzieren, die mit Ereignissen und Restriktionen der Umwelt nur noch symbolisch gekoppelt, ansonsten aber beliebig sind. *Inferenz* nach Regeln der Systemlogik überwölbt die *Referenz* auf externe Ereignisse oder Dinge und erlaubt damit dem sprachfähigen mentalen System den Aufbau einer eigenen Welt symbolischer Bedeutungen. Mit gelungener Symbolisierung überwindet der Mensch die Fesseln natürlicher Evolution und beginnt, in die Bereiche des Imaginären und Künstlichen vorzudringen.[19]

Parallel und analog dazu bilden soziale Systeme ihre eigene Form der Selbstreferenz, der Selbstbeschreibung und Selbstthematisierung aus, die Cornelius Castoriadis treffend als das radikale Imaginäre beschreibt.[20] Soziale Systeme, insbesondere Gesellschaften, sind nicht

17 »Man kann sich nicht vorstellen, dass ein Bewusstsein evolutionär entstanden wäre, ohne dass es Kommunikation gibt. Genausowenig kann man sich vorstellen, dass es sinnhafte Kommunikation gäbe, wenn es kein Bewusstsein gibt« Luhmann 2002: 122.

18 Deacon 1997: 458f.

19 Ähnlich Abel 2004: 294ff., der allerdings einen breiter angelegten Begriff der Imagination verwendet, in dem weniger Voraussicht als Repräsentation dominiert.

20 Castoriadis 1990: 217ff.

so, wie sie sind. Vielmehr sind sie so, wie sie sich selbst deuten und wie ihnen von ihren Mitgliedern Bedeutung zugeschrieben wird. Diese Deutungssysteme – von Religionen und politischen Theorien als umfassenden Beschreibungen von Gesellschaft bis zu Kommunikationsmedien als Beschreibungen der Logik von Funktionssystemen – operieren als kommunikativ konstituierte Symbolsysteme, die sich von der Ordnung der Dinge und den Restriktionen des Realen beliebig weit entfernen können.

Die hier in Angriff genommene Symboltheorie (als soziologische Theorie symbolischer Systeme) setzt demnach gegenüber der soziologischen Systemtheorie zwei abweichende Akzente: Sie revidierte den Luhmannschen Kommunikationsbegriff dadurch, dass der Prozess der Symbolisierung als notwendige Fundierung jeder Kommunikation betrachtet wird; und sie begreift Kommunikation dezidiert im Kontext einer post-evolutionären Expansion oder Entäußerung des Denkens zu Imagination und Futurität. In Grundlinien kommt damit eine umfassendere Umorientierung von Evolution auf Steuerung, von Kommunikationsmedien auf Steuerungsmedien in Sicht.

Dennoch bleibt die Argumentation im Rahmen der soziologischen Systemtheorie. Sie schlägt an mehreren Stellen immanente Revisionen vor, die Fortschreibungen von Argumentationslinien im Geiste Luhmanns darstellen, also insbesondere die Fundierung der Soziologie auf dem Element der Kommunikation bestärken. Zwei Erweiterungen sollten allerdings explizit hervorgehoben werden. Sie betreffen die Einbeziehung der Ideen von Ernst Cassirer zur Logik symbolischer Formen und der Ideen von Ferdinand de Saussure zur Logik der Sprache als System (*langue*). Der Sinn dieser Erweiterungen liegt darin, den Kommunikationsbegriff enger an die fundierenden Systeme des Bewusstseins und der Sprache anzukoppeln. Dies hebt den Prozess der Symbolisierung heraus, der als Grundprozess des Aufbaus der komplexen Operation des Kommunizierens zu verstehen ist, in dem sich Zirkulationen von Zeichen katalytisch verschränken.

Ernst Cassirers Philosophie der symbolischen Formen beschreibt epistemologische Grundverhältnisse wie Sprache, Mythen, Religionen oder Ideologien, die auf Symbolisierung beruhen und zugleich prinzipiell kontingent sind. Symbolische Formen *sensu* Cassirer etablieren Ordnungsmuster der Symbolisierung und damit symbolische Ordnungen, die als kontingente auch das Moment der Unordnung und Überraschung einschließen. In einer sorgfältigen historischen Analyse würdigt Michael Friedman die eigenständige philosophische Leistung von Cassirer, die er primär darin sieht, zwischen den zu Beginn des 20. Jahrhunderts auseinanderstrebenden philosophischen Hauptrichtungen mit der Figur der symbolischen Formen Übergänge zu ermöglichen: »Und wenn also Cassirer die Idee einer zugrunde liegenden Einheit für die

Gesamtheit aller symbolischen Formen nicht durchsetzen kann, dann scheint es, als müssten wir uns letztlich (natürlich bezogen auf den gegenwärtigen intellektuellen Möglichkeitsraum) mit dem grundlegenden philosophischen Dilemma bescheiden, wie Carnap und Heidegger es repräsentieren.«[21]

Die soziologische Systemtheorie behandelt symbolische Ordnungen, insbesondere die Medien der ausdifferenzierten Funktionssysteme von Gesellschaft, als symbolische Steigerungen des primären Symbolsystems der Sprache. Sie lässt die von Cassirer nicht gelöste Frage – Einheit oder Differenz der Logik der symbolischen Formen – offen, genauer: Sie bindet die Antwort an Prozesse der gesellschaftsgeschichtlichen Entwicklung. Für das mythische Denken ist die Einheit der Symbolsysteme konstitutiv, während moderne, funktional differenzierte Gesellschaften diese Einheit in eine Vielzahl unterschiedlicher Symbolsysteme mit je eigener Logik und Operationsform auflösen.

Hochkomplexe Gesellschaften schaffen damit die Voraussetzungen dafür, höher generalisierte und verdichtete Kommunikationen auch gegen die gestiegenen Unwahrscheinlichkeiten gelingender Kommunikationsanschlüsse zu realisieren. Die Linguistik kann in der Frage der Spezifität und inneren Ordnung des Symbolsystems der Sprache von Homologie (Chomsky) bis Autonomie (Saussure) vieles anbieten und wertvolle Anregungen geben. Eine Soziologie symbolischer Systeme dagegen steht noch aus.

Im Kontext diverser Wenden (linguistische, semiotische, kulturelle, kognitive Wende etc.) ist die Aufgabe noch schwieriger geworden, weil die Grundfragen eher weiter versteckt als exponiert worden sind: Wie genau konstituiert sich die Autonomie symbolischer Systeme? Wie lassen sich Autonomie und innere Form symbolischer Systeme von einem menschlichen Bewusstsein beobachten, wenn diese Systeme autonom sein sollen, also gerade einer *fremden* Logik gehorchen und eine *emergente* Realität konstituieren, die einen unmittelbaren intelligiblen Zugang des Bewusstseins notwendig ausschließen? Wenn das Bewusstsein nur seine eigene Logik und seine eigenen Ordnungsprinzipien in die Symbolsysteme der Gesellschaft hineinprojiziert, also Sprache ebenso homolog »sieht« und rekonstruiert wie Geld oder Macht, können dann überhaupt Vorkehrungen getroffen werden, um diese Falle zu vermeiden?

Diese Fragen führen zu den beiden leitenden Paradoxien für diese Exposition: (1) Nur weil und insofern das Bewusstsein diese Formen nicht versteht, versteht es die innere Form der Symbolsysteme als Eigenlogik. (2) Die Prämisse einer *homologen inneren Form* von Symbolsystemen muss die die Soziologie konstituierende Idee einer Emergenz

21 Friedman 2004: 161.

des Sozialen negieren und mithin die Eigenständigkeit der Soziologie als Disziplin verneinen.[22]

Grundlegend für eine Theorie symbolischer Systeme ist der Unterschied zwischen Denken und Sprechen, der sich darauf bezieht, wie sie je für sich damit umgehen, dass sie zusammengehören (weil sie gleich ursprünglich sind und sich nur zusammen entwickeln konnten) und dennoch sich darin unterscheiden, in welcher Weise sie sich im allgemeinen Medium des Sinns (im Sinn als Protomedium) ausprägen. In der Formensprache der Systemtheorie ausgedrückt: Grundlegend ist die Differenz von Einheit und Differenz im Verhältnis von mentalen und sozialen Systemen. Viele Disziplinen und Forschungsrichtungen postulieren eine koevolutionäre Gleichursprünglichkeit von Denken und Sprechen und betonen damit die *Einheit* einer wechselseitigen Konstituierung. Die *Differenz* von mentalen und sozialen Systemen, die in der Perspektive einer Theorie symbolischer Systeme besonders bedeutsam erscheint, betrifft immanente Steigerungsmöglichkeiten der Symbolisierungsstufen der beiden Systeme.

Nimmt man beide Aspekte zusammen, dann kommt man zu der zunächst etwas schwierig erscheinenden Formulierung, dass es entscheidend auf die Differenz von Einheit und Differenz ankommt.[23] Die im Symbolsystem der Sprache möglichen Stufen der Reflexivität,[24] der Symbolisierung von Symbolen, erscheint prinzipiell unbegrenzt. Sie erstrecken sich einerseits auf die Dimension der Bildung von Spezialsprachen wie etwa Recht oder Geld, andererseits auf die Dimension höhergradiger Symbolisierung innerhalb der Spezialsprachen, also etwa im Fall des Geldes auf Formen wie Wechsel, Aktien, Derivate etc. Dagegen sind die Steigerungsmöglichkeiten des Denkens merkwürdig begrenzt. Zwar lässt sich als erste reflexive Stufe noch das Denken des Denkens denken, aber danach wird es schwierig.

22 Eine anspruchsvolle Diskussion der Emergenzproblematik findet sich bei Heintz 2004. Ausführlich Schröder 2004, insbesondere Kapitel X.

23 Zur Erläuterung: Das Formenkalkül, das die soziologische Systemtheorie von George Spencer-Brown abschaut, geht immer von einer Differenz als elementarer Grundlage (Bedingung der Möglichkeit) von Beobachtung aus. Die Einheit der Differenz heißt *Form*. Die nächste Stufe ist die Einheit von Einheit und Differenz. Dies meint, dass ein Beobachter des Beobachtens sehen kann, dass es Differenz gibt und dass es Einheit (Form) gibt und dass dies zusammengenommen wiederum eine Form zweiter Stufe – oder eine reflexive Form – darstellt. Die nächste Stufe ist die Differenz von Einheit und Differenz. Anstelle der Form (des Zusammenhangs beider Seiten) betont sie die eine Seite der Differenz und eröffnet damit die nächste Runde einer prinzipiell unendlichen Rekursion.

24 Im Sinne reflexiver Mechanismen: Luhmann 1971 a: 72 ff.

Die reine Kontingenz mentaler und sozialer Selbstreferenz wird in jeder Lebenswelt dadurch kanalisiert, dass Menschen als organische Träger mentaler Systeme gleichzeitig in zwei Kontexte struktureller Kopplung[25] eingebunden sind: Als Lebewesen haben sie einen Körper und damit immer auch einen körperlichen Bezug zu ihrer Welt; und als soziale Wesen sind sie auf Sozialität angewiesen, operieren also notwendig in sozialen Kontexten und stellen über Sprache und Kommunikation einen Bezug zu diesen Kontexten her. Die Bedingungen der Möglichkeit sozialer Kontexte – von Familie bis Gesellschaft – definieren die Parameter, die das Universum kontingenter mentaler Selbstreferenz auf die Maße notwendiger Abstimmung und Koordination zurechtstutzt. Die doppelte Kontingenz möglicher Interaktion wird in der Interaktion zur Notwendigkeit wechselseitiger Abstimmung.

Dennoch ist die Idee reiner Kontingenz mentaler und sozialer Selbstreferenz wichtig. Sie beschreibt den Möglichkeitsraum der Konstruktion von Sinn als prinzipiell beliebig (zur Kategorie des Sinns folgen sogleich Erläuterungen). Sogar ohne Rückgriff auf die Idee der Selbstreferenz kommt Ernst Cassirer zu einer ähnlichen Formulierung: »Weil diese Inhalte, als selbstgeschaffene, auch ganz in der Gewalt des Bewusstseins sind, darum vermag es durch sie, wie der bezeichnende Ausdruck lautet, auch alle jene Bedeutungen immer von neuem mit Freiheit ›hervorzurufen‹.«[26] Zwar müssen, nach allem was wir wissen, Festlegungen getroffen werden, vom Bewusstsein (mentalen System) selbst etwa durch die Lenkung von Aufmerksamkeit oder von Institutionen oder anderen Einrichtungen sozialer Ordnungsbildung. Aber jede Festlegung ist denkbar, solange damit irgendeine Form der Ordnung erreicht wird – in der Spannbreite von Hyperordnung bis zu möglicher Unordnung im Sinne eines *sustainable* oder »established disorder«.[27]

In diesem weiten Raum nahezu unendlicher Möglichkeiten der Konstruktion von Sinn machen sich Symbole breit. Symbole sind die parthenogenetisch erzeugten Kinder mentaler und sozialer Selbstreferenz, die den noch leeren Raum möglicher Relationierungen der Selbstreferenz füllen – und füllen müssen, weil irgendetwas Bestimmtes das prinzipiell

---

25 Der Begriff der strukturellen Kopplung wird im folgenden durch den Begriff der symbolischen Kopplung ersetzt und nur aus Gründen der Tradition gelegentlich beibehalten. Es geht, wie in Teil III auszuführen ist, dabei nicht um eine Kopplung über Strukturen, sondern um eine Kopplung über resonante Fluktuationen, die über Symbole oder andere Zwischenträger vermittelt sind. Richtiger ist es daher, von resonanter oder symbolischer Kopplung zu sprechen.

26 Cassirer 2001: 40.

27 Donna Haraway, zit. von Law 1997: 12. Ausführlich zum Problem der Ordnung/Unordnung Willke 2003 b.

Kontingente formen muss, um für Menschen und soziale Systeme erträglich zu sein.

Ein grundsätzlicher Gedankengang von Terrence Deacon zur Symbolbildung als Voraussetzung der Evolution von Sprache kann diese Überlegung unterfüttern. Deacon nimmt an, dass Symbolisierung dadurch möglich wird, dass die Evolution des Gehirns (bei entwickelten Menschenaffen vor rund zwei Millionen Jahren) *unterschiedliche* Formen der neuronalen Repräsentation gelernter Zusammenhänge ausbildet: Neben die »ikonische« Repräsentation, die konditionalem Lernen zugrunde liegt, tritt mit verstärkter Wiederholung und erweitertem Erfahrungsraum eine »indexikalische« Repräsentation, die Ereignisreihen und Zusammenhänge externer Objekte in mental geordnete, indizierte ›Listen‹ fasst. Soweit liegt einem Lernerfolg eine möglichst enge, konditionierte Verbindung von äußeren Ereignissen und innerer Repräsentation zugrunde.

Paradoxerweise gelingt der höchst unwahrscheinliche Schritt zur Symbolisierung durch eine Lern*behinderung*. Wenn sich, aus welchen Gründen auch immer, die enge indexikalische Verknüpfung von Ereignissen und interner Repräsentation lockert und gegenüber den einzelnen Bäumen der Wald als Ganzes in Erscheinung tritt, als Einheit oder Zusammenhang oder Gestalt ›gesehen‹ und »re-kogniziert« wird, dann ist durch Generalisierung, durch die Relationierung von Relationen der Schritt zur Symbolisierung getan: »Immaturity of the brain is a learning handicap that greatly aids language acquisition. ... Rather than a language organ or some instinctual grammatical knowledge, what sets human beings apart is an innate *bias* for learning in a way that minimizes the cognitive interference that other species encounter when attempting to discover the logic behind symbolic reference – a bias that is far more intense and ubiquitous than mere immaturity.«[28]

Was Deacon für den neurobiologischen Fall der Sprachleistung des Gehirns als *mehrstufige* Form der Repräsentation beschreibt, wird für den Fall sozialer Systeme aus systemtheoretischer Sicht analog gefasst als *mehrstufige* Rekursionen der Symbolisierung, die über einzelne Symbole oder Symbolaggregationen hinweg Muster, Gestalten, Formen, Schemata etc. bezeichnen. Als Mechanismus der strukturellen Kopplung (in diesem Fall tatsächlich *strukturelle* Kopplung) scheint ein grundlegender Prozess der Berechnung, der Umrechnung, der Computation und der Algorithmisierung[29] zu dienen, der Codierung erlaubt, und mit

28 Deacon 1997: 141.

29 »Bei jedem algorithmischen Prozeß wird eine bestimmte Konfiguration von Gegenständen in eine andere umgewandelt. Was diese Gegenstände sind, welche physikalische Form sie haben, spielt im Prinzip keine Rolle. ... Es ist erst in zweiter Linie interessant, ob sich operationelle Transformationssysteme wie Algorithmen in physikalischen Sachsystemen oder in organischen Komplexen realisieren.« Winkler 2004: 156.

DIE INNERE FORM DER SYMBOLSYSTEME

Codierung Zuordnungen, Verweisungen, Zurechnungen, Formalisierungen, Übertragungen, Relationierungen etc. – also das gesamte Arsenal der regelgeleiteten Transformation, das mit dem Zusammenspiel von Repräsentation, Verknüpfungsregeln und Rekursivität (Rückbezug der Repräsentationen auf Repräsentationen und der Regeln auf Regeln) aus einfachsten lokalen Zusammenhängen hochkomplexe Konstellationen aufzubauen erlaubt. Regelgeleitete Codierungen erzeugen dann die erstaunlichsten Gebilde, von den Gensequenzen des Genoms und den hyperzyklischen Verknüpfungen von Zellprozessen über Bewusstsein bis hin zu Symbolsystemen als »Maschinen der Abstraktion«, als »Turing-Maschinen« oder als »Symbolische Maschinen«.[30]

Bemerkenswert ist, dass dieser spezielle Mechanismus struktureller Kopplung über regelgeleitete Codierungen sowohl die Ebene des Organischen erreichen kann wie auch die Ebene der Symbole. Im Reich des Organischen ist das Ribosom Beispiel einer Instanz der Algorithmisierung, weil es die Codierungen der Gene in eine andere Codierung *überträgt*, also auf der Seite des Organischen *Metaphern* (Übertragungen) bildet. Wie immer diese Umrechnungen im einzelnen erfolgen und gelingen können, sie scheinen routinemäßig zu gelingen. Schon lange vor der Evolution der Sprache ist die Natur in der Lage, abstrakte Codes zu schreiben und diese Fähigkeit zum Aufbau komplexer lebender Systeme zu nutzen. Es erscheint dann nicht mehr ganz so verwegen, auch die Sprachbildung als Symbolisierung zu verstehen, die auf mehrstufigen, rekursiven Codierungen beruht.

Der Kern der Codierung besteht in der Stabilisierung *unwahrscheinlicher* Zusammenhänge. Wenn die resultierenden Gebilde erstaunlich sind, so meint ›erstaunlich‹ in erster Linie, dass sie unwahrscheinlich sind. Komplexe Systeme, ob Organismus, Bewusstsein oder Sprache, sind höchst unwahrscheinliche Ordnungsleistungen, die gegen die Kraft von Naturgesetzen (wie Normalverteilung, Entropiesatz) durchgehalten werden müssen. Offenbar gelingt dies dann, wenn zufällige Konstellationen von Elementen, die in irgendeinem evolutionären Sinne produktiv und leistungsfähig sind, sich als *Komponenten* reproduzieren lassen, so dass ihre Reproduktion nicht die gesamte Zufallssequenz mit entsprechendem Zeitaufwand wieder durchlaufen muss. Als Komponenten (oder Teilsysteme) lassen sich bestimmte Konstellationen reproduzieren, wenn *die Regeln* ihrer Konstituierung irgendwo gespeichert sind, etwa in einem molekularen Gedächtnis, und mithin zur Reproduktion der Komponenten nur die Regel erinnert und angewendet werden muss. In dieser Weise beschreibt Herbert Simon den evolutionären Vorteil der Bildung von Komponenten oder Subsystemen und den Vorteil des Uhrmachers Hora gegenüber seinem Kollegen Tempus.[31]

30 Krämer 1988.    31 Simon 1978.

Nun kommt zum Vorschein, dass Codierung nichts weiteres voraussetzt als Zuordnungsregeln, die bestimmte Elemente in einem geordneten Prozess in andere Elemente umwandeln, so wie Buchstaben in das Morse-Alphabet umgewandelt werden oder die Buchstabenfolge des genetischen Codes in Anweisungen für die Produktion von Makromolekülen. Die Regeln werden zunächst einfachste Konditionalprogramme sein, wie sie etwa dem operanten Konditionieren zugrunde liegen. Interessant wird es dann, wenn die Elemente, um die es geht, selbst Regeln sind, also Regeln nach bestimmten Regeln (Metaregeln) zu komplexen Prozessvorschriften zusammengespannt werden. Dann ist dem Aufbau immer komplexerer Architekturen und Konstellationen ein nahezu unbegrenzter Raum an Optionen eröffnet. Der verhältnismäßig einfache Grundmechanismus der Codierung steuert den Aufbau organisierter Komplexität *gegen die Wahrscheinlichkeit*.

In diesem Sinne sind Symbole funktionierende Mystifikationen.[32] Allerdings mit Betonung auf dem Funktionieren, also mit Betonung auf einer performativen Leistung im Sinne Austins. Die üblichen Bestimmungen des Symbolischen als eine Gegenwelt des Vorspiegelns, des Scheinbaren oder Unwirklichen sind wenig hilfreich, weil sie das reale Funktionieren der Symbole verkennen: Eine symbolische Politik ist ebenso real wie eine vermeintlich reale Politik. Symbole erlauben eine flexible, einstellbare, kontextsensitive Relationierung von Relationen. Sie lassen damit Festlegungen bei prinzipieller Offenheit und Offenheit bei notwendiger Festlegung zu. Symbole sind Sinnträger, Kristallisationskerne für Sinn. Sie sind notwendig als Lösung eines Problems, das die Evolution sich mit der Entwicklung komplexer mentaler und sozialer Systeme selbst eingebrockt hat: Die eingeräumten Freiheiten der Herstellung von Sinn lassen sich nur nutzen und viabel halten, wenn sie Halt an den Notwendigkeiten einer symbolischen Ordnung finden, die zwar noch Ordnung ist, sich aber von der bleiernen Ordnung der Dinge ganz gelöst hat.

Symbole halten die Selektivität fest, die jede einzelne Operation des Denkens und des Sprechens benötigt, um sich von kontingenten Möglichkeiten abzuheben und erst darin prägnant zu werden. Diese Selektivität müsste immer wieder neu aufgebaut und konfirmiert werden, wenn sie nicht für bestimmte Konstellationen rekurrenter Kommunika-

32 »Symbole sind Mystifikationen«, zitiert Luhmann zustimmend Novalis (Fragmente 11). Luhmann 1993 b: 66. Ausführlicher Edgar Morin 1958: 193: »Symbolisch ist jedes Ding, welches ein anderes Ding oder mehr als sich selbst enthält, enthüllt oder in Erinnerung ruft. Das Symbol ist einerseits ein abstraktes Zeichen und deshalb fast immer dürftiger als das, was es symbolisiert, andererseits aber konkrete Gegenwart, weil es den Reichtum des Vergegenwärtigten wiederherzustellen vermag. Das Symbol ist gewissermaßen die konkrete Abstraktion.«

tion symbolisch generalisiert und in diesem Sinne »institutionalisiert« würde. Mit dem Verweis auf ein Symbol wird ein ganzer Kontext von Selektivität aufgerufen und in kompakter Form verfügbar gemacht. Wenn und soweit sich die Symbole in der Praxis als soziale Praktiken bewähren, wird die in sie eingebaute Selektivität unsichtbar und selbstverständlich. »Deswegen können Symbole motivieren.«[33]

Die Kategorie des Sinns taucht nicht zufällig an dieser Stelle auf. Sinn ist nicht nur eine differenzlose Kategorie, die keinen sinnvollen Gegenbegriff hat, sondern Sinn bildet das einzige Scharnier zwischen Innen und Außen des mentalen Systems, zwischen autonomer interner Operationsform und der Verbindung mentaler Systeme mit sozialen Konstellationen und Kontexten. Sinn bezeichnet zum einen die innere Seite des Operierens mentaler Systeme – dies ist die Seite des Mentalen und des Mediums des Denkens. Er bezeichnet auch die äußere Seite der Verknüpfung mentaler Systeme – dies ist die Seite der Sprache und des Mediums des Sprechens. Zwei unterschiedliche Systeme, Bewusstsein und Sprache, greifen auf Sinn als ein gemeinsames Protomedium[34] zurück und erzeugen in diesem Rückgriff überhaupt erst Sinn, vermutlich, weil Denken und Sprechen koevolutiv entstanden sind als eine Differenz, die sich ihre Einheit in dem tiefer gelegten Protomedium des Sinns schafft.

Umgekehrt scheint Sinn ohne Ausprägung in einem spezifischen Medium nicht fassbar zu sein. Weder mentale noch soziale Systeme können mit Sinn in seiner rohen Form etwas anfangen. Sie transponieren das Protomedium Sinn in eigene Währungen, die des Denkens und Sprechens, in denen die Transaktionen des Bewusstseins und der Kommunikation ablaufen können. Diese schöne Fügung erlaubt es den Sozialwissenschaften, die Details und Deutungen des Denkens der Psychologie im allgemeinen und der Kognitionspsychologie im besonderen zu überlassen und darauf zu vertrauen, dass es Gedanken gibt und mentale Systeme das Denken prozessieren. Auch die Feinheiten der Sprache als erstes und fundamentales Symbolsystem können die Sozialwissenschaften den Linguisten überlassen. Es genügt, dass es offenbar Sprache gibt, sie auf symbolischer Generalisierung beruht und sie als Medium der Kommunikation verfügbar ist. Gedanken können mit Hilfe der Sprache zu Kommunikationen externalisiert werden. Dies ist der Rohstoff, mit dem Soziologie arbeitet und aus dem sich höher generalisierte Symbolsysteme aufbauen. Dies bedeutet auch, dass die Gehirnforschung zu den spezifischen Fragestellungen der Soziologie wenig beitragen kann.

---

33 Baecker 2004: 264.
34 Luhmann spricht an diesem Punkt etwas missverständlich von Sinn als Universalmedium (1997 a: 51) oder von einem generellen Medium (2005: 43).

Es geht nicht um Physiologie, sondern um Symbolproduktion, nicht um Dendritenareale, sondern um sozial geformte Kommunikationsmuster, nicht um Biochemie, sondern um soziale Semiotik. Gehirnfoschern ist daher anzuraten, mit ihren frei schwebenden soziologischen Phantasien vorsichtiger zu sein.

Dass die Produktion von Sinn aus Zyklen von Denken und Sprechen und dem Beobachten (und Bedenken) des Gesprochenen besteht, hat vor allem Karl Weick unter der generellen Formel des »sensemaking« analysiert. Er nutzt in vielen Abwandlungen ein instruktives Paradox, um vor Augen zu führen, dass Sprecher Sinn aus der Rekonstruktion einer Projektion ins Ungewisse generieren, und dabei das Ungewisse notwendig ist, um das Sinnhafte möglich zu machen: »Wie kann ich wissen, was ich denke, bevor ich sehe, was ich sage?«[35] Tatsächlich beinhaltet das Paradox nichts anderes als eine kompakte Beschreibung des Zusammenspiels von Denken und Sprechen in der Form einer symbolischen Kopplung, die beide Seiten der Form als wechselseitig instruktiv begreift: Das Denken validiert möglichen Sinn, indem es die Folgen des Sprechens beobachtet, und das Sprechen gibt die Folie ab, auf der sich das Denken als Identisches verstehen kann: »So verharrt auch die Sprache zunächst gegenüber der Trennung der Welt in zwei deutlich geschiedene Sphären, in ein ›äußeres‹ und ein ›inneres‹ Sein, nicht nur überhaupt in einer merkwürdigen Indifferenz – sondern es scheint geradezu, als ob diese Indifferenz zu ihrem Wesen notwendig gehöre.«[36]

Gerade die Soziologie kann dem schwarzen Loch der Kategorie des Sinns nicht ausweichen. Sinn selbst hat keinen Sinn. Er ist »das leere Innere des Verstandes«.[37] Er ist der blinde Fleck jeder Konstruktion von Sinn[38] und spiegelt darin »die innere Nichtigkeit (nullité) der Zeichen«.[39] Sinn selbst ist sinnleer, aber er ist ein generatives Prinzip, das es erlaubt, die vielfältigen Formen der Konstituierung von Sinn auf eine

---

35 Weick 1995a: 14. Abwandlungen sind zum Beispiel: »How can I know who I am until I see what they do?« oder: »How can I know what we did until I see what we produced?« (Weick 1995b: 23 und 30). Bei Hegel lautet die Formulierung: »Das Individuum kann daher nicht wissen, was es ist, ehe es sich durch das Tun zur Wirklichkeit gebracht hat.« Hegel 1986: 297. Luhmann formuliert mit Blick auf den Künstler: »Und auch der Künstler kann nur sehen, was er gewollt hat, wenn er sieht, was er gemacht hat.« Luhmann 1995a: 44.

36 Cassirer 2001: 123.

37 Hegel 1986: 138.

38 Überzeugende Argumente dazu bei Ort 1998: 216ff.: »Das Medium kann *als Medium* nicht beobachtet werden – *als Medium* bildet es einen blinden Fleck.« (Hervorhebungen im Original). Luhmann 1996a: 3: »Aber Sinn selbst ist keine sinnvolle Form.«

39 Saussure 2003a: 365.

gemeinsame Basis zu spiegeln. Weder psychische noch soziale Systeme haben einen direkten Zugang zu Sinn. Vielmehr müssen sie System-näher gebaute Medien dazwischen schalten, um zu Sinn zu gelangen. Auf der Seite des Organismus sind dies etwa Denken oder Fühlen (und vielleicht noch andere Mechanismen), die als Organismus-nahe Medien fähig sind, Sinn zu spezifizieren. Auf der Seite sozialer Systeme sind dies Kommunikationen und Kommunikationsmedien (und vielleicht noch andere Medien), die als Sozialsystem-nahe Medien den Prozess des »sensemaking« leiten.

Die Basis-Kategorie des Sinns teilt das Schicksal vergleichbarer Basiskategorien. Vor allem die Kategorien Gott oder Geist haben für Theologie bzw. Philosophie ähnlich aufschlussreiche Verwirrungen (*discretio in confusione*)[40] hervorgerufen, wie die Kategorie Sinn für die Soziologie. Zwingend müssen solche differenzlosen Kategorien absolut gesetzt werden[41] und führen deshalb ebenso zwingend in die üblichen Turbulenzen logischer und operativer Paradoxien. Versteht man sie als generative Prinzipien, dann erscheint es immerhin möglich, jenseits der ins Nichts weisenden Selbstreferenz über Fremdreferenzen (etwa auf Organismen oder auf soziale Systeme) Respezifikationen zu erreichen, die dann doch Sinn ergeben.

Trotz ihrer haltlosen Selbstreferenz vollbringen Allkategorien wie Sinn (Gott, Geist, Natur, Vernunft ...) eine erstaunliche Leistung: Sie schaffen Ordnung aus Nichts – *creatio ex nihilo*. »Evolution is the one kind of process able to produce something out of nothing, or, more accurately, able to create adaptive structural information where none previously existed. And the raw materials are the ubiquitous noise and context of the process.«[42] Sie bezeichnen die Bedingung der Möglichkeit von Ordnung in Konstellationen fundamentaler Unordnung und Ver-wirrung, die der »Wirbel der Zeichen«[43] stiftet. Die Ordnung der Dinge ist, wie sie ist. Selbst wenn sie als Unordnung erscheint, ist sie, wie sie ist. Sie ist nicht kontingent. Denn die Dinge stoßen sich hart im Raum, und vieles ist nicht möglich. Ich kann weder durch die Felswand noch

40 Dies ist keine neue Idee. Schon Cusanus stellt fest, dass alles, auch ein Ding, umso mehr Einheit aufweist, je näher es Gott ist. »Dass aber seine Einheit in Vielheit, sein Unterschiedenes in Verwirrung (discretio in confusione), seine Verbindung in Disharmonie sich befindet, das hat es nicht von Gott, noch von irgendeiner positiven Ursache, sondern zufällig (contingenter).« Cusanus 1862: 81. Schon bei Cusanus muss Kontingenz die Last der Abweichung tragen.

41 »Das Bedürfnis, das Absolute als *Subjekt* vorzustellen, bediente sich der Sätze: *Gott* ist das Ewige, oder die moralische Weltordnung, oder die Liebe usf.« Hegel 1986: 26.

42 Deacon 1997: 458.

43 Saussure 2003 a: 355.

über Wasser gehen, sondern hole mir nur eine blutige Nase oder ertrin-
ke. Sobald sich aber Operationen von der Materialität der Dinge lösen,
sich in die imaginären Welten des symbolisch gesteuerten Denkens oder
Sprechens entäußern, lösen sich auch alle materialen Ordnungsparame-
ter auf in der abgründigen Kontingenz beliebiger Operationen.

Genau an diesem Punkt unterscheiden sich Evolution und Steuerung
fundamental. Evolution kennt keine Phantasie und keine Zukunft,
keine Kontingenz und keine Kategorie des Möglichen. Sinn dagegen
verweist immer und notwendig auf Mögliches. Mit Sinn beginnt daher
die Überwindung der Evolution durch die Evolution der Evolution zur
Steuerung. Evolution braucht keinen Sinn. Aber sobald Sinn aus der
Konfusion und den Konjektionen von Denken und Sprechen entsteht
und sich als Einheit der Differenz von Aktualität und Möglichkeit konstituiert, geht die Evolution über die naturwüchsige Evolution hinaus
und bildet eine neue, emergente Systemebene aus: die Ebene sinnhaft
konstituierter, zukunftsoffener und selbststeuernder Systeme.

Dieser Potentialität sind Denken und Sprechen zunächst nicht gewachsen. Sie müssen sich selbst Surrogate der Bindung ihrer Ordnung
schaffen. Das wilde Denken und das wilde Sprechen fangen sich selbst
ein und domestizieren sich durch Sinnsysteme, die sie selbst hervorbringen und die als einzigen Rückhalt möglicher Ordnung die Ordnung
des Absoluten, die absolute Ordnung einer Allkategorie haben, die
nichts ist als funktionierende Fiktion, also zugleich Nichts und Etwas.
Operativ geschieht diese Domestizierung dadurch, dass Gedanken nur
selbstreferentiell, also mit Bezug auf andere Gedanken prozedieren.
Bewusstsein als mentales System operiert damit zwingend auf der Basis
von Selbstbeobachtung, indem es sich in seinen Gedanken durch andere
Gedanken beobachtet. Man muss annehmen, dass die Koevolution von
Denken und Sprechen diese Selbstreferenz auf beiden Seiten, auf der
Seite des Denken und des Sprechens, ermöglicht hat. »Die Einrichtung
der Selbstbeobachtung ist ein irreversibles Resultat von *Evolution*, man
kann wohl sagen: von gesellschaftlicher Evolution.«[44]

Dennoch schwingt bei jeder Selbstbeobachtung die Umwelt eines Systems als notwendige Fremdfrequenz und Fremdreferenz mit und grenzt
den Raum von Kontingenz und Geltung durch Faktizität ein. So ist im
Symbolsystem der Sprache zwar alles möglich, was sich im Rahmen der
inneren Logik von Semantik, Syntax und Grammatik in Sätze fassen
lässt. Doch weiß das Symbolsystem des Bewusstseins erstaunlicherweise semiotisch und pragmatisch sehr wohl zu unterscheiden, welche
aus den Sätzen gebildeten Sprachspiele dem Reich des Imaginären
angehören, etwa den Bereichen von Kunst, Religion und Mythos, die
deshalb andere Freiheitsräume haben als Sprachspiele, die dem Reich

44 Luhmann 1995 b: 72.

der »Notwendigkeit« einer instrumentellen Praxis angehören, etwa den Bereichen von Technologien und produktiver Praktiken. Damit ist nicht gemeint, dass irgendeine primordiale Lebenswelt den Optionenraum des Imaginären definitiv und verbindlich eingrenzen könnte. Ein historisch und anthropologisch vergleichender Blick zeigt, dass die unendlich vielfältigen Formen der Lebenswelten, welche die Menschen als unverrückbare stählerne Gehäuse mit Ewigkeitswert gesehen haben, wie Kartenhäuser in sich zusammenfallen, wenn ein neues mentales und epistemologisches Paradigma über sie hinwegfegt und »den systemischen Eigensinn der gesellschaftlichen Vermittlung von Technik«[45] gegenüber den Absichten und Motiven der Individuen durchsetzt.

Symbole sind die Lösung für ein Problem, in das sich die Evolution mit einer ihrer erstaunlichsten Leistungen selbst hineinmanövriert hat. Die Möglichkeit, dass sich menschliches Handeln von den Zwängen strenger und eng gekoppelter Reiz-Reaktions-Zyklen entfernt, also all das, was in der Anthropologie unter Instinktarmut, Plastizität, Mensch als Mängelwesen etc. läuft, eröffnet mit Kontingenz, wählbaren Alternativen und intern generierten Optionen eine Büchse der Pandora. Ihr entströmt seither das Chaos, das notwendig mit Kontingenz verbunden ist und das bewusstseinsintern durch Sprache und ihre Selbst-Sozialisationsgeschichte[46] in Ordnungsformen gefasst und bewusstseinsextern in einer Gesellschaftsgeschichte der Ordnungsmuster, Ordnungsmodelle, Ordnungsarchitekturen, Ordnungsideen etc. immer wieder gezügelt und eingefasst wird, bevor es mit neuen Optionen diese Einfassung sprengt und ein neuer Zyklus der Verkettung von Chaos und Ordnung beginnt.

Symbole setzen diese Kontingenz voraus. Ohne Kontingenz wären Symbole überflüssig. Das Problem der Kontingenz schafft sich die Lösung der Symbolisierung. Und die Symbole schaffen neue Kontingenzen. Symbole transformieren die rohen Kontingenzen der ursprünglichen doppelten Kontingenz in die raffinierten Kontingenzen systemisch geordneter Symbole. Die großartige Erfindung von Kontingenz – und mithin letztlich von Freiheit – wäre vermutlich destruktiv ohne die komplementäre Erfindung von Mechanismen, welche die Möglichkeit schaffen, Freiheitsgrade für bestimmte Situationen, bestimmte Zeiten oder bestimmte Beziehungen wieder einzugrenzen, ohne Freiheit oder Kontingenz insgesamt aufzuheben.

In der Symboltheorie wird dem Symbol häufig die Stellvertretung für nicht Erreichbares oder für Abwesendes zugewiesen. Symbolisierung »kommt vor allem (und historisch wie praktisch nur dann) in Betracht, wenn das, was das Bezeichnende bezeichnet, operativ *unzugänglich* ist.

45 Habermas 1991: 44.
46 Luhmann 1995 b: 86 f. Ausführlich Deacon 1997.

Das, worauf der Zeiger verweist, ist *unerreichbar.*«[47] Das ist plausibel, aber nicht ausreichend. Denn Symbolisierung erlaubt generell den kontrollierten Umgang mit Kontingenz, nicht nur mit Abwesendem, und forciert damit geradezu ein Spiel mit Optionen, die sich von einer gegebenen Realität unabhängig machen: »Es gibt demnach kein ›Etwas‹ im Bewußtsein, ohne dass damit eo ipso und ohne weitere Vermittlung ein ›Anderes‹ und eine Reihe von anderen gesetzt würde.«[48]
Sprache als erstes und fundierendes Symbolsystem[49] leistet genau dies. Sprache ist die Einrichtung, die Kontingenz erträglich und damit möglich macht – so wie Kontingenz die Erfindung ist, die Sprache notwendig macht. Indem Sprache es erlaubt, aus einem Kosmos von Möglichkeiten *bestimmte* Optionen zu bezeichnen, andere auszuschließen und diese Unterscheidungen in einem beliebig steigerbaren Formenkalkül zu organisieren,[50] formt sie die Welt kontingenter Möglichkeiten zu temporären und vorläufigen Ordnungen, die zugleich im Prinzip jederzeit widerrufen und mit anderen Bezeichnungen und Unterscheidungen anders konstruiert werden können. Es ist das Symbolsystem der Sprache, welches in primordialer Weise die Konstruktion und Dekonstruktion von sozialen und mentalen Ordnungen steuert, indem sie »die Komplementarität und die wechselseitige Anerkennung der Erwartungen sichert«,[51] sobald Sprecher sich auf eine gemeinsame Sprache einigen.

Diese Leistung ist umso bemerkenswerter, als Sprache (*langue*) selbst nichts anderes ist und nicht anders operiert denn als Spiel von Differenzen. Saussure hat dies in Formulierungen festgehalten, die gespenstisch an Formulierungen von George Spencer Brown erinnern – und die über ein halbes Jahrhundert später von Spencer Brown notiert

47 Luhmann 1993b: 67f. (Hervorhebung H. W.) »In symbolischer Handlung und im Symbol soll dem nicht wirklich Präsenten die eigentliche Präsenz in der Erfahrung zukommen« Soeffner 2000: 190.
48 Cassirer 2001: 30f.
49 »Zuerst begegnen wir dem Symbolischen natürlich in der Sprache.« Castoriadis 1990: 200. »Das Symbol ist am Ursprung aller Sprachen, die nichts anderes sind als ein Verkettung von Symbolen zum Zwecke der Verständigung« Morin 1958: 206. Ähnlich Luhmann (1997a: 319), der diese Totalität als Einheit von Bezeichnendem und Bezeichnetem bezeichnet und das Symbol als ein reflexiv gewordenes Zeichen sieht, als »ein Fall, dass ein Zeichen die eigene Funktion mitbezeichnet, also reflexiv wird.«
50 Grundlegend dazu Spencer Brown 1979, dessen Formenkalkül das Symbolsystem der Algebra zum Gegenstand hat. Um dieses zu beschreiben, benutzt er eine Sprache, die zeigt, dass sein Kalkül grundlegender noch auf die Sprache selbst angewendet werden kann. Siehe dazu auch Baecker 1993a; 1993b.
51 Luhmann 1975b: 172.

wurden: »Im Gegensatz dazu (hier: zu chemischen und zoologischen Entitäten) bestreiten wir, dass irgendeine sprachliche Tatsache (...) einen einzigen Augenblick für sich genommen außerhalb ihrer Opposition zu anderen existiert, und dass sie etwas anderes ist *als eine mehr oder weniger glückliche Weise, die Differenzen zusammenzufassen, die im Spiel sind*: derart, dass nur diese Differenzen existieren, und dass daher der gesamte Gegenstand, mit dem sich die Sprachwissenschaft befasst, in eine Dimension von Relativität geworfen ist, die vollständig und auf bedenkliche Weise das übersteigt, was man normalerweise unter der ›Relativität‹ der Tatsachen versteht.«[52]

Nach Vorarbeiten etwa von Georg Simmel oder Herbert Mead war es Talcott Parsons, der eine Theorie der Sprache als symbolisch generalisiertes Kommunikationsmedium entwickelt hat. Für ihn sind auf dieser Grundlage alle weiteren Symbolsysteme, insbesondere die »Austauschmedien« Geld, Macht, Einfluss und Wertbeziehungen (»commitments«), Stufen der Entwicklung von Spezialsprachen für weitere Stufen der Ordnungsbildung in komplexen, differenzierten Systemen.[53] Zwar leitet auch Parsons die Notwendigkeit der Ordnungsbildung aus »doppelter Kontingenz« als Merkmal der *conditio humana* ab, aber Ordnung beschränkt sich für Parsons auf die Regulierung von Austauschbeziehungen, in denen wechselseitige Abhängigkeiten zu gemeinsamem Nutzen verknüpft werden.

Niklas Luhmann führt diesen Gedanken mit zwei entscheidenden Wendungen weiter. Zum einen legt er den flachen Kontingenzbegriff von Parsons mit einer modaltheoretischen Fundierung tiefer und definiert Kontingenz als Negation von Unmöglichkeit und Notwendigkeit: »Kontingent ist etwas, was weder notwendig ist noch unmöglich ist; was also so, wie es ist (war, sein wird), sein kann, aber auch anders möglich ist.«[54] Damit radikalisiert er die Abhängigkeit des einen vom anderen zur Abhängigkeit *alles* anderen von dem einen, zur Abhängigkeit alles Möglichen oder Imaginierten von dem einen Bezeichneten. Zum ande-

52  Saussure 2003 b: 34 f. (Hervorhebung H. W.) Saussure spricht in diesem Zusammenhang nicht nur von Differenzen, sondern präzise wie später Spencer Brown von *Form*: »FORM = Nicht eine bestimmte *positive* Entität irgendeiner Ordnung, und zwar einer *einfachen* Ordnung, sondern sowohl *negative* als auch *komplexe* Entität: die aus der *Differenz* zu anderen Formen IN VERBINDUNG mit der *Differenz* der Bedeutung anderer Formen hervorgeht (ohne jede Art von materieller Grundlage).... . Wer *Form* sagt, sagt *Differenz* (zu anderen Formen) und nichts anderes.« Saussure 2003 b: 96 f. und 111. (Alle Hervorhebungen im Original). Wären die Notizen Saussures früher zugänglich gewesen, müsste man meinen, Spencer Brown hätte sie gekannt.

53  Parsons 1975; Luhmann 1976.

54  Luhmann 1984a: 152.

ren betont er beim Medium der Sprache nicht wie Parsons den Aspekt des Austausches, sondern den Aspekt der Negation.

Die in Sprache eingebaute Möglichkeit der Negation schafft eine Duplikationsregel dadurch, dass zu jeder Aussage eine Verneinung dieser Aussage möglich ist. Wie ein genetischer Code die Wahrscheinlichkeit von Systemprozessen steuert, so steuert im Fall der Sprache der symbolische Code, beispielhaft die Duplikationsregel, sprachintern die Wahrscheinlichkeit für die Annahme von Selektionsofferten und koppelt so zu einem gewissen Grad die Verwendung des Symbolsystems der Sprache von Umweltereignissen ab: »Die durch Sprache gesteigerte Kontingenz erfordert Zusatzeinrichtungen in der Form weiterer symbolischer Codes, die die wirksame Übertragung reduzierter Komplexität steuern.«[55]

Diese generative Dynamik baut auf dem ersten Symbolsystem der Sprache Steigerungen der Symbolisierung in Form von Spezialsprachen, Kommunikationsmedien und Steuerungsmedien auf. Diese Steigerungen fügen sich als Teil einer breiteren Dialektik der Systemevolution ein, wonach soziale Systeme ihre Eigenkomplexität steigern, dann Mechanismen benötigen, um mit der gesteigerten Komplexität zurandezukommen, dann auf der Basis wieder beherrschbarer Komplexität diese weiter steigern, und so weiter. In diesem evolutionären Kontext der Steigerung noch steuerbarer Eigenkomplexität ist Symbolisierung die einzigartige Operation, die den Geist aus der Materie treibt und durch diesen Phasensprung der »Entäußerung« das Eigenleben der Symbolsysteme begründet: » ... denn das *unmittelbar*, d. h. *ohne Entfremdung* an und für sich geltende Selbst ist ohne Substanz und das Spiel jener tobenden Elemente; *seine* Substanz ist also seine Entäußerung selbst, und die Entäußerung ist die Substanz oder die zu einer Welt sich ordnenden und sich dadurch erhaltenden geistigen Mächte.«[56] Als Entäußerte wirken die Symbolsysteme zurück auf die Welt beobachtender Systeme, und indem sie Beobachtungen steuern, werden sie so real wie jede andere Realität.[57] In einer Hegel geradezu verwandten Formulierung

---

55 Luhmann 1975 b: 173. Das Wort »steuern« darf in dieser Formulierung nicht allzu wörtlich genommen werden. Luhmann versteht symbolisch generalisierte Medien als Kommunikationsmedien, und er wehrt sich noch lange nach diesem Text von 1974 gegen die Vorstellung von Medien als Steuerungsmedien.

56 Hegel 1986: 360.

57 Natürlich bleibt die Frage, warum das Geistige nicht bei sich blieb, sondern sich aus der Materie vertreiben ließ und sich seitdem irgendwie mit dieser getrennt und verbunden herumtreibt. In einem Gedicht von Wistawa Szymborska 2003 heißt es treffend:
»Aus unklaren Gründen,
unter unbekannten Umständen
hörte das Ideale Sein auf, sich zu genügen.

spricht Saussure davon, dass »ebenso, wie der Laut eines Worts, *das ein Ding ist, das ebenso in unser Innerstes gelangt,* in dieser Art zu einem vollständig vom Diskursiven unabhängigen Eindruck wird, ebenso *löst unser Geist die ganze Zeit das aus dem Diskursiven heraus,* was es braucht, damit nur das Wort bleibt.«[58]

An diesem kritischen Punkt der Entäußerung der Symbolsysteme fällt Castoriadis hinter Hegel zurück, obwohl er ihn bei der Begründung der elementaren Fähigkeit der Imagination zitiert. Castoriadis spricht mehrfach davon, dass die Symbolsysteme der Gesellschaft sich verselbständigen, aber in seiner forcierten Frontstellung gegen den Strukturalismus (wie auch gegen den dogmatischen Marxismus) lehnt er ausdrücklich die Position von Claude Lévi-Strauss ab, wonach nicht der Mensch die Mythen denkt, sondern sich die Mythen in den Menschen denken und die Mythen sich sogar in gewisser Weise untereinander denken.[59] Die Idee der symbolischen Kopplung könnte hier weiterhelfen. Symbolsysteme entstehen zwar aus dem Nichts, aber nicht ohne Grund. Ihr Grund ist, gerade auch für Castoriadis, die Fähigkeit zur Imagination. Imagination schafft etwas aus nichts, aber dieses Imaginierte hat Wirkungen, die dann, wenn sie beobachtet und kommuniziert werden, die imaginäre in eine reale Realität transformieren und so überformen, dass Castoriadis sogar von Unterjochung spricht: »Schließlich kommt man um die Frage nicht herum, wie und warum es dem symbolischen System der Institutionen gelingt, sich zu verselbständigen. Wie und warum wird die institutionelle Struktur, sobald sie entstanden ist, zu einem Faktor, dem das wirkliche Leben der Gesellschaft untergeordnet, ja geradezu unterjocht ist?«.[60]

Entscheidend für die Emergenz von Symbolen ist, dass sowohl Gedanken als auch Kommunikationen radikal temporalisierte Elemente von (unterschiedlichen) Symbolsystemen darstellen.[61] Das sieht bereits Hegel: »In dem Gerichte jener Bewegung bestehen zwar die einzelnen Gestalten des Geistes wie die bestimmten Gedanken nicht, aber sie sind so sehr auch positiv notwendige Momente, als sie negativ und verschwindend sind.«[62] Sie *müssen* radikal temporalisiert und vergänglich sein, weil

...
Wozu, zum Kuckuck, musste es Eindrücke suchen
in der schlechten Gesellschaft der Materie?«

58 Saussure 2003 a: 375. (Hervorhebungen H. W.)
59 Castoriadis 1990: 234, Fn. 38.
60 Castoriadis 1990: 239.
61 Luhmann 1984 a: 28. Weick 1995 a: 67: »Wir bevorzugen die Auffassung von Organisationen, die davon ausgeht, dass Organisationen andauernd auseinanderfallen und deshalb beständig neu aufgebaut werden müssen.«
62 Hegel 1986: 46.

ansonsten die Welt innerhalb kurzer Zeit mit festen, unverrückbaren Gedanken und Kommunikationen vollgestellt wäre. Gedanken werden gedacht oder denken sich – und verschwinden im nächsten Augenblick: »der Strom der cogitationes«.[63] Es gibt nichts, was sie festhalten könnte, außer eben »die Verstetigung des fließenden Bewusstseinsstromes zum symbolisch verkörperten Geist«.[64] Selbst die Erinnerung daran ist schon ein neuer Gedanke, der wiederum gleich vergeht. Eine Erinnerung ist also die Beobachtung eines vergangenen Gedankens durch einen aktuellen Gedanken in einem zwingend temporalisierten Anknüpfen von Gedanken an Gedanken.

An diesem Punkt entscheidet sich Luhmann anders: Er bezeichnet einen beobachteten Gedanken als *Vorstellung*[65] und verwischt damit den Unterschied zwischen Erinnerung als Beobachtung eines vergangen Gedankens und Vorstellung als Beobachtung eines *möglichen, zukünftig zu denkenden* oder vergangen möglichen, *optional anderen* Gedankens. Dafür ließe sich auch Schelling als Zeuge aufrufen: »Das Ich, einmal in die Zeit versetzt, ist ein steter Übergang von Vorstellung zu Vorstellung; nun steht es allerdings in seiner Gewalt, diese Reihe durch Reflexion zu unterbrechen, mit der absoluten Unterbrechung jener Sukzession beginnt alles Philosophieren, von jetzt an wird dieselbe Sukzession willkürlich, die vorher unwillkürlich war«.[66]

Erst in diesem Hiatus einer Vorstellung von Möglichem (aber nicht Notwendigem, also Kontingentem) entsteht der Freiraum für Imagination. Dieser jedem Gedanken inhärente Bezug auf zukünftig mögliche Gedanken lässt sich nicht auf hochgeschraubte normative Erwartungen wie Rationalität (Peirce) oder Wahrheitsanspruch (Habermas) reduzieren,[67] denn zweifellos kann der nächste Gedanke auf Irrationales oder auf eine Lüge gerichtet sein. Die inhärente Futurität ist vorerst und vor

---

63 Husserl 1992: 33.

64 Habermas 1991: 15. So charakterisiert Habermas die Interpretation symbolischer Formen durch Charles Peirce.

65 Luhmann 1995 b: 62.

66 Schelling 1907: 70. Zizek 2005: 44: »Ging es nicht schon Schelling um etwas Ähnliches, als er behauptete, dass bei der Explosion des Bewußtseins, des menschlichen Denkens, inmitten der geschaffenen positiven Realität der Urabgrund einer Potentialität explodiert und zur Existenz gelangt – und der Mensch das einzige Geschöpf ist, das (wieder) unmittelbar mit dem Urabgrund verbunden ist, aus dem alle Dinge hervorgegangen sind?« Dieser Urabgrund ist für Zizek selbst das virtuelle Feld der immateriellen Potentialität, also vergleichbar dem, was hier als Eigenlogik der autonomen Operationsform symbolischer Systeme bezeichnet wird.

67 Habermas (1991: 147) zitiert zustimmend Peirce: »Thus thought is rational only so far as it recommends itself to a possible future thought.«

allem Bedingung der Möglichkeit für das mentale System, sich in die Freiräume der Projektion und der Imagination zu entäußern.

Da die Imagination und das Imaginäre Teil des Bewusstseins sind, »lässt sich das Imaginäre nicht von der ›menschlichen Natur‹ abtrennen – vom stofflichen Menschen. Es bildet darin einen unentbehrlichen und vitalen Wesensbestandteil. Es wirkt bei seiner praktischen Gestaltwerdung mit. Es bildet ein wirkliches Gerüst von Projektionen und Identifikationen, von dem aus der Mensch, *indem er sich maskiert, sich erkennt und errichtet.*«[68]

In gleicher Weise wie Gedanken verschwinden auch Kommunikationen, sobald die Worte verklungen oder die Mitteilung angekommen ist. Damit mentale und soziale Systeme weiterbestehen können und nicht einfach von Augenblick zu Augenblick aufhören, müssen Mechanismen greifen, die dafür sorgen, dass Gedanken an Gedanken und Kommunikationen an Kommunikationen verlässlich anschließen. Hier scheinen Symbole ihre Rolle als funktionierende Fiktionen zu übernehmen. Sie halten kontrafaktisch etwas konstant und/oder präsent, was sonst einfach verschwinden würde. »Kein bloßer Inhalt des Bewußtseins kehrt als solcher, nachdem er einmal vergangen und durch andere ersetzt ist, in streng identischer Bestimmtheit wieder. Er ist als das, was er war, ein für allemal dahin, sobald er aus dem Bewußtsein geschwunden ist. Aber diesem unaufhörlichen Wechsel der inhaltlichen Qualitäten stellt nun das Bewußtsein die Einheit seiner selbst und seiner Form gegenüber.«[69]

Gegenüber diesem hartnäckig Ephemeren von Gedanken und Kommunikationen bildet Sinn das komplementäre Gegenlager. Sinn ist als generalisierter Verweisungszusammenhang immer und unausweichlich konstant und präsent. Kein Gedanke und keine Kommunikation können ihm ausweichen, sie sind von Sinn umzingelt, ob sie es wollen oder nicht. In diesem Sinne spricht Husserl von einem »Sinnhorizont«, der sich zwar mit der Eigenbewegung von Systemen mit bewegt, der aber nicht auflösbar ist und genau darin den flüchtigen Gedanken und Kommunikationen den nötigen Halt geben kann. Und Luhmann, der Husserls Überlegungen die Dimension der Selbstreferenz hinzufügt, hält fest, dass kein sinnkonstituierendes System der Sinnhaftigkeit aller eigenen Prozesse entfliehen kann: Sinn bleibt unausweichlich und unnegierbar.

Sinn ist das Medium der Symbolisierung. Symbolsysteme lassen sich als Architekturen von Formen verstehen, die sich diesem fließenden Medium aufprägen, wenn gegenüber dem unerbittlich Vergänglichen von Gedanken und Kommunikationen bestimmte Sinnmuster in ihren Bedeutungen präsent und stabil gehalten sein sollen.

68 Morin 1958: 233. (Hervorhebung H. W.)
69 Cassirer 2001: 20.

Die Sprache selbst zeigt diesen Zusammenhang beispielhaft. In Semiotik, Syntax, Semantik, Grammatik und Pragmatik prägt sie dem pastösen Medium des Sinns Formen auf, die Verlässlichkeit und Orientierung schaffen, indem sie Bedeutungen konstant halten und es ermöglichen, dass Sprechende auf etwas verweisen, was nicht aktuell präsent ist. Damit schafft das Symbolsystem der Sprache Kontinuität und Kohärenz, wo Denken und Sprechen für sich nur eine auf den je gegebenen Augenblick reduzierte Welt zulassen würden. Und sie schafft damit die Grundlage für alle anderen Stufen oder Formen der Symbolisierung, die auf Sprache aufbauen und als Spezialsprachen, Kommunikationsmedien und Systemlogiken den Optionenraum des Sozialen im allgemeinen und der Gesellschaft im besonderen[70] bestimmen.

Blickt man in die evolutionär frühen Bedingungen der Möglichkeit von Sprache, dann zeigt sich ein aufschlussreicher Zusammenhang von Sprachbildung und Futurität. Aus anthropologischer Sicht postuliert Terrence Deacon einen engen Zusammenhang zwischen sozialer Ordnungsbildung in Jägergesellschaften und Symbolisierung. Die Ordnungsbildung muss das Problem lösen, familiale Versorgungsverpflichtungen und sozial abgestützte Regeln über sexuelle Inklusion und Exklusion auch für Situationen zu etablieren, die erst zukünftig eintreten – etwa bei künftiger Abwesenheit der Männer durch die Jagd: »Sexual access and a corresponding obligation to provide resources are not jut habits of behavior; they cannot be more or less predictable patterns, or just predictions of probable future behaviors. Sexual access is a *prescription* for future behaviors. No index or memory of past behaviors can represent this. ... Sexual or mating displays are incapable of referring to what might be, or should be. This information can only be given expression symbolically.«[71]

Diese Überlegung stärkt die Vermutung, dass der Bedarf für Symbolisierung der Sprache *voraus*geht, Sprache also eine evolutionäre Anpassung an einen Bedarf ist, der aus den evolutionären Vorteilen sozialer Ordnungsbildung entspringt. »Symbolic culture was a response to a reproductive problem that only symbols could solve: the imperative of representing a social contract. ... The origins of the first symbolic communication have nothing intrinsically to do with language per se«[72] Ein entscheidender generativer Mechanismus für Symbolisierung scheint die Erfindung von Ritualen gewesen zu sein, die Gelegenheit für Übergänge

---

70 Siehe zu dieser Unterscheidung Willke 2000. Douglas 1986: 9: »Not just any busload or haphazard crowd of people deserves the name of society«.
71 Deacon 1997: 399.
72 Deacon 1997: 401 und 408 f.

von Wiederholung zu Erwartungsbildung, von Sequenz zu Extrapolation, von konkreter zu abstrakter Referenz gegeben haben.[73]

Das Symbolsystem der Sprache bildet eine Vielzahl von Formen aus, die weit über die Ebene der Pragmatik hinausgehen. Markante Formen in diesem Sinne sind Kommunikationsmuster und Sprachspiele.[74] Beide Formen bezeichnen kondensierte Kontexte von Sprache, die auf der Basis der Logik von Sprache über diese hinauswachsen und als Kristallisationskerne von sozialen Systemen sich in eine spezifische Logik kommunikativ konstituierter Sozialsysteme umsetzen. So versteht etwa die systemische Familientherapie Kommunikationsmuster (im Sinne eingespielter, verfestigter und gelegentlich ritualisierter Kommunikationssequenzen) als Bausteine der idiosynkratischen Identität von Familien und markiert damit die Familie als eigenständige Realität gegenüber den beteiligten Personen im besonderen und gegenüber der Sprache im allgemeinen. In ähnlicher Weise lassen sich Sprachspiele als Bausteine der Spezialsprachen verstehen, die Disziplinen, *scientific communities, communities of practice*, Jugendbanden, Pop-Subkulturen etc. ausbilden, um sich als soziale System erkennbar und unverwechselbar zu machen.

In den anthropologischen, philosophischen und soziologischen Traditionen wird eine weitere prominente Form der Vermittlung zwischen den eigenständigen Welten mentaler und sozialer Systeme über die Figur der *Institution* bewerkstelligt. Institutionen sind die stabilisierenden Komponenten, in denen und durch die sich übergreifende Sinnmuster konstituieren und die damit ein Auseinanderfallen der Gesellschaft in zeitlose Einzelmomente verhindern und den Menschen, wie Gehlen formulierte, »von der mühsamen Erfindung fallweise vertretbarer Entschlüsse entlastet«.[75] Obwohl der Institutionenbegriff inzwischen an prominenter Stelle auch in die Wirtschaftswissenschaften aufgenommen und in den Konzeptionen des Neoinstitutionalismus dominant geworden ist,[76] fehlt nach wie vor eine brauchbare Konzeption von Institution. Insbesondere leisten die vorliegenden Begriffsbestimmungen keine überzeugende Abgrenzung zwischen Organisation und Institution.

Nach Gehlen sind Institutionen »dauernde und stationäre, den einzelnen Menschen übergreifende Gefüge«.[77] Parsons definiert: »An institution will be said to be a complex of institutionalized role integrates which is of strategic structural significance in the social system in question.«[78]

73 Siehe Deacon 1997: 402 ff.
74 Im Sinne von Lyotard (1989), der Wittgenstein überbietet und für den die Welt nur als Konstrukt der jeweiligen Diskurse gegeben ist. Siehe dazu Teubner 1999: 205.
75 Gehlen 1963: 212.
76 March und Olsen 1984; 1989. Überblick bei Schmid 2003.
77 Gehlen 1964: 280.
78 Parsons 1964 (1951): 39.

Für Castoriadis ist eine Institution »ein symbolisches, gesellschaftlich sanktioniertes Netz, in dem sich ein funktionaler und ein imaginärer Anteil in wechselnden Proportionen miteinander verbinden.«[79] Oliver Williamson verschwendet keine Zeile auf die Definition des Begriffes Institution. Er behandelt Phänomene wie Firmen, Märkte oder Vertragsformen einfach als Institutionen.[80] Douglass North versteht *institutions, institutional matrix* oder *institutional framework* als »a composite of rules, informal constraints (norms of behavior and conventions) and their enforcement characteristics. Together they define the humanly devised constraints that shape human interaction. They are the rules of the game and therefore define the way the game is played.«[81] Für die politische Theorie des Neoinstitutionalismus formulieren March/Olsen: »This new institutionalism can be presented and discussed as an epistemological perspective ..., a small set of relatively technical ideas of primary interest to professional students of political life. The ideas ... deemphasize metaphors of choice and allocative outcomes in favor of *other logics of action and the centrality of meaning and symbolic action.*«[82]

All dies und viele andere Ansätze lassen sich, nur wenig persiflierend, zu der Definition zusammenfassen: Institutionen sind stabile Einrichtungen, die für eine Gesellschaft wichtig sind. Natürlich lässt dies keinerlei Unterscheidung zwischen Organisation und Institution zu und ist insofern unbrauchbar, um die Besonderheit von Institutionen zu beleuchten.

Demgegenüber soll hier unter Institution ein organisierendes Prinzip (Organisation oder Symbolsystem) verstanden werden, welches das *zusätzliche Kriterium einer normativ legitimierten und im gesellschaftlichen (öffentlichen) Interesse liegenden Leitidee erfüllt.*[83] So ist ein Unternehmen eine Organisation, weil es private Interessen verfolgt. Dagegen können »freies Unternehmertum« oder »freie Gewerkschaften« Institutionen sein, wenn sie in der Verfassung oder in einfachen Gesetzen im öffentlichen Interesse normativ instituiert sind. Eine Kirche ist dann (und nur dann) eine Institution, wenn sie durch die Rechtsordnung als öffentlich relevante und legitime Organisation anerkannt wird. Die Verfassung oder das Eigentum sind keine Organisationen, sondern organisierende Prinzipien (Symbolsysteme). Beide sind in westlichen Demokratien Institutionen, weil sie im öffentlichen Interesse normativ legitimiert sind.

79 Castoriadis 1990: 227.
80 Williamson 1985.
81 North 1990: 364. Ähnlich Gäfgen 1990: 167.
82 March und Olsen 1984: 738. (Hervorhebung H. W.)
83 Mary Douglas (1986: 46) hebt zwar in ihrer Definition der Institution ebenfalls ein legitimierendes Prinzip hervor, weitet die möglichen legitimierenden Instanzen aber nahezu unbegrenzt aus.

Trotz des Erfolges des »neuen Institutionalismus« in der Ökonomik lässt sich nicht verheimlichen, dass die Institutionentheorie bestenfalls noch in der Anthropologie gepflegt wird, in der Soziologie aber seit den 1970er Jahren praktisch bedeutungslos geworden ist. Darin kommt zum Vorschein, dass Institutionen eine nachgeordnete Kategorie von Komponenten moderner Gesellschaften darstellen (im Gegensatz zum Fall archaischer oder feudaler Gesellschaften) – und die Soziologie dem Rechnung trägt.

Mit der Entfaltung der Moderne sind es die differenzierten Funktionssysteme, die sich zu den konstituierenden und prägenden Komponenten der modernen Gesellschaft entwickeln. Die geschichtliche Restrukturierung der Gesellschaft zu primär funktional differenzierten Sozialsystemen bringt die Funktionssysteme in den Vordergrund. Die bereits in früheren Gesellschaftsformationen angelegten Komponenten der Leitdifferenzen, Medien, Organisationen und Rollen profilieren sich nun stark und exklusiv gegeneinander und jedes Funktionssystem beansprucht in der Konstellation funktionaler Differenzierung exklusive Zuständigkeit für seine spezifische gesellschaftliche Funktion.

Diese Veränderung der Gesellschaftsformation ist zugleich von Veränderungen ihrer symbolisch generalisierten Kommunikationsmedien getragen und sie hat Folgen für diese Medien. Die Kommunikationsmedien expandieren in eine unübersichtliche Komplexität, die den Ruf nach der »Einheit« der Medien – beispielhaft die Frage nach der Einheit des Rechts oder der Einheit des Geldes – unüberhörbar macht und die Medien auf den Weg einer inneren Formbildung und Selbstreferentialiät bringen. Alle Komponenten einer systemischen Ordnungsbildung sind bei allen Medien erkennbar. Dies macht es sinnvoll, die Symbolordnungen ausdifferenzierter Funktionssysteme nicht nur als Medien, sondern auch als Symbolsysteme zu begreifen und zu analysieren.

Für eine auf die gegenwärtige Gesellschaft bezogene soziologische Theorie symbolischer Systeme sind es deshalb diese beiden Entwicklungsdynamiken, die den Kern ihrer Problemstellung ausmachen: Welche Merkmale der Operationslogik der symbolisch generalisierten Steuerungsmedien treiben eine Gesellschaftsformation, die sich rückhaltlos dem Primat funktionaler Differenzierung verschrieben hat? Und welche Rückwirkungen hat die entstehende globale Wissensgesellschaft auf ihre Symbolsysteme, die nach wie vor funktional differenziert sind, nun aber nicht mehr von den Prätentionen einer souveränen,[84] national organisierten Politik im Zaum gehalten werden können?

Bevor wir diese Fragen auch nur in Augenschein nehmen können, müssen wir ein klareres Bild in der Hauptfrage entwickeln: Wie sind

84 Siehe Keohane 2002 zu den gegenwärtigen Brechungen der Souveränität.

Zusammenspiel und Zusammenhang zwischen den Welten des Mentalen und des Sozialen, zwischen den Ordnungsformen des Bewusstseins und der Kommunikation zu denken, wenn beide Systemebenen aufgrund ihrer notwendigen Selbstreferentialität operativ geschlossen und autonom operieren und dennoch füreinander ebenso notwendige Bezugsebenen einer immer mitlaufenden Fremdreferenz darstellen? Welche Tiefen muss der Riss zwischen den Systemebenen mentaler und sozialer Systeme und der daraus entspringenden Symbolebenen des Denkens und des Kommunizierens erreichen, damit aus den Entzweiungen tatsächlich eigene Welten entstehen können? Und welche Formen der Kopplung der beiden Welten lassen sich beobachten, die ihre eigene hybride Komplexität so weit getrieben haben, dass sie Quergänge und laterale Expeditionen erlauben, ohne der Versuchung zu erliegen, die notwendigen Differenzen möglicher Einheit zu opfern?

Das Zusammenspiel von Selbstreferenz, Fremdreferenz und symbolischer Kopplung wird zunächst provisorisch als Interferenz bezeichnet, solange es um die Voraussetzungen dieses Zusammenspiels geht. In Teil III dieses Textes ist das Zusammenspiel selbst genauer zu betrachten. Dort werde ich den spezielleren Begriff der Konjektion vorschlagen.

Die Problematik der Voraussetzungen der Interferenz symbolischer Systeme möchte ich in drei Schritten entfalten:

1. Zunächst ist als Voraussetzung jeder weiteren Analyse zu entwickeln, in welchem Sinne und unter welchen Bedingungen sich symbolische Systeme als *kognitive Systeme* beschreiben lassen.

2. Wenn symbolische Systeme sich operativ analog zu mentalen Systemen plausibel als kognitive Systeme beschreiben lassen, dann ist in einem zweiten Schritt zu klären, ob und wie symbolische Systeme die *Leistung der Reflexion* erbringen können.

3. Daraus folgt drittens die Frage, mit welchen Mustern und Mechanismen die *Differenz von mentaler und symbolischer Reflexion* vor bloßer Entzweiung bewahrt und als operativ produktive Differenz aufgehoben werden kann.

Die folgende Vorbetrachtung dient dazu, sich der Voraussetzungen der in Kapitel zwei aufzunehmenden Überlegungen zu vergewissern.

# II. Vorbetrachtung zur Emergenz der Kommunikation

Emergenz bezeichnet im Rahmen eines systemtheoretischen Paradigmas den Übergang von einer Systemebene zu einer nächsten Ebene organisierter Komplexität. Eine ›nächste‹ Ebene meint eine qualitativ erweiterte Form organisierter Komplexität, die Eigenschaften aufweist, welche nicht aus den Eigenschaften der Elemente oder Komponenten zu erklären ist, aus welcher sich die neue Form bildet. Dies ist beispielsweise der Fall, wenn sich aus Myriaden von Molekülen eine lebende Zelle bildet oder aus einem Einzeller ein komplexer Organismus, wenn sich Bewusstsein auf der Basis von Organismen entwickelt oder wenn sich soziale Systeme auf der Basis von Kommunikationen aufbauen.

Damit ist auch gesagt, dass Emergenz in systemtheoretischer Sicht nicht mit dem klassischen Mikro-Makro-Problem gleichzusetzen ist,[1] sondern auf das Verhältnis von Teil und Ganzem oder genauer: von System und Elementen zielt. Die Leitfrage ist nicht, wie sich Makro-Phänomene aus Mikro-Phänomen entwickeln, sondern in einer eher umgekehrten Perspektive lautet die Frage: Wie gelingt es einem zufällig-evolutionär entstandenen Kontext, sich selbst in einer *unwahrscheinlichen* Organisationsform als System zu stabilisieren? Weiter: Wie richtet sich diese Form organisierter Komplexität ihre Elemente so zu, dass sie gegen die Wahrscheinlichkeit des Zerfalls einen kontinuierlichen, rekursiven Prozess der Reproduktion des Systems etablieren? Woher nimmt das System ›nächster‹ Ebene die Fähigkeit, seine Selbstorganisation nach eigenen Regeln so zu steuern, dass tatsächlich neue Qualitäten des Systems nicht nur zufällig zum Vorschein kommen, sondern verlässlich reproduzierbar sind? Wie gelingt »dieser Exzeß der Wirkungen über seine Ursachen«?[2]

Ein von diesen Fragen geleitetes Verständnis von Emergenz impliziert, dass das traditionelle Verhältnis von Teil und Ganzem in der Emergenzdebatte auf den Kopf gestellt wird oder genauer: vom Kopf auf die Füße. Das für diese Debatte zentrale Argument der »Mikrodeterminiertheit« muss aufgegeben werden zugunsten einer *Systemdeterminiertheit* der Elemente, die in ihrem Zusammenspiel das System reproduzieren. Nicht die Elemente determinieren das System, sondern das System determiniert seine Elemente.[3]

---

1 So aber Heintz 2004. Differenziert Schröder 2004.
2 Zizek 2005: 155.
3 »Elemente sind Elemente nur für die Systeme, die sie als Einheit verwenden, und sie sind es nur durch diese Systeme.« Luhmann 1984: 43.

Wichtig ist, dass diese systemtheoretische Position keinerlei metaphysische oder transzendente Hilfestellung zur Erklärung von Emergenz benötigt. Sie bewegt sich streng im Rahmen einer naturalistischen Weltsicht. »Das System«, auf welcher Ebene auch immer und ob Zelle, Organismus, Bewusstsein oder Sprache, muss zunächst streng evolutionär entstanden sein, also seine erstmalige genetische Realisation einem Zufall oder einer Reihe von Zufällen verdanken. Der springende Punkt ist, dass es einigen der solchermaßen zufällig entstandenen »Systeme« gelingt, entgegen ihrer evolutionären Zufälligkeit und mithin Unwahrscheinlichkeit Mechanismen der Selbststabilisierung[4] zu etablieren, also höchst *unwahrscheinliche* Zustände über die Zeit zu bewahren. Die zentrale Forschungsfrage zum Phänomen der Emergenz ist daher, wie solche Mechanismen der Stabilisierung unwahrscheinlicher Ordnungsleistungen aussehen und wie sie erklärbar sind.

In systemtheoretischer Sicht ist die entscheidende Intuition, die ein Verstehen des Phänomens der Emergenz treibt, die Unterscheidung von Einheit und Differenz. Jede Einheit, die sich – aus welchen Gründen auch immer – durch Differenzbildung eine neue Welt schafft, erbt damit zugleich das Problem, zwischen den durch Differenzen und Differenzierung getrennten Teilen Verbindungen aufrechtzuerhalten. Gelingt dies nicht, dann zerfällt die Einheit wieder in disparate Teile und verschwindet. Spekulativ-physikalisch könnte man an die Einheit des Urkerns denken, der in einem Urknall sich in unendliche Differenzen spaltet und dennoch die Verbindung zwischen Ganzem und Teilen über Gravitation und andere geheimnisvolle Bindungen erhält. Mystisch-religiös könnte man an die Einheit des Paradieses denken, die sich mit dem vom Menschen gesetzten Widerspruch in die Differenz von Himmel und Erde spaltet und mit dieser Differenz die unendlichen Mühen der Rückbindung setzt, welche die Einheit restaurieren soll.

Realer und aufschlussreicher wird es im Prozess der biologischen Evolution mit der Trennung der Einheit eines reproduktionsfähigen lebenden Systems in zwei Geschlechter. Offenbar hat diese Aufspaltung der Einheit in eine Differenz von Einheit und Differenz so deutliche evolutionäre Vorteile gegenüber parthenogenetischer Reproduktion, dass sie sich auf breiter Front durchsetzt. Aber diese zufällig entstandene, erfolgreiche Trennung setzt zugleich das Folgeproblem, dass zwischen den getrennten Geschlechtern Rückbindungen und »Kommunikationen« notwendig werden, die das Spiel von Einheit und Differenz so

---

4 »Und hier, an diesem entscheidenden Punkt, beginnt die Sprache der heutigen Biologen der Sprache Hegels auf fast unheimliche Weise zu ähneln. Wenn Varela etwa seinen Begriff der Autopoiese erklärt, wiederholt er fast wörtlich Hegels Definition des Lebens als einer teleologischen sich selbst organisierenden Entität.« (Zizek 2005: 159 f.).

steuern, dass weder eine Regression in einfache Einheit noch eine Degression in reine Differenz passiert.

An diesem Beispiel lässt sich das Problem der Emergenz schon etwas genauer betrachten. Die üblichen Kategorien von Mikrodeterminiertheit und/oder Makrodeterminiertheit führen in die Irre, weil sie gegenüber den beiden Seiten einer Relation die entscheidende dritte Seite nicht sehen. Diese dritte Seite ist die kontingente Realisation einer Konstellation von Teilen zu einem neuen Kontext, genauer: zu einem Kontext mit *neuen Eigenschaften*. Vielleicht können die vorliegenden Emergenztheorien diese Seite nicht sehen, weil die neuen Eigenschaften sich in einer ersten Realisierung nur und ausschließlich dem Zufall genetischer Variation verdanken. Damit Emergenz glücken kann, braucht es weder einen Plan Gottes noch einen Plan des Lebens, sondern nur evolutionären Zufall. Ist zufällig die Fusion einer neuen Einheit *und zugleich ihre Trennung und Rückbindung als Differenz* von Einheit und Differenz gelungen, etwa die Trennung einer Urzelle in differenzierte Funktionen und Teilsysteme innerhalb der Zelle oder die Trennung eines parthenogenetischen Organismus in einen zweigeschlechtlichen, dann ist Emergenz nichts anderes als die Lösung eines Problems der Stabilisierung von Unwahrscheinlichkeit durch »Kommunikation«.

Emergenz beruht primär auf einer Kommunikationsleistung. Das zufällige Zusammenspiel von Einheiten, das einen Kontext mit neuen Eigenschaften konstituiert, erreicht nur dann Emergenz, wenn es nicht bei dem einmaligen Ereignis bleibt, sondern wenn genau dieser Kontext mit seinen Eigenschaften sich verlässlich reproduzieren lässt, also operative Zyklizität erreicht, also Systemqualität erreicht. An diesem Punkt schlägt Emergenz (der Elemente zum System) in Konstitution (der Elemente durch das System) um. Dies gelingt nicht den Elementen selbst, sondern einer zusätzlichen informationellen Verknüpfung der Elemente zu einer operativen Zirkularität, die das System konstituiert und reproduziert.

Es sind dann die spezifische Verknüpfung der Elemente, ihr spezifisches Zusammenspiel und die darin implizierten wechselseitigen Bindungen, welche die Identität des neuen Systems ausmachen. Die spezifische informationelle Verknüpfung ist das zusätzliche *einschränkende* Moment, welches den Elementen einen Systemzusammenhang aufzwingt und sie nach den Regeln[5] des Systems (den Bedingungen der Möglichkeit des Systems) ausrichtet. Das Ganze ist *weniger* als die Summe seiner Elemente, weil die Elemente im Interesse der Reprodu-

---

5 »Systeme sind nicht einfach Relationen (im Plural!) zwischen Elementen. Das Verhältnis der Relationen zueinander muss irgendwie geregelt sein. Diese Regelung benutzt die Grundform der Konditionierung.« Luhmann 1984: 44.

zierbarkeit des Systems in spezifischer Weise eingeschränkt und gekoppelt werden. Die systemischen Kopplungen der Elemente erzeugen die neuen Eigenschaften des Systems, und *darin* ist das System mehr als die Summe seiner Elemente.[6]

Eine zufällig entstandene Konstellation des Zusammenspiels getrennter Elemente muss sich selbst gegen ihren Zerfall stabilisieren, um ihre (in irgendeinem evolutionären Sinne) gesteigerte Leistungsfähigkeit beweisen zu können. Sie kann sich nur stabilisieren, wenn die zufällig entstandenen, die neue Konstellation konstituierenden Prozesse in irgendeinem Register oder Gedächtnis solche Spuren hinterlassen, dass genau diese Prozesse aufgerufen und wiederholt werden können. Emergenz beruht demnach auf basaler Zirkularität, und basale Zirkularität setzt eine informationelle Begleit-Codierung der Prozesse voraus. Auch die hier vorgeschlagene systemtheoretische Reformulierung von Emergenz erfüllt also strikt das Kriterium der Irreduzibilität:[7] Die emergenten Eigenschaften lassen sich nicht aus den Eigenschaften der Elemente erklären. Denn die neuen Eigenschaften entstehen nicht aus den Elementen selbst, sondern aus einem spezifischen Zusammenspiel der Elemente, das sich nach einer bestimmten informationellen Codierung als den Regie-Anweisungen des Systems richtet. Die emergenten Eigenschaften des Systems stecken demnach nicht in den Elementen, sondern in den systemspezifischen Mustern der Relationierung von Elementen.

Die informationelle Begleit-Codierung verläuft zunächst innerhalb eines Systems, beispielsweise beim Genom durch »regulatory genes« oder bei einem Organismus durch eine Vielfalt molekularer, chemischer, elektrischer, hormoneller, physiologischer etc. Signalprozesse, welche die »Kommunikation« zwischen differenzierten Teilen in regelgeleiteten Prozessen steuern. Diese Art der »Kommunikation« hat selbstverständlich mit Verstehen nichts zu tun, sondern meint nur ein geordnetes Senden und Empfangen von (chemischen, elektrischen etc.) Signalen.[8] Die Ordnung der Signale folgt keinem Plan, sondern verkörpert nichts anderes als einen erfolgreich stabilisierten Zufall, etwa eine genetische Variation, die als Zufall einen bestimmten Erfolg in einem evolutionären Sinne realisiert.

6 Dies gilt empirisch gerade auch für das menschliche Gehirn: »This is because the developmental assignment of neutral functions to different regions of the brain is in many respects *systematically* determined. In a very real sense, the brain as a whole participates in designing its parts. The implications of this unusual developmental logic are only beginning to be appreciated for brain evolution.« Deacon 1997: 194.

7 Dazu Heintz 2004: 7 f.

8 Gemeint sind hier Signale im Sinne der Kybernetik Erster Ordnung, also bloßer Datentransfer. Siehe dazu grundlegend Wiener 1963.

Der Fall zweigeschlechtlicher Pflanzen, etwa Bäume, zeigt, dass sich die informationelle Begleit-Codierung einer reproduktiven Zirkularität auch nach *außen* verlagern kann, etwa auf Bienen, welche die passenden Pflanzen bestäuben. Das ganze Zusammenspiel funktioniert, ohne dass die beteiligten Komponenten eine Ahnung, ein Wissen davon benötigen, was sie tun und was sie bewirken. Es genügt, dass das relevante Wissen in der Codierung des evolutionären Kontextes steckt, der aus den beteiligten Genomen (der Bäume und der Bienen) und ihrem Zusammenspiel besteht.

Eine nächste Stufe der Emergenz erreicht die Evolution, wenn die informationelle Begleit-Codierung basaler Zirkularitäten vom passiven Austauschen von Signalen auf einen aktiven Modus des Beobachtens umstellt. Wenn Organismen Sinneszellen ausbilden, etwa Augen und Ohren, dann eröffnen sich neue Möglichkeiten dafür, Signale zu empfangen. Nun können sich entgegen aller Wahrscheinlichkeit komplizertere und komplexere Interaktionen, Sequenzen, Rituale etc. zwischen den Elementen eines Systems einspielen, welches als neues System das Zusammenspiel von Elementen (die ihrerseits Systeme sein können) in geordneten System-Umwelt-Relationen, also in einer System-Nische-Relation, einem ökologischen Kontext oder einem Ökosystem umfasst. Beispiele dafür sind die komplexen Paarungs- und Kampfrituale bei Fischen oder Vögeln oder die noch komplexeren abgestimmten Verhaltenssequenzen bei Bienen- oder Termitenvölkern oder bei Gemeinschaften hochentwickelter Säugetiere.

In allen diesen Fällen gibt es wohl keinen Zweifel daran, dass die informationelle Begleit-Codierung neuer Emergenzniveaus von Systemen und System-Umwelt-Systemen real und materiell in den Genomen der beteiligten Organismen residiert. Erst bei weiteren Entwicklungsstufen komplexer Systeme, bei Bewusstsein und Sprache beginnen die eigentlichen Probleme von Emergenz. Aber jetzt ist das Feld ganz anders vorbereitet. Denn mit der dargestellten systemtheoretischen Exposition des Phänomens der Emergenz ist das *Leitproblem* der Emergenz weiterer Systemstufen bereits vorhanden: Es ist Kommunikation. Kommunikation hier allerdings in einem noch sehr einfachen Sinne von Signalisierungen, die als informationelle Begleit-Codierung das Zusammenspiel von Einheit und Differenz steuern.

Wenn die Evolution dieses Grundproblem der »Kommunikation« (im Sinne des Austausches von Signalen) nicht nur einmal löst, etwa im Aufbau und der Selbststeuerung des Genoms oder der Zelle, sondern verschiedene Lösungsvarianten entwickelt bis hin zu komplexen, signalgesteuerten Reiz-Reaktions-Sequenzen, Verhaltensritualen etc., dann wäre es schon höchst überraschend, wenn die Entwicklung just an diesem Punkt aufhören sollte.

Tatsächlich geht die weitere Entwicklung dahin, die Mechanismen der informationellen Kopplung zwischen Komponenten eines Systems mit höheren Freiheitsgraden auszustatten. Viele sozial lebende Tiere verfügen über ein elaboriertes Repertoire an Signalen, an Lauten, Mimik, Gestik und anderen prosodischen Verhaltensweisen, die das Zusammenspiel verschiedener Teile in einem Ganzen, etwa von Individuen in einer sozialen Gruppe, koordinieren und steuern. Für diese Art der »Kommunikation« bedarf es keiner Sprache und tatsächlich bildet keine einzige Tierart eine Sprache (im Sinne eines Symbolsystems) aus. Selbst noch die Melodien der Singvögel, die »Sprache« der Bienentänze oder die differenzierten Warnrufe der Affen verbleiben auf der Ebene strikt gekoppelter Signalsequenzen und durchbrechen nirgendwo die direkten Zuordnungen einer operanten Konditionierung. Erst die Sprache als Symbolsystem vollzieht den evolutionär einzigartigen Schritt über eine direkte Reiz-Reaktions-Konditionierung hinaus. Erst sie eröffnet mit dem Mechanismus der *Symbolisierung* neue Freiheitsgrade der informationellen Codierung der Relationen von Systemen und Elementen.[9]

Im Anschluss an die Argumentation von Terrence Deacon[10] nehme ich an, dass Symbolisierung als spezifische Fähigkeit des menschlichen Gehirns die entscheidende Bedingung der Möglichkeit von Sprache darstellt. Die Entwicklung von Sprache und Sprachfähigkeit kann man sich als allmählichen evolutionären Prozess vorstellen, in welchem zufällige Erfolge der Symbolisierung auf ein bereits vorhandenes reichhaltiges Repertoire an Lauten, Mimik und Gestik stoßen und dieses Repertoire Schritt für Schritt ausweiten und mit neuen Bedeutungen versehen. Die einzige Voraussetzung für diesen gewaltigen Schritt ist nach Deacon ein *anderer Modus des Lernens*, in dem sich das menschliche Gehirn von dem aller anderen Organismen unterscheidet: Das evolutionär ungemein erfolgreiche konditionale Lernen, das im Sinne der operanten Konditionierung zu festen Zuordnungen von externen Ereignissen und internen Folgen führt, wird in einer ontogenetisch frühen Entwicklungsphase des menschlichen Gehirns, das heißt im Alter von einem bis zu drei Jahren, durch eine eigenproduzierte »Lernbehinderung« *unterboten*. Erst dieses Unterbieten des ›normalen‹ Lernens durch eine Entkopplung von Zuordnungen, *gewissermaßen durch ein schlampiges*

---

9 »In seinen Äußerungen über Phoneme und die Verwurzelung der Sprache im Körper konzentriert sich Roman Jakobson auf die entscheidende Kluft zwischen den körperlichen Gesten und dem frei gleitenden symbolischen Netz der Phoneme. ... Deswegen muss das anthropomorphe Modell der Spiegelung zwischen Sprache und dem menschlichen Körper, die Bezugnahme auf den Körper als eines fundamentalen Bezugsrahmens für unser Verständnis verworfen werden: *Sprache ist ›inhuman‹.*« Zizek 2005: 120 f. (Hervorhebung H. W.)

10 Deacon 1997.

*Lernen*, kommen Zuordnungen zweiten Grades ins Spiel, unschärfere und abstraktere Zuordnungen, die sich auf andere Eigenschaften und Phänomene richten können, etwa auf Muster, in denen die Logiken und Regeln von vorhandenen Zuordnungen erkennbar werden. »This is the proposal that Elman and Newport each offer to counter the strong nativist alternative. Precisely because of children's learning constraints, the relevant large-scale logic of language ›pops out‹ of a background of other details too variable for them to follow, and paradoxically gives them a biased head start. ... Immaturity of the brain is a learning handicap that greatly aids language acquisition.«[11]

Mit der Unterscheidung solcher Muster als Zuordnungen zweiten Grades beginnt ein mentales System, seine Aufmerksamkeit von externen Ereignissen und Signalen auf interne Beobachtungen auszuweiten. Es beginnt, mit eigenproduzierten Relationen zu arbeiten, also Selbstreferenz zu praktizieren. Die entscheidende Innovation scheint zu sein, dass das mentale System aus bestimmten Eigenzuständen weitere Beobachtungen *ableitet* und bei diesen Ableitungen sich auf die Suche nach Logiken oder Regelmäßigkeiten macht, die es Konstellationen von externen Ereignissen unterlegt, die aber genuine Eigenproduktionen des mentalen Systems sind: »Icons and indices are not merely perception and learning, they refer to the *inferential* or *predictive* powers that are implicit in these neural processes. Representational relationships are not just these mechanisms, but a feature of their potential relationship to past, future, distant, or imaginary things.«[12]

Eine solche Abstraktionsleistung oder Symbolisierung lässt sich markieren, indem sie organismusintern beispielsweise an eine spezifische Kombination von Laut und Gestik oder von Laut und Laut gekoppelt wird oder aber indem sie extern in einem besonderen Objekt (Totem, token) vergegenständlicht wird. Interne Kopplung wie externe Vergegenständlichung erlauben Wiederholung, Verweisung, Zirkularität und Rekursionen, insgesamt also den Aufbau von Ritualen, in denen Symbole eine beobachtbare Rolle spielen und operative Wirkungen zeigen. Die performative Funktion von Sprache scheint demnach Ausgangspunkt der Sprachentwicklung gewesen zu sein und der evolutionäre Vorteil der Sprachentwicklung könnte schlicht darin begründet sein,

11 Deacon 1997: 135 u. 141. »What is unusual in humans is the radical shift in the balance between attention to higher-order recoding possibilities, and thus unlearning, as compared to more typical first-order learning processes which are more appropriate to the vast majority of physical and even social adaptations.« Deacon 1997: 335.

12 Deacon 1997: 78 u. 266: »One of the most important uses of language is for inferential processes, for taking one piece of information and extrapolating it to consequences not obvious from the information given. This is essentially using symbols to elicit or construct new symbols.«

dass sich mit Wörtern wie mit Werkzeugen »Dinge tun« lassen, wie John Austin das ausdrückt.

Entlang dieser Linie kann man sich die Bildung von symbolischen Begriffen wiederum als allmählichen evolutionären Prozess vorstellen, in dem der Erfolg eines Symbols den Erfolg weiterer Symbole wahrscheinlicher macht. So wie die Erfindung und Verwendung von Werkzeugen die Erfindung weiterer Werkzeuge anstößt, so produziert jedes performative Sprechen von Menschen zugleich auch weitere Instrumente und Techniken des Sprechens als performatives Handeln. In diesem Prozess fällt nicht eine fertige Sprache als Geist vom Himmel und sie kommt auch nicht irgendwie, wie Noam Chomsky meint, als fertige generative Grammatik in das Genom des Menschen – beides Vorstellungen, die mit einer naturalistischen und evolutionären Sicht schlicht nicht vereinbar erscheinen.

Denken ist dann nichts anderes als die Operation des Aufrufens von Begriffen und in diesem Sinne: des Verwendens von Begriffen. Genau in diesem Sinne sind Denken und Sprache koevolutionär entstanden und untrennbar miteinander verbunden. Die ursprüngliche Symbolisierung ist die genuine Denkleistung und jede weitere Verwendung der begrifflich gefassten Symbole konstituiert Denken. Bewusstsein ist dafür nicht erforderlich und insofern sind Denken und Bewusstsein nicht gleich bedeutend. Vielmehr scheint es sinnvoll zu sein, Bewusstsein als reflexives Denken zu verstehen, also erst dann von Bewusstsein auszugehen, wenn das Denken sich selbst als Gegenstand des Denkens entdeckt, wenn das Denken sich selbst denkt. (Selbstbewusstheit wäre dann eine weitere Steigerung der Rekursionen des Denkens zu einem reflektierten Denken, in welchem das Denken seine *Einheit*, die Einheit des Denkens mit denkt – und dabei die Person als denkendes System konstituiert und im Rückblick entdeckt).

Sieht man den entscheidenden Zugang zum Problem der Emergenz darin, als drittes Moment neben Materie und Energie (also den naturalistischen Komponenten) nicht irgendeinen Geist oder eine sonstige transzendente Größe in Anspruch zu nehmen, sondern *Information*, dann lösen sich einige Rätsel auf. Sicherlich sind auch Informationen zunächst in materialen Zuständen codiert, etwa in der Abfolge von Chromosomen, der Abfolge von Genen im Genom oder dem relativen Wachstum oder der Dichte von Dentritennetzen. Aber die Wirkungen der informationellen Codierung besteht darin, Elemente in beliebig komplexe Prozesse zu organisieren. In Informationen stecken die Regeln für die Steuerung von Relationen. Informationelle Codierungen konditionieren die Abfolge der Schritte eines (re-)produktiven Prozesses, steuern also die Relationierungen von Elementen, die über diese *bestimmten* Relationierungen (als systemspezifische Auswahl unter Myriaden von Möglichkeiten) das System konstituieren und reproduzieren.

Ist die materiale Verkörperung von Informationen gelungen, dann braucht die Evolution nicht einmal einen neuen Mechanismus zu erfinden, um auch Informationen über Informationen darstellen und mit Informationen auf Informationen einwirken zu können. Sie braucht nur die bereits möglichen und laufenden Prozesse auf sich selbst anzuwenden. Sekundäre Prozesse steuern dann primäre Prozesse und es liegt nahe, dass die hyperzyklische Kombination von Prozessen der Codierung von Information völlig neue Eigenschaften eines Kontextes erzeugen kann.

Terrence Deacon macht in der Sicht einer evolutionären Anthropologie darauf aufmerksam, dass die Differenzierung der Mitglieder früher Menschengruppen in verschiedene Personen, verschiedene Geschlechter und verschiedene Zuordnungen (etwa nach Alter oder Verwandtschaft) für die weitere Evolution ein ideales Spielfeld bietet, um über Varianten der informationellen Relationierung der Mitglieder Leistungssteigerungen zu erreichen. Bereits auf der Stufe entwickelter Primaten gibt es ein reiches Repertoire an Signalen für die direkte »Kommunikation« über Laute, Mimik und Gestik. Die Erfindung von Sprache auf der Basis von Symbolisierung ist dann nur eine allmähliche weitere Steigerung von Möglichkeiten der Verständigung (im Sinne von Koordination oder Abstimmung). Es erscheint ebenso überflüssig wie unplausibel anzunehmen, dass die Sprache plötzlich insgesamt entsteht oder auf einen Schlag eine fertige Grammatik zur Verfügung steht. Evolutionär plausibler scheint zu sein, dass zunächst über einen langen Zeitraum trotz der fundamentalen Erfindung der Symbolisierung nur einzelne Wörter und einzelne Symbole entstehen.

Symbolisierung ist zwar eine einzigartige evolutionäre Erfindung, aber sie erzeugt über lange Zeiten hinweg nichts weiter als neue Elemente, nämlich Elemente der symbolischen Kategorie ›Wörter‹. Man kann sich dies als langsame evolutionäre Entwicklung vorstellen. Eine Revolution ist gar nicht erforderlich, obwohl die Erfindung der Symbolisierung selbst sehr wohl als revolutionär anzusehen ist. Die mit der Erfindung der Symbolisierung eingeleitete Revolution kommt vermutlich erst viel später, nämlich an dem Punkt, an dem genügend Elemente (Wörter) vorhanden sind, um mit einer bestimmten Relationierung der Wörter ein System zu konstituieren – das System der Sprache als syntaktische und grammatikalische Ordnung von Symbolen: »From this perspective language must be viewed as its own prime mover. It is the author of a co-evolved complex of adaptations arrayed around a single core semiotic innovation that was initially extremely difficult to acquire.«[13]

Der hier skizzierte Zugang zur Emergenz der Sprache als Symbolsystem benötigt weder eine vorgegebene Schöpfung, die als fertige Ord-

13 Deacon 1997: 44.

nung vom Himmel fällt, noch einen Kunstsprung der Evolution, die plötzlich die Sprache im Genom des Menschen verankert. Stattdessen lässt sich mit Terrence Deacon an eine allgemeinere systemische Figur anknüpfen: Zufällig entstandene Konstellationen unwahrscheinlicher Ordnung sind dann reproduzierbar und stabilisierbar, wenn das (zufällig entstandene) System selbst die Regeln der Reproduktion der Komponenten speichert, erinnert und abruft und sich damit als eigene Ebene jenseits der Komponenten etabliert.[14]

Die besonderen Schwierigkeiten der Sprachentwicklung und der Entwicklung der Sprache als Symbolsystem haben damit zu tun, dass gleich zwei komplexe Symbolsysteme – Denken und Sprache – sich koevolutiv ausbilden, und sich nur in Koexistenz und wechselseitiger Autonomie ausbilden können.

14 Simon 1978.

## 2. Autonomie und Interferenz symbolischer Systeme

Mit den Arbeiten zu einer Biologie der Erkenntnis (McCulloch, Maturana, Varela, Roth etc.)[1] rückt die Selbstbezüglichkeit jeder Erkenntnis als Produktion eines erkennenden Systems ins Zentrum der Aufmerksamkeit. Diese radikale Abwendung von der die Erkenntnistheorie lange leitenden Subjekt-Objekt-Differenz war allerdings in Philosophie und Soziologie, insbesondere in der Institutionen- und Organisationssoziologie vorbereitet und in Begriffen wie Selbstreferenz, Selbstthematisierung, Eigenlogik, Eigendynamik oder Autonomie sozialer Einheiten weit vorangeschritten. Der von Humberto Maturana geprägte Begriff der *Autopoiese* radikalisiert für die soziologische Systemtheorie ein Denkmodell, das ihr keineswegs fremd war.

Vielmehr bildet die Idee der Autopoiese nur den Schlusspunkt einer langen Entwicklung zum Verständnis der konstituierenden Selbstreferenz und operativen Geschlossenheit komplexer Sozialsysteme.[2] Ganz anders als sich das ein Biologe vorstellen mag, ist Autopoiese für die Soziologie nichts anders als eine selbstreferentielle *machina ex Deum*, und ihr Gott ist Sinn.

Mit entsprechender Leichtigkeit postuliert Niklas Luhmann nahezu als Selbstverständlichkeit, dass soziale Systeme als kognitive Systeme zu begreifen seien: »Soziale Systeme wie *Wissenschaft* sind erkennende Systeme aus eigenem Recht, aufgrund eigener Autopoiese, die nicht Gedanken, sondern Kommunikation reproduziert.«[3]

Er unterfüttert dieses Postulat mit vier Thesen aus dem Kontext einer allgemeinen Theorie der Kognition, wonach (1) *jedes* autopoietische Sys-

---

1 Überblicke bei McCulloch 1965, Varela 1990 und Riegas und Vetter 1990.

2 Maturana wehrt sich deutlich gegen eine Verwendung des Begriffs der Autopoiese außerhalb der Biologie. Siehe Riegas und Vetter 1990: 38. Er verkennt, dass es nicht um Analogie oder Homologie geht, sondern um die Nutzung eines allgemeinen Denkmodells für ganz unterschiedliche Disziplinen. Klar dazu Luhmann 1997a: Band 1: 66. Und: »Ich glaube nach vielen Erfahrungen aus Diskussionen über Selbstorganisation und über Autopiese, dass die These der operativen Geschlossenheit der Ausgangspunkt ist, von dem aus man diese beiden Begriffe erklären sollte, und nicht umgekehrt« Luhmann 2002: 100.

3 Luhmann 1995b: 111. Und allgemein: »Auch soziale Systeme sind daher beobachtende Systeme – und dies sui generis, mit eigenen Unterscheidungen und vor allem: ohne eine eigene Fähigkeit zur Wahrnehmung.« Luhmann 1996a: 25.

tem, sei es ein lebendes System, ein Bewusstseinsystem oder ein soziales System, als Teil des Vollzugs seiner Autopoiese Probleme der Kognition löst und (2) autopoietische Systeme als geschlossene Systeme keine Operationen der Umwelt aufnehmen, sondern ausschließlich mit *eigenen* Operationen arbeiten, also »ausschließlich mit Innenbeleuchtung«.[4] Damit sind Kognitionen nicht Erkenntnisse über eine Außenwelt, (obwohl diese der Autopoiese eines Systems natürlich Restriktionen auferlegt und Möglichkeiten anbietet), sondern zwingend Erkenntnisse mit eigenen Mitteln und im Vollzug eigener Prozesse. (3) Genau deshalb erfordern und ermöglichen Geschlossenheit und Kognition einander wechselseitig: Über Kognitionen als interne Verarbeitung von externen Ereignissen rekonstruiert ein beobachtungsfähiges System seine Umwelt und sein Umweltverhältnis als vermitteltes und negiert darin eine direkte Abhängigkeit von seiner Umwelt. Die Geschlossenheit der Systeme schließt Evolution nicht aus, sondern (4) Evolution bezieht sich auf diese Konstellation einer Relationierung von Eigenkomplexität und Umweltbedingungen, so dass in einer Koevolution von System-Nische-Kontexten sich ganz spezifische Selektivitäten einspielen und konfirmieren können.

Luhmanns Begründung dafür, dass auch soziale Systeme als kognitive Systeme verstanden werden müssen, wenn man ernst nimmt, dass sie auf der Basis von Kommunikationen selbstreferentiell und operativ geschlossen arbeiten, ist allerdings nur ein erster Schritt. Er macht streng genommen nur plausibel, dass soziale Systeme *beobachtende* Systeme sind, die im Prozessieren ihrer Kommunikationen auf Differenzen reagieren, die sie selbst produzieren – etwa durch die Art der Codierung von Kommunikationen in Ja-Nein-Alternativen oder durch die Architektur der Differenzen, welche die Semantik ausmachen.[5] Beobachtung ist eine notwendige, nicht aber eine hinreichende Bedingung für Kognition. Beobachtung erzeugt *Daten* im Sinne registrierter Unterschiede: »Beobachten heißt einfach (…): Unterscheiden und Bezeichnen.«[6] Jede Beobachtung setzt ein Beobachtungsinstrument voraus, etwa ein Sinnesorgan oder eine Leitdifferenz oder eine Symbollogik, das in der Lage ist, Unterschiede zu registrieren. Bezeichnen meint die Registrierung selbst oder besser das Operieren auf einer der möglichen Seiten der Differenz. Wenn beispielsweise eine Amöbe hell/dunkel unterscheidet

4 Luhmann 1995 b: 110.
5 Was Saussure (2003 a: 324) in kategorischen Formulierungen festhält: »Es ist von absoluter, sogar apriorischer Evidenz, dass es niemals ein einzelnes/einziges Sprachfragment {fragment de langue} geben wird, das auf etwas anderes gegründet sein kann, im Sinne eines letzten Prinzips, als auf sein Nichtzusammenfallen oder auf den Grad seines Nichtzusammenfallens mit dem Rest«.
6 Luhmann 1997 a: 69.

und sich für hell entscheidet, dann bezeichnet sie die Kategorie »hell« durch faktisches Operieren. Jedes Datum ist damit eine beobachtungsproduzierte und beobachtungsabhängige Größe und keineswegs »objektiv« gegeben. Mit Beobachtungsfähigkeit erzeugt ein System mithin Daten, allerdings nicht als Objektivierung oder Repräsentation einer bestimmten externen Realität, sondern als rein interne Leistung intern geschaffener Instrumente der Beobachtung.

Sind Daten in dieser Weise hergestellt, dann kann ein System damit arbeiten, sie manipulieren oder damit experimentieren, etwa indem die Daten mit Relevanzen (Gewichtungen, Wertigkeiten, Präferenzen) aufgeladen werden. Dies setzt systemeigene Präferenzskalen oder Relevanzkriterien voraus – für biologische Systeme etwa Kriterien für Überleben, Wachstum, Fortpflanzung etc., für mentale Systeme etwa Präferenzen für bestimmte Idiosynkrasien, Identitäten, Ideen, etc., und für soziale Systeme etwa Selektivitäten zugunsten bestimmter Strukturen, Prozesse, Regeln, Muster etc. Diese Selektion von Daten nach Relevanzkriterien weist Daten eine bestimmte Bedeutung zu und macht aus ihnen *Informationen* im Sinne von Gregory Bateson[7], also Unterschiede, die einen Unterschied ausmachen. Da es sich zwingend um systemspezifische Relevanzkriterien handelt, sind Informationen immer systemspezifisch und systemrelativ. Unterschiedliche Systeme werden im Regelfall aus denselben Daten unterschiedliche Informationen herstellen, weil sie unterschiedliche Gewichtungen und Selektivitäten anwenden.

Erst auf einer weiteren Stufe der Aufbereitung von Daten und Informationen lässt sich im Ernst von Kognitionen sprechen. Es ist die Stufe des Wissens. Wissen entsteht, wenn Informationen in einen Erfahrungskontext eingeordnet,[8] in einen Praxiszusammenhang (des Systems) eingebaut werden und so zu einer graduell veränderten oder neuen Erfahrung, zu einer abgewandelten oder revidierten Praxis führen.[9] So entsteht Wissen von (lernfähigen und lernenden) Organismen, wenn sie in ontogenetischen Lernprozessen Erfahrungen im Umgang mit ihrer Umwelt machen, indem sie Daten, die ihre Sinnesorgane ihnen liefern, mit den Präferenzen des Systems aufladen und die entstehenden Informationen in bestehende Erfahrungszusammenhänge aufgenommen werden.

Strukturell analog entsteht ein eigenständiges Wissen von Organisationen dadurch, dass sie mit ihren spezifischen Beobachtungsinstrumenten, wie sie etwa das Controlling oder das Rechnungswesen bereitstellt, sich selbst und ihre Umwelt beobachten, dann diese Beobachtungen durch eigene Relevanzkriterien (wie etwa strategische Zielsetzungen) zu Informationen aufbereiten und schließlich diese Informationen im

7 Bateson 1972: 453.
8 Keine neue Erkenntnis: »Das Bewußtsein weiß und begreift nichts, als was in seiner Erfahrung ist«. Hegel 1986: 38.
9 Ausführlich dazu Willke 1998a: Kap. 1.

Kontext ihrer eigenen Praxis als Organisationen, also im Kontext ihrer eigenen Geschichte, Identität (*corporate identity*), Selbstbeschreibung und ihrer Vorstellung von sich selbst (*vision*) interpretieren und auswerten.[10]

Damit ist auch gesagt, dass das Lernen und das Wissen von Organisationen nicht nur aus dem Lernen und Wissen ihrer Mitglieder bestehen, sondern eigene Realitäten erzeugen und eigenständige Qualitäten ausbilden. Lerngeschichten und Wissensbestände von Organisationen und ihren Mitgliedern können divergieren und sich im Weg stehen, sie können nebeneinander herlaufen und sie können sich im optimalen Fall wechselseitig unterstützen.

Erst wenn die Voraussetzungen und Folgen von Kognition so aufwändig rekonstruiert sind, lässt sich in einem nicht mehr nur metaphorischen Sinne davon sprechen, dass Organisationen, Funktionssysteme, Gesellschaften und symbolische Systeme als *kognitive Systeme* verstanden werden müssen. Aber selbst wenn diese Hürde genommen ist, bleibt eine tiefgründige Schwierigkeit, das Eigenleben symbolischer Systeme, die Möglichkeit ihrer radikalen *Entäußerung*[11] zu verstehen. Es ist eine Schwierigkeit, auf die Nicht-Systemtheoretiker oder Nicht-Hegelianer häufig geradezu mit Empörung und dem schnellen Vorwurf der Reifikation reagieren. Spricht etwa Luhmann davon, dass die Wissenschaft nur sich selbst koordiniert, dass sie Kommunikationen ordnet, strukturiert, desorganisiert und reorganisiert oder formuliert er: »Nur die Kommunikation kann kommunizieren.«[12], dann bricht bei vielen Menschen ein Sturm der Entrüstung los. Dabei ist die Auflösung dieses Mysteriums nicht besonders schwierig, wenn man in zwei Schritten vorgeht.

Wie für alle komplexen Systeme gilt auch für Symbolsysteme, dass sie mit dem Schritt der Entäußerung oder Emergenz sich selbst autonom setzen und operative Geschlossenheit dadurch realisieren, dass sie die Tiefenstruktur ihrer Selbststeuerung selbst bestimmen und nicht von außen beeinflussen lassen. Dies bedeutet aber nicht, dass komplexe Systeme *alle* Kausalitäten, die irgendwie auf das System wirken, beherrschen oder selbst steuern müssten. Das heißt, es bleiben Brücken zur Umwelt, über die Vorleistungen, Anregungen, Auslöser, Verstörungen, Optionen, Restriktionen etc. auf das System wirken können. Operative Geschlossenheit meint nur, dass es das System ist, welches nach seiner Logik und seinen Regeln der Selbststeuerung bestimmt, wie es mit diesen externen Signalen umgeht. »Dass die Umwelt immer mitwirkt und

---

10 Ausführlich dazu Argyris und Schön 1978 und Argyris und Schön 1996.

11 Der Begriff hier im Sinne Hegels gemeint, siehe Hegel 1986 und zur Verwendung Willke 2003 b: 177 ff.

12 Luhmann 1995 b: 113.

ohne sie nichts, absolut gar nichts geschehen kann, ist selbstverständlich.«[13]

Ein symbolisches System – etwa die Sprache – braucht also keine Verdauung, keine Beine und kein Gehirn, um sich zu bewegen, zu operieren und zu beobachten. Es bewegt sich nach *eigenen* Strukturgesetzen, etwa indem die Sprache nach bestimmten linguistischen Regeln die Verknüpfung von Wörtern zu Sätzen gestaltet und darin Bestimmtes zulässt und anderes nicht. Es operiert nach *eigenen* Prozessregeln, die im Fall der Sprache bewirken, dass nach Regeln der Syntax gestaltete Sätze ein bestimmte Form aufweisen und andere Formen nicht zulässig sind.

Das darf man sich nicht so vorstellen, dass die Sprache die Ärmel aufkrempelt und Verbotsschilder aufstellt. Vielmehr ist gemeint, dass sich in der koevolutionären Interferenz von Sprechen und Denken (als wechselseitige System-Nische-Beziehungen) Routinen und Erwartungen einspielen, die auf beiden Seiten der Differenz unterschiedliche Auswirkungen haben, aber auf beiden Seiten zu Mustern führen, in denen *Erfahrungen* kondensieren und *Erwartungen* konfirmiert werden. Im Laufe der Systemgeschichte bilden sich auf beiden Seiten Strukturen, Prozesse und Regeln aus, die bestimmte Verknüpfungen hervorheben, bestimmte Operationszyklen zum Normalfall erheben, bestimmte Abfolgen gegenüber anderen wahrscheinlicher machen, durch Wiederholung und Konfirmation bestimmte Kombinationen und Abläufe wahrscheinlicher machen als andere.

In diesem Sinne beobachtet ein symbolisches System dadurch, dass es nach seinen *eigenen* Regeln Selektivitäten etabliert, die einen autogenerativen Mechanismus der Auswahl und Verknüpfung möglicher Elemente in Muster, Sequenzen, Skripts, Episoden etc. in Gang setzen.[14] Es schafft sich in der Logik seiner Verknüpfungs- und Anschlussmöglichkeiten Beobachtungsinstrumente in Gestalt von Rastern, die es erlauben, Unterschiede zu registrieren, also Beobachtungsdaten zu erzeugen. Bezeichnenderweise beobachtet die Sprache – und in dieser Logik alle auf ihr aufbauenden Symbolsysteme – nichts anderes als sich selbst. Sie reagiert in ihren selbstgenerierten Regeln der Semiotik, Semantik, Syntax und Grammatik auf Unterschiede, die nur in den Rastern eben dieser Regeln Unterschiede generieren, etwa in den Unterscheidungen von passend/nicht passend, anschlussfähig/nicht anschlussfähig oder

13 Luhmann 1997a: 96.

14 Als Kern von *Erklärung* betrachtet Maturana (1982: 16) die Konstruktion eines generativen Mechanismus, der »das zu erklärende Phänomen erzeugt[e].« Der generative Mechanismus bezeichnet damit das operative Prinzip eines Systems, mit dem das System operiert, um seine Operationen zu ermöglichen. Diese Denkweise fügt den traditionellen ontologischen Dimensionen des Sachlichen, Zeitlichen und Sozialen die autogenetische Dimension des Operativen hinzu.

noch verknüpfbar/nicht mehr verknüpfbar. Die Sprache konstituiert sich, wenn sie denn in einem koevolutionären Prozess ausgebildet ist, notwendig als selbstreferentielles System, das primär auf eigene Zustände reagiert und ausschließlich mit selbstproduzierten Daten operiert.

Dass in der Operationsweise eines symbolischen Systems tatsächlich *bestimmte* Muster und Formen entstehen, erscheint weniger geheimnisvoll, wenn man sich die beobachtbare (oder: nachrechenbare) Idee der »Eigenwerte« vor Augen führt. Wie Heinz von Foerster anschaulich beschreibt, sind Eigenwerte Gleichgewichtszustände funktionaler oder operationaler Art, die entstehen, wenn eine Operation rekursiv auf sich selbst angewendet wird. So ergibt sich bei bestimmten Sätzen (bezüglich der Anzahl der Buchstaben) oder bei mathematischen Formeln ein bestimmter Eigenwert unabhängig von der Anfangsgröße der Berechnungen.[15]

Diese Beobachtung lässt sich für den Fall sinnhaft konstituierter symbolischer Systeme nutzen. Dort bilden sich durch rekursive Operationen *dynamische Eigenwerte* als stabile, aber prinzipiell veränderliche Muster und Formen aus. Sie reichen von Regeln (Brauch, Konvention, Norm, Wert, Gesetz etc.) über Erwartungen, Rollen und Prozesse bis zu den unterschiedlichsten Ausprägungen von Strukturen eines Systems, die Eigenwerte des Systems insgesamt, wie etwa Selbstbilder, Selbstbeschreibungen oder Selbstthematisierungen in Mythen, Ideologien etc. einschließen: »Operationen werden auf Resultate von Operationen angewandt, und bei hinreichend langer Wiederholung wird sich dann, so nimmt man an, diejenige Form herausfiltern, die unter diesen Bedingungen stabil sein kann. Die Theorie gibt keine Garantie dafür, dass jedes System solche Formen entwickeln kann. Für die Auswahl sorgt letztlich die Evolution.«[16]

Auch die Kommunikation bildet in ihren rekursiven Prozessen Eigenwerte aus, die als Strukturen der Semiose kondensieren, das heißt, sich als Muster und Formen der Syntaktik und Semantik der Sprache ablagern und als solche von Sprechern beobachtet und erwartet werden. Es erleichtert das Verständnis dieses zunächst geheimnisvoll erscheinenden Vorgangs, wenn man sich vor Augen hält, dass Kommunikation ein dichter, multipler Prozess ist, der in einzelnen Operationen läuft, während gleichzeitig andere Kommunikationen weiterlaufen, auf die sich

---

15 Foerster 1993: 103 ff. Siehe zur Anwendung auf Kommunikation Luhmann 1996a: 25 und Luhmann 2005: 90.

16 Luhmann 1987a: 312. Beschränkt man sich nicht mit Luhmann auf Evolution, dann kann die Auswahl natürlich auch über bewusste Steuerung erfolgen. So bilden sich beispielsweise Gesetze in modernen politischen Systemen nicht durch Evolution, sondern durch steuernde Entscheidungen.

diese Operationen beziehen.[17] Ein Sprecher kann daher die Wirkungen seines Sprechens beobachten und mitverfolgen, was mit seinen Kommunikationsangeboten passiert. Die Strukturen der Semiose sind nun die Anhaltspunkte oder Maßstäbe, anhand deren er beurteilen kann, ob die Kommunikation so verläuft, wie er sich das vorstellt oder ob er nachjustieren muss.

Die Restriktionen, welche die Sprache mit ihren Strukturen und Mustern setzt, beobachtet und bemerkt ein Sprecher als Kontext seines Sprechens und als Kontext des Kommunikationsprozesses. Indem er dies bemerkt, operiert er als Zwischenbeobachter der Sprache und für die Sprache und verhilft damit der Sprache dazu, im Zusammenspiel mit Denken und Sprechen so zu operieren, als würde sie selbst beobachten.[18] Aus diesem Grund wirken sich Veränderungen der Semantik als Katalysatoren großflächiger Veränderungen sozialer Systeme aus, und aus demselben Grund verlangt jede Steuerung sozialer Systeme eine Veränderung der Semantik dieser Systeme.

Selbstverständlich wird diese Argumentation nur denjenigen etwas sagen, die ihre mentalen Beobachtungsinstrumente, vielleicht nach der Lektüre von Hegel, Saussure, Lévi-Strauss oder Luhmann, bereits auf entsprechende Dechiffriermöglichkeiten eingestellt haben. Für die weitaus meisten Menschen wird die Vorstellung unvorstellbar sein, dass die Sprache (und andere Symbolsysteme) autonom operiert und irgendwie selbst etwas tut. Da trifft es sich gut, dass die Sprache zumindest an zwei Punkten doch noch etwas mit den Menschen zu tun hat.

Zum einen ist die Sprache (als eigenes Symbolsystem und als Basis für alle anderen) wohl nicht als fertiges System vom Himmel gefallen. Nach allem, was wir wissen, hat sich Sprache in einem *koevolutiven Prozess* mit dem Denken des Menschen entwickelt, also mit gleichrangiger Beteiligung des Menschen (der Apparaturen seines mentalen Systems) an der ursprünglichen Formung der Regeln und Logiken von Sprache. Dies hat immerhin dafür gesorgt, dass Denken und Sprechen in wichtigen Kriterien zueinander passen und füreinander instruktiv sein können, auch wenn beide Seiten der Beziehung reservierte Enklaven bewahren, die für die jeweils andere Seite nicht zugänglich sind. Im Ganzen und grundsätzlich sind beide Seiten füreinander intelligibel, das heißt im großen Ganzen und im Normalfall kann das Denken mit der Sprache etwas anfangen und in ähnlicher Weise kann das Denken sich sprachlich äußern, auch wenn die Passung keineswegs vollständig sein

---

17 Baecker 2003: 10 und 13.

18 »Der Beobachter ist nicht ohne weiteres ein psychisches System, er ist nicht ohne weiteres Bewusstsein. Er ist ganz formal definiert: Unterscheiden und Bezeichnen. *Das kann auch eine Kommunikation.*« Luhmann 2002: 147; (Hervorhebung H. W.)

muss. Dass dann neben brauchbaren Passungen auch Konfusionen mit im Spiel sind, sollte nicht überraschen.

Immerhin können Personen auf diese Konfusionen mit Emotionen reagieren. Nimmt man an, dass mit Gefühlen und Affekten ein eigenständiger Operationsmodus des Bewusstseins eröffnet ist, insbesondere eines »sprachlosen« Bewusstseins, eines Bewusstseins, dem es die Sprache verschlagen hat, dann ist auf subtile Weise dafür gesorgt, dass die notwendige Konfusion nicht den Abbruch oder das Scheitern der Kommunikation nach sich zieht. Denn Emotionen kommunizieren genau dieses Moment einer Sprachlosigkeit, die dennoch zugleich eine Fortführung der Kommunikation wünscht und fordert. Sichtbar wird dies etwa an der Kategorie der in Emotionen häufig eingebauten »versteckten Hilferufe«.

Nach der Einschätzung von Johannes Fehr gilt selbst für die Semiologie von Saussure, »dass das sprechende Subjekt aus Saussures *linguistique de la langue* – aus der ›Sprachwissenschaft schlechthin‹ – nicht wegzudenken ist.«[19] Die wechselseitige Ermöglichung in einem koevolutionären Prozess hat dazu geführt, dass der Aufbau je interner Eigenkomplexität sowohl auf der Seite des Denkens wie auf der Seite der Sprache nicht völlig unabhängig voneinander ablief, sondern innerhalb von Parametern, die aus dem weiten Spektrum kontingenter Optionen diejenigen Varianten herauselegiert haben, welche das notwendige Minimum gemeinsamer Fundierung aufweisen. Solange diese Bedingung erfüllt ist und innerhalb dieses Rahmens kann sich die jeweilige Eigenkomplexität auf beiden Seiten nach unterschiedlichen Logiken entfalten. Bewusstsein und Sprache können sich weit voneinander entfernen und sich entfremden, solange sie jedenfalls prinzipiell füreinander intelligibel und anschlussfähig bleiben. Sie realisieren damit ihre Autonomie und ihre Interferenz als Symbolsysteme wechselseitig und gemeinsam.

Diese Balance von Autonomie und Interferenz scheint so prekär zu sein, dass sich unterstützende Einrichtungen ausbilden, die dem Bewusstsein ermöglichen, mit der Erfahrung des Kontrollverlustes umzugehen und irgendwie zu sublimieren, dass es sich jedenfalls in allen »regulären« Prozessen der Kommunikation von exogenen Systemen (wie Sprache und weiteren Kommunikationsmedien) abhängig sieht. Die wichtigste dieser Einrichtungen sind Emotionen. Gefühle und Affekte scheinen es zuzulassen, dass Menschen in kontrollierter Weise die Kontrolle über ihr Denken und Sprechen verlieren und dennoch damit nicht aus kommunikativen Kontexten herausfallen, sondern in anderer Weise, eben emotional und sprachlos, kommunizieren. Die Möglichkeit von Emotionen verhilft dem Bewusstsein dazu, sich in seiner anderen Seite des Nicht-sprachlichen oder Vor-sprachlichen zur Geltung zu brin-

19 Fehr 2003: 167.

gen und damit gegenüber den übermächtigen Instanzen von Sprache und Kommunikation ein Reservat von Souveränität zu behaupten.[20]

Die Entäußerung der Sprache, ihre Loslösung von einzelnen konkreten Menschen beginnt bereits in den oralen Kulturen, weil schon in den erinnerten und tradierten Erzählungen,[21] Gedichten, Liedern, Epen, Mythen etc. die Sprache feste Gestalten annimmt, die einzelne konkrete Menschen überdauern und sich zu transpersonalen, anonymen Figuren verfestigen. Diese Eigenständigkeit der Sprache, ihre Lösung von einer engen Kopplung an Menschen, bekommt mit der Erfindung von Schrift und Buchdruck dann den Schub, der sie endgültig in eine orbitale Laufbahn und außerhalb des Schwerefeldes des Menschen bringt.

Aber auch dann gibt es noch Verbindungen, über die Signale laufen können: Dies ist die zweite bleibende Kopplung zwischen dem Menschen als mentalem System und Sprache als symbolischem System. Sprache wird erst in der Kommunikation *aktiviert* und es ist bislang nur der Mensch, der Kommunikationen auslöst und in Gang bringt. Zwar tut die Kommunikation was sie will, wenn sie denn ausgelöst wird, und nur die Kommunikation kommuniziert. Aber sie kann es nur tun, wenn überhaupt Menschen sich dazu entschließen, die Kommunikation durch die Mitteilung von Informationen in Gang zu bringen. Und umgekehrt gilt, dass (gehörtes) Sprechen für das Bewusstsein geradezu zwanghaft Aufmerksamkeit fordert und das Bewusstsein zu eigenen Operationen anstößt. So wirken beide Seiten füreinander *katalytisch* in der Auslösung ihrer je eigenen Autokatalyse: Sie sind so aufeinander zugeschnitten, dass sie hochgradig aufeinander reagieren – allerdings in dem strengen Sinne einer Katalyse. Sie regen das jeweils andere System zu je eigenen Operationen an. Sie mischen sich in diese internen Operationen nicht ein und sie können diese je anderen internen Operationen in keiner Weise erreichen.

Ohne einen Anlass zur Kommunikation gibt es keine Aktivierung von Sprache, und ohne Aktivierung ruht die Sprache als symbolisches System nur in sich selbst wie ein Buch, das niemand liest, oder eine Symphonie, die nie aufgeführt wurde, oder eine Liebe, die sich nie erklärt

20 »Dann hätte man es mit einem Bewusstsein zu tun, das mit Mühe und Not und nie wirklich erfolgreich ein Interface zwischen den neuronalen Bindungen des Gehirns und den sozialen Bindungen der Gesellschaft aufrechterhält, ohne sich auf etwas anderes als zum Beispiel die Schrift verlassen zu können, die es in dieser Eigenständigkeit absichert.« (Baecker 2004: 14).

21 »Bereits in der geringsten unserer Erzählungen verrät sich nicht nur unser Egozentrismus, unser Kosmozentrismus, unser beständig wechselnder Gesichtswinkel, sondern auch eine *freie Schau der Dinge* jenseits der physiologischen Grenzen des Auges.« Morin 1958: 199, Fn. 2. (Hervorhebung H. W.)

hat. Wenn aber nun jemand das Buch aufschlägt, die Symphonie spielt oder die Liebe erklärt, dann erwacht ein autonomes Symbolsystem zum Leben und es sind die Regeln dieser symbolischen Systeme, die den weiteren Gang der Dinge bestimmen. Zwar kann sich jeder und jede zum Buch, zur Musik und zur Liebe seine/ihre eigenen Gedanken und Gefühle machen, aber das ist die Seite des Menschen als psychisches und mentales System, als Bewusstsein. Auf der Seite der Sprache, der Musik, der Liebe (und jedes anderen Symbolsystems) beobachtet der Mensch Welten, in denen er manchmal Gast und ansonsten Fremder ist – und Fremder bleibt, weil die Symbolsysteme ihren eigenen Regeln gehorchen und nicht auf den Menschen hören können. Ohne Aktivierung bleibt Sprache (in Saussurescher Begrifflichkeit) *langue*, erst über Aktivierung wird sie zu *langage* und *parole*. Über *langages* mögen sich Linguisten unterhalten. Die soziologische Relevanz von Symbolsystemen kommt zum einen in der Theorie der *langue* als abstraktes Regel- und Zeichensystem und zum anderen in der Praxis der *parole* und der auf ihr aufbauenden Kommunikationsmedien zum Vorschein.

So sind zwar Menschen mit ihrem Bewusstsein unabdingbar, um symbolische Systeme anzustoßen, aber nach diesem Anstoß laufen sie, die Systeme, auf eigenen Bahnen. Für das Funktionssystem Wissenschaft hat Luhmann dies so ausgedrückt: »Selbst wenn man aber in diesem Sinne Unerlässlichkeit von Bewusstsein für Bestand und Fortgang der Wissenschaft in Rechnung stellt: weder Wissensbestand (Gedächtnis) noch Erkenntnisgewinn können als Input von Seiten der Bewusstseinssysteme in das Wissenschaftssystem begriffen werden (...). Wissenschaft ist kein input-determiniertes System, sondern ein ausschließlich durch eigene Strukturen spezifiziertes System. Bewusstsein ist für die Wissenschaft nur ungeordnetes ›Rauschen‹, nur vorseligierender Zufallsträger, aber gerade als solcher unerlässlich.«[22]

In dieser Weise ist gerade auch Sprache kein input-determiniertes System, sondern ein ausschließlich durch eigene Strukturen, Prozesse und Regeln operierender symbolischer Kontext. Zwar haben Mensch und Sprache, Menschen und ihre Sprachen auch einen Teil gemeinsamer Geschichte. Aber es ist die Geschichte einer langwelligen Koevolution und einer strukturellen Kopplung, welche die notwendigen Verbindungen primär dafür nutzt, die danach mögliche Autonomie und Eigendynamik beider Seiten je für sich auszubeuten.

Die Wirkungen einer gemeinsamen Geschichte von Bewusstsein, Sprache und Kommunikation als Symbolsystemen beschränken sich allerdings nicht auf diese beiden äußersten Klammern, die dafür sorgen, dass einerseits Bewusstsein, Sprache und Kommunikation ihre Logiken eigendynamisch entfalten und dennoch füreinander prinzipiell intelli-

22 Luhmann 1995 b: 112.

gibel bleiben und andererseits alle Seiten der koevolutioären Trias zwar füreinander katalytisch wirken, aber dennoch ihre je eigenen Autonomie ausbilden können. Durch die Nabelschnüre der Koevolution sind auch tiefgründigere Wirkstoffe geflossen, die sich in Strukturmustern und Operationsprinzipien entfalten, die zwar in den Symbolsystemen sehr unterschiedlich aussehen mögen, die aber als generative Mechanismen *existent* sein müssen, um aus einer wilden Ansammlung von Elementen ein strukturiertes und operationsfähiges Ganzes, ein System, zu formen.

Die fundamentale systemtheoretische Unterscheidung zwischen trivialen und nicht-trivialen Systemen verweist darauf, dass es Systeme gibt, die – aus welchen Gründen auch immer – eine Eigenkomplexität aufbauen, welche die ganze Apparatur von Autonomie, Eigenlogik, Intransparenz, Selbstreferentialität, Generativität *and all that* in Gang bringt. Alle Theorien komplexer dynamischer Systeme gehen von dieser Grundlage aus und insoweit gibt es ein hohes Maß an Übereinstimmung. Danach allerdings trennen sich die Disziplinen. Für ihre jeweiligen Systeme – Zelle, Organismus, Bewusstsein, soziale Systeme, symbolische Systeme – sind sie völlig unterschiedlichen Bewegungsgesetzen, Strukturmustern, Operationsprinzipien etc. auf der Spur, die erklären können, nach welchen Regeln die Elemente und Komponenten eines Systems zusammenspielen, um eben dieses System zu konstituieren.

Häufig wird der »Reifegrad« der Disziplinen danach unterschieden, wie erfolgreich sie sich in der Lösung des Problems darstellen, diese fundamentalen Bewegungsgesetze ihrer jeweiligen Referenzsysteme zu beschreiben. So gelten Naturwissenschaften als »reif«, weil sie vor allem mit der Evidenz einiger funktionierender Maschinen[23] behaupten können, die Bewegungsgesetze von Atomen oder Molekülen entschlüsselt zu haben. Auch die Genetik gilt heute als reif, weil sie einige Genome sequenziert hat und daher ihre verwegensten Vertreter behaupten, die Bewegungsgesetze von Zellen oder gar Organismen entschlüsselt zu haben. Schwerer tun sich Psychologie, Sozialwissenschaften (mit einigen Ausnahmen in der Ökonomik) und Geisteswissenschaften mit ihren Systemen, weil diese sich hartnäckig einer Erklärung ihrer Bewegungsdynamik zu widersetzen scheinen. Daraus haben die Klügeren unter ihren Kynikern immer schon geschlossen, dass es gar nicht um die Aufdeckung der »wirklichen« Bewegungsgesetze gehen könne, sondern

---

23 Die erforderliche Skepsis hat Luhmann (1990: 263) in die passende Formel gebracht: »Dass es funktioniert, wenn es funktioniert, ist auch hier der einzige Anhaltspunkt dafür, dass die Realität so etwas toleriert .... Nicht die Technik wird isomorph zur Natur konstruiert, sondern die Natur in dem jeweils relevanten Kombinationsraum isomorph zu dem, was man technisch ausprobieren kann.« Kritisch auch Hayek 1972: 16.

nur darum, ein für den jeweiligen Stand des Denkens angemessenes und in diesem Sinne brauchbares und zufriedenstellendes Modell der konstituierenden Regeln des Systems zu entwerfen. Der Konstruktivismus hat diese Skepsis systematisiert und vor allem betont, dass es die Möglichkeiten der Beobachtung sind, also Reichweite und Grenzen von Instrumenten, Verfahren und Methoden der Beobachtung, welche festlegen, was als »Realität« erfahrbar ist und was nicht.

Ein brauchbare Theorie symbolischer Systeme, die von vornherein die Hybris der Wahrheit verwirft und sich mit der Hybris der Brauchbarkeit begnügt, kann auf eine Unzahl von Überlegungen zurückgreifen, die in *allen* Disziplinen und Nischen des Denkens zum Thema des Verhältnisses von Teil und Ganzem hervorgebracht worden sind. Unter den Titeln Ganzheit, Allheit, Einheit, System, Gestalt, Form, Emergenz etc. gibt es nichts, was es nicht gibt. Schärfste Begrenzung und Willkür ist deshalb notwendig, um überhaupt noch über etwas Bestimmtes reden zu können.

Die Leitlinien der Selektion ergeben sich für diese Untersuchung daraus, dass es zentral um die »innere Form« symbolischer Systeme geht, um eine Grammatik der Symbolsysteme. Zwei Prämissen sollen im folgenden bestimmte Begrenzungen markieren, obwohl und weil gerade sie zu den fundierenden Paradoxien einer Theorie symbolischer Systeme führen. Die erste Prämisse bezieht sich auf die Autonomie der beiden Seiten des Verhältnisses von Bewusstsein und Kommunikation, die zweite auf die damit kontrastierende Annahme einer Homologie zwischen beiden Seiten der Differenz.

(1) Ein erster Ausgangspunkt ist die Annahme, dass sich symbolische Systeme auf der Grundlage und nach dem Vorbild des Leitsystems der Sprache von der Ebene des Bewusstseins (und aller davor liegenden Ebenen) entfernen, entfremden und entäußern, autonom und eigendynamisch werden und darin Strukturmuster und Operationsprinzipien ausbilden, die das Verhältnis von Teil und Ganzem, das Verhältnis von Elementen und System formen. In dieser Formung drückt sich insgesamt die Identität und Besonderheit eines bestimmten Systems aus. Noch wichtiger ist allerdings, dass diese Formung darüber Aufschluss gibt, wie der generative Mechanismus, die Logik der Selbstkonstituierung und Reproduktion, die Metabolik systemischer Autopoiese verstanden werden kann.

Erklärungen dafür, wie diese Formung der Ganzheit des Systems zu einer bestimmten Ordnung vor sich gehen soll, unterscheiden sich danach, auf welche Phase oder auf welchen Prozess der Genese eines Systems sie fokussieren. Ein Erklärungsansatz, den ich als relational bezeichnen möchte, setzt die Existenz von Elementen oder Komponenten eines Kontextes voraus und interessiert sich dafür, wie diese Elemente zu bestimmten Mustern und anderen Ordnungsformen verknüpft werden. Danach liegt der Kern der Ausbildung von Identität und Ordnung darin, dass sich zwischen den Elementen bestimmte Muster der Verknüpfung etablieren, so dass aus den spezifischen Selektivitäten möglicher oder wahrscheinlicher oder aktivierter Verbindungen spezifische Eigenschaften des Systems ergeben.

Ein Modellfall dafür ist die Beschreibung der Entwicklung mentaler Systeme als differentielle Vernetzung von Neuronen durch Axone in der modernen Gehirntheorie. Aber es gibt frühere Fassungen dieses Modells, für die eine Formulierung von Ernst Cassirer beispielhaft stehen kann: Er spricht von einer philosophischen »Systematik des Geistes, in der jede besondere Form ihren Sinn rein durch die Stelle, an der sie steht, erhalten würde, in der ihr Gehalt und ihre Bedeutung durch den Reichtum und die Eigenart der Beziehungen und Verflechtungen bezeichnet würde, in welchen sie mit anderen geistigen Energien und schließlich mit deren Allheit steht«.[24] Eine sehr ähnliche Beschreibung gibt Saussure für das System der Sprache und das Verhältnis von Sprechen und Sprache (*langue*): »Wer spricht, tritt, ob er will oder nicht, ins Spiel der Worte ein, und *was* die Worte sagen, bestimmt, wer sie ausspricht, nur bedingt.«[25]

Eine grundlegende Erklärung verlangt allerdings, dass die Existenz der Elemente nicht einfach als gegeben angenommen wird, sondern als wesentlicher Teil der Genese und Reproduktion des Systems ihrerseits plausibel beschrieben werden kann. Ich nenne dies den generativen Ansatz. Die kompakteste Fassung des *Problems*, nicht der Lösung, ist das Autopoiese-Modell von Humberto Maturana. Es bezieht sich auf die Beobachtung, dass es Systeme gibt, die sich selbst reproduzieren; und zwar sich selbst reproduzieren, nicht nur im herkömmlichen Sinne der genetischen Replikation in der Generationenfolge, sondern in dem spezifischeren Sinne einer kontinuierlichen gegenwärtigen Selbsterzeugung des eigenen Systems. Autopoietische Systeme sind operativ geschlossene Systeme, die sich in einer »basalen Zirkularität« selbst reproduzieren, indem sie in einer bestimmten räumlichen Einheit die Elemente, aus denen sie bestehen, in einem Produktionsnetzwerk wiederum mit Hilfe der Elemente herstellen, aus denen sie bestehen.[26] Eine detaillierte Beschreibung dafür, wie dies (im Fall der Genese der lebenden Zelle) im einzelnen geschehen kann, liefert das Modell des *Hyperzyklus* von Manfred Eigen. Es beruht im Kern auf der Annahme von sich selbst verstärkenden und sich selbst reproduzierenden autokatalytischen Zyklen, die unter sehr voraussetzungsvollen Bedingungen zur Emergenz einer lebenden Zelle aus dem Zusammenspiel von Myriaden von Makromolekülen führen.[27]

24 Cassirer 2001: 12.

25 Fehr 2003: 225; Saussure 2003a.

26 Maturana 1982: 58. Siehe auch Maturana 1981.

27 Eigen 1971; Eigen und Schuster 1979; Eigen und Winkler 1976. Müller-

Die Produktion der Elemente geschieht demnach durch einen generativen Mechanismus, der wie ein Hauptprogramm oder *masterplan* die Genese des Systems steuert. Ein Modellfall dafür ist die Beschreibung der Reproduktion einer Zelle oder eines Organismus aus dem Genom in der modernen Genetik. Auch für diesen Ansatz gibt es sehr viel ältere Fassungen, etwa die Beschreibung der Genesis des Universums aus dem Ratschluss Gottes oder die Beschreibung, die Karl Marx der »Verselbständigung des Werts« in sich wechselseitig voraussetzenden ökonomischen Verhältnissen von Zirkulation und Produktion gibt.[28] Diesen Grundgedanken greifen viele auf, auch Habermas, der geradezu systemtheoretisch formuliert: »Insofern verkörpern mediengesteuerte Interaktionen nicht mehr eine instrumentelle, in der Zweckrationalität der Entscheidungsträger lokalisierte Vernunft, sondern eine *den selbstgesteuerten Systemen innewohnende funktionalistische Vernunft.*«[29] Allerdings analysiert Habermas diese funktionalistische Vernunft nicht weiter, sondern beschränkt sich auf die schlichte Annahme einer Verkehrung von Zwecksetzung und Mittelwahl.

Bemerkenswert ist, dass auch Luhmanns Systemtheorie in nahezu reiner Form dem generativen Ansatz folgt. Luhmann forciert die Trennung von Person und Kommunikation, von Bewusstsein und Sprache, obwohl er beide Seiten über symbolische Kopplung verbindet, gerade dadurch, dass er sie zwar für wechselseitig notwendig, *nicht* aber für wechselseitig instruktiv versteht. Damit schafft er sich zunächst einmal den Freiraum, die Produktion spezifisch sozialer Sinnelemente unter den spezifischen Bedingungen der Genese und Existenz sozialer Systeme zu erklären. Dies gelingt ihm, indem er nicht auf Gesellschaft insgesamt und damit auf Sinn als gemeinsame Basis von Bewusstsein und Kommunkation fokussiert, sondern auf differenzierte Funktionssysteme und damit auf spezialisierte Sinnprovinzen, die ihre Besonderheit gewinnen, indem sie je eigene Medien und Codes ausbilden.

Insbesondere die Codierung der Funktionssysteme (das heißt: der Gesamtheit der in den Funktionssystemen ablaufenden Kommunikationen) nach dem binären Schema einer je eigenen *Leitdifferenz* sorgt dafür, dass an einer zentralen, herausgehobenen Stelle (wie an einem Ribosom) die Reproduktion des Systems organisiert und gesteuert wird, indem ablaufende Kommunikationen, die sich im Schema der Leitdifferenz beobachten lassen, automatisch und mühelos als Bausteine des

---

Herold 1992: 97: »Nicht einzelne Moleküle katalysieren die Bildung ihrer Repliken, sondern eine größere Anzahl von Molekeln ›organisiert‹ sich zu einem ›*supramolekularen*‹ Verbund, und erst diese Überstruktur bewirkt dann eine katalytische Synthese ihrer molekularen Bestandteile.«

28 Marx 1956 ff.: Band 24: 109.
29 Habermas 1992: 83.

Systems gelten und sich in weiteren Operationen des Systems verwenden lassen. Durch ihre Referenz auf einen bestimmten Code, die auch noch in der weiteren Prozessierung in Programmen durchscheint, wird die Gemeinsamkeit der Elemente in der Einheit des Systems sichtbar[30] und ihr Beitrag zur Systembildung beobachtbar, auch und gerade für das System selbst, das so hyperzyklisch Selbstbeobachtung und Selbstreferenz ausbilden kann.

Ein verwandtes Modell postuliert Ernesto Laclau im Theoriekontext des Poststrukturalismus/Dekonstruktivismus mit der Idee des »empty signifier«.[31] Nachdem er zunächst das *Diskursive* umfassend als die Gesamtheit sozialer Signifikationspraktiken definiert, bleibt als Gegenseite nur noch das »Reale« oder das »Andere« als dasjenige, was sich jedenfalls nicht bezeichnen lässt. Daraus ergibt sich das selbst erzeugte Problem, dass die Einheit des Diskurses sich nicht mehr gegenüber einem bezeichenbaren Anderen profilieren kann, sondern aus dem Kontext oder ›System‹ des Diskurses selbst heraus zu leisten ist. Die resultierende notwendige Paradoxie eines im Diskurs bezeichenbaren Nichtbezeichenbaren löst Laclau mit dem Kunstgriff des »leeren Signifikanten«, der »die paradoxe Einheit des diskursiven Systems dennoch denkbar zu machen« versucht, indem er »als Platzhalter für eine abwesende Vollheit (die Systematizität des Systems oder dessen reine Selbstreferenz) fungier(t)«.[32]

Diese erste Prämisse zum Verhältnis von Teil und Ganzem symbolischer Systeme postuliert also einen Zusammenhang zwischen Elementen und System, der (zumindest) über zwei unterschiedliche Prozesse abgesichert ist. Ein Prozess relationiert die Komponenten eines bestimmten Kontextes zu Mustern, Verknüpfungen und Sequenzen, welche die charakteristischen Eigenschaften des Systems ermöglichen. Dies setzt voraus, dass bestimmte Komponenten – wie Makromoleküle für die Zelle, Neuronen, Synapsen und Axone für mentale Systeme, Gedanken für ein Bewusstsein, Informationen für die Kommunikation, Sinnbilder für symbolische Systeme – bereits vorhanden sind. Es ist also ein zweiter, grundlegenderer Prozess erforderlich, der diese Elemente oder Komponenten überhaupt erst erzeugt. Der generative Ansatz erklärt die Produktion und Reproduktion der Elemente aus einem

30 »Die Referenz auf Einheit wird ersetzt, wird ›repräsentiert‹ durch die Referenz auf den Code«. Luhmann 1993a 73.
31 Laclau 1994. Aufschlussreich dazu Stäheli 1996.
32 Stäheli 1996: 263 u. 264. Zizek 2005: 99: »Im Rahmen seiner Darstellung des grundlegenden Gegensatzes zwischen der Logik der Differenz und der Logik der Äquivalenz behauptete Ernesto Laclau die Koinzidenz der Gegensätze: Die beiden Logiken stehen nicht einfach im Gegensatz zueinander, sondern jede Logik, an ihren äußersten Punkt geführt, schlägt in ihr Gegenteil um.«

generativen Mechanismus, der im Fall sozialer Systeme die Produktion spezifischer Sinnelemente betrifft. Als Ribosom eines sozialen Systems arbeitet dessen Leitdifferenz, die in einem ersten Schritt durch eine binäre Codierung dazu gehörende Sinnelemente selegiert (und nicht dazu gehörende als irrelevant ausschließt) und dann in weiteren Schritten die so erzeugten Elemente durch Programme, die dem Leitcode nachgeordnet sind, verarbeitet und aufbereitet.

Auch wenn die skizzierten Erklärungsansätze bemerkenswert komplex und elaboriert sind, haben sie (mit wenigen Ausnahmen) ihre eigene paradoxe Fundierung kaum thematisiert. Selbst Luhmann, der diese prekäre Fundierung klar sieht, überspringt den Hiatus zur Emergenz des Sozialen schlicht durch Praxis – die Praxis der Theorie als Praxis der Beobachtung: »Die Umwelt zieht keine Grenzen um das System. Das System grenzt sich selbst aus, und die Umwelt kann das weder registrieren noch beobachten, *weder wissen noch irgendwie anders nachvollziehen.*«[33] Wenn mentale Systeme als Umwelt der Gesellschaft diese weder beobachten, noch verstehen noch nachvollziehen können, wie können wir dann mehr über Gesellschaft als Realität *sui generis* wissen als jene »Mixtur von Beliebigkeit und Lähmung«[34] angesichts des Unbeobachtbaren, die jeden Beobachter der Gesellschaft zunächst notwendig befällt?

(2) Eine zweite Prämisse für die Rekonstruktion der inneren Form symbolischer Systeme widerspricht in einer entscheidenden Hinsicht der ersten Prämisse. Postuliert diese die notwendige Autonomie symbolischer Systeme, so berücksichtigt die Prämisse der homologen inneren Form die Gleichursprünglichkeit und Interferenz beider Systembildungen. Leitend ist die Annahme, dass die innere Form symbolischer Systeme auf Voraussetzungen beruht, die koevolutiv mit den Grundlinien der inneren Form des Bewusstseins verknüpft sind. Die Grundregeln der Operationsweise symbolischer Systeme, die auf den Formen der Sprache aufbauen, können also nicht völlig unabhängig entstanden sein, auch wenn sie sich nach einer evolutionären Phase der Gemeinsamkeit in eigener Regie entfalten.

Für die Sprache selbst ist diese Grundidee beispielhaft in Noam Chomskys *generativer Grammatik* ausgedrückt. Sie postuliert, dass die Verbindung zwischen Bewusstsein und Sprache jedenfalls ursprünglich so eng ist, dass die elementaren grammatischen Regeln der Sprache den elementaren Regeln des Denkens entsprechen.[35] Für das psychische System hat Sigmund Freud diesen Zusammenhang in den bemerkenswerten Begriff der »Allmacht der Gedanken« gefasst. Es ist ein Begriff, den

33 Luhmann 1991: 73. (Hervorhebung H.W.)
34 Luhmann 1991: 60.
35 Chomsky 1978; 2002. Zur Kritik siehe Deacon 1997: 102 ff.

Freud von einem Zwangsneurotiker übernimmt, weil dessen Gedankenwelt ihn an das animistische Weltbild erinnert als »ein Denksystem, die erste vollständige Theorie der Welt«,[36] in welcher der archaische Mensch das System seines Denkens bedenkenlos auf die Welt insgesamt ausdehnt. Hätte das Postulat der Allmacht der Gedanken Gültigkeit, dann müssten sich auch die Symbolsysteme der Welt der systematisierenden Kraft des Denkens beugen (also genau das, was der Animismus annimmt).

Freud selbst macht allerdings auf die Gegenseite aufmerksam: Das Bewusstsein erzwinge eine *Systembildung*, um aus einer Konstellation, aus der es ansonsten keinen Sinn bilden könnte, eine sinnhafte Ordnung herauszulesen: »Eine intellektuelle Funktion in uns fordert Vereinheitlichung, Zusammenhang und Verständlichkeit von jedem Material der Wahrnehmung oder des Denkens, dessen sie sich bemächtigt, und scheut sich nicht, einen unrichtigen Zusammenhang herzustellen, wenn sie infolge besonderer Umstände den richtigen nicht erfassen kann.«[37] Nach diesem Argument richtet sich das Bewusstsein Zusammenhänge so zu, wie es sie nach seiner eigenen Operationslogik braucht, um eine sinnhafte Systembildung zu erkennen. Nur die Fähigkeit, eine Konstellation auch als unsinnig oder sinnlos zu bezeichnen, schützt das Bewusstsein davor, zwanghaft (neurotisch) auch dort Ordnungen, Zusammenhänge und Systembildungen zu sehen, wo für Andere solche nicht zu erkennen sind.

Welche Ordnung oder Systembildung erkennt das Bewusstsein, wenn es symbolische Systeme beobachtet? Vergleicht man die Aussage Freuds und die oben zitierte Aussage Luhmanns zur Autonomie des Wissenschaftssystems, dann fällt auf, dass soziologisches Denken sich operativ analog zu anthropologischem, ethnographischem oder psychoanalytischem Denken in fremde Welten einschleichen und eindenken muss, wobei allerdings die Vermutung für die Soziologie als Disziplin konstitutiv ist, dass das Soziale prinzipiell anderen Logiken gehorcht als das Psychische.

Anthropologen, Ethnographen oder Analytiker haben immer prinzipiell ähnliche Menschen und ihre Bewusstseine vor sich, auch wenn bereits die Annahme eines alter Ego nicht die Tatsache, sondern die *Deutung* von Alter als alter Ego impliziert. Insbesondere Hellmuth Plessner hat dies in der Konzeption der *dezentralen Positionalität* betont.[38] Anthropologen oder Ethnographen oder Analytiker stellen die

36 Freud 1944: 116. Auch Cassirer nimmt darauf Bezug: Cassirer 2002: 184.

37 Freud 1944: 117.

38 »Bei der Annahme der Existenz anderer Iche handelt es sich nicht um Übertragung der eigenen Daseinweise, in der ein Mensch für sich lebt, auf andere ihm nur körperhaft gegenwärtige Dinge, also um eine

Frage: Wie fühlen, denken und sprechen diese Menschen? Dagegen hat die Soziologie mit Gesellschaft einen Erkenntnisgegenstand, der einer prinzipiell anderen Emergenzstufe zugehört als der Mensch, wenn sie sich als Disziplin nicht auf Statistik und Sozialpsychologie reduzieren will. Sie muss als Disziplin die Frage stellen, die Mary Douglas gestellt hat: Wie denken Institutionen?[39] Und umfassender: Wie operiert die Gesellschaft?

Natürlich ist schon heftig umstritten, ob die Ebene der Gesellschaft überhaupt als eigene Systemebene verstanden werden muss oder nicht. »The very idea of a suprapersonal cognitive system stirs a deep sense of outrage. The offense taken in itself is evidence that above the level of the individual human another hierarchy of ›individuals‹ is influencing lower level-members to react violently against this idea or that.«[40] Aber selbst wenn man diesen Schritt macht und von einer eigenen Logik des Sozialen ausgeht, bleibt die Frage, welche Möglichkeiten das Bewusstsein hat, diese Logik in ihrer Eigenständigkeit wahrzunehmen. Auffällig ist, dass die großen Symbolsysteme differenzierter Gesellschaften, etwa Macht, Geld, Wissen, Liebe, Kunst oder Glauben, selbst ihre professionellen Beobachter regelmäßig überraschen und diese Überraschungen dann unter dem Titel nicht-intendierter Folgen absichtsvollen Handelns abgebucht werden. Häufig kommt es zu Umbrüchen und Rekonfigurationen, die kein Akteur gewollt oder kontrolliert oder vorausgesehen hat. Die Symbolsysteme entfremden sich in den höheren Etagen der reflexiven Symbolisierung nicht nur den Laien, sondern nachdrücklich auch den Experten.

Ein frappierendes Beispiel für die Zerrissenheit gerade auch der Soziologie selbst zwischen Teil und Ganzem, Individuum und Gesellschaft, Reduktion und Emergenz ist die Soziologie von Georg Simmel. Simmel hat zwar Formen der Vergesellschaftung beschrieben, aber ebenso wie Weber der Gesellschaft selbst keinen autonomen Stellenwert zuerkannt. Er behandelt dennoch mit Einsicht Mechanismen der Emergenz, insbesondere den für seine Philosophie des Geldes konstituierenden Tausch. Tausch ist für ihn »nicht die Addition zweier Prozesse des Gebens und Empfangens, sondern ein neues Drittes, das entsteht, indem jeder von beiden Prozessen in absolutem Zugleich Ursache und Wirkung des anderen ist«.[41] Aber er zieht daraus keine Konsequenzen für eine mögliche

Ausdehnung des personalen Seinskreises, sondern um eine Einengung und Beschränkung dieses ursprünglich gerade nicht lokalisierten und seiner Lokalisierung Widerstände entgegensetzenden Seinskreises auf die ›Menschen‹.« Plessner 1975: 301. Aufschlussreich dazu Lindemann 1999.

39 Douglas 1986.
40 Douglas 1986: X.
41 Simmel 1989: 73 f.

Eigenständigkeit der Gesellschaft, die sich in den symbolischen Formen der Funktionssysteme – wie beispielhaft Tausch im Raum der Ökonomie oder Vertrag im Raum des Rechts oder Publikation im Raum der Wissenschaft – ihre eigene, von den Individuen unabhängige Realität schafft. Es sind genau diese drei Funktionssysteme, die Simmel selbst nennt (er bezeichnet sie als Recht, Intellektualität und Geld), um deren »Gleichgültigkeit gegen individuelle Eigenheit« hervorzuheben und zu betonen, dass sie sich »nach eigenen und *selbständigen Normen* entwickeln und von diesen aus in jene Gesamtheit der Interessen des Daseins eingreift *und sie nach sich bestimmt*«.[42] Von diesen Einsichten aus wäre es nicht weit gewesen bis zur Einsicht in eine eigene, genuine Ebene des Sozialen. Aber diesen Schritt geht Simmel nicht.

Die Denkfigur der Differenz von Identität und Differenz dient als analytisches Mikroskop, um die Bruchstellen im Zusammenspiel und in der Trennung von Personen und sozialen Systemen genauer in den Blick nehmen zu können. Als Hypothese schlage ich vor, dass die Entäußerung der symbolischen Systeme der Kommunikation (und aller darauf aufbauenden Symbolsysteme) von der Seite des Denkens deshalb gelingen kann, weil das Denken nicht in der Lage ist, mit höherstufigen Symbolisierungen mitzuhalten. Es kann die Metasymboliken jenseits der Sprache nur erreichen, indem es sie als Differenz von Einheit und Differenz mentaler und sozialer Systeme behandelt, mithin als reine Form interiorisiert und alle weiteren Verknüpfungen als symbolische Kopplung realisiert. Damit zieht sich das Denken von der Beherrschung symbolischer Systeme durch das Denken zurück. Aber es ist ein geordneter Rückzug, der den Kontakt nicht aufgibt, sondern ihn auf Beobachtung von einem externen Standpunkt aus beschränkt.

Für die Symbolsysteme jenseits der Sprache genügt diese Anbindung an das Denken, um in Existenz zu kommen. *Beobachtbarkeit genügt.* Das Denken transformiert diese Beobachtungen in seine eigene Logik und verschafft damit den Metasymboliken eine schizophrene Existenz in zwei Welten: der Welt des Denkens und der Welt der Kommunikation. Alle Entfremdung[43] resultiert daraus, dass Denken und Sprechen zwar ihren Ursprung teilen, die Dynamiken der sprachlichen und metasprachlichen Symbolsysteme vom Denken aber nicht mehr beherrschbar[44]

42 Simmel 1989: 609. (Hervorhebungen H. W.)

43 »Aber eine Kraft der Entfremdung sucht das seelische Phänomen zu verlängern und nach außen zu projizieren, bis es zu einem animistischen Phänomen wird. Die Gegenstände hängen zwischen zwei Leben, zwei Stufen des gleichen Lebens, dem äußeren animistischen Leben und dem inneren subjektiven Leben.« Morin 1958: 78.

44 Die Eigenständigkeit von Symbolsystemen (wie Kapital) und ihren institutionellen Verfestigungen (wie Produktivkräfte) hatte Marx früh beobachtet. Daran schließt Slavoj Zizek an und fragt: »Gibt es hier nicht

sind, sondern nur noch beobachtbar. Genau diese Trennung lässt den Symbolsystemen den Raum, ihre eigenen Logiken zu entfalten – immer gebunden an die Grundlogik der Sprache, weil sie immer nur Steigerungen von Sprache sind, und immer gebunden an die Bedingung, dass sie von mentalen Systemen beobachtet werden müssen, um den Übergang von virtueller zu realer Existenz zu bewerkstelligen.

Dieser Übergang von virtueller zu realer Existenz erscheint wohl geheimnisvoller als er in Wirklichkeit ist. Bereits vor Millionen von Jahren, vor jedem Denken und jeder Sprache, hat die Natur im Zusammenspiel von Viren und Lebewesen einen solchen Mechanismus hervorgebracht. Viren sind im Kern eine Anhäufung von Makromolekülen ohne Organe und ohne eigene reproduktive Fähigkeit. Ihr spezifischer interner Informationsgehalt ermöglicht es ihnen, sich in die Codierungs- und Reproduktionszyklen lebender Organismen einzuklinken und sich so im Zusammenspiel mit einem anderen System von virtueller zu realer Reproduktionsfähigkeit zu bewegen.

Ganz in diesem Sinne vergleicht Terrence Deacon Sprache mit Viren: »They might better be compared to viruses. Viruses are not quite alive, and yet are ultimately a part of the web of living processes. Viruses are on the liminal border between the living and non-living because they lack organs in any normal sense, including any vestige or metabolic or reproductive systems. They are minimally packaged strings of DNA or RNA that regularly happen to get themselves insinuated into cells that mistake them for their own nucleotides and haphazardly replicate them and transcribe their base sequences into proteins. Though relatively inanimate collections of macromolecules in and of themselves, the information implicit in them nevertheless evolves and adapts with frightening efficiency, as recent epidemics so vividly illustrate.«[45]

All dies spricht dafür, dass Symbolsysteme tatsächlich eine eigene innere Form ausbilden, auch wenn das Bewusstsein *für sich* gezwungen ist, diese Formen in eine homologe Ordnung zu bringen, um sie überhaupt beobachten zu können. Das Bewusstsein missversteht die Symbolik der Kommunikation in seiner eigenen Logik, aktiviert dadurch die Kommunikation zu deren eigenlogischer Operationsweise und beide Seiten

eine überraschende Parallele zwischen diesem Begriff des Mems [nach Daniel Dennett] und dem Marx-Hegelschen Begriff der Entfremdung? Wie bei diesem haben Meme, die wir, die Subjekte, fälschlicherweise für Kommunikationsmittel halten, in Wirklichkeit das Sagen (sie benutzen *uns*, um sich fortzupflanzen und zu vervielfältigen). Produktivkräfte, die wir für Mittel halten, um unsere Bedürfnisse und Wünsche zu befriedigen, haben in Wirklichkeit das Kommando inne. Das eigentliche Ziel des Prozesses, sein Selbstzweck, ist die Entwicklung der Produktivkräfte. (Zizek 2005: 169).

45 Deacon 1997: 112.

arbeiten symbolisch gekoppelt und dennoch autonom. Nur weil und insofern Bewusstseine diese Formen nicht verstehen, verstehen sie die Eigenlogik der Symbolsysteme als Eigenlogik. Die Aufgabe einer Soziologie symbolischer Formen wäre es dann, diese fundierende Paradoxie zu entfalten und gerade dadurch Zugang zu den inneren Formen symbolischer Systeme zu gewinnen, dass sie deren Autonomie und Eigendynamik als unbeobachtbar voraussetzt, um sie beobachten zu können – in der Tradition etwa über die Figur der unbeobachtbaren, also *invisible hand* oder in der Gegenwart etwa über die Figur eines imaginierten »Zwischenbeobachters«,[46] der zwar in einem aufgeklärten Kontext nicht mehr der Teufel sein kann, aber vielleicht der Soziologe als Ersatzteufel.

Auch wenn, wie Freud in *Totem und Tabu* festhält, nach der animistischen und religiösen Weltanschauung nun die »wissenschaftliche« Geltung hat, so hat dies bislang wenig Klärung in der Frage des Zusammenspiels von Autonomie und Interferenz bei der Konstituierung und für die Operationsweise symbolischer Systeme gebracht. Die Suchrichtung hat Cassirer schon vor achtzig Jahren klar beschrieben: »Denn wie die moderne Sprachphilosophie, um den eigentlichen Ansatzpunkt für eine philosophische Betrachtung der Sprache zu finden, den Begriff der ›inneren Sprachform‹ aufgestellt hat – so läßt sich sagen, daß eine analoge ›innere Form‹ auch für die Religion und den Mythos, für die Kunst und für die wissenschaftliche Erkenntnis vorauszusetzen und zu suchen ist«.[47] Mit der Konzeption der Medien (Austauschmedien, Kommunikationsmedien, Steuerungsmedien) hat die soziologische Systemtheorie erhebliche Anstrengungen unternommen, Logik und Eigendynamik zentraler Symbolsysteme moderner Gesellschaften herauszuarbeiten.

Nun käme es in nächsten Schritten darauf an, die allgemeinen Modelle in Fallstudien zu einzelnen Symbolsystemen zu verankern. Zweifelsohne gibt es mehr als genug Studien zu den großen Symbolsystemen wie Macht, Recht, Geld, Kapital, Wissen, Liebe, Glaube, Moral, Kunst etc.[48] Was die erforderlichen Fallstudien von den bisherigen unterscheiden müsste, ist die Einsicht, dass die doppelte Abhängigkeit aller höher generalisierten Symbolsysteme von den fundierenden Symbolsystemen der Sprache und des Bewusstseins mit der doppelten Kontingenz von Symbolisierung und Systembildung konfrontiert werden muss, um die innere Form der Symbolsysteme in eine Form zu bringen, die der Ver-

46 Luhmann 1991: 71

47 Cassirer 2001: 10.

48 Lévi-Strauss kommt zu einer vergleichbaren, kulturell gewichteten Reihung großer Symbolsysteme: »Jede Kultur kann als ein Ensemble symbolischer Systeme betrachtet werden, wobei die Sprache, die Heiratsregeln, die ökonomischen Verhältnisse, die Kunst, die Wissenschaft und die Religion an erster Stelle rangieren.« Zitiert bei Fehr 2003: 76, Fn. 42.

mutung gerecht würde, dass über eine Form ein eigenes Universum in Existenz gebracht wird[49].

Solche Fallstudien können nur gewagt werden und sie können nur Sinn ergeben, wenn sehr viel klarer als bislang Vorstellungen dazu entwickelt sind, nach welchen Prinzipien die innere Form der großen[50] Symbolsysteme sich konstituiert und entfaltet. Zu den Grundlagen der Genese und Relationierung der Elemente symbolischer Systeme gibt es eine Reihe von Überlegungen, die in diesem Abschnitt betrachtet worden sind. Die Stichworte Hyperzyklus und Musterbildung zeigen, wie sehr diese Überlegungen von Anleihen und Modellvorstellungen der Naturwissenschaften profitieren. Das erscheint verständlich und legitim, weil in den ersten Fragen der Systemarchitektur und der Systemdynamik eine übergreifende Komplexitätstheorie[51] Ähnlichkeiten und Unterschiede der verschiedenen Systemebenen transdisziplinär ausarbeitet. Auch eine soziologische Systemtheorie kann sich für diese ersten Ebenen der Systembildung nutzbringend auf eine allgemeine Komplexitätstheorie stützen.

Nun steht im nächsten Schritt eine schwierigere Operation an. Wenn symbolische Systeme sich plausibel als kognitive Systeme beschreiben lassen, dann zwingt die Erfahrung mit dem primären kognitiven System des Bewusstseins zu der Frage, wodurch und wie auch höher generalisierte symbolische Systeme die das Bewusstsein kennzeichnende *Leistung der Reflexion* ausbilden. Mit dieser Frage erreicht die Analyse allerdings eine Ebene, auf der die Luft dünn wird und transdisziplinäre Anregungen und Hilfestellungen problematisch und irreführend sein können. Die Diskussionen um künstliche Intelligenz, Intelligenz der Maschinen und Netzwerke, neuronale Netze und ähnliche Themen[52] hat gründlich mit den frühen Illusionen der Rekonstruktion von Reflexionsfähigkeit aufgeräumt. Es könnte deshalb hilfreich sein, in der Frage der Fähigkeit zur Reflexion zu dem Denker zurückzugehen, der wie kein zweiter den Ernst, den Schmerz, die Geduld und die Arbeit des »Negativen« als Bedingung der Möglichkeit von Reflexion erfahren und ausgedrückt hat: Hegel.

49 Spencer Brown 1979: XXIX u. 1.
50 Damit sind vorläufig in einer etwas lockeren Sprechweise neben den Symbolsystemen des Bewusstseins und der Sprache die Kommunikationsmedien der Funktionssysteme moderner Gesellschaften gemeint, also vor allem Macht und Recht, Geld und Kapital, Wissen und Expertise, Glaube und Ethik, Liebe, Kunst und ihre reflexiven Steigerungen bis in die basalen Mythen der Moderne.
51 Holland 1998; Kappelhoff 2002; Marion 1999; Peters 1989; Simon 2002; Waldrop 1994.
52 Dreyfus 1988; Feigenbaum und McCorduck 1984; Jahn 1997; Malik 1983; McCorduck 1984; Peat 1988; Simon 1981; Sokolowski 1988.

# 3. Die innere Form der Kommunikation

In der *Vorrede* zur *Phänomenologie des Geistes* entwirft Hegel eine Reflexionstheorie des Geistes, die die Philosophie erschüttert hat, weil sie in einer absoluten Strenge und Geduld des Denkens mit den wichtigsten Irrtümern der alten Philosophie bricht. Philosophen, die ihre Texte mit Bezug auf vergangene Philosophien lesen und schreiben, haben dies gebührend herausgestellt. In einer systemtheoretischen Perspektive ist allerdings etwas anderes die größere Erschütterung. So bewundernswert Hegels Leistung ist, mit dem Denken der Vergangenheit zu brechen, so erschöpft dies doch die Radikalität seiner Überlegungen in keiner Weise. Diese kommt zum Vorschein, wenn man entgegen allen Regeln der Hermeneutik seinen Text aus der Sicht der Gegenwart mit dem Wissen und den Konzeptionen von heute liest. Dann lässt sich ermessen, mit welcher Voraussicht und Tiefenschärfe Hegel ein differenztheoretisch und systemtheoretisch geschultes Denken der folgenden Jahrhunderte vorweg ahnt und auf einen Weg bringt, der noch lange nicht beendet ist.

Der häufig dunkle und auf schroffe Gegensätzlichkeit zulaufende Ton der *Vorrede* klärt sich beträchtlich auf, wenn man in einem Gedankenexperiment einen Zeitsprung einspielt und imaginiert, Hegel habe Spencer Brown gelesen und sich mit der Idee der Form vertraut gemacht. Hegel hätte sich auf diese Logik gestürzt, denn er ringt in allen Facetten seines Denkens mit dem Problem des »Negativen« als der anderen Seite einer positiven Realität, die ohne ihre andere Seite aber nicht wirklich und nicht denkbar ist. Es geht um eine ausgefaltete Dialektik, weil das »Andere« immer auch als das »Verkehrte«, das »Unwirkliche«, das »Ferne« der Entwicklung erscheint.

So umkreist er in einer beispielhaften Formulierung die Form des Wissens des Bewusstseins und die Form des Wissens der Wissenschaft als doppelte Differenz, die ohne die Idee der Form eigentlich gar nicht zu beschreiben ist, und die Hegel dennoch in eine Beschreibung zwingt: »Wenn der Standpunkt des Bewusstseins, von gegenständlichen Dingen im Gegensatz gegen sich selbst (erste Form: Ding/Bewusstsein) und von sich selbst im Gegensatz gegen sie zu wissen (Umkehrung der Form: Bewusstsein/Ding), der Wissenschaft als das *Andere* (zweite Form: Bewusstsein/Wissenschaft) – das, worin es sich bei sich selbst weiß (Einheit der Differenz der zweiten Form), vielmehr als der Verlust des Geistes – gilt, so ist ihm dagegen das Element der Wissenschaft eine jenseitige Ferne, worin es nicht mehr sich selbst besitzt. Jeder von diesen beiden Teilen (die beiden Seiten der zweiten Form) scheint für den anderen das Verkehrte der Wahrheit zu sein.«[1]

1 Hegel 1986: 30. (Kursiv im Original. Klammerzusätze H. W.)

Im ersten Teil des Satzes postuliert Hegel, dass das Bewusstsein von beiden Seiten der Form Ding/Bewusstsein *weiß*, also mit der Differenz von Ding und Bewusstsein (oder moderner: von Sein und Bewusstsein) umgehen kann, also von beiden Seiten der Form her die jeweils andere Seite sehen kann, also im Sinne von Spencer Brown zur Operation des *crossing* fähig ist.[2] Im zweiten Teil des Satzes spannt Hegel die Differenz von Bewusstsein und Wissenschaft auf und blickt von der Seite des Bewusstseins auf die andere Seite, die jenseitige Ferne, die dem Bewusstsein fremd ist (worin es nicht mehr sich selbst besitzt), die es aber beobachten und in der Differenz zu sich selbst sehen kann. Und dann kommt die Überraschung: Nicht nur aus der Sicht des Bewusstseins scheint die Wissenschaft als das Fremde und Andere unverständlich und das Verkehrte der Wahrheit zu sein. Vielmehr gilt dies für jede der beiden Seiten, also auch für die Wissenschaft. In der Sicht und Operationsweise der Wissenschaft muss das Bewusstsein als das Unbegreifliche und Unwirkliche erscheinen, als das Verkehrte der Wahrheit. Jede Seite der Form operiert in einer eigenen Logik, in der sie sich selbst, nicht aber die andere Seite »besitzt«, aber jede Seite kann zumindest sich selbst als Teil einer Form, als Seite einer Differenz sehen und in dieser fremdreferentiellen Aufladung der eigenen Selbstreferenz sich selbst zur Reflexion bringen.

Versteht man die beiden Seiten einer Form als Teile eines Ganzen, dann entspricht die Beschreibung Hegels sehr genau einer frühen Luhmannschen Definition von Reflexion als der Fähigkeit eines Systems zu Operationen, in denen »die Einheit des Systems für Teile des Systems – seien es Teilsysteme, Teilprozesse, gelegentliche Akte – zugänglich wird. Reflexion ist insofern eine Form der Partizipation. Ein Teil kann das Ganze zwar nicht sein, kann es aber thematisieren, indem er es sinnhaft identifiziert und auf eine ausgegrenzte Umwelt bezieht«[3]. Definiert man Reflexion umfassender als die Fähigkeit eines Systems, sich selbst zu thematisieren und sich selbst als geeignete Umwelt anderer sozialer Systeme zu verstehen, dann zielt Reflexion auf eine Form der Selbstthematisierung, durch welche Systeme sich darauf einstellen, dass ihre Umwelt im wesentlichen aus anderen autonomen und eigen-sinnigen Systemen besteht, mithin jedes System auch Umwelt für andere Systeme ist.[4] Reflexion zielt dann auf eine voraussetzungsreiche Form des Lernens oder der Selbstbewegung, welche Hegel als *Werden* bezeichnet: »Dies Werden der *Wissenschaft überhaupt* oder des *Wissens* ist es, was diese *Phänomenologie* des Geistes darstellt.«[5]

---

2 Spencer Brown 1979: 2 (Axiom 2). Dazu Baecker 1993 c: 21 ff.
3 Luhmann 1975 b: 73.
4 Willke 1997 a: 108 f.
5 Hegel 1986: 31.

Für den Typus System, den Hegel vor Augen hat, also Bewusstsein und Wissenschaft, begründet er *ausdrücklich* eine Fähigkeit zur Reflexion auf beiden Seiten der Form in einem bemerkenswerten Argument, in dem er die Figur der Form und die Figur der Reflexion in einen Zusammenhang bringt: »Dieses Anundfürsichsein aber ist es [das Geistige] erst für uns oder *an sich*, es ist die geistige *Substanz*. Es muss dies auch *für sich selbst*, muss das Wissen von dem Geistigen und das Wissen von sich als dem Geiste sein, d. h. es muss sich als *Gegenstand* sein, aber ebenso unmittelbar als aufgehobener, in sich reflektierter Gegenstand.«[6] In sich reflektiert!

Hier wird zum einen ersichtlich, dass Hegel das Geistige als das Medium versteht, das Bewusstsein und Wissenschaft übergreift und damit das bezeichnet, was später und nach Husserl vielleicht am Besten als Sinn übersetzt würde. Tatsächlich macht sein emphatisches Postulat »Das Geistige allein ist das *Wirkliche*«[7] genau in diesem Sinne auch für Phänomenologie und Systemtheorie Sinn und könnte wörtlich übersetzt werden in den Satz: Der Sinn allein ist das Wirkliche – von Hegel bis zu Karl Weicks *sensemaking*.

Zum anderen begründet Hegel in dieser Passage die Selbstthematisierung des Geistes, des Sinns, der sich selbst zum Gegenstand wird, von sich weiß und sich selbst beobachten kann und genau in diesem Sinne für sich zu einem sich reflektierenden Gegenstand wird. Die entscheidende Frage ist nun, wie das Geistige sich in dieser Weise selbst zum Gegenstand machen kann. Hegel bleibt die Antwort nicht schuldig. Indem er präzise an diesem Punkt noch einmal auf die Differenz von Bewusstsein und Wissenschaft zurückgreift, kann er unterscheiden, was das Geistige »für uns«, also für Bewusstseine, ist und was das Geistige für sich selbst ist. Der Geist, sagt Hegel, »ist *für sich* nur für uns, insofern sein geistiger Inhalt durch ihn selbst erzeugt ist«.

Differenztheoretisch gesprochen: Für ein Bewusstsein ist das Geistige, das sich zum Beispiel in der Wissenschaft ausdrückt, die andere Seite einer Form, die als Form die Einheit der Differenz von Bewusstsein und Wissenschaft umfasst. Mit der Differenz entsteht die Form. Mit der Form ist gegeben, dass die andere Seite *für sich* nur existiert, weil jede Form die Welt in zwei Seiten aufteilt, die Welten voneinander entfernt sind und jeweils nur sich selbst erzeugen können, weil keine Operation von der einen Seite direkt auf die andere Seite gelangen kann. Wechselt ein Beobachter nun die Seite und fragt, was diese andere Seite aus ihrer eigenen Sicht für sich ist, dann sollte dafür ein Prinzip der Genese, der Selbsterzeugung oder Autopoiese angegeben werden können. Genau dies tut Hegel: »...insofern er [der Geist] aber auch für sich selbst für

6 Hegel 1986: 28. Hervorhebungen im Original.
7 Hegel 1986: 28.

sich ist, so ist dieses Selbsterzeugen, der reine Begriff, ihm zugleich das gegenständliche Element, worin er sein Dasein hat, und er ist auf diese Weise in seinem Dasein für sich selbst in sich reflektierter Gegenstand.«[8] In sich reflektiert!

Das generative Prinzip des Geistes ist also *der reine Begriff.* Tatsächlich lassen sich die Begriffe nicht irgendwo im Gehirn versteckt auffinden und mit Pinzetten herausholen. Sie sind Leistungen der Selbsterzeugung des Geistes. Sie werden möglich in einem Überschießen des Realen durch das Imaginäre, in der Duplizierung jedes Positiven mit einem imaginierten Negativen. »Durch diese Bewegung werden die reinen Gedanken *Begriffe* und sind erst, was sie in Wahrheit sind, Selbstbewegungen, Kreise, das, was ihre Substanz ist, geistige Wesenheiten.«[9] Ob im Medium des Denkens oder Sprechens, ob im System des Bewusstseins, der Kommunikation oder der Wissenschaft, immer ist es die reine Selbsterzeugung von Sinn (oder Geist) aus den Elementen reiner Begriffe, welche die Systeme schafft, die in unterschiedlichen Ausprägungen und Stufen der Symbolisierung als Bewusstsein oder Sprache oder Wissenschaft oder als andere Symbolsysteme sich in einer binären Codierung selbst aus der Taufe heben.

Die Codierung setzt zwar auf einem Bestimmten auf, treibt dieses auf dem Umweg über das Imaginäre aber ins kontingente Andere (oder in Hegels Sprache: ins Negative) weiter und entäußert sich darüber von ihrem Ursprung. So bringen die Begriffe »das chaotische Bewusstsein zur gedachten Ordnung«,[10] und sie bringen die Kontingenz der Symbole zur Ordnung der Kommunikation. Luhmann, der diese Denkbewegung Hegels beobachtet, kommentiert: »Um sich in dieser Weise in sich reflektieren zu können, muss das Prinzip des Werdens ›Geist‹ sein. Der Geist bewegt sich mit Hilfe seiner Fähigkeit des Unterscheidens bis hin zu seiner ›absoluten‹ Endform des Sich-in-sich-Unterscheidens.«[11]

Und Cassirer, der diese Denkbewegung Hegels ebenfalls beobachtet, reklamiert die Form einer Einheit der Differenz von (sinnlichem) Bewusstsein und Wissenschaft, die Hegel vorgibt, auch für die noch tiefer gelegte Einheit der Differenz von *mythischem* Bewusstsein und Erkenntnis. Auch das mythische Bewusstsein ist für Cassirer in keiner

8 Hegel 1986: 29.
9 Hegel 1986: 37.
10 Hegel 1986: 16. Eine Formulierung, die lange nach Hegel bei Saussure wieder auftaucht als Beschreibung des Verhältnisses von Begriffen und Zeichen in der Sprache: »Gegeben ist nur die Verschiedenheit der Zeichen, die unauflöslich und auf unendlich komplexe Weise mit der Verschiedenheit der Begriffe verbunden ist. Indem sich diese beiden chaotischen Bereiche [les deux chaos] vereinigen, entsteht eine *Ordnung.*« Saussure 2003 b: 39.
11 Luhmann 1997 a: Band 1: 423.

Weise originär oder vor aller Erkenntnis existent, sondern seinerseits instruiert von den spezifischen Bedingungen der Möglichkeit von Erkenntnis – und umgekehrt. »Denn die Erkenntnis wird des Mythos nicht Herr, indem sie ihn einfach außerhalb ihrer Grenzen verbannt. Für sie gilt vielmehr, dass sie nur das wahrhaft zu überwinden vermag, was sie zuvor in seinem eigentümlichen Gehalt und nach seinem spezifischen Wesen begriffen hat.«[12]

Als hätte Hegel Spencer Brown doch gelesen oder jedenfalls vorgedacht, beharrt er auf dem Begriff des Geistes als Form. Diese kommt nicht in der bloßen Differenz zum Ausdruck – entweder/oder –, sondern in der Einheit der Differenz, also darin, dass beide Seiten der Differenz notwendig aufeinander bezogen sind und erst in diesem Bezug wirklich werden. Die Form zerschneidet die schöne Ordnung und Einheit der Welt und zerreißt sie in unendlich steigerbare Unterschiede und Unterscheidungen, die nur noch Chaos wären, wären sie nicht eben durch die Form der Form zu Architekturen gebändigt, in denen sich bei aller Zerrissenheit doch Ordnungen finden lassen. Der Geist »gewinnt seine Wahrheit nur, indem er in der absoluten Zerrissenheit sich selbst findet. Diese Macht ist er nicht als das Positive, welches von dem Negativen wegsieht, wie wenn wir von etwas sagen, dies ist nichts oder falsch, und nun, damit fertig, davon weg zu irgendetwas anderem übergehen; sondern er ist diese Macht nur, indem er *dem Negativen ins Angesicht schaut*, bei ihm verweilt.«[13]

Bei aller Dialektik des Verhältnisses der beiden Seiten einer Form, auch der Form Bewusstsein/Kommunikation, gilt, dass die Sinngefüge auf der Seite der Kommunikation (und aller auf sie folgenden Stufen der Symbolisierung) nicht von selbst in Schwingung geraten, sondern einen Auslöser brauchen, um zum Leben, zu laufender Operation zu erwachen – so wie ein Virus erst zum Leben erwacht, wenn er sich in die Lebensprozesse einer Zelle eincopiert.

Komplexe symbolische Systeme operieren zwar eigenständig als kognitive Systeme, weil sie gemäß ihrer inneren Form Relevanzkriterien definieren und in ihrem historischen Werden Erfahrungen machen, die sich in ihre eigenen Operationsprinzipien einschreiben.[14] Aber sie können nicht von sich aus aktiv werden. Sie sind daran gebunden, von einem Bewusstsein (oder einem anderen sprechenden System) angestoßen zu werden. Man könnte auch sagen, dass die wechselseitige koevolutionäre Fundierung der beiden Seiten es schlicht überflüssig macht, dass auch noch die Seite der Kommunikation den Willen zum

---

12 Cassirer 2002: XIIf.
13 Hegel 1986: 36. (Hervorhebung H. W.)
14 Luhmann 1987a: 311: »Kognition ist die Veränderung eines Systemzustandes auf Grund von Beobachtungen (bzw. Beschreibungen).«

Sprechen ausbildet, wo dieser doch schon auf der Seite des Bewusstseins vorhanden ist. *Ein* Anfangen genügt, um die wechselseitige Katalyse in Rekursionen und Hyperzyklen zu bringen.

Wenn die Sprache in Gang kommt und sich zur Kommunikation aufbaut, dann übernehmen die Regeln der Sprache und die noch einschneidenderen Regeln der Kommunikation das weitere Procedere. Die Kommunikation hat daher keine Mühe, sich in ihrer Eigenlogik und Eigendynamik gegenüber den Regeln des Bewusstseins zur Geltung zu bringen – und genau dies ist die Basis der eigenen *kognitiven* Potenz der Kommunikation. Die entscheidenden Weichenstellungen passieren allerdings in den Tiefenstrukturen des alles begründenden Protomediums *Sinn,* das seine konstituierenden Charakteristika in der Duplizierung der basalen Medien des Denkens und des Sprechens und damit in der Duplizierung der beiden ersten Symbolsysteme des Bewusstseins und der Sprache vererbt. Mit dem Postulat der Gleichursprünglichkeit von Denken und Sprechen ist gesagt, dass nicht das Subjekt zunächst »da« ist und als sinnhaft operierendes System sich alle anderen Sinnsysteme ausdenkt. Vielmehr ist auch noch und bereits »das Subjekt« eine sinnhafte Konstruktion, die sich der (notwendig sozialen) Kommunikation in gleicher Weise verdankt wie den korrespondierenden Mechanismen des Bewusstseins, die aus den Signalen der Kommunikation die Konstruktion *Subjekt* herstellen.[15]

Nimmt man Sinn als Protomedium und die darauf fußende koevolutionäre Gleichursprünglichkeit von Bewusstsein, Sprache und Kommunikation ernst, dann zeigt sich ein Ausweg aus der fruchtlosen Debatte zwischen »subjektivem« und »objektivem« Sinn oder in Max Webers Diktion: zwischen subjektiv gemeintem Sinn und dem Sinn von »kollektiven Gedankengebilde[n]«.[16] Eine Entscheidung zwischen beiden Seiten ist gar nicht erforderlich, weil es beide Seiten gibt und beide Seiten ihre je eigene Realität geltend machen können. Erst indem es beide Seiten gibt und ein Bewusstsein beide Seiten als Differenz und Gegenspiel in Rechnung stellt, muss es seine Einheit als nicht selbstverständliche konfirmieren. Es wird sich, wie Simmel sagt, »an diesem inneren Gegenspiel sich seiner Einheit eigentlich erst bewusst«.[17]

In der Logik von Sinn als Verweisungszusammenhang ist es schlicht

15 Luhmann 1971 c: 28. Diese Sicht unterstreicht auch John Searle auf der Grundlage psycholinguistischer Einsichten. »Was dabei unter dem Strich herauskommt, ist nicht einfach ein: Geist hier, Sprache da; stattdessen bereichern Geist und Sprache einander wechselseitig bis zu dem Punkt, an dem der Geist des erwachsenen Menschen sprachlich strukturiert ist. ... Man muss eine Sprache haben, um den Gedanken denken zu können.« Searle 2004: 181.

16 Weber 1972: 6.

17 Simmel 1989: 31.

die *Zurechnung*, welche darüber entscheidet, auf welche Seite der Distinktion man sich begeben will. Wird eine sinnhafte Verweisung auf Gedanken oder Vorstellungen zugerechnet, also auf ein Bewusstsein, dann handelt es sich um den Sinn von Personen, um subjektiv gemeinten Sinn im Sinne Max Webers. Wird eine sinnhafte Verweisung auf Kommunikation zugerechnet, dann handelt es sich um den Sinn sozialer Systeme, um gesellschaftlichen Sinn im Sinne Niklas Luhmanns. Beide Formen von Sinn greifen auf dasselbe Protomedium zurück – und genau dadurch entsteht eine endlose Verwirrung –, aber sie manifestieren sich je nach Zurechnung in unterschiedlichen Systemebenen: in der Ordnung des Bewusstseins einerseits, in der Ordnung der Kommunikation andererseits.

Da nur die Zurechnung über die beiden Seiten einer Distinktion entscheidet, ist auch gesagt, dass ein und derselbe Akt gleichzeitig, uno actu, sich in Bewusstsein und in Kommunikation ausprägen kann, also zugleich als Material für die Autopoiese von Bewusstsein und von Kommunikation dienen kann, wenngleich dieses Material in den unterschiedlichen Kontexten zu ganz unterschiedlichen Systemelementen verarbeitet wird.[18] Und weiter ist damit impliziert, dass aus einem Akt, der auf eine der beiden Seiten zugerechnet ist, nach einer Operation des *crossing*, des Übertritts in die Welt der anderen Seite, ein Element auf der anderen Seite werden kann, und so weiter in einem temporal limitierten, also geschichtlichen Prozess, so dass nicht absehbar und endgültig festzulegen ist, was aus einer ersten Zurechnung sich noch alles ergeben kann.

Immerhin sind mit Zurechnung und crossing zwei Kriterien genannt, die unabdingbar sind, um die Reflexionsfähigkeit symbolischer Systeme zu verstehen und zu rekonstruieren. Denn nun wird erklärbar, warum soziale und symbolische Systeme reflektieren können, obwohl sie es nicht selbst können. Sie können es mit Hilfe ihrer anderen Seite in der Einheit einer Form, in der Bewusstsein und Kommunikation nicht nur sich wechselseitig voraussetzen, sondern sich auch wechselseitig mit Kompetenzen ausstatten. Wie Mitochondrien in einer menschlichen Zelle oder »embedded journalists« in einer militärischen Kampfeinheit ist Reflexionsfähigkeit eine *eingebettete Kompetenz*, die auf der Trennung zweier Seiten beruht – das System Mitochondrium und das System Zelle, die Funktion Journalismus und die Funktion Militär – und diese Trennung auch nicht aufgibt, sie aber darin aufhebt, dass in dem spe-

---

18 »Objektiv ist das, was sich in der Kommunikation bewährt. Subjektiv ist das, was sich in Bewusstseinsprozessen bewährt, die dann ihrerseits subjektiv für objektiv halten, was sich in der Kommunikation bewährt, während die Kommunikation ihrerseits Nicht-Zustimmungsfähiges als subjektiv marginalisiert.« Luhmann 1996a: 10.

zifischen Zusammenspiel beider Seiten, durch voraussetzungsvolle und gesteuerte Prozesse des Überschreitens und Unterlaufens von Grenzen sich eine strukturelle Kopplung dergestalt einspielt, dass spezifische Fähigkeiten der einen Seite der anderen Seite zur Verfügung stehen.

Als kognitives und reflexionsfähiges System beobachtet sich das Bewusstsein sowohl in der prozessualen Ordnung einzelner Gedanken wie auch in der strukturellen Ordnung sozialisierter »interiorisierter« (Piaget) Gedankenmuster oder mentaler Konstrukte, die als bestimmte Verweisungskontexte des mentalen Systems kondensieren. Nach einem langen Prozess der Identitätsbildung schließt dies auch die Muster »Ich« und »Selbst« ein, umfasst also ein Bewusstsein des Bewusstseins von sich selbst als Bewusstsein – *Selbstbewusstheit*. Da sich Identität nur in Differenz zu etwas Anderem, einem Nicht-Identischen, ausbilden kann, weiß das Bewusstsein mit Selbstbewusstheit auch unweigerlich, dass es in der Welt außer ihm selbst noch Anderes gibt, das zwar irgendwie und irgendwo »da draußen« spielt, das sich aber in der Operationsweise des Bewusstseins, also als Gedanken oder Vorstellungen in das Bewusstsein hereinholen und dort operativ wirksam machen lässt. In dieser Weise kann ein mentales System die von der gemeinsamen Basis der Sprache aufgespannte Differenz von Bewusstsein und Kommunikation im Bewusstsein und in der Logik des Bewusstseins darstellen und mit dieser Differenz umgehen.

Genau so sicher ist, dass sich die Differenz von Bewusstsein und Kommunikation in der Sprache darstellen lässt – sonst ließe sich dieser Satz nicht sagen. Und vermutlich könnte das Selbstbewusstsein ohne die Sprache die Differenz auch nicht denken. Auf der Seite des Zusammenspiels von Denken und Sprechen erscheint es mithin als ziemlich unproblematisch, beiden Momenten Reflexionsfähigkeit zuzugestehen und darüber hinaus zu vermuten, dass Reflexion überhaupt erst von der Dialektik wechselseitiger Einbeziehung und Abstoßung, komplementärer Nähe und Fremdheit von Sprechen und Denken hervorgetrieben wird. Da sich weder das Denken vollständig in Sprechen noch das Sprechen vollständig in Denken auflösen lässt, bleiben die permanenten Irritationen auf beiden Seiten, welche die Selbstthematisierung auf beiden Seiten und die fremdreferentielle Beobachtung der je anderen Seite – und mithin Reflexion – provozieren.

Was aber macht die Kommunikation mit der Differenz von Bewusstsein und Kommunikation? Die einzige Ressource, die Kommunikation – und allen weiter generalisierten Symbolsystemen – zur Verfügung steht, um Reflexionsfähigkeit auszubilden, ist ihre Gründung auf dem Protomedium Sinn. Kommunikationssysteme aller Art sind sinnhaft konstituiert und sie konstituieren Sinn in dem strengen Sinn, dass ihre Operationsweisen jedenfalls Sinn ergeben müssen, und sei es den

Widersinn paradoxer Kommunikation oder den dunklen Sinn eigensinniger, kontra-intuitiver, nicht intendierter Wirkungen oder den noch verborgeneren Sinn spezifischen und unspezifischen Nichtwissens. Da jede Kommunikation auf Sinn aufbauen und Sinn produzieren muss, greifen die Gesetze der Sinnhaftigkeit in die Kommunikation ein und erzwingen gegenüber der Chaotik kontingenter Sinnproduktion bestimmte Muster, bestimmte Formen und Zusammenhänge, bestimmte architektonische Merkmale der sedimentierten Strukturen, Prozesse und Regelsysteme.

Je genauer sich die innere Form und die Formenlogik von Sinn im allgemeinen beschreiben lassen, desto klarer kommen die Gesetzmäßigkeiten zum Ausdruck, die alle Sinnsysteme affizieren. Die wichtigsten Merkmale, die mit Sinnhaftigkeit bezeichnet sind und die damit die Ausgangsbedingungen für alle sinnhaft konstituierten Systeme abgeben, sind Identität und Differenz, Komplexität und Selektivität, Kontingenz und Negation, Reflexion und Selbstreferenz. Erst auf der Ebene von Reflexion und Selbstreferenz kommt allerdings die Systemqualität der Futurität und des strategischen Handelns zum Vorschein, die sogar Luhmann viel zu früh in die Fundamente von Sinn einbaut, wenn er Sinn als »eine bestimmte Strategie des selektiven Verhaltens unter der Bedingung hoher Komplexität« definiert.[19] Denn für Sprache und Kommunikation macht weder die Kategorie der Strategie noch die des Verhaltens einen Sinn. Als Protomedium muss Sinn deshalb absichtslos und ziellos definiert sein.

Erst in der weiteren Spezifizierung des Protomediums in systemgebundene Medien wie Denken oder Sprechen können entsprechend systemspezifische Merkmale der Aufladung von Sinn eingelassen werden. Dies gilt auch für das andere Allgemeinste, die Evolution. Auch sie muss absichtslos und ziellos verstanden werden, weil sie sich schlicht aus dem Operieren ihrer fundamentalen Mechanismen der Variation (Identität und Differenz), Selektion (Komplexität und Selektivität) und Retention (Kontingenz und Negation) ergibt. Erst und – soweit wir wissen – ausschließlich in der besonderen emergenten Systemform des symbolisch denkenden Bewusstseins wachsen Evolution und Sinn zusammen und über sich hinaus in die Zukunft, in *vorgestellte* Projektionen, die dann durch Handeln oder gar durch Strategie zu realisieren sind.[20]

19 Luhmann 1971 d: 12.
20 Terrence Deacon beschreibt, wie voraussetzungsvoll dieses strategische Denken in neurophysiologischer Sicht sich darstellt: »Constructing another point of view requires the ability to maintain awareness of the indexical information, and to use this to produce a representation of what it would be like to experience it from a different perspective, a complicated double-negative referential relationship. This is a cognitive task that almost certainly requires prefrontal cortex involvement, and

Das Bewusstsein als Sinnsystem dupliziert die Zeitdimension.[21] Es löst sich damit von der Bindung der Evolution an einen linearen, eindimensionalen, aus der Vergangenheit auf die Gegenwart gerichteten Zeitstrahl und erlaubt eine Zurückfaltung der Zeit von der Zukunft auf die Gegenwart, indem vorgestellte Imaginationen einer gegenwärtigen oder zukünftigen Zukunft gegenwärtige Wirkungen haben und zum Beispiel in strategisches Handeln einfließen können. Damit schafft es die entscheidende Voraussetzung für Reflexion als Systemleistung. Denn nun bezieht sich Kontingenz nicht mehr nur darauf, dass es in der Vergangenheit im Geflecht der Kausalitäten alternative Optionen und Bifurkationen gegeben hätte, die ein anderer Ratschluss der Götter oder ein anderes Schicksal oder eine andere Laune der Evolution auch hätten realisieren können. Nun bezieht sich Kontingenz auf gegenwärtige Optionen, die zu anderen möglichen Zukünften führen.

Mit der Fähigkeit zur Symbolisierung, die denkendes Bewusstsein und sprachliche Kommunikation ausmachen, wird Zukunft wählbar. Mit einem Symbole prozessierenden Bewusstsein gelingt der Einbruch der Kontingenz in die Zeit. So setzt zwar Kommunikation Kontingenz voraus, aber es gilt zwingend auch das Umgekehrte: Dass erst ein Symbolsystem auf der Ebene des Bewusstseins sich von der unabänderlichen notwendigen Ordnung der Dinge in die Weiten der Imagination lösen kann und damit Kontingenz entsteht, weil die Bedingungen seiner Möglichkeit gegeben sind. Damit der Prozess der Kommunikation, »der Prozess der Weitergabe der Sprache gedacht werden kann, muss die Ordnung der Zeichen als eine von der Ordnung der Objekte oder Dinge unterschiedene und eigenen Gesetzen gehorchende Ordnung (an)erkannt werden.«[22]

Sinn stellt man sich am besten als ein Muster symbolischer Relationierungen – oder Verweisungen zweiter Ordnung – vor, als einen komplexer *Verweisungszusammenhang,* der die unvorstellbar komplexen Verweisungsmöglichkeiten der Myriaden von Synapsen und Axonen

evidence of failure to be able to take the other's perspective is a common disability of patients with significant prefrontal damage.« Deacon 1997: 427.

21 »Final causality, according to Aristotle, is exhibited when processes are driven not by antecedent physical conditions but by ends. *In some ways this is like time reversed.* In hindsight it is easy to infer that certain past conditions where necessitated by the way things turned out. Deductive inference is a lot like this sort of *reflective inversion of temporal and physical order.*« Deacon 1997: 435. (Hervorhebungen H. W.)

22 Fehr 2003: 145. Diesem grundsätzlichen Argument fügt Saussure die etwas rätselhafte Bemerkung zu: »Indem es sich weitergibt [en se transmettant], wird sich dieses System in seinem Material verändern, was den Bezug vom Zeichen zum Denken verändert. Das gilt für jedes Zeichensystem.« Saussure 2003 a: 501.

des Zentralnervensystems spiegelt. Wenn an die Stelle einer festen »Verdrahtung« von Nervenzellen eine immer weiter aufgefächerte *Öffnung* möglicher Verweisungen (Anschlüsse) tritt, dann muss das System irgendwie bewältigen, dass einige Verweisungen ins Leere oder Offene gehen und das System nachhaltig irritieren,[23] weil es nun ganz real dem Negativen ins Angesicht schaut. Vielleicht entsteht die Fähigkeit zur Negation aus dem Zwang, aus den unzähligen möglichen Anschlüssen, Verknüpfungen und Mustern bestimmte zu selegieren und andere explizit auszuschließen. Und vielleicht entsteht Futurität aus dem Reiz, mit offenen (möglichen, aber nicht realisierten) Verknüpfungen dennoch Bestimmtes zu verbinden, und, da dieses Bestimmte nicht realisiert ist, es in eine andere Welt, zum Beispiel in die Zukunft als eine zukünftig mögliche Welt zu verweisen. Tiere sind einfach hungrig, wenn sie hungrig sind. Den Menschen aber, so beobachtet schon Hobbes, macht gerade auch der zukünftige Hunger hungrig.

Der Verweisungszusammenhang, den Sinn als Protomedium aufspannt, schließt demnach *Vorwärts*verweisungen in eine abgeleitete Zukunft und in eine aus der Projektion von Zukünften zurückgerechnete Gegenwart ein. Wenn ich mit zukünftigem Hunger rechnen muss, muss ich jetzt etwas tun. Nimmt man hinzu, dass im Laufe der Evolution Nervenzellen oder Sensorzellen von der Peripherie einer Zelle oder eines Organismus ins Innere des Systems wandern und damit das Nervensystem nicht mehr unterscheiden kann, ob ein Reiz von außen (der Umwelt) kommt oder von innen (vom System),[24] dann wird schon plausibler, dass Imagination und Futurität als emergente Eigenschaften eines sehr komplexen beobachtenden Systems möglich werden. »In short, emergence is a correlate of complexity.«[25]

Reflexion als die Fähigkeit eines Systems, sich selbst zu thematisieren und sich selbst als geeignete Umwelt anderer Systeme zu verstehen, kann erst unter diesen Voraussetzungen als Thema auftauchen. Denn nun werden Alternativen zur faktischen gewordenen Identität eines Systems denkbar. Erst jetzt gibt es ein *Werden* im Sinne Hegels jenseits bloßer Evolution, jenseits eines blinden Zufalls, also ein Werden im Sinne einer bewussten Auswahl aus Optionen anhand von Maßstäben, die das System selbst setzt. In der Reflexion beobachtet sich ein System

23 »Die Anfänge symbolischer Transformation in der Hirnrinde müssen schwer fassliche und irritierende Erfahrungen sein, erregend vielleicht, in jedem Falle aber sehr nutzlos und eine Belastung für das ganze Nervensystem.« Langer 1965: 115. Diese erstaunlich frühe philosophische Vermutung von Susanne Langer begründet Terrence Deacon ausführlich, wobei die ›Belastung‹ sich als *notwendige Lernbehinderung* herausstellt.

24 Segal 1988: 116.

25 Pottage 1998: 19.

als System in einer Umwelt anderer Systeme, arbeitet also mit der das System selbst konstituierenden Differenz von System und Umwelt im System selbst.[26] Es ist in der Lage, sich doppelt zu sehen: als System an sich und als System für sich, das heißt: als System im Kontext einer Umwelt, die als andere Seite der Form des Systems für die Existenz des Systems genauso wichtig ist wie das System selbst. Das System beobachtet sich in Selbstreferenz und in Fremdreferenz, wobei auch die Fremdreferenz eine eigene, interne Operation des Systems ist. Die Differenz von Selbstreferenz und Fremdreferenz zieht das Feld möglicher Optionen auseinander und schließt nun Möglichkeiten jenseits bloßer Notwendigkeit ein.

Dieser ganze Aufwand wäre sinnlos, wenn aus der Reflexion keine Konsequenzen folgen könnten. Im Rahmen eines Paradigmas der Evolution (und gerichteter Zeit) gibt es keinen Raum für Konsequenzen, weil kein Spielraum für Alternativen und zukünftig zu realisierende kontingente Optionen existiert. Erst eine reflexiv gewordene Evolution und eine gefaltete Zeit – zusammengenommen: ein Paradigma der Steuerung – machen die bewusste und strategische Auswahl aus Optionen zu einem sinnvollen Geschäft. Erst ein Bewusstsein, das sich selbst und damit seine Identität zum Thema machen kann, das in rekursiven Schleifen der Verknüpfung von Selbstreferenz und Fremdreferenz die für die Evolution bis dahin ehern geltende Bindung an das Hier und Jetzt[27] durchbricht und Imagination und Futurität realisiert, kann überhaupt in einer sinnvollen Weise mit der Differenz von Realem und Möglichen umgehen und Sinn als »Selektion *aus* anderen Möglichkeiten und damit zugleich Verweisung *auf* andere Möglichkeiten«[28] verwenden. In dieser Art der Prozessierung von Operationen des Bewusstseins entsteht Sinn als Protomedium. Sinn ist »ein *Produkt* der Operationen, die Sinn benutzen, und nicht etwa eine Weltqualität, die sich einer Schöpfung, einer Stiftung, einem Ursprung verdankt«.[29]

Haben Sprache, Bewusstsein und Kommunikation in ihrem Zusammenspiel erst einmal Sinn als Protomedium in die Welt gesetzt, dann erweist sich der Mutant für die unterschiedlichsten Perspektiven als ein

26 George Spencer Brown (1979: 56 f u. 69) nennt diese Operation »reentry«. Keine neue Figur des Denkens: »Dieses Wiedereinschreiben der Äußerlichkeit eines Feldes in das Feld selbst ist die wahrhaft hegelianische Geste.« (Zizek 2005: 101).

27 Siehe dazu einerseits die detaillierte Argumentation, in der Hegel (1986: 88 ff.) die Kategorien des Jetzt und Hier von einem Einfachen zu einem Allgemeinen entwickelt und andererseits die differenzierte neurophysiologische Diskussion zur Überwindung unmittelbarer Reize durch »strategische« Ableitungen bei Deacon 1997: 413 ff.

28 Luhmann 1971 a: 116.

29 Luhmann 1997 a: 44.

ganz besonderer Stoff. Auch für die Soziologie wird Sinn, wie in der Philosophie oder in den Kommunikations- und Kognitionswissenschaften, zu einem Grundbegriff, der besondere Aufmerksamkeit und Fundierung verlangt. Dabei liegt für eine Soziologie, die sich nicht als bloße Ausdehnung der Psychologie in die Sozialpsychologie versteht, die eigentliche Schwierigkeit darin, das Eigenständige eines *sozialen Sinns* und damit das gegenüber der Ebene mentaler Systeme Emergente der Ebene sozialer Systeme zu begründen. Was macht eine soziale Tatsache zur *sozialen* Tatsache und hebt sie von einer psychischen oder mentalen Tatsache ab? Die Rede von der »gesellschaftlichen Konstruktion der Wirklichkeit« ist inzwischen ein Gemeinplatz. Offen ist aber nach wie vor die wirkliche Konstruktion der Gesellschaft. Wie will man etwas Brauchbares über die Wirklichkeit aussagen, wenn das Gesellschaftliche in der »gesellschaftlichen Konstruktion von Wirklichkeit« gänzlich unklar ist?

Die durchdachteste Version einer Rekonstruktion des genuin Sozialen, und damit des Gegenstands von Soziologie, hat Niklas Luhmann vorgelegt. Es lohnt sich deshalb, seine Argumentation genauer anzusehen. Luhmann entwickelt sein Hauptargument in sieben Schritten:

1. Zunächst bestimmt er Kommunikation als die elementare Operation sozialer Systeme: Kommunikation »ist eine genuin soziale (und die einzige genuin soziale) Operation. Sie ist genuin sozial insofern, als sie zwar eine Mehrzahl von mitwirkenden Bewusstseinssystemen voraussetzt, aber (eben deshalb) *als Einheit* keinem Einzelbewusstsein zugerechnet werden kann.«[30]

2. »Kommunikation ist genuin sozial auch insofern, als in keiner Weise und in keinem Sinne ein ›gemeinsames‹ (kollektives) Bewusstsein hergestellt werden kann, also auch Konsens im Vollsinne einer vollständigen Übereinstimmung unerreichbar ist und Kommunikation *stattdessen* funktioniert.«

3. Eine Erklärung des Zusammenspiels von Organismen oder Individuen in der Tradition von George Herbert Mead oder von Humberto Maturana könnte zwar in Richtung einer »Semiotik des Sozialen« vorangetrieben werden. »Sie führt jedoch nicht zu einer Theorie der Gesellschaft als eines sich selbst durch Kommunikation gegen eine Umwelt (auch der beteiligten Organismen) abgrenzenden sozialen Systems. Alle Aussagen über Kommunikation bleiben Aussagen über den ›behavioral organism‹, über das Nervensystem (biologisch) oder über das Bewusstsein (psychologisch).«

4. Wenn Kommunikation davon entlastet ist, die konsensuelle Übereinstimmung von Bewusstseinen zu bewerkstelligen und stattdessen sich darauf beschränken kann, sich selbst (in einem bestimmten Arrange-

---

30 Dieses und die weiteren Zitate der folgenden Aufzählung finden sich bei Luhmann (1997a: 81-87). (Hervorhebungen H. W.)

ment ihrer Differenzen) zu koordinieren und zu kontinuieren, dann wird für die Konstruktion von Kommunikation konstitutiv, dass sie auf sich selbst einwirkt und auf sich selbst reagiert. Erst dann und dadurch ist sie »mit der *Fähigkeit zur Selbstbeobachtung* ausgestattet (...). Jede Kommunikation muss zugleich kommunizieren, dass sie eine Kommunikation ist, und sie muss markieren, wer was mitgeteilt hat, damit die Anschlusskommunikation bestimmt und so die Autopoiesis fortgesetzt werden kann.«

5. Will man zu Aussagen über Kommunikation kommen, die nicht auf der Ebene von Organismus und Bewusstsein kleben bleiben, dann muss die Kommunikation selbst so stilisiert sein, dass sie weitere Anschlusskommunikationen induziert. Den entscheidenden Abstoßpunkt dazu sieht Luhmann in den Wirkungen der Differenz von Information und Mitteilung. Auf der Seite des Sprechers erfordert diese Differenz eine *Intention*, auf der Seite des Empfängers der Mitteilung *Verstehen*, und auf der Seite der Kommunikation in einer durch eben diese Information (mit Informationswert) verursachte *Zustandsveränderung* im prozessierenden System der Kommunikation.

6. Ist die elementare Fähigkeit zur Selbstbeobachtung einmal etabliert, indem Operationen des Systems an spezifische Differenzen gebunden, also durch diese Differenzen konditionalisiert sind, und mithin jede Operation an den (Beobachtungs-) Maßstäben relevanter Differenzen gemessen wird, dann kann ein System, »wenn hinreichend komplex, vom Beobachten seiner Operationen zum Beobachten seines Beobachtens und schließlich zur *Beobachtung des Systems* selbst übergehen.«

7. Bei entsprechender Ausbildung seiner Eigenkomplexität schreitet das Symbolsystem der Kommunikation von Selbstbeobachtung zu Reflexivität und schließlich zu Reflexion voran. In einer weiteren Dimension der Entwicklung seiner inneren Form findet das Symbolsystem der Kommunikation zu *festen* Formen, die seine eigene Geschichte dokumentieren. »Dann kann das System, wenn es über entsprechende Speichereinrichtungen, zum Beispiel über Schrift, verfügt, *Erfahrungen sammeln*, situative Eindrücke durch Wiederholung kondensieren und sich ein operatives Gedächtnis aufbauen, ohne Gefahr zu laufen, dabei sich selbst ständig mit der Umwelt zu verwechseln.«

So elaboriert diese Herleitung ist, die Luhmann in vielen anderen Publikationen vertieft und auffächert, so versteckt bleiben die eigentlich entscheidenden Weichenstellungen, über die das genuin Soziale, mithin Kommunikation und mithin alle auf Kommunikation aufbauenden, höher generalisierten Symbolsysteme sich von der engen Verklammerung mit Bewusstsein und Sprache lösen und ihre eigene Trajektorie einschlagen können. Die folgenden Reformulierungen lassen sich deshalb von der Frage leiten, wie die Bedingungen der Möglichkeit dieser Loslösung genau zu denken sind.

(1) Eine Kommunikation läuft zwischen zwei Sprechern, ob anwesend oder abwesend, in der gestuften Sequenz von Information, Mitteilung und Verstehen. Wie immer die Feinmechanik dieser triadischen Konstruktion aussehen mag, grundlegend ist, dass erst die Einheit der differenzierten Schritte eine vollende Kommunikation konstituiert. Daraus schließt Luhmann, dass diese *Einheit* keinem der beteiligten Einzelbewusstseine zugerechnet werden könne und deshalb diese Einheit das genuin Soziale darstelle. Das ist insofern ungenau, als sich jeweils eine Einheit der Kommunikation im Akt des Verstehens in einem der beteiligten Bewusstseine vollendet, aber das eine Bewusstsein nicht wissen kann, sondern erschließen muss, was im jeweils anderen Bewusstsein passiert – und ob dort Verstehen passiert ist. Es sind also die unvermeidlichen *Differenzen* zwischen der Einheit und der Differenz von Operationen der Kommunikation, die zwischen den Sprechenden stehen, in der Luft schweben und irgendwie gefasst und irgendetwas zugerechnet werden müssen. Der Kommunikationsprozess ist die Organisierung dieser Differenzen in einem sich selbst fortschreibenden System. Das System selbst drängt auf die Fortsetzung seiner Operationen, weil die beteiligten Bewusstseine mit jeder Kommunikation die Differenzen schaffen, die sie mit der nächsten Kommunikationen klären wollen, auch wenn sie mit der klärenden Kommunikation nur die Möglichkeit des nächsten Irrtums schaffen. Diese Intentionalität der Bewusstseine, der Wille zum Sprechen, folgt aus der eingebauten und unvermeidlichen Defizienz jeder Kommunikation, die auf Konsens zielt und Differenz schafft.

Der Kommunikationsprozess ist der Jongleur, der die Bälle der Kommunikationsakte in der Luft und in Bewegung hält, obwohl diese permanent nur auf den Boden ihres Scheiterns zu fallen drohen. Die Bewusstseine müssen wissen, dass alle ihre Kommunikationen im einzelnen scheitern müssten, sobald sie auf Einheit, auf wirklichen Konsens geprüft würden, also den Boden berühren müssten. Denn zwei Bewusstseine können sich nicht erreichen, geschweige denn verstehen. (Sie können Konsens und Verstehen allerdings mit sehr unterschiedlichen Graden der Virtuosität und des Erfolges unterstellen oder simulieren).

Seine Dynamik erhält der Kommunikationsprozess von den beteiligten Bewusstseinen, die Sprache benutzen, aber bei der Zusammenführung von Sprechenden in Kommunikation permanent zu Irrtumsvermeidung und Dissenskorrekturen verurteilt sind, die wiederum über Sprache in Kommunikation münden müssen und damit den Prozess in prinzipiell endlosen Rekursionen neu füttern. Insofern ist *Warten auf Godot* der Normalfall der Kommunikation. Das übersummenhafte Spiel der Sinnlosigkeiten ergibt den frappierenden Sinn des Ganzen.

Die Kommunikationen können sich nur als System jonglierender Bälle erhalten – und darin sogar Sinn ergeben, solange sie sich in beeindruckender Eleganz in der Luft bewegen. Es ist der Kommunikationsprozess, der die fallenden Bälle im letzten Moment, bevor der Dissens offenbar wird, auffängt und als neue Bälle wieder ins Spiel bringt. Einem Beobachter fällt es leicht, nur noch auf das Spiel der Bälle zu fokussieren und sie in ihrem schwerelosen Tanz als System zu sehen. Tatsächlich formen sich die Figuren, Muster oder Gestalten, die dieser Tanz der Kommunikationsakte ausbildet, zu dem, was die Systemtheorie soziale Systeme nennt.

(2) In diesem Sinne funktioniert Kommunikation nicht *stattdessen*, sondern gerade weil. Gerade weil Konsens nicht erreichbar ist, ist Kommunikation. In einer anderen Metapher könnte man sagen, dass der Kommunikationsprozess einer endlosen Reihe fallender Dominosteine gleicht, die im Fallen einerseits scheitern, weil sie sich nicht als erreichter Konsens aufrechterhalten können und im Fallen ihren wirklichen eingebauten Dissens offenbaren, die aber genau mit ihrem Fallen den nächsten Stein anstoßen und die Kommunikation als prinzipiell endlose Reihe der erfolgreichen Stabilisierung des Scheiterns fortsetzen.

Eine kleine Komplikation ist diesem speziellen Dominospiel allerdings eigen. Die Steine sind nicht bereits in einer bestimmen Folge von irgendeinem Großen Spieler aufgestellt. Vielmehr muss der gerade fallende Stein schnell noch vor seinem endgültigen Fall den nächsten Stein, den er anstoßen will, selbst hervorzaubern. Tatsächlich gelingt dies, weil Kommunikation als Sinnsystem an einer prägenden Fähigkeit seiner konstituierenden Sinnsysteme Bewusstsein und Sprache partizipiert: an der Fähigkeit zur Imagination. Als Sinnsystem ist Kommunikation nicht (wie die Evolution erster Ordnung) an eine nur aus Vergangenheit folgende Gegenwart gebunden. Nichts kann Kommunikation daran hindern, zukünftig mögliche Konfigurationen ihrer selbst zu entwerfen, die auf gegenwärtig ablaufende Kommunikationen einwirken. Einige dieser Konfigurationen, die als *telos*, Logik oder Rationalität in Kommunikation als System eingelassen sind und darin die Futurität der Kommunikation, mögliche zukünftige Zustände von Kommunikation bezeichnen, werden von Bewusstsein und Sprache, und damit auch von Kommunikation selbst unter den Begriffen von Wahrheit oder Konsens oder Verständigung oder Ähnlichem verhandelt.

Ob nun ein Telos von Verständigung in Kommunikation eingebaut ist, wie Habermas annimmt, oder eher ein Telos der Erzeugung sich selbst katalysierender Differenzen, kann hier unentschieden bleiben. Entscheidend ist vielmehr, dass so etwas wie ein Reflexionsbegriff der Kommunikation denkbar ist, auf den hin Kommunikation als Gesamtheit konvergiert und über den sich Kommunikation als eigene Systemebene etabliert. In diesem Reflexionsbegriff spiegelt sich die Einheit des Systems für das System und darin wird die Einheit des Systems für das System beobachtbar. Wie immer sich diese Einheit darstellt und welchem Telos immer sie folgen mag, für das System hat jede beobachtbare Idee von Einheit den Vorteil, dass damit der Hyperzyklus autopoietischer Reproduktion geschlossen ist und das System aus sich heraus regenerationsfähig wird. Es ist dann der Kommunikationsprozess selbst, der – unter der Bedingung, dass er von Sprache angestoßen ist – aus dem Netzwerk abgelaufener Kommunikationen durch Vorwärtsverweisungen weitere Kommunikationen erzeugt, also in der Tat den nächsten Dominostein ausspuckt, bevor der vorige ganz umgefallen ist. Die Verfertigung von Gedanken beim Sprechen wird so auf der Ebene des Sozialen komplementiert durch die Verfertigung von Mitteilungen beim Kommunizieren.

(3) Die wechselseitigen Beobachtungs- und Beschreibungsverhältnisse von Kommunikation und Bewusstsein beschäftigen seit langem die Philosophie und alle nachfolgenden Wissenschaften. Eine Semiotik des Sozialen beherrscht schon deshalb das Ganze, weil alles, was gesagt wird, im Medium der Kommunikation gesagt wird, also als Kommunikation auf die Welt kommt, also Beschreibungen von Ereignissen/Gegenständen (wie etwa »Bewusstsein«, »Denken«, »Wahrheit«, »Welt« *and all that*) gemäß den Regeln und Gesetzmäßigkeiten, gemäß der inneren Form des Symbolsystems der Kommunikation gefasst sein müssen, um als Kommunikation zu existieren. Dennoch sieht Luhmann in den Naturwissenschaften bis hin zur Psychologie genau das umgekehrte Problem einer Beschreibung von Kommunikation im vermeintlichen Paradigma des Organismus oder des Bewusstseins. Kommunikation wird in dieser Denktradition, obwohl in der Form der Kommunikation vorgebracht, als eine Fähigkeit des Nervensystems oder des mentalen Systems beschrieben. Das ist und bleibt hoffnungslos, auch wenn sich Naturwissenschaftler damit zufriedengeben mögen, weil ihnen jede Phantasie für die Eigenständigkeit des Sozialen abgeht.

Dennoch bleibt die eigentliche Schwierigkeit bestehen, Kommunikation zu denken und Denken zu beschreiben. Beide Seiten des koevolutionären Zusammenhangs gehören zu unterschiedlichen Welten, die füreinander nicht direkt zugänglich sind. So sind beide Seiten auf Ableitungen, Unterstellungen, Vermutungen und auf mehr oder weniger intelligente innere Modelle der Außenwelt verwiesen, an denen sich in der jeweils eigenen Systemlogik die fremde Logik eines fremden Systems durchspielen lässt. Das Bewusstsein kann sich möglicherweise selbst denken, aber bereits wenn es das Ereignis und die Folgen dieses Denkens in Worte fasst, greift es auf das Medium der Sprache zurück und muss sich der inneren Form dieses Symbolsystems unterwerfen. Ein Bewusstsein kann also in den Formen der Sprache ausdrücken, wie es sich mit dem Beobachtungsinstrument der Sprache sieht. Aber von esoterischen Möglichkeiten der Mystik und der Meditation abgesehen, kann es sich nicht in den eigentlich angemessen Formen des sprachlosen Denkens von Gedanken sehen.

So ergibt sich die etwas perplexe Lage, dass die verschiedensten Wissenschaften seit einigen Tausend Jahren unablässig über Bewusstsein reden, während feststeht, dass das kommunikativ erzeugte Wissen nichts über Bewusstsein als Bewusstsein wissen kann. Zugleich hat bis zu Niklas Luhmann niemand, auch Charles Pierce nicht und auch nicht die Dekonstruktivisten, ernsthafte Antworten auf die Frage gegeben, wie sich Kommunikation als Kommunikation – und nicht als Gedanke – denken lässt.

Demgegenüber verfügt die andere Seite, das Denken des Bewusstseins mit den Mitteln der Sprache, über eine reiche Tradition, die Michael Friedman in einer aufschlussreichen Diskussion der Verbindungen und Trennungen zwischen Carnap, Cassirer und Heidegger als einen Suchprozess beschreibt, das Bewusstsein des endlichen Subjekts als letzte und einzige Instanz der Konstruktion (oder Konstitution) von Wirklichkeit zu verstehen.[31]

Immerhin gibt es hoch entwickelte Techniken der Formalisierung, der (phänomenologischen, eidetischen, existenzialistischen) Reduktion, der Verfremdung, der Gegenübertragung, der Empathie[32] oder der Dissimulation, die dem Denken helfen könnten, auf die Spur der Kommunikation als Symbolsystem der Kommunikation zu kommen. Erstes Gebot dafür ist, die Hybris des Denkens abzulegen, wonach das Denken des Denkens Krone und Endpunkt der Evolution sei. Wenn demnach Kommunikation nicht mehr homolog zur Form des Denkens zu konstruieren ist, welche Anhaltspunkte gibt es dann noch für die innere Form der Kommunikation? Nun, keine. Wir müssen bei Null anfangen und die vorliegenden Evidenzen und Überlegungen, von denen viele ingeniös sind, neu sortieren.

Vorbild für diese Sortierung könnte die moderne Form der Mülltrennung sein. Natürlich handelt es sich bei dem relevanten Material nicht immer um Müll, das ist nur so eine Metapher. Die Grundidee ist, Differenzen ernst zu nehmen. Dazu braucht es mindestes vier Container: Einer für das Denken über das Denken (I), einer für das Kommunizieren über Kommunikation (II), einer für das Kommunizieren über die innere Form des Bewusstsein (III), und einer für das Denken der inneren Form der Kommunikation (IV). Setzte man diese Gütertrennung in Gang, dann würde sich schnell herausstellen, dass bislang vieles, wenn nicht das meiste, wild durcheinander in den Einheitscontainer der Bewusstseinswissenschaften (von der Bewusstseinsphilosophie bis zu den

31 Friedman 2004: 151 ff.
32 In vergleichender Sicht aufschlussreich Deacon 1997: 423 ff.

*cognitive sciences)* geworfen worden ist und damit der doppelte Kategorienfehler unterläuft, den Luhmann aufspießt: Es wird über Bewusstsein aus der Sicht des Bewusstseins *kommuniziert* (1. Kategorienfehler), und dies in der unerschütterlichen Überzeugung, dass die Kommunikation nichts anderes sein könne als eine Verlängerung des *Bewusstseins* (2. Kategorienfehler). Und es würde sich herausstellen, dass bislang zwei Container praktisch leer geblieben sind: Derjenige für das Kommunizieren über die innere Form des Bewusstsein und derjenige für das Denken der inneren Form der Kommunikation. Tatsächlich können wir im Grunde nichts über Kommunikation sagen, weil wir sie nicht denken können, und wir können nichts über Bewusstsein wirklich denken, weil wir darüber sprechen müssten, um es denken zu können, und das ist dann kein Denken mehr, sondern Sprechen.[33]

Das Denken transformiert die Beobachtung der Kommunikation in seine eigene Logik und verschafft damit dem Symbolsystem der Kommunikation (und allen darauf aufsetzenden Systemen der Metasymbolik) eine schizophrene Existenz in zwei Welten: der Welt des Denkens und der Welt der Kommunikation. Alle Verwirrung resultiert daraus, dass Denken und Kommunikation zwar ihren Ursprung teilen, die innere Form der sprachlichen und metasprachlichen Symbolsysteme vom Denken aber nicht mehr gelesen werden kann, sondern nur noch beobachtbar ist als Differenz zu sich selbst. Genau deshalb geht es nicht um Duplikation, sondern darum, mit den Differenzen rekonstruktiv umzugehen, das innere Modell einer fremden Welt zu bauen und es, obwohl es intern und aus eigenen Operationen gebildet ist, wie einen Fremdkörper zu sehen.

Eine Stilisierung von Kommunikation als Kommunikation fällt leichter, wenn man zur Kenntnis nimmt, dass es *in* der Kommunikation gelingt, Systeme auf sehr unterschiedlichen Ebenen in ihren Differenzen zu beschreiben und daraus Anhaltspunkte für ein allgemeines Modell der Bildung und der Operationsweise komplexer dynamischer Systeme im allgemeinen und von Sinnsystemen im besonderen abzuleiten. Gelingt es, für einen bestimmten Systemtypus, eine Zelle, ein Bewusstsein,

33 Nina Ort, die erfrischend neu über das Verhältnis von Bewusstsein und Kommunikation nachdenkt, kommt zu einer in diesem Sinne adäquaten Einschätzung: »Aus der Perspektive der Kommunikation kann Bewusstsein nur imaginiert bzw. entworfen werden«, um dann allerdings eine völlig unplausible Einschränkung anzufügen: »und es muss aufgrund des Mangels an Alternativen als *Duplikat* von Kommunikation entworfen werden.« 2003: 267. Nein, gerade nicht als Duplikat, sondern als das Andere in seiner eigenen Form. Dirk Baecker markiert den Ausgangspunkt präzise: »Soziologisch lässt sich über Bewusstsein nur etwas im Spiegel der Kommunikation sagen.« Baecker 1992: 217.

Gesellschaft etc., einen generativen Mechanismus zu formulieren, also Bedingungen seiner Möglichkeit zu spezifizieren, dann hat sich die Kommunikation ein inneres Modell eines fremden Systems geschaffen, mit dem sie spielen kann.

Ohne Zweifel ist das Bewusstsein als kognitives System an dieser Modellbildung beteiligt. Es mag etwas verstanden haben, was sich nicht oder noch nicht in Sprache ausdrücken lässt, ebenso wie die Sprache Konstruktionen der Kommunikation zulässt, die ein Bewusstsein noch nicht oder überhaupt nie verstehen kann: Das Nichts selbst nichtet, das Sein selbst seint, etc. Aber aus dem Vorrat gemeinsamer Evolution und Geschichte bleibt noch jene minimale Akkordierung oder koevolutionäre Selbstgleichheit, vor allem in der gemeinsamen Basis von Sinn und Sprache, die bei aller Unterschiedlichkeit doch ein wechselseitiges instruktives Beobachten zulässt.

Indem jede Beobachtung auf Differenzen reagiert und daher Differenzen braucht, um Beobachtung realisieren zu können, setzt die Operation der Beobachtung zwingend den primordialen Unterschied von Identität und Differenz. Jede Beobachtung setzt voraus, dass ein Beobachtungsinstrument Unterschiede registriert (wobei das Registrieren einschließt, dass diese Unterschiede in irgendeiner Weise, etwa in einem Register oder einem Index, Spuren hinterlassen). Jede Unterscheidung zerschneidet die imaginierte Einheit des unbestimmten Allumfassenden in Teil und Ganzes und schafft in jeder ihrer Distinktionen ein bestimmtes Universum, wie Spencer Brown sagt.

Das mentale System beobachtet zunächst körpernah mit den Kategorien der Sinnesorgane und dann bewusstseinsnah mit den Kategorien des Denkens und Fühlens. Die Kommunikation beobachtet mit den Kategorien der Zeichen und den Regeln ihrer Verknüpfung und Notation. (Noch einmal: Dazu braucht die Kommunikation keine Augen oder Ohren, sondern nur Regeln selektiver Verknüpfungen). Von vornherein läuft die Konstruktion von inneren Modellen der Außenwelt demnach mehrperspektivisch. Das scheinen gute Voraussetzungen für Interferenzen und wechselseitige Irritationen, Dissonanzen und Korrekturen zu sein. Auch die Kritik kommunikativer Konstruktionen verfügt dann über zwei Ebenen der Kritik, nämlich Kritik durch alternative Wahrnehmungen einerseits, Kritik durch alternative Kommunikationsformen andererseits.

Trotz ihrer Unterschiedlichkeit *müssen* sich Bewusstsein und Kommunikation als Symbolsysteme darin treffen, dass sie den Unterschied von Einheit und Differenz als elementare Kategorie der Systembildung voraussetzen. Denn sonst wären weder Bewusstsein noch Kommunikation möglich. Dasselbe gilt für die elementare Kategorie der Differenz von Komplexität und Selektivität. Da die Beobachtung beliebig vieler Ereignisse und die Registrierung beliebig vieler Unterschiede jede

Grenze sprengen würden, *muss* jedes beobachtende System Grenzen etablieren, die einen selektiven Umgang mit Komplexität erlauben: Die Endlichkeit beendet den unendlichen Regress. Sonst wäre eine geordnete Systembildung nicht möglich – das System würde zerfließen.

Und schließlich gilt dasselbe für die elementare Kategorie von Kontingenz und Negation. Diese dritte elementare Kategorie erscheint aber in einer komplizierteren Gestalt, weil sie das ganz Spezifische sinnhaft konstituierter Systeme ausmacht. Eine Zelle oder ein Organismus haben mit Kontingenz und Negation nichts zu schaffen. Sie sind, wie sie sind, und selbst noch ihr Werden ist eingezwängt zwischen die starren Pole gelingender Fortsetzung nach einem eingebauten Plan einerseits und Tod andererseits. Ihre Kontingenz beschränkt sich auf Geburt und ihre Negation auf Tod. Sinnhafte Systeme dagegen können nicht alle möglichen Verweisungen tatsächlich realisieren. Sie *müssen* negieren, um ihre Kontingenzen zu steuern und ihrem eigenen Reichtum an selbst definierter Varietät Herr zu werden.

Aussagen über Kommunikation sind demnach im Sinne der soziologischen Systemtheorie weder als biologische oder psychologische Aussagen hinreichend noch als Aussagen über Bewusstseinsprozesse. Erforderlich wären Aussagen in der Logik der Kommunikation. Das Bewusstsein hat zu dieser Logik keinen direkten Zugang und kann sich somit nur in seiner eigenen Logik etwas über Kommunikation vorstellen. Immerhin helfen Überlegungen zur allgemeinen Dynamik der Genese und Operationsform komplexer Systeme ein Stück weiter, etwa Überlegungen zum Verhältnis von Einheit und Differenz, von Komplexität und Selektivität oder von Kontingenz und Negation. Die Rekonstruktion der komplexen Operation des Kommunizierens scheint allgemeinere und verschiedene Systemebenen übergreifende Überlegungen zu erfordern. Sie lässt sich nicht auf die dreistufige Selektion von Information, Mitteilung und Verstehen beschränken.

(4) Denkt ein Bewusstsein über die innere Form der Kommunikation nach (Container IV), dann befindet es sich mit dem Denken und auch noch bei der Verwendung von Sprache beim inneren Sprechen auf der sicheren Seite seiner Beobachtungskompetenz, weil all dies noch eigene interne Operationen des Bewusstseins sind. Was sieht dieses Bewusstsein, wenn es Kommunikation beobachtet? Definitiv sieht es nur das, was es als Bewusstsein beobachten kann, also Denkoperationen und Gefühlszustände, die von gesprochener und gehörter Sprache als Bestandteil von Kommunikation in *bestimmter* Weise angeregt und angesprochen werden.

Da das Bewusstsein selbst über Sprache verfügt, kann es das Sprechen von Alter Ego als Bestandteil von Kommunikation zugleich als Sprechen und als Sprechen eines anderen entziffern, also die Differenz von Einheit und Differenz des Sprechens wahrnehmen. Es kann das Sprechen der

Anderen an seiner eigenen Sprache spiegeln und aus den Differenzen Folgerungen ableiten, aus denen wohl ohne großen Aufwand und früh sowohl in der Phylogenese wie in der Ontogenese des Bewusstseins ein inneres Reflexionsmodell von Sprache entsteht. Mit Reflexionsmodell ist gemeint, dass das Bewusstsein seine selbstreferentiellen Beobachtungen von Sprache mit fremdreferentiellen Beobachtungen des Sprechens Anderer anreichert, um sich selbst als sprachverwendendes System zu thematisieren und sich selbst als geeignete Umwelt anderer Systeme zu verstehen, die Sprache verwenden. Dann zielt der Aufbau eines Reflexionsmodells auf eine Form der Selbstthematisierung, durch welche Bewusstseine sich darauf einstellen, dass ihre Umwelt im wesentlichen aus anderen autonomen und eigensinnigen Systemen, insbesondere anderen Bewusstseinen bestehen.

Das Reflexionsmodell ist das Sprungbrett zum Sprechen über Sprache als Einheit eines Symbolsystems. Die ganze Welt der Verwendungen von Sprache lässt sich mit Sprache besprechen. Das führt offenbar zu ziemlich elaborierten Vorstellungen über den Formenreichtum von Sprache, wie er in den Sprachforschungen von der Biologie der Sprache bis zur Philosophie der symbolischen Formen der Sprache entfaltet ist. Aber so weit dies auch führt, so führt all dies doch noch nicht zur Kommunikation, wenn man unter Kommunikation eine genuin soziale Operation versteht.

Solange man die Frage so stellt – Was sieht das Bewusstsein, wenn es Kommunikation beobachtet? – ist eine Antwort blockiert, die auf Kommunikation als soziale Operation führt. Eine reformulierte Frage könnte lauten: Was muss das Bewusstsein vor Augen haben, damit es auf Kommunikation schließen kann? Nun führt die Antwort in eine ganz andere Richtung. Denn es liegt auf der Hand, dass Voraussetzung für eine solche verfremdete Beobachtung von Kommunikation ist, dass das Bewusstsein nicht mehr auf das Sprechen und auf Sprache schaut, sondern auf etwas, das für Kommunikation als soziale Operation stehen kann: auf *Zeichen*, die Kommunikation symbolisieren, also auf eine künstliche Form, also auf Schrift.

Schrift *ist* natürlich nicht Kommunikation, vielmehr symbolisiert sie als Zeichensystem faktisch abgelaufene und mögliche weitere Kommunikation. Deshalb gilt auch für Schrift die wichtige Einsicht Luhmanns, »dass Kommunikation nicht direkt beobachtbar [ist], sondern nur erschlossen werden kann«.[34] Anhaltspunkte für das Erschließen von Kommunikation gibt es wohl mehrere. Für die Ebene der Person rekurriert Luhmann auf Handeln, das leicht beobachtbar ist und an dem abzulesen ist, ob und wie eine Person ein Kommunikationsangebot aufgenommen hat. Aber gerade Handeln bindet sich an Körperlichkeit

34 Luhmann 1984a: 226.

und Personalität, so dass es selbst für Soziologen äußerst schwierig erscheint, sich vom konkreten Handeln zu lösen und die Erzeugung des Handelns aus der Tiefenstruktur kommunikativer Operationen wieder in den Blick zu bekommen, also hinter dem vordergründigen Handeln den konstituierenden Hintergrund kommunikativer Erzeugung von Sinn zu sehen.

Beobachtbarkeit als Handeln zieht Kommunikation auf die Seite der Person und verdrängt eher die eigenständige soziale Qualität der Kommunikation. Deshalb ist Schrift als reines Zeichensystem so wichtig, um diese emergente Qualität der Kommunikation sichtbar und plausibel zu machen. Gerade weil die Schrift nicht handelt, muss ihre Bedeutung anders erschlossen werden. Deshalb gilt für Kommunikation als Material der Bildung sozialer Systeme Derridas Diktum eines Vorrangs der Schrift gegenüber der Sprache und das Diktum Saussures von der »Tyrannei der geschriebenen Sprache [langue écrite]«.[35]

In dem eigenständigen Medium der Schrift kommuniziert die Sprache, dass sie Kommunikation ist. Erst im Zeichensystem der Schrift kann sie markieren, wer was mitgeteilt hat, und sie kann bestimmen, wie die Anschlusskommunikationen anzusetzen sind. Der entscheidende Schritt von der Sprache zur Kommunikation ist der Medienwechsel von Lauten zu Zeichen. Was die Schrift in diesem Medienwechsel, in dieser »Neukonstruktion von Differenzen«[36] an Präzision der Bezeichenbarkeit und Rekursivität der Zeichen, also an Künstlichkeit gewinnt, verliert sie an Natürlichkeit der Musikalität, des Rhythmus, der Phrasierung, der Gefühlsnähe der Sprache, verliert sie an »Fluidität, Intensität, Simultanität...«.[37] Diese künstliche Verarmung der Kontextuierung erinnert an die von Terrence Deacon hervorgehobene »Lernbehinderung« als Voraussetzung für Symbolisierung. Verarmung wie Lernbehinderung ermöglichen jene Distanz[38] gegenüber dem Naheliegenden, die es erlaubt, übergreifende Zusammenhänge, Relationen zweiter Ordnung und damit ›symbolische‹ Relationen zu sehen.

Im Zeichensystem der Schrift ist jede Verbindung zu den Operationen des Bewusstseins, zu Neuronen und Axonen, zu Gedanken und Gefühlen abgeschnitten. Dieser Schnitt, der die Welten des Denkens und der Kommunikation trennt, schafft damit erst das Universum der Kommunikation als eigene Systemebene, mit einem eigenen Medium und mit einer eigenen Form der Operation. Erst jetzt kann die Kommunikation

---

35 Saussure 2003a: 259. Einzurechnen ist, dass Derridas Begriff von Schrift umfassend ist und von der Schrift aus die Sprache einbezieht.
36 Luhmann 1997a: 255.
37 Morin 1958: 212.
38 »Die Schrift ist das, was Distanz schafft, Differenz erzeugt.« Luhmann 2005: 117.

auf sich selbst einwirken, indem Texte auf Texte verweisen und andere Texte katalysieren: Die Texte entwickeln ihr eigenes Schicksal.[39]

Auch für diese Reformulierung gilt, was bereits allgemein zum Verhältnis von Sprache, Bewusstsein und Kommunikation gesagt worden ist: Kommunikation wird nicht von sich aus aktiv. Immer muss sie von einem Willen zum Sprechen angestoßen werden, und bislang kommt dieser Wille nur von einem Bewusstsein. Auch die Zeichen und die Schrift fangen nicht von alleine an zu tanzen. Auch wenn es der große Charles Peirce ist, der von einem Handlungscharakter der Zeichen in einem Zeichenprozess spricht, so bleibt dies schlechte Metaphysik. Er erliegt hier dem Zauber der Zeichen, der aus einer magischen Zeit stammt. Nichts, aber auch gar nichts bewegt sich in einem Text, solange er nicht von einem Bewusstsein zu seinem Eigenleben erweckt ist. Die Zeichen bleiben stumm. Sobald allerdings Zeichen von einem Bewusstsein interpretiert werden (und über Interpretation könnte eine Wiederannäherung an Peirce gelingen), erfolgt genau der Anschub, der die Zeichen nach ihren *eigenen* Regeln in Bewegung bringt. Genau in diesem Sinne spricht Husserl von Ausdrücken als »bedeutsamen Zeichen«, und noch passender übersetzt Derrida diesen Ausdruck in das sprechende »vouloir-dire«, das den Willen zum Sprechen in die Sprache selbst hineinzieht.[40]

Schrift ist die unabdingbare Plattform, auf der Kommunikation abheben kann, um sich als genuin soziale Operation vom Bewusstsein abzustoßen und zu einer eigenen Umlaufbahn zu finden. Denn das Bewusstsein muss etwas beobachten können, das ihm so radikal fremd ist, dass es nicht – wie bei Sprache – einfach auf Homologie schaltet und sich Kommunikation nur als erweitertes Sprechen vorstellt. Sprache erlaubt »*operative* Kopplungen«[41] der am Gespräch teilnehmenden Personen, während Kommunikation als soziale Tatsache[42] operative Kopplungen gerade zwingend ausschließen und auf strukturelle oder *symbolische* Kopplung umstellen muss. Beim besten Willen kann sich ein Bewusstsein nicht einreden, dass ein auf Tontafeln gekritzelter Text Sprache sei. Es muss etwas anderes sein, denn es spricht ja nicht. Es ist eine eingefrorene, sedimentierte, verfremdete, codierte Sprache, die sich zwar durch

---

39 Im Falle wissenschaftlicher Texte etwa über die Verweisungsstruktur von Fußnoten: Stichweh 1987.

40 Derrida 1983: 34 ff.

41 Luhmann 1997a: 211. Operative Kopplung meint, dass Operationen eines Systems direkt aufeinander einwirken oder aneinander anschließen. Im Fall autonomer, operativ geschlossener Systeme ist dies nur als interne Operation möglich, weil das System nicht außerhalb seiner selbst operieren kann.

42 »Die Sprache {langue} ist eine soziale Tatsache.« Saussure 2003a: 283.

Lesen zum Sprechen bringen lässt, die aber als Zeichensystem dennoch etwas anderes bleibt.

In seiner (vergeblichen) Verteidigung des Dialogs gegenüber der Schrift bestätigt Lyotard auf das Schönste diese Besonderheiten der Schrift: »Die Schrift (écrit) bedeutet den Tod des Dialogs: sie ist nicht ihr eigener Sender und kann sich nicht selbst verteidigen (Phaidros, 275d); sie kann ihre Leser nicht auswählen wie der Gesprächsteilnehmer seine Partner (275e); mit den Schriftzeichen appelliert sie an die formale und mechanische Mnemotechnik und nicht, wie die Stimme, an die aktive Anamnese der Inhalte (275a)«.[43] Erst über das Medium der Schrift wird Sprache zu dem Medium der Kommunikation, das Kommunikation auf die eigenständige Ebene des Sozialen hebt, indem in der sprach-basierten Kommunikation das Anwesende und das Abwesende zugleich zum Vorschein kommen, sich beobachten lassen und in der Appräsentation des Abwesenden das Soziale als eigene Form sichtbar wird: »Le langage est bien le médium, de ce jeu de la présence et de l'absence. N'y a-t-il pas dans le langage, le langage n'est-il pas d'abord cela même en quoi pourraient sembler s'unir la vie et l'idéalité?«[44]

Schrift verweist auf dieses Andere, das Abwesende. Schrift ist ein Artefakt und gerade als »unnatürliche«, »künstliche« und »ideale« Schöpfung des Menschen distinkt von der natürlichen Sprache. Während gesprochene Sprache immer auf reale, lebende Menschen verweist (la vie), gelingt es vermutlich lange vor der Erfindung von Schrift, mit Hilfe von Symbolen auf andere, abwesende, nur gedanklich präsente Realitäten (l'idéalité) zu verweisen: auf Götter, Mythen, Ahnen, den Stamm oder ähnliches, jedenfalls auf Realitäten, die Raum und Zeit des einzelnen Bewusstseins übergreifen und transpersonale, transzendentale oder gar transzendente Realitäten ins Spiel bringen. Insofern ist das Bewusstsein schon darauf vorbereitet, dass es andere Realitäten als die Realität des Bewusstseins gibt. In diesem Sinne verweist Schrift auf die Realität des Sozialen, die sich von der Welt des Bewusstseins so radikal abhebt wie etwa von der Welt des Göttlichen und Mythischen. »Seit seinem Auftreten auf der Erde hat der Mensch seine inneren Bilder ›entfremdet‹, indem er sie auf Knochen, Elfenbein oder Höhlenwänden festhielt. Der Film stammt aus derselben Familie wie die Felszeichnungen von Eyzies, Altamira und Lascaux, die Kinderkritzeleien, die Fresken Michelangelos, die sakralen oder profanen Darstellungen, die Mythen, Legenden und die Literaturen … .«[45]

In dieser Sicht erschließt sich auch, dass Menschen lange vor der Erfindung der Schrift einfachere Formen der Symbolisierung sozialer

43 Lyotard 1989: 50.
44 Derrida 1983: 9.
45 Morin 1958: 243.

Realitäten geschaffen haben, in denen und mit denen eine unbeobachtbare Kommunikation in eine sichtbare Form gezwungen wurde. Nicht
erst schriftliche Texte, sondern bereits einfachere Symbolisierungen,
insbesondere Mythen, Totems und Tokens, entwickeln ihr Eigenleben,
eine eigene Dynamik und eine eigene innere Form.

Bereits zu Beginn seiner Analyse des mythischen Denkens stellt Cassirer im Anschluss an Schelling diese Unabhängigkeit der inneren Form
des Mythos heraus: »Es ist eine gegen das Bewusstsein *reale*, das heißt
jetzt nicht mehr in seiner Gewalt befindliche Macht, die sich seiner im
Mythos bemächtigt hat. Die Mythologie entsteht im eigentlichen Sinne
durch etwas von aller Erfindung Unabhängiges, ja ihr formell und we-
sentlich Entgegengesetztes: durch einen (in Ansehung des Bewusstseins)
notwendigen Prozess, dessen Ursprung ins Übergeschichtliche sich
verliert, dem das Bewusstsein sich vielleicht in einzelnen Momenten
widersetzen, aber den es im ganzen nicht aufhalten und noch weniger
rückgängig machen kann.«[46] Diese frühen Formen der Eigenständigkeit
des Sozialen sollen hier nicht geringgeschätzt werden. Nur aus Gründen
der Überschaubarkeit der Darstellung soll der Fokus auf das historisch
dann wichtigste Medium gelegt werden, Schrift, in der Sprache als Moment von Kommunikation und damit als Moment der Konstituierung
sozialer Systeme und sozialer Realität als Realität sui generis zum Ausdruck kommt.

(5) Wenn das Bewusstsein das genuin Soziale nur auf dem Umweg
über die Schrift beobachten kann, dann folgen daraus Umstellungen
und Präzisierungen im Begriff der Kommunikation, die den Kern meiner Revision der Luhmannschen Konzeption ausmachen. Luhmann hat
im Anschluss vor allem an Karl Bühler Kommunikation als dreistellige
Selektion konstruiert, in der Information, Mitteilung und Verstehen so
zusammenspielen, dass zum einen Ego die Differenz von Information
und Mitteilung beobachtet, die Alter seinem Sprechen zugrunde legt,
und zum anderen Alter seinerseits beobachtet, dass Ego auf diese Differenz anspricht und sie dann selbst nutzt und verwendet, so dass Ego und
Alter, die dies beobachten, zu stabilen wechselseitigen Unterstellungen
kommen, die das Sprechen als präformatierten Erwartungszusammen-
hang stabilisieren.[47]

Zum Abschluss von Kommunikationen kommt es nach Luhmann
erst durch Verstehen, wobei sich das Verstehen nicht auf Inhalte bezieht, sondern auf den Umgang mit der Differenz von Information und
Mitteilung: »Kommunikation kommt nur zustande, wenn diese zuletzt
genannte Differenz [von Information und Mitteilung] beobachtet, zugemutet, verstanden und der Wahl des Anschlussverhaltens zu Grunde

46 Cassirer 2002: 6 f.
47 Luhmann 1984 a: 195 ff.

gelegt wird.«[48] »Begreift man Kommunikation als Synthese dreier Selektionen, als Einheit aus Information, Mitteilung und Verstehen, so ist die Kommunikation realisiert, wenn und soweit das Verstehen zustandekommt.«[49]

Diese Synthese von Information, Mitteilung und Verstehen zum emergenten Produkt Kommunikation ist nicht wirklich gelungen. Zwar sieht Luhmann klarer als jeder Andere die Notwendigkeit, aus der Kombination konstituierender Komponenten eine genuin soziale Kategorie der Kommunikation zu schaffen. Aber er bleibt dann doch den sprachlich geprägten Modellen von Bühler, Husserl und anderen verhaftet und kehrt insbesondere in der die Kommunikation abschließenden Komponente des Verstehens zur Ebene des mentalen Systems, zum Bewusstsein zurück und verweigert darin der Kommunikation genau den Status als soziale Tatsache, den zu begründen sein Ziel war. Es erscheint daher angezeigt, die Komponenten der Kommunikation und ihre Verknüpfung noch einmal genauer in Augenschein zu nehmen.

Leitidee dieser Revision des Kommunikationsbegriffs ist die Intuition, dass die entscheidende Differenz, um die es beim Aufbau der emergenten Entität ›Kommunikation‹ geht, nicht die Differenz von Information und Mitteilung ist, sondern die Differenzen der unterschiedlichen Stufen oder Formen der Symbolisierung, in denen das Denken einerseits, die Sprache (als *langue)* andererseits Bezüge und Verweisungen herstellen und damit die soziale Interaktion mit der Aufgabe konfrontieren, diese nicht hintergehbare doppelte Kontingenz durch eine dritte Symbolisierung – die Kommunikation – aufzuheben und in konfirmierte Erwartungsmuster zu fassen. In einer ersten Runde erfordert dies folgende Revisionen:

*(a) Information* ist ein denkbar schlecht geeigneter Ausgangspunkt für Kommunikation, weil sich Informationen gerade nicht von einem System zum anderen mitteilen lassen.[50] Rohstoff der Kommunikation sind nicht Informationen, sondern Daten. Daten sind die Ergebnisse von Beobachtungen, mit denen beobachtende Systeme mit ihren spezifischen Beobachtungsinstrumenten Unterschiede registrieren. Das Spektrum der möglichen Beobachtungen wird auf dieser basalen Ebene nur von der Reichweite und dem sensiblen Bereich des Beobachtungsinstrumentes begrenzt. So kann beispielsweise das Auge des Menschen aus dem Spek-

48 Luhmann 1984a: 196. »Dass Verstehen ein unerlässliches Moment des Zustandekommens von Kommunikation ist, hat für das Gesamtverständnis von Kommunikation eine sehr weittragende Bedeutung. Daraus folgt nämlich, dass Kommunikation *nur als selbstreferentieller Prozess möglich ist.«* Luhmann 1984a: 198.

49 Luhmann 1984a: 203.

50 Dies sieht Luhmann selbst (1997a: 194) jedenfalls in späten Arbeiten sehr genau. Aber er zieht daraus keine Konsequenzen für eine Revision des Kommunikationsbegriffs.

trum von Strahlungsfrequenzen nur Unterschiede in dem engen Bereich innerhalb von Infrarot und Ultraviolett registrieren oder das Ohr des Menschen nur Schwingungen im engen Rahmen von etwa 20 bis 20 Tausend Hertz wahrnehmen.

Für den Menschen bereitet das Bewusstsein die durch verschiedene Beobachtungsinstrumente gewonnenen Daten zu Informationen auf.[51] Zu den Beobachtungsinstrumenten gehört auch das Bewusstsein selbst, so dass bereits in der Produktion von Daten rekursive Schleifen selbstreferentieller Abschließung eingebaut sind. Wie erwähnt geschieht dies dadurch, dass die Daten durch ein Sieb von Relevanzen gefiltert und selegiert werden. Die Selektion von Daten nach Relevanzkriterien weist Daten eine bestimmte Bedeutung zu und macht aus ihnen *Informationen* im Sinne von Gregory Bateson, also Unterschiede, die einen Unterschied ausmachen. Da es sich zwingend um systemspezifische Relevanzkriterien handelt, sind Informationen immer systemspezifisch und systemrelativ. Unterschiedliche Systeme werden daher aus denselben Daten unterschiedliche Informationen herstellen, weil sie unterschiedliche Gewichtungen und Relevanzen zugrunde legen.

Die Weitergabe von Informationen von einem Bewusstsein zum anderen oder von einem Sprecher zum anderen entpuppt sich nun als ein komplizierter Prozess, wenn man das eben beschriebene Verhältnis von Daten und Informationen zugrunde legt. Ein Sprecher teilt nicht Informationen mit, sondern nur Daten, die zwar für ihn selbst Informationen sind, weil er mit seinen eigenen Relevanzkriterien eine spezifische Gewichtung und Selektion vorgenommen hat. Bei einem zweiten Sprecher kommen allerdings nur wiederum Daten an (er beobachtet Unterschiede), die er selbst nach seinen eigenen Präferenzen und Gewichtungen zu seinen eigenen Informationen aufbereitet. Nur im unwahrscheinlichen Fall einer elaborierten Abstimmung und Passung der Präferenzen und Selektionskriterien von Ego und Alter – etwa durch Sozialisation in einer gemeinsamen Kultur oder durch eine vergleichbare Professionalisierung – stimmen die different produzierten Informationen von Ego und Alter (als Sprechende) einigermaßen überein. Im Regelfall divergieren die aufbereiteten Informationen mehr oder weniger stark und müssen durch unterstellte Übereinstimmung oder fiktiven Konsens abgestützt werden. Tatsächlich beruht empirisch gesehen und soweit man diese Art der Empirie für überzeugend hält, eine überzeugende Rede nur zum geringen Teil auf deren Inhalt und zum weitaus größeren Teil auf dem sicheren Auftreten und einer kräftigen Stimme

---

51 Zu Recht weist Günter Abel (2004: 287 ff.) in diesem Zusammenhang im Anschluss an Hilary Putnam darauf hin, dass es für den menschlichen Geist keine Zeichen ohne Interpretation gibt. Interpretation ist der Prozess, Zeichen Relevanzen, Bedeutungen, etc. zuzuweisen.

des Sprechenden.[52] Dies unterfüttert nicht gerade eine Konsensustheorie der Kommunikation im Sinne von Habermas. Aber es zwingt auch dazu, die Konstruktion des Kommunikationsbegriffs von Luhmann zu revidieren.

Tatsächlich beginnt Kommunikation auf der Seite einer Person (Bewusstsein, Ego) mit der Auswahl von Informationen, welche diese Person für mitteilenswert hält. Belangloses Geplapper oder das versonnene Zitieren von auswendig gelernten Gedichten zählt demnach nicht dazu. Damit ist Ego als Sprecher oder Autor mit im Spiel der Kommunikation. Ihm geht es darum, irgendeinen *Inhalt* der Kommunikation zu markieren. Ob und wie dieser Inhalt im Laufe der Kommunikation bei anderen Teilnehmern der Kommunikation ankommt, ist eine ganz andere Frage. Insofern bezeichnet die erste Stufe der Kommunikation die Selektion eines Inhalts aus der Sicht von Ego.

Diese Stufe spielt dominant im mentalen System eines Sprechers, der damit auf die Symbolik des Denkens angewiesen ist und zugleich sein Denken nur im Kontext der Möglichkeiten von Sprache realisieren kann. Nach der klugen Beobachtung von Susanne Langer ist jedes Denken vorgängig auf die Fähigkeit zur Symbolisierung angewiesen, wie auch die Sprache selbst nichts anderes ist als ein auf Symbolisierung gründendes Zeichensystem. »Tatsächlich ist Symbolisierung nicht *der* wesentliche Denkakt, sondern ein dem Denken wesentlicher Akt und geht diesem voraus. Symbolisierung ist die wesentliche Tätigkeit des Geistes; und Geist beinhaltet mehr, als was gemeinhin Denken heißt.«[53] Genese und Auswahl von Informationen als inhaltlicher Rohstoff von Kommunikation gründen zwingend auf Differenzen der Symbolisierung, die als symbolisch gekoppeltes Zusammenspiel von Denken und Sprache ein Sprechen (von Ego) hervorbringen. Gesprochene oder geschriebene Sprache bildet das Material sehr spezifischer Daten, das ein Bewusstsein (von Alter) als Signale in seiner Umwelt wahrnehmen und von anderen Arten von Signalen insbesondere in seiner Qualität der Symbolisierung unterscheiden kann: Laute, die in der Symbollogik einer Sprache (*langage*) geordnet sind, stoßen aufgrund der koevolutionären und sozialisatorischen Vorbereitung auf ein besonderes Interesse mentaler Systeme.

*(b) Mitteilung* bezeichnet in der Luhmannschen Konstruktion des Kommunikationsbegriffs den Tatbestand, dass Alter wahrnimmt (beobachtet), dass Ego etwas mitteilen *will*, also die Absicht hat, etwas einem anderen mitzuteilen, also ein Motiv hat, etwas mitzuteilen, also einen Willen zum Sprechen zeigt. Luhmann lässt die Komponente der

---

52 Sogar mit exakten Prozentzahlen der Relevanz der unterschiedlichen Faktoren: Pörksen 2003.
53 Langer 1965: 49. Grundlegend dazu Deacon 1997.

Mitteilung in den drei Stufen der Selektivität von Kommunikation nahezu gänzlich ungeklärt und äußert sich primär zur Differenz von Mitteilung und Information als entscheidender, die Kommunikation treibende Differenz. Dies macht den Begriff der Mitteilung nicht nur unterdeterminiert, sondern verwirrend und changierend. In einer der klarsten Formulierungen sagt Luhmann, dass die Selektionsleistung einer Mitteilung darin liegt, dass ein Sprecher (Ego) unter vielen kontingenten Möglichkeiten, mit Informationen umzugehen, eine bestimmte Möglichkeit auswählt – nämlich die Möglichkeit, sie einem anderen (Alter) mitzuteilen: »Es muss ... vorausgesetzt werden können, dass die Information sich nicht von selbst versteht *und dass zu ihrer Mitteilung ein besonderer Entschluss erforderlich ist.*«[54] Alter unterscheidet daher zwischen dem Inhalt der Mitteilung, »dem Informationswert ihres Inhalts *und den Gründen*, aus denen der Inhalt mitgeteilt wird«.[55] Mitteilung nach Luhmann hat also nichts mit der Art und Weise oder dem Wie der Kommunikation zu tun, auch nichts mit dem Medium der Mitteilung. Vielmehr verweist Mitteilung nur auf den Entschluss von Ego, den Willen zur Mitteilung von Informationen als Bestandteil und Phase eines Kommunikationsprozesses.

Damit baut Luhmann in seinen Kommunikationsbegriff an prominenter Stelle den Willen zum Sprechen ein, ohne dies so zu nennen. Systematisch markiert dies die Aktivierung der Kommunikation durch Sprache. Die Kommmunikation nimmt über den Mechanismus der symbolischen Kopplung eine Vorleistung in Anspruch, die nur ein Bewusstsein zur Verfügung stellen kann: Sprache. Erst über diese Verknüpfung kommt Kommunikation als Kommunikation in Gang. Sie kann sich danach von den weiteren Bindungen an Bewusstsein lösen und nach den eigenen Regeln und der inneren Form von Kommunikation ablaufen.

Es erscheint demnach erforderlich, die Komponente der Mitteilung in Luhmanns Konstruktion zu reformulieren und als Moment der symbolischen Kopplung zwischen Bewusstsein und Kommunikation zu verstehen. Tatsächlich sind es nicht die Menschen, die mit ihrer Sprachfähigkeit irgendwann einmal die Kommunikation schaffen, sie gewissermaßen vom Himmel auf die Erde holen. Vielmehr ist Kommunikation gleichursprünglich mit Sprache und entsteht als emergentes Produkt gekoppelter Symbolisierungen, sobald Menschen miteinander sprechen. Das Bewusstsein kann Kommunikation zwar realisieren, aber als Kommunikation für sehr lange Zeit nicht beobachten, also kein Bewusstsein für Kommunikation ausbilden, weil mangels Schrift (oder anderer Zeichen) eine *beobachtbare* Gegenständlichkeit der Kom-

---

54 Luhmann 1995 b: 115. (Hervorhebung H. W.)
55 Luhmann 1995 b: 115. (Hervorhebung H. W.)

munikation fehlt. Kommunikation geschieht einfach und bildet hinter dem Rücken der Menschen ihre eigene innere Form aus, die dann in der Form der Schrift auch für ein Bewusstsein lesbar wird.

Beide Seiten der Ausprägung von Sinn, Sprache und Kommunikation, sind also existent und füreinander nicht zugänglich. Das Bewusstsein versteht die Kommunikation nicht und diese schon gar nicht das Bewusstsein. Ihre Verbindung muss über symbolische Kopplung bewerkstelligt werden, weil sich nur so die paradoxe Anforderung aufheben lässt, dass sie zusammenkommen müssen, weil sie sich prinzipiell nicht erreichen können. Versteht man Mitteilung als Aktivierung von Kommunikation durch einen Willen zum Sprechen und in diesem Sinne als strukturelle Kopplung, dann hat die Mitteilung mit der Aktivierung ihre Schuldigkeit getan. Sie hat auf den Anlasser gedrückt und nun springt der Motor der Kommunikation an und rattert seine eigene Melodie.

Man kann sich das Verhältnis von Sprache und Kommunikation so vorstellen wie das Verhältnis von Fahrerin und Auto als Einheit künstlich forcierter Bewegung. Fahrerin und Auto sind beide existent und füreinander nicht zugänglich. Die Fahrerin versteht ihr Auto nicht und dieses schon gar nicht seine Fahrerin. Auch ohne Auto kann sich die Fahrerin bewegen. Bewegung ist keine Erfindung des Autos und nicht reduzierbar auf das Auto. Aber in der strukturellen Kopplung mit einem Auto kommt es zur Emergenz einer neuen Qualität von Bewegung, welche die Fahrerin mit ihren Beinen allein nie realisieren könnte. In dieser emergenten Qualität drückt das Auto der Fahrerin allerdings seine eigene Logik und seine eigene innere Form als System auf. Es ist nicht bloße Verstärkung der Fähigkeiten natürlicher Bewegung, sondern es ist nun das Auto, das die Bewegung realisiert und nach seinen eigenen Gesetzmäßigkeiten gestaltet, nur peripher gelenkt von einigen Signalen, die über strukturelle Kopplung (Mensch-Maschine-Interface) eine Einwirkung der Fahrerin auf das Auto ermöglichen. Kein Wunder dann, dass künstlich forcierte Bewegung so häufig misslingt.

*(c) Verstehen* ist das älteste und schwierigste Teilthema des Komplexes Kommunikation. Für die Soziologie hat vor allem Max Weber »the operation called Verstehen«[56] zum Angelpunkt einer »verstehenden Soziologie« gemacht, auch wenn bis heute unklar bleibt, was eine verstehende Soziologie auszeichnet und wogegen sie sich abheben und profilieren soll – etwa gegen eine nicht-verstehende Soziologie? Luhmann lässt die Komponente des Verstehens als Teil der Kommunikation merkwürdig unterbestimmt. Er betont allerdings zwei Merkmale: Auf der einen Seite ist ihm wichtig, dass Kommunikation erst mit Verstehen zum Abschluss kommt, also nicht schon mit dem Austausch von Informationen. Und auf der anderen Seite beharrt er darauf, dass Verstehen nicht mit Kon-

56 Abel 1949.

sens oder Einverständnis gleichzusetzen ist, sondern auch Dissens und Missverstehen einschließt.[57]

Diese Bestimmungen lassen sich weiterführen, wenn sie von der magischen Anziehung durch das Bewusstsein gelöst und auf eine Bahn gebracht werden, die in Richtung einer sozialen Konstitution von Verstehen führt. Um sich die Schwierigkeiten dieser Umsteuerung klarzumachen, sollte man sehen, dass bereits Max Weber Verstehen als einen Grundbegriff seiner Soziologie eindeutig und nachdrücklich auf die Ebene des Bewusstseins der einzelnen Person bezieht und beschränkt. Zwar definiert er zunächst noch offen Verstehen als »deutende Erfassung: ... des für den reinen Typus (Idealtypus) einer häufigen Erscheinung wissenschaftlich zu konstruierenden (›idealtypischen‹) Sinnes oder Sinnzusammenhangs«[58] und lässt mit der Anbindung an Sinn auch eine genuin soziale Interpretation zu. Aber kurz darauf kommt es in aller Klarheit: »Für die verstehende Deutung des Handelns durch die Soziologie sind dagegen diese Gebilde [soziale Gebilde wie Staat, Genossenschaft, Aktiengesellschaft oder Stiftung] lediglich Abläufe und Zusammenhänge spezifischen Handelns *einzelner* Menschen, da diese allein für uns verständliche Träger von sinnhaft orientiertem Handeln sind.«[59]

Dass Max Weber hier statt eines Argumentes eine *petitio principii* bemüht, wird deutlich, wenn man zum Vergleich nochmals in Freuds Werk *Totem und Tabu* blickt, das bemerkenswerterweise etwa zur gleichen Zeit entstanden ist wie die Ausführungen Webers (1911-1913). Freud macht in einem großen Bogen von der Anthropologie bis zur Psychoanalyse deutlich, dass es für Menschen die unterschiedlichsten Instanzen in Form von Symbolisierungen gibt, die sie als verständliche Träger von sinnhaft orientiertem Handeln ansehen: Götter, Geister, Naturobjekte, Ahnen, der Clan und vieles andere mehr. (Der Kunsthistoriker Aby Warburg hatte in der *Kulturwissenschaftlichen Bibliothek Warburg* in Hamburg eine überwältigen Menge solcher Symbolformen gesammelt. In diese Bibliothek verschlug es Ernst Cassirer, als er 1919 seine Professur an der Universität Hamburg antrat. Die Beschäftigung

57 Luhmann 1982: 376f.

58 Weber 1972: 4.

59 Weber 1972: 6. Allerdings ist festzuhalten, dass Weber betont, dass sich das konkrete individuelle Handeln sehr wohl an den ›Kollektivgebilden‹ *orientiert* und sie insofern »eine ganz gewaltige, oft geradezu beherrschende, kausale Bedeutung für die Art des Ablaufs des Handelns der realen Menschen haben« (ebd.). Diese Einsicht macht Webers Insistieren auf den *einzelnen* Menschen noch unbegreiflicher – ganz abgesehen von der Möglichkeit, dass es die ›Kollektivgebilde‹ sind, die den Gegenstand »Einzelperson« überhaupt erst konstituieren.

60 Dazu Friedmann 2004: 105 ff.

Cassirers mit diesem Material führte zu einer Philosophie der symbolischen Formen).[60]

Die kulturprägenen Symbole belegen, dass es jedenfalls keine Notwendigkeit gibt, nur einzelnen Menschen die Kompetenz zur Sinnbildung zuzuschreiben. Bereits zwanzig Jahre davor hatte Emile Durkheim in seinen *Regeln der soziologischen Methode* die Eigenständigkeit »sozialer Tatsachen« auch für die Moderne begründet und insbesondere das *Zeichensystem* der Schrift, aber auch neuere Symbolsysteme wie das Münzsystem oder Kreditpapiere als Beispiele dafür genannt, dass diese Systeme ein vom Handeln des Einzelnen »unabhängiges Leben«[61] führen. Dies belegt, dass es jedenfalls die Möglichkeit gibt, auch sozialen Instanzen unabhängig vom Handeln der einzelnen Person die Qualität sinnhaft konstituierter Handlungsfähigkeit zuzubilligen.

Dieser alte und inzwischen etwas langweilige Streit zwischen Reduktionisten und Emergentisten lässt sich entschärfen, wenn man sich vor Augen hält, dass er nicht das Geringste mit Wahrheit zu tun hat, sondern nur etwas mit unterschiedlich eingeschätzter Brauchbarkeit von Modellen der Konstruktion des Sozialen. Wer das Soziale auf das Handeln Einzelner reduzieren möchte und damit glücklich wird, der soll das tun. Wer neue oder zusätzliche Erkenntnismöglichkeiten sieht, wenn das Soziale als eigenständige, emergente Ebene modelliert wird, wird die zweite Alternative wählen. Wie wenig es dabei auf Vernunft und Verstehen der einzelnen Person ankommt, erweist sich mit schneidender Schärfe daran, dass der Streit nicht entscheidbar ist und deshalb je nach Bedarf der beteiligten Disziplinen mal aufflackert und mal einschläft.

Um einen neuen Anlauf zu machen, könnte es hilfreich sein, den Blick von der zu engen Perspektive des Verstehens auszuweiten auf die umfassendere Kategorie des Wissens. Der Sinn von Verstehen lässt sich erschließen, wenn deutlicher wird, weshalb ein System Verstehen braucht und welche Leistung Verstehen für ein System erbringt. Mit dem Begriff des Verstehens klettert das Denken unter großer Anstrengung auf einen hohen Gipfel, nur um mit der neu gewonnenen Aussicht festzustellen, dass sich dahinter weitere, höhere Gipfelzüge verborgen haben. Die Höhe des Verstehens entpuppt sich als Zwischenstufe auf dem Weg, mit Hilfe von Verstehen etwas zu produzieren, was sinnhaft konstituierte Systeme brauchen und nutzen wie ein Fisch das Wasser: Es ist die Ressource Wissen.

Unter Wissen soll hier eine auf Erfahrung gegründete *kommunikativ konstituierte und konfirmierte* Praxis verstanden werden.[62] Die Genese von Wissen setzt also einen Praxiszusammenhang, einen Erfahrungskontext oder eine *community of practice* voraus. Damit verliert der Be-

61 Durkheim 1976: 105.
62 Ausführlich dazu Willke 2001 c.

griff des Wissens einerseits die Weihen einer besonderen oder höheren Seinsart, denn *jede* konfirmierte Praxis generiert Wissen, ob es nun eine Praxis der Praxis oder eine Praxis der Theorie ist, und auch gleichgültig, ob es eine wissenschaftlich freischwebende oder eine auf Verwertbarkeit gerichtete Praxis ist. »Some communities specialize in the production of theories, but that too is a practice ... . Even when it produces theory, practice is practice«.[63]

Der Begriff des Wissens gewinnt auf der anderen Seite Trennschärfe gegenüber vorausgesetzten oder ermöglichenden Komponenten seiner eigenen Infrastruktur (vor allem in Form von Daten und Informationen) und gegenüber grundsätzlich anderen Formen der Symbolisierung mentaler oder sozialer Gewissheiten, die auf Praxis nicht angewiesen sind, wie etwa Glaube oder Eingebung.

Wissen entsteht, wenn Informationen zu einem Erfahrungskontext zusammengefügt werden oder wenn Informationen sich in einen bestehenden Erfahrungskontext einfügen und in Auseinandersetzung mit diesem Kontext einpassen lassen. Dieses »Einpassen« ist nicht auf Übereinstimmung/Konsens beschränkt, sondern kann ebensogut auch auf Abweichungen und Unterschieden beruhen – in diesem Fall entsteht neues oder revidiertes Wissen. Wissen ist voraussetzungsreich und insofern »unwahrscheinlich«, weil es – wie bereits beschrieben – aus einem dreistufigen Selektionsprozess hervorgeht. In einer ersten Stufe müssen *Daten* vorliegen, die immer auf Beobachtungen beruhen. Wofür ich kein Beobachtungsinstrument habe, sei es sensorischer, instrumenteller oder konzeptioneller Art, dafür bin ich blind. Ein System sieht nur, was es beobachten kann.

Auf einer zweiten Stufe werden aus Daten *Informationen*, wenn und soweit sie ein systemisches Relevanzfilter durchlaufen, also von irgendeinem beobachtungsfähigen System als relevante Unterschiede bezeichnet werden, als Unterschiede, die einen Unterschied ausmachen. Nur wenn man so aufwändig und kompliziert rekonstruiert, hat man eine Chance zu verstehen, warum und worin Informationen Informationen sind.[64] Erst auf einer dritten Stufe der Selektivität geht es darum, die Fülle an Informationen zu ordnen, zu organisieren, in überschaubare und handhabbare Zusammenhänge zu bringen und nicht passende Informationen zu ignorieren, sie also der Disziplin einer Strukturierung oder Systematisierung zu unterwerfen.

Damit ist auch gesagt, dass die von der Kognitionswissenschaft betonte Unterscheidung von deklarativem und prozeduralem Wissen irreführend ist, weil jedenfalls deklaratives Wissen (»Faktenwissen«) im strengen Sinne überhaupt kein Wissen darstellt, sondern Daten

63 Wenger 1999: 48 f.
64 Sveiby 1997.

und bestenfalls Informationen. Wir reden von einem Zusammenhang oder erkennen eine Ordnung, wenn wir in die fraglichen Formen durch kommunikative Praxis, also durch Anbindung an Erfahrungskontexte, einen Sinn, eine Bedeutung hineinbringen oder Sinn aus ihnen herauslesen können. Wissen ist in diesem Sinne unabdingbar das Ergebnis einer Operation des »sensemaking« (Weick), also der Herstellung einer sinnhaften Ordnung aus dem Chaos verfügbarer oder anbrandender Informationen. Der Prozess des Herstellens von Sinn kann offenbar, wie beispielweise die frühkindliche Sozialisation zeigt, in hohem Maße unbemerkt, gewissermaßen nebenher und implizit ablaufen. Er kann aber auch, wie beispielsweise in investigativen oder explorativen Projekten, ganz gezielt darin bestehen, sich neuen Daten und Informationen auszusetzen, um neue Erfahrungskontexte zu gestalten oder bestehende Erfahrungsmuster und das in ihnen ausgedrückte Wissen zu revidieren.

Wissen ist das Ergebnis von Lernen, oder anders formuliert, Lernen ist der Prozess und Wissen das Produkt. Jede Wissensgenerierung und jeder Wissenstransfer setzen also einen Lernprozess voraus, und in dem Maße, in dem Lernen ein soziales Geschehen ist und Kommunikation impliziert, ist auch Wissen auf Kommunikation angewiesen. In diesem Sinne lässt sich sagen, dass Lernen und mithin Wissen zwingend auf Kommunikation angewiesen und deshalb ebenso zwingend sozial konstituierte Phänomene sind. Zudem verweist dieser Zusammenhang auf die enge prozessuale und wechselseitig konstitutive Kopplung zwischen Kommunikation, Lernen und Wissen hin. Kommunikation ist nicht nur zwingend ein sozialer Prozess, sondern im Kriterium des Verstehens erzeugt *jede* gelingende Kommunikation ein Wissen, und sei es noch so minimal, dadurch, dass von Ego mitgeteilte und von Alter wahrgenommene Informationen von Alter auf der Basis seines eigenen Erfahrungskontextes erwogen und auf Annahme/Ablehnung geprüft werden.

Verstehen kommt zustande, wenn ein System neue Informationen in ihrer Bedeutung für seine eigene Praxis wahrnimmt. Auch Ablehnung und mithin Dissens implizieren Verstehen und konstituieren eine gelingende Kommunikation, wenn sie irgendeine Wirkung auf die bestehenden Erfahrungsmuster haben, zum Beispiel diese durch die Bestätigung der eigenen Position konfirmieren und gegen Zweifel abschirmen.

Verstehen bezeichnet demnach gelingende Kommunikation im Sinne einer gelungenen Interferenz und Kovariation von Symbolisierungen, die sich in einer bestimmten Prägung von sozialer Praxis niederschlägt. Jede soziale Praxis umfasst eine komplizierte Gemengelage mentaler Symbolisierungen (Denken, Fühlen etc.), sprachlicher Symbolisierungen (Semantik, Pragmatik etc.) und vorgängiger Symbolisierungen sozialer Realität (Alltagswissen, Alltagstheorien etc.). Der Begriff des Verstehens macht eine Aussage darüber, ob diese komplizierte Gemengelage geordnet, plausibel, normal etc. erscheint. Die entscheidende Verbindung von Verstehen zur sozialen Tatsache der Kommunkation liegt allerdings darin, dass die Qualitäten von Ordnung, Plausibilität etc. sich *nicht* auf Einschätzungen mentaler Systeme reduzieren lassen, sondern primär Einschätzungen sozialer Gewissheiten repräsentieren. So muss man von Verstehen gerade auch dann reden, wenn einzelne Personen als mentale Systeme nicht das Geringste »verstanden« haben, aber die aus einer Kovariation von Symboliken resultierende soziale Realität als unproblematisch richtig oder passend ansehen.

Sind diese Voraussetzungen des Verstehens und der Lernfähigkeit für ein elaboriertes und zur Reflexion fähiges System ausgebildet, dann lassen sich Sozialität und Kommunikation auch in das Innere eines einzelnen mentalen Systems verlegen und als innerer Dialog, als Gespräch mit sich selbst oder mit intern repräsentierten Anderen simulieren. Diese bemerkenswerte Fähigkeit trägt der Beobachtung Rechnung, dass tatsächlich Menschen, wenn sie denn die Voraussetzungen durch Lernen aufgebaut haben, auf der Basis einer verfügbaren Sprache mit sich selbst kommunizieren, dabei Lernprozesse in Gang setzen und Wissen erzeugen können, wenn es ihnen gelingt, die neu generierten oder kombinierten Informationen etwa durch Gedankenexperimente an bestehende Erfahrungsmuster anzuschließen, oder wenn sie gelernt haben, auch allein in ihren Gedanken sich mit Kollegen, professionellen Standards, den Argumenten Anderer, konkurrierenden Theorien, vorgestellten Kritikern etc. auseinanderzusetzen.

So wie ein Bewusstsein in einen inneren Dialog mit sich selbst treten kann und mit den inneren Modellen der Außenwelt, die es sich aufgebaut hat, so kann es seine idiosynkratische Fähigkeit der Reflexion in andere strukturell gekoppelte Systeme exportieren, gewissermaßen Ausleger in andere Systeme hineinpflanzen und dort die Resonanzkörper anlegen, die eine Kopplung der Eigenschwingungen beider Systeme ermöglichen. »Es wäre also missverständlich zu sagen, dass der Mensch spricht. Eher findet das ›Sprechen im anderen‹ in ihm Resonanz, weil er dort ›signifikant‹ verortet wird.«[65] Auf den ersten Blick mag es animistisch oder magisch erscheinen, symbolischen Systemen eine Reflexionsfähigkeit zuzugestehen, wenn es tatsächlich nur das Bewusstsein und das bewusstseinsnah gebaute Symbolsystem der Sprache sind, die ihre eigene Reflexionskompetenz in ein symbolisch gekoppeltes System hineinkopieren. Eine genauere Betrachtung erweist aber, dass die Kraft der Imagination, die Sprache und Bewusstsein auszeichnen, weiter reicht als bis zu den Grenzen von Bewusstsein und Sprache.

So wie ein Mensch in einem inneren Dialog sein Verständnis eines Themas schärfen kann und in dieser simulierten sozialen Kommuni-

---

65 Bolz 1983: 472. Entsprechend Heideggers Diktum: »Nicht wir haben die Sprache, sondern die Sprache hat uns.« (zit. bei Bolz 1983: 474).

kation neue Erfahrungen, eine neue Praxis und mithin neues Wissen schaffen kann, so kann er dies auch in der Interaktion mit Texten oder anderen symbolischen Systemen. Während ein innerer Dialog auf der Ebene des Bewusstseins verbleibt und die erforderliche soziale Komponente der Kommunikation intern simuliert, wechselt ein symbolischer Dialog auf die Ebene des genuin Sozialen, indem die ablaufende Kommunikation nicht mehr nur von der Logik des Bewusstseins gesteuert wird, sondern gleichermaßen und gleichberechtigt von der Logik der beteiligten symbolischen Systeme.

Eine Kommunikationssequenz aktiviert über das Medium der Sprache gleichzeitig Bewusstseinsprozesse und soziale Prozesse (letztere im Sinne der Bildung oder Kontinuierung einer sozialen Praxis oder eines Sozialsystems). Die Sequenz spielt in prinzipiell beliebig fortsetzbaren rekursiven Schleifen zwischen diesen beiden Seiten hin und her, die Gedanken rufen neue Kommunikationen und die Kommunikationen neue Gedanken hervor. Allerdings passiert etwas Drittes auf diesem Weg »hin und her«. Es passiert eine *Gestaltung* der Kommunikationsmuster und der Kommunikationspfade, die sich aus zwei Quellen speist. Die eine Quelle ist die Logik oder die innere Form von Denken als Medium des Bewusstseins und die innere Form der Sprache als symbolisches Zeichensystem. Die andere Quelle ist die innere Form der beteiligten kommunikativen Symbolsysteme. Jedes generalisierte Symbolsystem, von der Schrift bis zu spezialisierten Steuerungsmedien wie Münzsystemen oder Kreditpapieren, verfügt als Zeichensystem über eigene Gesetzmäßigkeiten, eigene Architekturen mit darin eingebauten Notwendigkeiten und Möglichkeiten, eigene Verweisungsstrukturen und operative Regeln, eigene Prämissen seiner Funktionsweise und damit selbst gesteuerte Prozessketten.

Nun ist leichter zu erkennen, inwiefern jede Kommunikation gleichzeitig die Ebene der einzelnen Person und die Ebene des Sozialen erreichen kann und damit gleichzeitig Operationen des Bewusstseinssystems und des sozialen Systems fortsetzt und reproduziert – allerdings nicht identisch reproduziert, sondern in fortwährenden Transformationen reproduziert.[66] Die Eigenständigkeit des Sozialen resultiert aus der Widerständigkeit symbolischer Systeme, die ihre eigene Logik gegen die Logik des Bewusstseins zur Geltung bringen, etwa indem sie das Denken dazu zwingen, von einer parallelen zu einer sequenziellen Prozessform umzuschalten. Aus dieser Interferenz folgt etwas, das sich nicht mehr umstandslos auf die Person oder auf das mentale System reduzieren lässt. Die Operationen des Bewusstseins stoßen auf eine Matrix von Präferenzen, Prämissen und Prozessformen, die ihnen fremd sind,

---

66 Diese wichtige Unterscheidung betont Saussure 2003 a: 258 f. als Prinzip des unablässigen Wandels der Sprache durch Transformation.

die aber dennoch Kopplungen zulassen. Allerdings entstehen aus dieser symbolischen Kopplung der Operationsformen zweier verschiedener Systemlogiken (Bewusstsein und Sprache) hybride Kommunikationsmuster, die ihre besondere Leistung und ihre besondere Schwierigkeit darin haben, was Gegenstand des Verstehens ist.

Es erweist sich, wie wichtig das in die Sprache eingelassene Reflexionsmodell ist, das es erlaubt, nicht nur über die Verwendungen von Sprache zu sprechen, sondern darüber hinaus auch über fremdreferentielle Kopplungen des Symbolsystems der Sprache mit anderen Systemen. Mit Sprache lässt sich darüber reflektieren, was geschieht, wenn die Sprache als mentale Operationsform auf symbolisch generalisierte »Spezialsprachen« trifft und daraus Kommunikationen als Konfusionen von mentalen und symbolischen Operationen resultieren. Das »Verstehen« als Moment dieser hybriden Kommunikation scheint auf der Seite des Bewusstseins darauf begrenzt zu sein wahrzunehmen, dass Kommunikation passiert und dass sie zu einem Teil von einer nicht passenden, nicht kongruenten Logik mitgesteuert wird. Personen können also beobachten, dass diese Art von Kommunikationen möglich sind und tatsächlich ablaufen, und sie können verstehen, dass sie die dunkle, für sie intransparente Seite dieser Kommunikationen nicht verstehen können.

Kernpunkt des Verstehens ist die *Partizipation* an einer kommunikativen Praxis, die als Praxis Wissen auf beiden Seiten der symbolisch gekoppelten Symbolsysteme von Sprache und Kommunikation erzeugt. Das generierte Wissen ist auf beiden Seiten ein unterschiedliches, weil die in der Praxis erzeugten Erfahrungen nach unterschiedlichen Regeln in unterschiedliche Praxiskontexte eingefügt werden und damit zu unterschiedlich ausgeprägten Selbstveränderungen der beiden Symbolsysteme führen. Kommunikative Praxis erzeugt deshalb gleichzeitig personales Wissen (Wissen der Personen) und kollektives Wissen (Wissen der sozialen Systeme).[67] Eine sich in der Operation des Verstehens vollendende Kommunikation hat Wirkungen auf der Seite der sprechenden Personen, deren mentale Symbolik die neuen Erfahrungen als individuelles Wissen speichert, und sie hat Wirkungen auf der Seite des involvierten Sozialsystems, dessen kommunikative Symbolik die neuen Erfahrungen – das, was dem Symbolsystem als differenzielle Aktivierung, Relationierung, Konfirmierung etc. bestimmter Komponenten widerfährt – als systemisches Wissen speichert. Beide Systeme setzen sich selbst fort und kontinuieren in ihrer laufenden Praxis ihre Geschichte nach ihren eigenen Beobachtungs- und Bewegungsgesetzen. Beide Systeme sind auf diese sich wechselseitig bedingende Praxis sprachlich basierter Kommunikation angewiesen, um sich selbst in kontinuierlichen

67 Ausführlich dazu Willke 1997b; 1998a; 1998b; 2001c.

Transformationen zu reproduzieren. In dieser kommunikativen Praxis vollziehen sich auf der Basis von Sprache Bewusstseinsprozesse koexistent mit Kommunikationsprozessen, so dass sich sagen lässt, dass die reproduzierenden Transformationen von Bewusstsein und Sozialsystem *uno actu* geschehen und auf beiden Seiten *verschiedene* Wirkungen zeitigen.

Die Selbstveränderung der laufenden Operationen geschieht auf beiden Seiten dadurch, dass externe Ereignisse als Anregungen oder Verstörungen wie Katalysatoren wirken, die eigene, autokatalytische Prozesse anstoßen, ohne sie determinieren zu können. Wiederholen sich solche externen Anregungen oder werden sie in eingespielten System-Nische-Beziehungen sogar zur Routine, dann stellen sich die internen Systemoperationen darauf ein. Es bilden sich Muster von Relationierungen interner Operationen heraus, die dann als Ergebnisse von Lernprozessen bezeichnet werden. Je nach Komplexität und Autonomiegrad des Systems reicht die Spannbreite des Lernens von einfachstem operanten Konditionieren bis zu komplexem reflektiertem Lernen. Bemerkenswert erscheint, dass auch die ersten Schritte der Symbolisierung genau dieser Logik der Relationierung von Relationen zu folgen scheinen: »As indices are constituted by relationships among icons, symbols are constituted by relationships among indices (and therefore also icons). However, what makes this a difficult step is that the added relationship is not mere correlation.«[68]

Das in einem Praxiskontext durch Lernen gebildete Wissen lässt sich als *implizites* Wissen nicht beobachten. Auch auf der Seite der Personen kann niemand in den Kopf eines anderen hineinsehen und feststellen, welches Wissen sich darin befindet. Erst *explizites* Wissen, also Wissen das expliziert, ausgesprochen, praktiziert, dokumentiert etc. ist, lässt sich beobachten. Streng genommen gilt auch hier, dass Wissen wie Verstehen nicht direkt beobachtet, sondern nur erschlossen werden kann. So weit nicht viel Neues.[69]

Aufschlussreich ist nun allerdings, dass all dies auch für die Seite sozialer Systeme gilt. Auch das Wissen sozialer Systeme (und symbolischer Systeme) ist zunächst immer implizit, schlicht eingebaut in die Selbstveränderung der laufenden Systemoperationen. Es ist deshalb für Personen nicht zu sehen. Erst wenn das Wissen sozialer Systeme explizit

68 Deacon 1997: 78.

69 Polanyi 1958. Lange vor Polanyi hat bereits Marcel Proust diesen Gedanken magistral formuliert: »Comment la littérature de notations aurait-elle un valeur quelconque, puisque c'est sous de petites choses comme celles qu'elle note que la réalité est contenue ... et qu'elles sont sans signification par elles-même si on ne l'en dégage pas?« Proust 1989, Band VI: 473. (Diesen Hinweis verdanke ich meinem Bruder Gerhard Willke).

gemacht ist, lässt es sich auch von Personen beobachten, und auf dem Umweg über strukturelle Kopplung auch von anderen Symbolsystemen. Aus diesem Grund ist Schrift (oder andere Formen beobachtbarer Symbolisierung) so entscheidend, um Kommunikation und damit soziale Systeme beobachtbar und damit wirklich im Sinne von kommunikativ erfahrbar zu machen. Über die Explikation von kollektivem Wissen in irgendwelchen Ausprägungen der Manifestation – ob in Götterfiguren, Schrift, Münzen, Gesetzen, Institutionen, aktenförmig dokumentierten Entscheidungen oder anderem – wird die Eigenständigkeit des Sozialen für Personen sichtbar. Sicherlich »gab« es auch vorher Soziales. Es war – wie implizites Wissen der Person – zwar vorhanden, blieb aber unsichtbar.

Die hier skizzierten Revisionen der Luhmannschen Konstruktion des Kommunikationsbegriffs lassen das Grundmodell einer dreistufigen Selektion mit den Komponenten der Information, der Mitteilung und des Verstehens weitgehend unangetastet. Allerdings wird jeder der drei Selektionsschritte präziser gefasst und vor allem die Begründung der Selektionssequenz verändert: Kommunikation resultiert als emergente Qualität der Kopplung unterschiedlicher Symbolisierungen dann, wenn sprachfähige mentale Systeme die notwendige doppelte Kontingenz der Symbolisierungen von Sinn in Erwartungsstrukturen einfassen und einbinden. Diese Erwartungen definieren zunächst soziale Praxis, soziale Situationen und Konstellationen und sie bilden darauf aufbauend soziale Systeme.

Die Komponente der Information wird begrifflich geschärft, indem die Differenz von Datum und Information genutzt wird, um deutlich zu machen, dass alle an einer Kommunikation beteiligten Sprecher aus verfügbaren Daten Informationen als Eigenleistung (aufgrund eigener Selektivität des Systems) herstellen. Jeder Sprecher hantiert also mit eigenen Informationen, so dass bereits in der ersten Teiloperation der Gesamtoperation Kommunikation die Grundlage für normalen Dissens gelegt ist. Die Komponente der Mitteilung wird primär als Moment der symbolischen Kopplung zwischen Bewusstsein und dem genuin Sozialen bestimmt. In dieser Kopplung gestaltet ein individueller Wille zum Sprechen (Ego) durch die Selektion bestimmter Inhalte des Sprechens ein Kommunikationsangebot an Alter und öffnet mit diesem Spielzug das Tor zu einer Kommunikationssequenz, die notwendig sozial konstituiert ist und Soziales produziert. Diese spezifische Leistung begründet auch, warum normaler Dissens weitgehend unschädlich ist. Es kommt der Kommunikation gar nicht auf Konsens an, sondern auf Sozialität: Ihre *raison d'être* ist es, soziale Beziehungen bis hin zu sozialen Systemen zu schaffen. Ob diese auf Konsens, auf Dissens oder auf vermeintlichem Konsens/Dissens gründen, ist zweitrangig.

Die Komponente des Verstehens wird so aufgefächert, dass je

nach Verweisungszusammenhang ein Verstehen auf der Ebene des Bewusstseins von einem Verstehen auf der Ebene sozialer Systeme unterschieden werden kann. Verstehen ist im Kern Partizipation an einer kommunikativen Praxis und muss deshalb nicht mit Deutungen über inhaltliche Richtigkeit oder gar Konsens aufgeladen werden. Dass Verstehen zum guten Teil ein Verstehen des Nichtverstehens beinhaltet, ist weniger überraschend, wenn man zugesteht, dass auch das Verstehen von Personen eine komplexe Operation mit hoher Unschärfe ist. Mancher Zyniker würde furchtlos behaupten, dass wir symbolische Systeme besser verstehen als Menschen – was dann nur heißen kann, dass für manche Personen (und ihre Bewusstseine) die Partizipation an der Praxis höher generalisierter Symbolsysteme leichter und selbstverständlicher erscheint als die Partizipation an der Praxis gemeinsamer Rede. Tatsächlich scheint für viele Professionelle die Kommunikation mit Symbolsystemen einfacher zu sein als die Kommunikation mit ihren Ehepartnern.

Für eine symboltheoretische Perspektive sind die vorgenommenen Revisionen erforderlich, weil sich nur so die Besonderheiten symbolischer Systeme in der Konstituierung von Kommunikation und mithin in der Reproduktion von Gesellschaft angemessen berücksichtigen lassen. Gegenüber der dreistufigen Selektivität von Information, Mitteilung und Verstehen, die nach Luhmann Kommunikation als soziale Tatsache konstituiert, liegt hier die Betonung auf einer Interferenz und Kovariation der Symbolsysteme des Bewusstseins und der Sprache, die katalytisch aufeinander wirken und je eigene autokatalytische Operationen auslösen. Kommunikation entsteht als emergentes Produkt dieser Kovariation, als Form der Partizipation von Sprechern an einer Praxis des Sprechens, die gleichgewichtig und gleichrangig von den Symbolisierungen des Bewusstseins und der Sprache getragen ist.

(6) Ruft man sich in Erinnerung, dass die Sprache ihrerseits ein Symbolsystem ist, das als Kontext von Zeichen keinerlei handgreifliches »reales« Substrat vorweisen kann, sondern aus nichts anderem besteht als aus sinnhaft konstituierten Bedeutungen, die durch ein spracheigenes Regelsystem in eine kunstvolle Ordnung gebracht sind, dann erscheint es plausibel, dass die Sprache Erfahrungen (im Sinne von Prägungen) im Umgang mit Symbolsystemen mitbringt. Es sind zunächst Erfahrungen im Umgang mit sich selbst als Zeichensystem, das in der symbolischen Kopplung an ein mentales System ein Reflexionsmodell seiner selbst ausbildet, also sich nicht nur in seinen einzelnen Operationen beobachten kann, sondern auch als System im Kontext und in Relation zu anderen Systemen.

Das Wissen eines Systems als Summe seiner Erfahrung sedimentiert in den Strukturen, Prozessen und Regeln dieses Systems. Diese Komponenten bewirken insgesamt eine bestimmte Ordnung und Organisierung der Operationsweise des Systems und legen in diesem Sinne seine *innere Form* fest. Für das Symbolsystem der Sprache wird dies in den Kategorien von Semiotik, Syntax, Semantik, Grammatik, Pragmatik etc. verhandelt – die Details dazu bleiben den Linguisten überlassen. Für Kommunikation als Symbolsystem eigener Qualität sind die Parameter der Ordnungsbildung und die Muster der Selbstorganisation weithin *terra incognita*. Die meisten Analysen der Kommunikationstheorie und der Kommunikationswissenschaften begreifen Kommunikation nur als dialogisches Sprechen. Sie ignorieren die zweite, andere Komponente von Kommunikation, die darin besteht, soziale Systeme zu bilden und in der Zirkulation von Symbolen zu reproduzieren. Die Fragen, die Soziologie als Disziplin überhaupt erst plausibel machen und sie als Disziplin von Psychologie oder Sozialpsychologie abheben, betreffen dann das Zusammenspiel der Symbolsysteme Sprache und Kommunikation (einschließlich aller höher generalisierten Kommunikationsmedien) unter der Generalprämisse einer eigenständigen Bedeutung der Ebene des Sozialen.

Um Genese und Operationsweise sozialer Systeme verstehen zu können, scheint es unabdingbar zu sein, die spezifischen Zwänge und Optionen herauszuarbeiten, die auf die Möglichkeiten des Sprechens und Denkens einwirken, wenn diese sich an das Medium der Kommunikation ankoppeln. Sprache existiert als Medium vergangener und gerade gegenwärtig laufender Kommunikationen immer schon (seit ihren evolutionären Anfängen vor über zwei Millionen Jahren). Sie kontinuiert und konfirmiert sich zugleich durch die laufende Ankopplung als Kommunikation.

Zugleich diskontinuiert und diskonfirmiert sie sich in unmerklichen Portionen in einem infinitesimal langsamen Prozess. Wer annimmt, dass in der Kommunikation, die soziale Systeme konstituiert, das Denken und Sprechen einfach so weitergeht, wie dies im Kontext des Bewusstseins vorstellbar ist, übersieht all das, was eine Soziologie, die ihren Namen verdient, von Psychologie oder Kognitionswissenschaften unterscheidet. Wenn selbst so kompetente Denker wie Weber oder Simmel, von späteren Horden von Utilitaristen, Handlungstheoretikern oder Behavioristen ganz abgesehen, das genuin Soziale aus ihrer Soziologie eskamotieren und nicht mehr die geringste Spur einer sozialen Tatsache als spezifischen Gegenstand der Soziologie übriglassen, dann erscheint es nicht gerade als trivial, diese Eigenständigkeit der Soziologie in ihren konstituierenden Begriff der Kommunikation unverwechselbar einzulassen.

In der Perspektive der soziologischen Systemtheorie bildet Kommunikation soziale Systeme dadurch, dass eine zu einem bestimmten Thema laufende Kommunikation eigene Muster ausbildet. Die Muster verfestigen sich durch Wiederholung, Bestätigung, Revision, Konflikt etc. Die Verfestigungen wirken rekursiv darauf zurück, welche weiteren Kommunikationen an die bisherigen anschließen können.

Auch in den Systemen verfestigter Kommunikation wirken zunächst die allgemeinen Gesetzmäßigkeiten der Genese und Operationsweise sinnhaft konstituierter Systeme, denn alle Kommunikationssysteme sind als reine Symbolsysteme sinnhaft konstituiert. Insofern bewegt sich die sprach-basierte und sprach-gesteuerte Analyse sozialer Systeme zunächst auf vertrautem Terrain. Die wichtigsten Archetypen der Systembildung, die mit Sinnhaftigkeit vorgegeben sind, lassen sich in den Formen von Identität und Differenz, Komplexität und Selektivität, Kontingenz und Negation, Reflexion und Selbstreferenz bezeichnen. Denn jedes System, das nicht im nächsten Moment zerfällt, muss seine Gestalt ordnen und seine Reproduktion absichern, indem es seine Eigenkomplexität organisiert und in eine konfirmierte innere Form bringt.

Die Archetypen geben die analytischen Raster vor, mit denen die Suche nach Unterschieden, Vergleichbarkeiten und funktionalen Äquivalenzen zwischen unterschiedlichen Symbolsystemen Erkenntnisgewinne versprechen. Bei allen symbolischen Systemen, wie im übrigen sogar in anorganischen und organischen Systemen, geht es um (unterschiedliche) Mechanismen für den Aufbau interner Strukturen, für die Selbstorganisation der systemischen Prozesse und die Gestaltung der Regelsysteme, welche die Identität des spezifischen Systems schaffen. Mit Strukturaufbau, Prozessorganisation und Regelbildung schafft sich ein System eine bestimmte, idiosynkratische Identität. Dass jedenfalls organische und mentale Systeme selbstreferentiell operieren und mit der Unterscheidung von Selbstreferenz und Fremdreferenz ihre eigene Identität gegenüber einer nicht-identischen Umwelt behaupten, gilt inzwischen als plausibel. Umstritten und problematisch ist aber, ob und inwieweit dies auch für symbolische Systeme gilt.

Kann eine Sprache, die zwar dokumentiert und beschrieben ist, die aber niemand mehr spricht, sich selbst in ihren Operationen oder gar in ihrer Identität beobachten? Wohl kaum. Nur *in der Operation selbst* kann die Sprache sich im strengen Sinne in ihren Operationen beobachten, indem sie nach eigenen Differenzen, Mustern, Strukturen, Prozessen und Regeln operiert und sich in diesen verschachtelten Selektivitäten als beobachtendes System realisiert. Zu diesen eigenen Operationen muss die Sprache aber von einem bewusstseinsfähigen System, in der Regel also von Personen durch die Aktivität kommunikativer Praxis angestoßen werden. Von alleine setzt sie sich nicht in Bewegung, denn die Sprache selbst als Zeichensystem hat wohl kein Bewusstsein. Von Semiotikern bis zu Soziologen dürfte hierüber inzwischen breiter Konsens herrschen. Auch wenn es ein Symbolsystem in struktureller Kopplung mit Personen zu Selbstbeobachtung bringt, indem es *dann, wenn es operiert, nach eigenen Regeln operiert*, ist nach wie vor die weitergehende Frage völlig offen, ob und wie ein Symbolsystem in seiner Operationsweise, also unter Bedingungen symbolischer Kopplung mit Personen, sich selbst als System beobachten kann und in diesem Sinne die Fähigkeit zur Reflexion ausbildet.

Aus der Sicht der bisherigen Überlegungen ist der entscheidende Ansatzpunkt für eine brauchbare Rekonstruktion, symbolische Kopplungen zwischen Sprache, Bewusstsein und Kommunikation als Partizipation an einer kommunikativen Praxis zu verstehen. Dann kommen andere Konstellationen in den Blick, die operativ und funktional ähnlich gelagert sind und deren Beschreibungen sich für die anliegende Aufgabe nutzen lassen. Beispielsweise sind Unternehmensberatung, Organisationsentwicklung oder organisationales Wissensmanagement Felder, auf denen eine bestimmte Konfiguration kommunikativer Praxis die symbolische Kopplung von Personen und Sozialsystemen, von Denken und Sprechen, von Bewusstsein und Kommunikation so gestaltet, dass Zustandsveränderungen und Selbsteinwirkungen auf beiden Seiten der Kopplung entstehen können, obwohl die Personen nicht die Sozialsysteme und die Sozialsysteme nicht die Personen direkt erreichen, geschweige denn verstehen können.

Der entscheidende Kunstgriff, um dennoch eine wechselseitig instruktive kommunikative Praxis zu etablieren, liegt darin, einen *Zwischenbeobachter* zu schaffen, der hier in der Regel weder Teufel noch Soziologe ist, sondern ein »Beratungssystem«,[70] das zwischen Berater und Organisation geschaltet ist, präzise um eine eigene dritte Systemform zu gestalten, die in ihrer eigenen »neuen« Systemgeschichte sich so weit von den beiden Ausgangssystemen (Person und Organisation) distanzieren kann, dass neue Beobachtungsoptionen möglich werden.[71]

Ein weiterer Kunstgriff, um das Unbeobachtbare (Kommunikation) dennoch beobachten zu können, besteht darin, an anderen Beobachtern nicht das zu beobachten, *was* diese beobachten, sondern *wie* sie beobachten: Berater als Mitglieder des Beratungssystems beobachten nicht, was Manager sehen, sondern wie sie organisationale Prozesse und Operationen beobachten. Diese Beobachtung zweiter Ordnung ist besonders raffiniert, weil sie Schlüsse auf eine andere, nur imaginierbare Realität, die Realität der Organisation zulässt, indem das Wie des Beobachtens Aufschluss darüber gibt, wie die kondensierten und konfirmierten Kommunikationsmuster, welche die Organisation ausmachen, gestrickt sind und wie sie das Denken und Sprechen der Personen beeinflussen, prägen, vielleicht deformieren, die in der Organisation stecken und an der kommunikativen Praxis der Organisation partizipieren. Ähnliches leistet die systemische Familientherapie, die hochentwickelte Beobach-

70 Ausführlich dazu Mingers 1995.
71 Klein 2002.

tungsinstrumente schafft, um der kommunikativ erzeugten Realität der Familie als System – und eben nicht nur den Personen, die zur Familie gehören – auf die Spur zu kommen.[72]

Als Zwischenergebnis lässt sich festhalten, dass eine instruktive Kopplung zweier Systeme, die füreinander nicht unmittelbar zugänglich und verständlich sind, dann in die Gänge kommt, wenn es gelingt, einen Zwischenbeobachter einzurichten, der zugleich Beobachter zweiter Ordnung ist und der aus seinen Beobachtungen Informationen oder Imaginationen über die innere Form der beteiligten Systeme ableiten kann. Im Fall der instruktiven Kopplung von Personen und Symbolsystemen leiten Personen, die sich in die Position eines Zwischenbeobachters begeben, solche Informationen oder Imaginationen über die innere Form des partizipierenden Symbolsystems ab und sie können darüber hinaus in gleicher Weise auch Schlussfolgerungen über sich selbst als partizipierende Personen ableiten. Das erstere wird im Vordergrund stehen, weil Symbolsysteme Ressourcen darstellen und Personen als Akteure Aufschluss über diese Ressourcen bekommen wollen, während das letztere gewöhnlich auf Spezialformen wie professionelle Supervision oder therapeutische Reflexion beschränkt ist. Es bleibt aber dabei, dass diese vermittelte instruktive Interaktion den Personen keinen direkten Durchgriff auf die Symbolsysteme erlauben und deshalb auch keine Beherrschung oder direktive Steuerung der Ressourcen möglich erscheint.

Es empfiehlt sich hier genau zu sein. Es gibt zwischen operativ geschlossenen Systemen keine direkten instruktiven Interaktionen, weil sie primär selbstreferentiell operieren und selbst noch jede fremdreferentielle Beobachtung eine interne Operation eines autonomen Systems ist. Alles, was ein beobachtungsfähiges System über andere Systeme wissen kann, sind Ableitungen, Vermutungen und Imaginationen, die aus der Partizipation an einer gemeinsamen kommunikativen Praxis folgen – immer noch als interne Operation und in der Logik des autonomen Systems. Die Qualität der Ableitungen kann allerdings sehr unterschiedlich sein und hängt neben vielem anderen von der Qualität der Beobachtungsinstrumente und dem Raffinement der Beobachtungskonstellationen ab. So lassen sich mit den Streamerkammern und Detektoren des CERN andere Vermutungen über die innere Form der Materie anstellen als mit dem Instrument der bloßen Augen. Ebenso verhelfen die elaborierten Instrumente der soziologischen Systemtheorie zu einem anderen Verständnis der inneren Form symbolischer Systeme als etwa die Naturromantik der Handlungstheorie oder die Sozialromantik der Konsensustheorie.

Diese Grade des Raffinements der Beobachtungsinstrumente gibt es

---

72 Dazu Willke 1996: Kapitel 3.

auch für symbolische Systeme. Sie erweisen sich an der Komplexität der intern etablierten und durch Geschichte, Gewöhnung und Gestaltung konfirmierten Muster präferentieller Anschlüsse. Die Topoi des Denkens über Generationen und Epochen hinweg übertragen sich durch symbolische Kopplung in Topologien der Verknüpfungen von Zeichen, so dass sich bestimmte Zeichen, Zeichengruppen etc. näher oder zugänglicher oder verwandter sind als andere.[73] Mit dem Aufruf bestimmter Zeichen sind dann ganze Assoziationsfelder, topographische Felder von Zeichen aufgerufen. Diese differentiellen Assoziationen bilden die Muster, die *als interne Beobachtungsinstrumente des Symbolsystems wirken.*

Rechnet man ein, dass auch die Figur »Person« oder »Subjekt« keine naturwüchsige Größe ist, sondern als sinnhaft konstituiertes symbolisches System ihrerseits eine Ableitung aus kommunikativer Praxis und der Praxis sprachgesteuerter Produktion von Sinn darstellt, dann verflüchtigen sich die Sicherheiten personen-gebundener Erklärungen von Person oder Kommunikation zu merkwürdig eindimensionalen Reduktionen. Was über aufwändige Konstruktionen als Person oder Subjekt oder mentales System erscheint, ist nicht eine privilegierte, objektive oder wirklichere Wirklichkeit, sondern ebenso Zerfallsprodukt der Kollisionen von Bewusstsein und Kommunikation wie Zufallsprodukt der Kontingenzen von Sinnsystemen, die ihre Verweisungsmuster auch anders steuern könnten. »Das Subjekt ist also nicht aktiv oder passiv, es ist beides zugleich, aber es ist das eine oder andere nur insofern, als es – in einem Regelsystem von Sätzen befangen – sich selbst mit einem Satz eines anderen Regelsystems konfrontiert und, wenn nicht nach den Regeln ihrer Versöhnung, so doch wenigstens nach den Regeln ihres Konflikts sucht, das heißt, nach seiner immer bedrohten Einheit.«[74]

Der Urknall der Sinnkategorie stößt einen unendlichen Strom von Sinnpartikeln aus, die sich in unterschiedlichen Welten organisieren, auch wenn sie demselben übergreifenden Zusammenhang angehören und nur unterschiedliche Ebenen eines großen Möbius-Bandes des Seins ausprägen. Der evolutionäre Durchbruch erzeugt mit Bewusstsein und Kommunikation zwei Galaxien von Sinn mit unterschiedlicher Aufladung und unterschiedlichen inneren Formen, die permanent kollidieren und sich in ihren Zerfallsprodukten wieder aufbauen. Die Sprache *ist*

73 Dies sieht auch Derrida (1974: 122), aber er beschränkt die Verknüpfungslogik auf Topik und Geschichte und unterschlägt die gewordene Topologie der Zeichen. Anders Deacon: »This system of relationships between symbols determines a definite and distinctive topology that all operations involving those symbols must respect in order to retain referential power.« Deacon 1997: 99.

74 Lyotard 1989: 116.

diese Kollision.[75] Sie bildet als Kollisionsprozess das gemeinsame Medium von Sinn, das in der einen Welt als mentaler Sinn kondensiert und in der anderen Welt als sozialer Sinn.

Trotz dieser Gleichursprünglichkeit beider Welten und dem Hang der Natur zur Symmetrie bleibt eine prägende Asymmetrie zwischen Bewusstsein und Kommunikation wirksam. Nur das Bewusstsein hat mit Strategiefähigkeit und dem Willen zum Sprechen die originäre Kompetenz zur Reflexion. Die Kommunikation als Zeichensystem verfügt über einen hochentwickelte Strukturaufbau, genauer: eine Organisierung ihrer Eigenkomplexität, die in den Äonen der evolutionären Ausbildung des Systems Erfahrungen erfolgreicher Musterbildung verfestigt und erfolglose Muster aussortiert hat. Die Einzeloperationen der Kommunikation erfahren die konfirmierten Strukturen, Prozesse und Regeln des Kommunikationssystems als Restriktionen der Beliebigkeit von Anschlüssen und sehen sich so mit der Einheit des Symbolsystems der Kommunikation als Bedingungen der Möglichkeit von Anschlüssen ausgesetzt. Sie müssen also rein faktisch über ihre lokale Operationsweise hinaus in der systemisch geordneten Sequenzierung von Anschlussoperationen die Einheit des Systems beobachten und darauf Rücksicht nehmen. Und so wäre eigentlich alles vorhanden, um der Kommunikation als Zeichensystem die hohe Würde und Bürde der Reflexionsfähigkeit zuzusprechen.

Der Haken an dieser Konstruktion wird nur sichtbar, wenn man das faktische Operieren des Systems nicht einfach postuliert, sondern am harten Maßstab des Willens zum Sprechen überprüft. Die Zeichen selbst sind, wie Husserl sagt, bedeutungslos. Zweifelsohne haben sie auch keinen Willen zum Sprechen. Sie treffen deshalb auch keine Entscheidungen über Anschlussoperationen, weil dies den Willen zur Fortsetzung eines Kommunikationsprozesses voraussetzt. Es ist ein Bewusstsein, und nach bisherigen Wissensstand nur ein Bewusstsein, das diesen Willen zum Sprechen aufbringt und damit Entscheidungen über Kontinuierung oder Abbruch von Kommunikationssequenzen trifft.

Dies bedeutet, dass das Bewusstsein allein die in das Zeichensystem der Kommunikation eingebauten Restriktionen möglicher Anschlüsse beobachten und berücksichtigen kann. So gibt das Zeichensystem der

75 Marion 1999: 18: »Interacting particles exhibit yet another important phenomenon called correlation. When two particles collide, their behaviors assume some measure of sync-ness, their frequencies begin to reverberate with a degree of harmony. This helps explain the emergence of chaotic stability, or attractors.« Beim Symbolsystem der Sprache könnten *Metaphern* die Rolle solcher Attraktoren übernehmen, indem sie »eine Art Zusammenprall« (Winkler 2004: 99) zwischen verschiedenen Symbolebenen inszenieren und genau in diesen Kollisionen die ›Übertragung‹ von Sinn – Übertragung im übertragenen Sinne – ermöglichen.

Kommunikation zwar – wie das Internet den Datenströmen – das Leitungsnetz mit all seinen Verbindungen, Bahnungen, Routern, Servern, Knotenpunkten, Verzweigungen etc. vor, aber es ist das Bewusstsein, welches die Datenströme auf diesem Leitungsnetz in Bewegung setzt, für Antrieb und Abbruch der Kommunikationsreisen sorgt. Für das Operieren des Leitungssystems genügt völlig, dass es seine lokalen Regeln beherrscht und anwendet. Es benötigt keinen Überblick über das Ganze, weil sich aus den lokalen Regeln die Emergenz des Ganzen hinreichend ausbildet und auf die Praxis der lokalen Regeln zurückwirkt. »Organized behavior emerges from localized rules; structure need not be coordinated to exist.«[76]

Nicht zufällig erinnert diese Beschreibung an die Erklärung des Marktsystems durch Adam Smith, der die Emergenz des Marktes auf die lokal rationalen Wahlhandlungen der Marktteilnehmer zurückführt, die in ihrem Zusammenspiel hinter dem Rücken der Personen ein eigenes System etablieren, ohne dass die Marktteilnehmer den Überblick über das System des Marktes für ihr Handeln bräuchten oder verstehen müssten, wie das Marktsystem funktioniert.

Genausowenig versteht ein Zeichen sein Zeichensystem oder ein Symbol sein Symbolsystem. Es operiert nach seinen lokalen Regeln und das genügt. Erst die Partizipation eines Bewusstseins bringt das Zeichensystem in eine Resonanz, deren Schwingungen die Gestalt des Systems der Beobachtung zugänglich machen. Die Sprache nutzt ihr eigenes Sonarsystem, um mit diesem Beobachtungsinstrument aus den erzeugten Resonanzen und Korrelationen Rückschlüsse auf die innere Form der Kommunikation zu ziehen.[77] In ihren eigenen Rekursionen nimmt die Sprache diese Schwingungen auf und vollzieht in der katalytischen Kopplung mit Kommunikation eine doppelte Leistung: Sie entwirft Reflexionsfähigkeit als eingebettete Kompetenz in das Kommunikationssystem hinein und leitet aus der Kopplung der Eigenschwingungen Vermutungen, Unterstellungen und Erwartungen ab, die sich in der Praxis der Kommunikation bewähren können oder auch nicht, aber dann, wenn sie sich bewähren, zu Mustern konfirmieren, die Bestandteile der inneren Form möglicher Kommunikation werden. Der geheimnisvolle Zwischenbeobachter, der die innere Form der Kommunikation als unbeobachtbar voraussetzt, um sie beobachten zu können, entpuppt sich nun als *Praxis gelingender Kommunikation*. Diese Praxis ist Beobachter im strengen Sinne, indem sie gelingende und nicht-gelingende Kommunikation unterscheidet und gelingende Formen in das Register

76 Marion 1999: 31.
77 Dieses Verhältnis von Eigenschwingung und Fremdschwingung ist ein alter Topos der Medientheorie, der bei Fritz Heider beginnt und über McLuhan zu Luhmann läuft: Baecker 2004: 261 ff.

möglicher Kommunikationsmuster aufnimmt und durch erleichterte Wiederholung als Routinen oder Muster konfirmiert. In dieser Praxis der Kommunikation, und nur in dieser Praxis, ordnen sich die chaotischen und agonalen Kollisionen von Bewusstsein und Kommunikation zu einer »beautiful collision« (Bic Runga), zu wohlgeformten Sternen, auf denen das Verstehen wohnt.[78]

Damit ist festzuhalten, dass ein über Sprache hinaus generalisiertes Symbolsystem der Kommunikation keine eigene Reflexionsfähigkeit aufweist, sondern in einem katalytischen Mechanismus an der Reflexionskompetenz der Sprache partizipiert, indem die Sprache wie ein Resonanzauslöser oder ein *strange attractor* für die Reflexion des Kommunikationssystems wirkt. So wie die symbiotischen Mechanismen[79] die Symbolsysteme an die Ebene des Organischen binden, so binden die katalytischen Mechanismen die Symbolsysteme an die Ebene der Sprache als primäres Symbolsystem. Über diese Partizipation realisiert ein operierendes Kommunikationssystem Reflexionsfähigkeit, insofern Reflexion »eine Form der Partizipation«[80] ist, aber diese Kompetenz endet mit dem Ende des Operationszyklus, dem Ende der Kommunikationssequenz. Sie muss in jeder neuen Sequenz wieder zum Leben erweckt werden.

78 Direkt auf das Verhältnis von Denken und Sprache bezogen formuliert Saussure: »Das seiner Natur nach chaotische Denken wird gezwungen sich zu präzisieren, weil es zerlegt wird, es wird von der Sprache in Einheiten transformiert [est répartie par la langage en des unités]. Aber man darf nicht in die banale Idee verfallen, dass die Sprache ein Hohlform [moule] ist: das würde bedeuten, sie für etwas Festes, Rigides zu halten, während die phonische Materie tatsächlich in sich genauso chaotisch ist wie das Denken.« Saussure 2003 b: 39, Fn. 95. Alain Pottage (1998: 5) weist hier auf einen aufschlussreichen Bezug zu Foucault hin. Foucault verwendet die Begriffe von Emergenz und Kontingenz beinahe in einem Luhmannschen Verständnis, um sich von der Vorstellung einfacher Kausalitäten zu lösen. In diesem Zusammenhang spricht er von ›Kollisionen‹ von Einheiten, aus denen sich soziale Netz bilden: »bodies, in colliding with each other, in mingling, or suffering, cause at their surface events which have no depth, which form no mixture, and have no passion, and which therefore can no longer be causes (Foucault 1970: 891)«. Auch Slavoj Zizek liest Foucault in diesem Sinn: Der Foucault der *Archäologie des Wissens* ist »denkbar weit entfernt von jeglicher Form des Historizismus, davon, Ereignisse in ihren historischen Kontext zu stellen. Im Gegenteil, Foucault *abstrahiert* die Ereignisse von ihrer Realität und ihrer historischen Kausalität und untersucht die *immanenten* Regeln ihrer Emergenz.« (Zizek 2005: 22).

79 Luhmann 1981 a: 228 ff.; 1984 a: 337 ff.

80 Luhmann 1975 b: 73.

Die Kommunikation hat also nicht aufgehört, stumm zu sein. Der Mensch spricht und die Kommunikation kommuniziert. Es gibt keine Verbrüderung, sondern nur Resonanzen. Es gibt kein Verstehen, sondern nur ein Verstehen des Nichtverstehens. Für sich selbst ist die Kommunikation keine Kommunikation, genausowenig, wie die Heiden für sich selbst Heiden sind. Es gibt aber eine Praxis der Kommunikation, die den Sprechenden Ableitungen erlaubt, die mit dem Sprechen zugleich auch die Kommunikation erhalten. Die Kommunikation ist »nichts anderes ... als eine Verkettung von Symbolen zum Zwecke der Verständigung oder vielmehr die Vergegenwärtigung einer totalen Realität mit Hilfe von Fragmenten, Konventionen, Abkürzungen oder Pertinenzien«.[81] In dieser *Verständigung* als Zwischenreich oder Zwischenbeobachter zwischen Verstand und Vernunft, zwischen Reden und Kommunizieren, zwischen misslingender und gelingender Kommunkation scheint das auf, was Verstehen zu Verstehen als Moment der Kommunikation und damit zum Moment der Genese des genuin Sozialen macht.

(7) Für sich selbst ist die Kommunikation keine Kommunikation und ein Kommunikationssystem kein Kommunikationssystem. Vielmehr sind es Zeichensysteme, die in ihrer durch Bewusstsein aktualisierten Operationsweise eine Genese und eine Geschichte aufweisen, in der sich eine hochentwickelte organisierte Komplexität der Zeichensysteme in der Gestalt von Strukturen, Prozessen und Regeln aufbaut, die den Kommunikationssystemen eine bestimmte innere Form gibt. Einige Ausprägungen dieser Form sind gar nicht so geheimnisvoll. Denn sie sind als manifeste Strukturen, etablierte Prozesse und explizite Regeln gut sichtbar und leicht zu thematisieren. Vor allem für Sozialsysteme des Typus Organisation oder Funktionssystem (und in einem traditionellen Sinne auch: Gesellschaft) gibt es Myriaden von Beobachtungen und Analysen aller denkbaren Strukturen, Prozesse und Regelsysteme, eben weil diese gut beobachtbar und als Manifestationen des Sozialen leicht erkennbar sind.

Im Lichte der bisherigen Argumentation ist dies ausreichend, wenn es darum gehen soll, Beschreibungen des evolutionär Gewordenen zu geben. Schon weit anspruchsvoller ist es, Bedingungen der Möglichkeit des Gewordenen zu spezifizieren und generative Mechanismen für die Entwicklung historisch kontingenter Gestalten sozialer Systeme plausibel zu machen. In der Perspektive einer soziologischen Theorie symbolischer Systeme ist allerdings ein Drittes zu leisten. Hier geht es darum, kommunikativ konstituierte Systeme in ihrer *Intentionalität* ernst zu nehmen, die als Wille zum Sprechen in die Sprache und mithin in die Aktivierung jeder Kommunikation eingelassen ist.[82] Erst in der Inten-

81 Morin 1958: 206.
82 »Man *muss* nichts sagen, alles, was man sagt, hat seinen Grund«. »Das

tionalität kommt ein Eigensinn von Kommunikation zum Tragen, der sich von der Trägheit naturwüchsiger Evolution löst und eigenen personalen und sozialen Sinn herstellt. »Denn das Bewusstsein steht alsdann nicht mehr im Zeichen der bloßen Reproduktion, sondern im Zeichen der Antizipation: Es verharrt nicht im Gegebenen und Gegenwärtigen, sondern greift auf die Vorstellung eines Künftigen über. Demgemäß begleitet jetzt der Laut nicht nur einen vorhandenen inneren Gefühls- und Erregungszustand, sondern er wirkt selbst als ein Motiv, das in das Geschehen eingreift.«[83]

Der Explosivstoff Intentionalität kommt mit der in die Sprache eingebauten Fähigkeit des Bewusstseins zu Imagination und Futurität in die Welt. Er affiziert in der symbolischen Kopplung von Sprache, Bewusstsein und Kommunikation auch die Operationsform sozialer Systeme und verleiht ihnen das Potential zur Selbststeuerung.[84] Aus diesem Grund ist die Symboltheorie ein tragender Pfeiler einer allgemeinen Steuerungstheorie.

Über Jahrtausende hat das Potential zur Selbststeuerung soziale Systeme offenbar eher erschreckt als dazu ermuntert, es zu nutzen und zu aktualisieren. So sorgfältig und umfassend wurde es von Mythos und Magie, Religion und Tradition, Tabu und Ritual und vielen weiteren Formen der Selbstbindung von Kontingenz auf harte Notwendigkeit eingedampft, dass bis heute soziale Systeme diese Modi der Kontingenzvernichtung nutzen, um sich in bloßer Evolution einzurichten und sich vor den Zumutungen der Selbststeuerung zu schützen.

So nutzen viele Sozialsysteme diese Formen, insbesondere Traditionen, Mythen und Rituale bis heute. »Man kann Rituale begreifen unter dem Gesichtspunkt des Coupierens aller Ansätze für reflexive Kommunikation. Die Kommunikation wird als fixierter Ablauf versteift, und ihre Rigidität selbst tritt an die Stelle der Frage, warum dies so ist … . Ohne die Strenge des Rituals kann ein ähnlicher Effekt des Coupierens dadurch erzielt werden, dass man der Kommunikation eine feierliche Form gibt, die sich selbst betont. In der griechischen Geschichte scheint

Sprechen [parole] ist im Gegensatz dazu [zur Sprache (langue)] ein individueller Akt des Willens und der Intelligenz«. Saussure 2003 a: 264 und 164.

83 Cassirer 2001: 258. Obwohl John Searle gerade Intentionalität zu einem der Eckpfeiler seiner Konzeption des Verhältnisses von Geist, Sprache und ›Gesellschaft‹ macht, entgeht ihm der entscheidende Bezug von Intentionalität und Futurität, weil er Intentionen nicht deutlich genug von Bedürfnissen und Gefühlen trennt, vgl. Searle 2004: 115 ff. Hier dürften die Weichenstellungen Husserls nachwirken, der die Intentionalität des Bewusstseins zum Grundthema der Phänomenologie erhebt.

84 Prototypisch zusammengefasst ist dies im Motto der London Business School: *transforming futures*.

die Rhythmisierung von traditionstragenden Kommunikationen eine solche Funktion erfüllt zu haben ... und eine gleichwertige Funktion mag anfangs die schriftliche Fixierung erfüllt haben.«[85]

Tatsächlich gilt diese Voreingenommenheit für Selbstbeschränkung und Selbstbindung gerade auch für die Symbolsysteme der Kommunikationsmedien, die sich bereits in archaischen Gesellschaften als Spezialsprachen entwickeln. Glaube, Macht, Geld und Wissen etablieren sich primär als Stabilisatoren einer Gesellschaft, die ihren eigenen Kontingenzen nicht traut – und ihnen vernünftigerweise auch so lange nicht trauen kann, wie die Mechanismen für den Umgang mit hohen Graden an Komplexität, Varietät und Ungewissheit nicht ausgebildet sind. Das Verhältnis von Varietät und Redundanz bleibt einseitig der Seite der Redundanz zugeneigt. Im Kern gilt natürlich all dies bis heute und prägt die modernen Gesellschaften wie die archaischen, weil wir ganz am Anfang des Abenteuers stehen, mit Ungewissheit und Nichtwissen adäquat umzugehen und entsprechend adäquate Mythen der Moderne zu schaffen.[86]

Dennoch gilt, dass Sozialsysteme wie Symbolsysteme fähig sind, zu lernen und eigenes Wissen aufzubauen. Darauf verweist Luhmann, wenn er formuliert, dass Systeme Erfahrungen sammeln und ein operatives Gedächtnis aufbauen können (Punkt 7). Diese Postulate sind allerdings höchst voraussetzungsreich und umstritten. Sie berühren Urängste der Menschen vor dem Verlust ihrer singulären Stellung als kognitive Systeme. Auch den meisten Sozialwissenschaften erscheinen sie nach wie vor als Luftnummern und reine Reifikationen – auch wenn die beteiligten Wissenschaftler unterschlagen, dass sie damit die Eigenständigkeit sozialer Systeme als Realität sui generis ablehnen. Wie gezeigt, gilt dies schon für Max Weber. Dies macht es erforderlich, die systemische Lernfähigkeit und die Möglichkeit eines kollektiven Wissens sozialer Systeme eingehender zu begründen.

In seiner expliziten Ablehnung transpersonaler Systeme als »handelnde Kollektivpersönlichkeit[en]« bezieht sich Max Weber erstaunlicherweise mit den Beispielen »Staat« oder »Nation« (neben Aktiengesellschaft, Stiftung, Genossenschaft, Familie oder Armeekorps)[87] genau auf jene Formen sozialer Systeme, an denen sich empirisch am leichtesten eine eigene Lernfähigkeit und ein Korpus kollektiven Wissens beobachten lassen. Die Verfassungsgeschichte der Neuzeit zeigt eindrucksvoll, wie die politischen Systeme der Moderne als Funktionssysteme von (nationalstaatlich organisierten) Gesellschaften in einem strengen Sinne lernfähig sind. Sie lernen dadurch, dass sie geschichtliche Erfah-

---

85 Luhmann 1984a: 613 f.
86 Willke 2003b.
87 Weber 1972: 6.

rungen im Umgang mit gesellschaftlichen Konstellationen und Krisen aufgreifen und in kollektiven Entscheidungsprozessen zu systemischen Regeln verarbeiten, die als Verfassungen und große Gesetzeswerke nicht einzelnen Personen zuzuschreiben sind, sondern genau der Kollektiv-persönlichkeit »des« Gesetzgebers, die Weber als Akteur ablehnt. Das politische System der Demokratie weist in der historisch kurzen Zeit von zwei Jahrhunderten einen eindrucksvollen Lernprozess auf, der nicht auf das Lernen einzelner Personen zu reduzieren ist, sondern in seiner Singularität erst dann verständlich wird, wenn er als Lernen eines sozialen Systems, hier der Politik, *als System* verstanden wird.

Um der Wissensbasis eines sozialen Systems auf die Spur zu kommen, kann man nach dem *abrufbaren Wissen des Systems* fragen. Wo und in welcher Form wird dieses Wissen gespeichert? Wie, von wem und in welchen Situationen wird es abgerufen? Wie erwirbt, speichert, verwaltet und verändert das Kommunikationssystem dieses Wissen? In Frage stehen also der Aufbau, die Verwendung und die Wirkungen des systemischen oder kollektiven Wissens in den Formen eines »collective mind«.[88] Von vornherein sollte klar sein, dass die Wissensbasis eines Kommunikationssystems von den Personen zwar getrennt ist, aber nicht unabhängig von ihnen in Gang kommt. (Ganz analog sind die Strukturen, Regeln und Semantiken der Kommunikation zwar getrennt von Personen, aber Kommunikation findet nicht unabhängig von Personen und ohne ihr Zutun statt). Eine wichtige Frage ist deshalb das Zusammenspiel von individuellem und organisationalem Wissen und der Zusammenhang der entsprechenden Lernprozesse.

Das System der Politik lernt tatsächlich nicht in und über seine Personen (diese Komponente mag dazu kommen oder fehlen), sondern präzise in seinen systemischen Komponenten, also in seinen Strukturen, Prozessen und Regelsystemen.[89] Erst wenn ein System in diesen Komponenten intelligent wird und Lernerfahrungen nutzt, verändert es sich als System, unabhängig von seinen Mitgliedern, als Antwort auf neue Herausforderungen, die es in seiner Funktion und Leistung als System betreffen. Es entstehen sogar eigene systemische Kosten bestimmter Ausprägungen der Systemidentität, die völlig von Merkmalen der Personen abgelöst sind, etwa die politischen Kosten des Rechtsstaats.[90] Das Erstaunliche ist dann gerade, dass ein politisches System in seinen Strukturen, Pro-

88 Weick und Roberts 1993.
89 Buchanan 2004: 13: »Die Vertreter der Wissenschaft in ihrer Eigenschaft als Analysten der Politik sollten mehr Zeit darauf verwenden, die Funktionsweise unterschiedlicher Regeln zu untersuchen – statt zu versuchen, das Verhalten derer zu verändern, die politische Verantwortung tragen. Die Spielregeln zu ändern ist wahrscheinlich auch viel leichter, als den Charakter der Spieler zu beeinflussen.«
90 Scharpf 1970.

zessen und Regeln beispielsweise die Herrschaftsform Demokratie postuliert und faktisch realisiert, obwohl viele (und in Extremfällen sogar eine Mehrheit von) Personen als Mitglieder der Gesellschaft Demokratie als Herrschaftsform weder verstehen noch vertreten. Die großen Kirchen sind ebenso eindruckvolle Beispiele. Viele von ihnen bewahren seit Hunderten von Jahren, einige seit Tausenden von Jahren, eine spezifische Identität, die allen Wechsel der Personen überdauert. Ihr institutionelles Wissen ist in »heiligen« Büchern und interpretierenden Texten aufgeschrieben und stellt die Urform eines Expertensystems dar, welches nahezu unverändert von einer Generation auf die nächste überliefert wird und die in diesem System möglichen Kommunikationen steuert.

Einer von vielen umgekehrt gelagerten Fällen ist das kontinentaleuropäische und insbesondere das deutsche Universitätssystem. Obwohl dort vermutlich eine Menge intelligenter, lernfähiger und mit hoher Expertise versehener Personen agieren, ist das System selbst dumm. Es hat in seinen Strukturen, Prozessen und Regeln seit den Humboldtschen Reformen vor zweihundert Jahren wenig dazugelernt und seinen hohen Grad an Autonomie dazu genutzt, sich von Veränderungen in seiner gesellschaftlichen Umwelt wenig beeindrucken zu lassen. Gegenwärtig wird es daher weitgehend gegen seinen kollektiven Willen durch politische Intervention, ökonomische Restriktionen und kulturelle Irrelevanz zu Veränderungen gezwungen und es bleibt fraglich, ob dies zu einem brauchbaren Lernprozess des Systems führt.[91]

Trotz der vielfältigen Evidenz ist die Idee der Wissensbasierung von sozialen Systemen umstritten. Viele empfinden es als anstößig, jenseits des Menschen auch sozialen Einheiten zu konzedieren, sie könnten Wissen erwerben und eine eigene wissensbasierte Identität ausbilden. Der habituelle Hochmut des Menschen, der sich für die Krone der Schöpfung hält, macht vor den Toren der Wissenschaft nicht halt. Gewöhnlich fällt das Argument, dass nur Menschen, nicht aber Organisationen denken könnten. Mag sein. Für unser Problem ist das unerheblich. Denn schon Beobachten und Handeln genügt. Jedes Handeln in einer kognitiv anspruchsvollen Situation, also das, was wir intelligentes Handeln nennen, erfordert eine Wissensbasis. Sobald man sieht, dass soziale Systeme wie insbesondere Organisationen handeln können, und zwar als eigenständige kollektive oder korporative Akteure,[92] steht außer Frage, dass sie auch eine eigenständige, kollektive oder korporative Wissensbasis für dieses Handeln brauchen.

Interessant wird systemisches Wissen dadurch, dass es – wie jedes symbolische System – schon bei geringer Eigenkomplexität ein Eigen-

91 Willke 1997b.
92 Flam 1990; Nonaka und Takeuchi 1995; Kim 1993.

leben beginnt, indem es in reflexiven Schleifen zum Gegenstand des Wissens des Systems und anderer Formen der Operationen des Systems wird. Ein Sozialsystem weiß also, dass es etwas weiß, und es kann auf dieses Wissen reagieren und damit arbeiten. So formuliert Weick, dass eine Organisation ein Bild von sich selbst entwickelt und darüber mit sich selbst in Kontakt tritt.[93]

Wie soll das gehen? Der Kern der Idee kollektiven Wissens ist die Beobachtung, dass der Gehalt dieses Wissens nicht von den einzelnen Wissenspartikeln geprägt ist, welche in den Köpfen von Personen oder sonstwie dokumentiert vorhanden sind, *sondern von den Relationen und Verknüpfungsmustern zwischen diesen Wissenselementen,* die sich als Merkmale der kommunikativen Muster niederschlagen, die das jeweils beteiligte Symbolsystem ausbildet. Die Verknüpfungen selbst konstituieren das eigenständige kollektive oder systemische Wissen eines Sozialsystems. Denn in die Art der Verknüpfungen, der Bahnung, Prägung, Konfirmierung und Institutionalisierung bestimmter Muster, gehen die Lernerfahrungen des Systems ein und prägen sich als Strukturen, Prozesse und Regeln des Systems aus. Strukturen, Prozesse und Regeln sind Formen der Generalisierung von Erwartungen in der sachlichen, der zeitlichen und in der sozialen Dimension. Mit der *Generalisierung* lösen sich die organisationalen Systemmerkmale von den Motiven und Einzelhandlungen der Personen. Diese Fundierung systemischen Wissens bedeutet auch, dass die Grundelemente der Relationsmuster nicht Personen sind, sondern Kommunikationen, die sich von konkreten Personen lösen und in abstrakte Muster und Formen einbinden lassen.

In diesen als gebahnte Relationen ausgeprägten Mustern kondensiert das eigene, spezifische Wissen eines Sozialsystems – prägnant vor allem in Strukturen, Prozessen und Regelsystemen. Dies ist die eine Seite. Die andere Seite ist natürlich nach wie vor die Seite der Personen, die ihr eigenes personales Wissen erwerben und darüber verfügen. Als Mitglieder eines bestimmten Sozialsystems schweben sie allerdings auch in ihrem personalen Wissen und in ihrem Umgang damit nicht mehr frei im Raum, sondern ihre Praxis und die Möglichkeiten der Erfahrung sind eng bezogen auf den geronnenen Wissensbestand ihres Sozialsystems. Die systemischen Muster wirken zurück auf Personen als Kontext möglicher Erfahrung und möglichen Lernens. In diesem Sinne muss man konstatieren, dass die Sozialsysteme sich ihre Mitglieder auch hinsichtlich des relevanten Wissens und hinsichtlich der Bedingungen möglicher Praxis zurechtstutzen und als System eine Auswahl treffen, die dann als Rekrutierung verharmlost wird.

Dennoch gilt für alle Lernsituationen innerhalb sozialer Systeme, dass sie *zweispurig* verlaufen. Sie setzen Lernprozesse und Prozesse der

---

93 Weick 1995a: 195.

Wissensgenerierung sowohl auf der Seite der Mitglieder wie auch auf der Seite des Systems in Gang. Beide Seiten sind symbolisch gekoppelt, vor allem über die Strukturen, Prozesse und Regeln des Sozialsystems. Kopplung impliziert gerade nicht lineare Abhängigkeit. Das Lernen des Personals geht also nicht unmittelbar in das System ein und umgekehrt. Vielmehr konditionalisieren die Lerneffekte des Systems die Lernprozesse der Mitglieder und umgekehrt. Dies lässt Spielraum für weite Grade von Selbstverstärkung, Widerspruch und Indifferenz im Verhältnis beider Seiten zueinander. Empirisch zeigt sich, dass es insbesondere die Lernkultur einer Organisation ist, ihr (in Regeln kondensierter) Umgang mit Fehlern, Risiken und Abweichung, die das Zusammenspiel zwischen dem Lernen/Wissen der Personen und dem Lernen/Wissen der Sozialsysteme bestimmen.

Der Übergang von personalem Wissen zu systemischem Wissen geschieht demnach in zwei Stufen der Abstraktion und Symbolisierung: Zum einen residiert die Intelligenz des Systems in der Intelligenz der Muster der Relationierung von Elementen, wobei diese Elemente selbst durchaus einfach sein können. Aus der lokalen, regelgeleiteten Interaktion der Elemente lassen sich über entsprechend elaborierte Verknüpfungsmuster höchst unwahrscheinliche und komplexe globale Formen der Interaktion und Verkettung erzeugen, welche die Intelligenz sowohl der Elemente wie auch der lokalen Muster weit übersteigen.[94] Zum anderen befreien sich diese Muster von der Trägheit konkreter Menschen, indem Kommunikationen und zurechenbare Handlungen als Elemente dienen, die sich über Regelsysteme gewissermaßen schwerelos und flexibel in Beziehungen bringen lassen. Weick/Roberts fassen die hier einschlägigen Arbeiten von Sandelands, Stablein und Hutchins zusammen: »The important lessons ... are that connections between behaviors, rather than people, may be the crucial ›locus‹ for mind and that intelligence is to be found in patterns of behavior rather than in individual knowledge ... . The lessons we use from Hutchins' work include the importance of redundant representation, the emergence of global structure from local interactions, and behavioral dependencies as the substrate of distributed processing.«[95]

Auch für diese Beschreibungen ist die Präzisierung des Verhältnisses von Bewusstsein und Kommunikation als symbolische Kopplung notwendig, die oben entwickelt worden ist. Denn auch für systemische oder kollektive Erfahrungen, Lernprozesse und Wissensformen gilt, dass sie als Verweisungsmuster und Relationierungen zwar in die Zeichensysteme der Kommunikationsmedien eingebrannt sind, aber so lange stumm bleiben, bis sie von einem Willen zum Sprechen zum Leben und zur

94 Minsky 1988.
95 Weick und Roberts 1993: 359 f.

Operation gebracht werden. Wenn ein Kommunikationssystem in dieser Weise operativ wird, dann wirken sich die durch Routine und Prägung, Wiederholung und Gedächtnis, Lernen und Konditionalisierung, Kondensierung und Konfirmierung geformten Topologien der Zeichensysteme faktisch aus wie ein Leitungsnetz auf den darauf möglichen Datenverkehr: Der für die Sprache mögliche Kommunikationsverkehr muss den durch kollektive Erfahrung geformten Mustern folgen.

Wie aber soll man sich konkret vorstellen, dass ein Symbolsystem wie etwa eine Organisation aktiv mit ihrer Wissensbasis umgeht, sie fortentwickelt und dabei möglicherweise sogar zu neuem Wissen kommt? Schließlich hat eine Organisation kein Gehirn, das auf eine neue Idee kommt. Nahezu alle Autoren im Bereich organisationalen Lernens verlieren an diesem kritischen Punkt Mut und Phantasie. Bevor sie sich dem Vorwurf aussetzen, Organisationen zu vermenschlichen und ihnen ein Gehirn anzudichten, greifen sie doch lieber auf eine Form des Zusammenspiels von Mensch und Organisation zurück, in welchem der Mensch es ist, der die neuen Einsichten hat und sie an die Organisation weitergibt. Eine erfreuliche Ausnahme bilden auch hier Weick und Roberts, die nicht nur plausibel die Eigenständigkeit eines »collective mind« in Organisationen begründen, sondern auch die Beziehungen zwischen individueller und organisationaler Wissensbasierung in einer besonders prägnanten Formulierungen herausstellen: »We were able to talk about group mind without reification, because we grounded our ideas in individual actions and then treated those actions as the means by which a distinct higher-order pattern of interrelated activities emerged. This pattern shaped the actions that produced it, persisted despite changes in personnel, and changed despite unchanging personnel ... . But neither did we reify individual entities, because we argued that they emerge through selective importation, interpretation, and re-enactment of the social order that they constitute.«[96] Die Ordnungsformen des »collective mind« wirken als institutionalisierte Regelstruktur, welche das Sprechen und Handeln der Mitglieder mit einem hohen Grad an Erwartbarkeit und Resilienz anleitet.

Ein gewisses Problem liegt noch darin, dass Organisationen keine Augen und keine Ohren und auch sonst keine brauchbaren Sensorien haben. Organisationen haben für die Lösung dieses Problems eine geradezu geniale Lösung gefunden, die allerdings nicht gerne thematisiert wird, weil sie dem Menschen wenig schmeichelt. Organisationen instrumentalisieren nämlich für ihre spezifischen Zwecke ein »fremdes« System, das zum einen die Fähigkeit zur Beobachtung und zur Inferenz mitbringt und zum anderen in einer bemerkenswerten Plastizität diese Fähigkeiten weitgehend von den eigenen Absichten und Motiven zu

96 Weick und Roberts 1993: 374.

entkoppeln und einer Fremdsteuerung zu unterwerfen bereit ist, wenn die Bedingungen stimmen: der Mensch. Organisationen richten sich also Menschen als Mitglieder so zu, wie sie sie für die eigenen Zwecke brauchen. Es beginnt mit der Trennung von Amt und Person, von Zweck und Motiv und endet mit der Trennung von personaler Sprache und Organisationssprache, von persönlichen Präferenzen und Kriterien und organisationalen Präferenzen und Kriterien und manifestiert sich gegenwärtig in einer von den Systemen forcierten Trennung von ›work‹ und ›life‹ in einer den Personen entglittenen »work-life-balance«. Wie Muskelzellen ihre Mitochondrien, so bauen Organisationen ein autonomes fremdes System in symbiotischer Verknüpfung in ihre eigene autonome Operationsweise ein, um die spezifischen Fähigkeiten der »Gäste« für die eigenen Zwecke zu nutzen.

Schon Chris Argyris und Donald Schön, die Erfinder und Vertreter der Idee organisationalen Lernens (und: Verlernens), bezeichnen die Mitglieder als »Agenten« des Lernens der Organisation.[97] Sie nehmen an, dass ein Sozialsystem durch seine Mitglieder handelt, Differenzen wahrnimmt und mithin lernt. Nicht Systemtheoretiker, sondern Argyris/ Schön haben darüber hinaus aber die Eigenständigkeit des systemischen Wissens klar formuliert und im Rückblick die entsprechenden Verständnisschwierigkeiten aufgespießt: »To the distinguished social scientists who were repelled by the idea when we first broached it in the early 1970s, ›organizational learning‹ seemed to smell of some quasi-mystical, Hegelian personification of the collectivity. Surely, they felt, it is *individuals* who may be said to learn, just as to think, reason, or hold opinions. To them, it seemed paradoxical, if not perverse, to attribute learning to *organizations*«.[98] Wenn soziale Systeme lernen können, dann können sie auch Wissen generieren, speichern und in systemisch organisierten Prozessen anwenden.

Systemtheoretische Überlegungen können hieran anschließen. Allerdings betonen sie sehr viel deutlicher die Selbstreferentialität und operative Geschlossenheit, die komplexe Sozialsysteme nach kurzer Anlaufzeit erreichen. Dies impliziert, dass die Kopplung zwischen Organisation und ihren Mitgliedern loser ist, als Argyris und Schön annehmen,[99] und dass das Verhältnis von Bewusstsein und Kommunikation als strukturelle Kopplung auf der Basis des fundierenden Symbolsystems der Sprache zu verstehen ist, also ganz in diesem Sinne als symbolische Kopplung. Entsprechend beginnt Niklas Luhmann seine Wissenstheorie auf der ersten Seite mit der Zumutung, die Zurechnung von Wissen auf das individuelle Bewusstsein zu lösen.[100]

97 Argyris und Schön 1978.
98 Argyris und Schön 1996: 4.
99 Ausführlich dazu Willke 1998b.
100 Luhmann 1990: 11.

Trotz seiner traditionellen Fixierung auf Personen und ihre Handlungen ist soziologischem Denken die Idee einer emergenten kollkektiven oder systemischen Qualität kommunikativer Kontexte nicht ganz fremd. Unter den Stichworten Autonomie, Eigendynamik oder Eigenlogik tauchen immer wieder Beschreibungen auf, die eine Realität jenseits individueller Handlungen ahnen lassen. Allerdings gilt der traditionellen Soziologie nach wie vor die Systematisierung dieser Idee in einem Modell der Autopoiese zumindest als Reifikation. Dies belegt, wie schwer sie sich nach wie vor damit tut, die Matrix des Sozialen als Prozessformen der Kommunikation zu verstehen, die in ihren Mustern und konfirmierten Verweisungsstrukturen die Topologien schaffen, die dann, wenn Bewusstseinsoperationen daran ankoppeln, die Produktion von genuin sozialem Sinn ermöglichen. Dieser soziale Sinn ist in den Kategorien eines personalen Sinnes streng genommen nicht verstehbar, aber er lässt sich zumindest an Ereignissen oder Ergebnissen beobachten, dann beschreiben und dann einem sekundären, derivativen Verständnis zuleiten.

Beispielsweise kann man sehen, dass der eigenlogische soziale Sinn des geldgesteuerten Marktes unbeobachtbar und unbegriffen bleibt und deshalb in Kategorien wie ›unsichtbare Hand‹ oder ›nicht-intendierte Effekte intentionalen Handelns‹ angemessen beschrieben ist. Die Ergebnisse des Wirkens des sozialen Sinns lassen sich von Individuen als mentalen Systemen direkt beobachten, etwa als optimale Ressourcenallokation, als Wohlfahrtsschöpfung oder als strukturelle Arbeitslosigkeit, und so in die Kriterien personalen Sinnes importieren. Ob die daraus folgenden Derivate des Verstehens wirkliches Verstehen bedeuten, kann weiterhin offen bleiben.

Die Zyklen und Rekursionen des Denkens koppeln sich in die elaborierten Topologien der Zeichensysteme ein wie sorgfältig zusammengestellte Datenströme auf mehrstufigen, verteilten und verzweigten Datennetzen. Das Bewusstsein registriert seine Erfahrungen mit mehr oder weniger erfolgreich verteilten und wieder zusammengesetzten Datenkomplexen und auch die Zeichensysteme registrieren ihre Erfahrungen dadurch, dass Verbindungsmöglichkeiten verstärkt, vernachlässigt, abgebaut, renoviert, umgeleitet etc. werden, insgesamt also sich die Topologien im operativen Vollzug fortlaufend verändern.[101] So stehen sich die Topoi des Denkens und die Topologien der Symbolsysteme als

101 Den analogen Vorgang auf neuronaler Ebene beschreibt Terrence Deacon so: »What I am suggesting here is that the shift from associative predictions to symbolic predictions is initially a change in mnemonic strategy, a recoding. It is a way of offloading redundant details from working memory, by recognizing *a higher-order regularity in the mess of associations,* a trick that can accomplish the same task without having to hold all the details in mind. ... What one knows in one way gets recoded in another way. It gets *re-presented.*« Deacon 1997: 89.

eigenständige Welten gegenüber und verknüpfen sich gleichzeitig zu den emergenten Konstellationen der Kommunikationssysteme, indem die Sequenzen möglicher Bewusstseinsoperationen (Denken, Sprechen, vielleicht auch Fühlen) von übergreifenden systemischen Zusammenhängen aneinander anschließbarer Zeichen geformt werden und aus den resultierenden Konstellationen Sinngebilde entstehen, die zwar beiden Seiten je für sich als personaler bzw. sozialer Sinn zugerechnet werden können, aber weder der einen noch der anderen Seite ausschließlich zurechenbar sind.

Befreit man die Idee der Autopoiese von ihrem naturwissenschaftlichen Ballast, so bleiben als Kern die Komponenten Selbstreferenz und operative Geschlossenheit. Beides sind keine neuen Konzeptionen. Selbstreferenz war ein Thema in der Kommunikationstheorie seit der Entwicklung von Vorstellungen über Metakommunikation und über reflexive Mechanismen der Stabilisierung von Kommunikationsregeln. In dem Maße, in dem die soziologische Systemtheorie Kommunikationen zum Kern der Konstituierung sozialer Systeme macht, wird deutlich, dass Systeme sich durch Bezug auf sich selbst konstituieren und stabilisieren. Sie entwinden sich dadurch dem kontrollierenden Zugriff des Bewusstseins. Kommunikation ist durch Denken zwar aktivierbar, aber nicht mehr beherrschbar. Auch als Zeichensystem wird das System selbst wie die Kontinuierung seiner operativ geschlossenen Funktionsweise zum Maßstab für die Geeignetheit seiner Operationen.

Mit dieser rekursiven Relationierung seiner internen Anschlussmöglichkeiten speichert das Zeichensystem der Kommunikation seine Erfahrungen mit geeigneten und ungeeigneten Verweisungen. So wie etwa ein Eiweißmolekül seine evolutionäre Erfahrung mit passenden und unpassenden, funktionierenden und fatalen Faltungen der Molekülformen in seinem molekularen Gedächtnis speichert oder wie ein Genom seine evolutionären Erfahrungen mit schlechter oder besser angepassten Verhaltensweisen der Organismen in seinem genetischen Gedächtnis speichert, also Erfahrungen (das, was ihm als Genotyp evolutionär *widerfährt*) in Strukturen, Muster und Topologien der Anordnung seiner Komponenten übersetzt – und dies ganz ohne über so etwas wie einen Willen oder ein Bewusstsein zu verfügen –, so speichern auch Symbolsysteme ihre historischen Erfahrungen in Strukturen, Mustern und Topologien der Anordnung ihrer Komponenten. Das heißt, das, was sich als Bewusstseinsgestalten, Sprachmuster und Kommunikationsformen gesellschaftsgeschichtlich konfirmiert und gegenüber kontingenten Formen in der Sprachpraxis durchsetzt, etabliert sich als innere Form symbolischer Systeme. Es ist diese innere Form, welche die Schleifen der Selbstreferenz, die Kriterien der Selbstbeobachtung und damit die operativen Mechanismen der Autonomie des Systems definiert.

Indem ein Symbolsystem sich in dieser Weise selbst strukturiert und

seine Eigenkomplexität organisiert, realisiert es ein operatives Gedächtnis als Basis für Erfahrung, Lernen und Wissen. Es konditioniert und
konditionalisiert Relationen zwischen den Elementen des Systems. All
dies bleibt idiosynkratische Eigenart eines Zeichensystems, auch wenn
es erst durch Personen und ihr Bewusstsein in Bewegung kommt und
seine Eigengesetzlichkeiten ausleben kann. Die Autonomie des Zeichensystems, so lässt sich mit einer Formulierung von Cassirer sagen, »ist
somit nichts anderes als der Ausdruck seiner vollständigen Geschlossenheit, als der Ausdruck der Tatsache, dass wir in und mit jedem Einzelnen die Form des Ganzen mitdenken und das Einzelne somit gleichsam
nur als einen besonderen Ausdruck, als einen ›Repräsentanten‹ dieser
Gesamtform ansehen.«[102]

102 Cassirer 2002: 39.

# 4. Formbildung und Selbststeuerung symbolischer Systeme

Was aber ist die Form des Ganzen, die Gesamtform? In dem nun anstehenden dritten Schritt der Entfaltung der Interferenz symbolischer Systeme rückt der Aspekt der *Differenz* von mentaler und kommunikativer Reflexion in den Blick. Diese Differenz spielte zwar auch bislang schon im Hintergrund mit, doch im Vordergrund stand das Zusammenspiel beider Seiten im Modus symbolischer Kopplung. Tatsächlich ist das Zusammenspiel von Bewusstsein und symbolischen Systemen der Kommunikation argumentativ primär, weil nur die besondere Form des rekursiven Ineinandergreifens beider Seiten verdeutlichen kann, dass es plausibel ist, den Symbolsystemen generalisierter Kommunikation eigene kognitive Kompetenz und eigene Reflexionsfähigkeit zuzugestehen, und dennoch darauf zu beharren, dass nur und ausschließlich das Bewusstsein eines mentalen Systems als fähig betrachtet wird, einen Willen zum Sprechen auszubilden und mit diesem Willen zum Betreiber des Gesamtzusammenhangs, zum aktivierenden Moment der Einheit von Sprechen und Kommunikation zu avancieren.

Nun also geht es um die Differenz von Bewusstsein und Kommunikation. Dabei sollen weiterhin Denken, Sprechen und Sprache als Emanationen des Bewusstseins den Spezialisten überlassen bleiben, also nur als notwendige andere Seite der Kommunikation und als fremdreferentielle Bezugspunkte soziologischer Analyse aufscheinen. Mit dem Fokus auf Kommunikation in der Differenz von Bewusstsein und Kommunikation betreten wir nun soziologischen Grund. Dennoch bleibt auch dieser Schritt der Analyse weit von der üblichen soziologischen Thematik entfernt. Bevor hochentwickelte Symbolsysteme wie Macht oder Geld als »normale« soziologische Themen ins Blickfeld rücken können, sind weitere Grundlagen zu rekonstruieren, gewissermaßen Grundlagen der Architektur symbolischer Formen und die Grundzüge einer allgemeinen Theorie der Strukturbildung symbolischer Systeme.

Dabei ist in Erinnerung zu rufen, dass kommunikative Ordnungsformen jenseits der Sprache wie Macht, Recht, Geld, Liebe, Moral, Wissen etc. je nach Perspektive und Problemstellung als Medien oder als Symbolsysteme betrachtet werden können. Auf der Grundlage der Vorarbeiten in der Theorie symbolisch generalisierter Kommunikationsmedien steht hier der Aspekt der *systemischen Ordnung* der Medien als Symbolsysteme im Vordergrund. Damit bekommt insbesondere die Frage der Einheit der Symbolsysteme ein besonderes Gewicht, während hinsichtlich der Medien die Frage der Einheit irrelevant und von der Frage nach der Semiose der Medien am Produktionsknotenpunkt der Leitdifferenz überlagert ist. In Fallstudien zu einzelnen Symbolsystemen wird zu zeigen sein, wie stark etwa das Problem der »Einheit des Rechts« oder der »Einheit der Moral« die Medientheorie überfordert und verlangt, dass auch die komplementäre Seite der Systembildung höher generalisierter kommunikativer Ordnungen ins Blickfeld rückt.

Die Formbildung symbolischer Systeme folgt den von vielen Disziplinen beobachteten Pfaden der Evolution biotischer, organischer und mentaler Systeme, die auch für den darauf aufbauenden Fall sinnhafter Systeme jedenfalls bis zu dem Punkt den Weg weisen, an dem mit der Intention der Steuerung eine ganz neue Qualität der Formbildung auf den Plan tritt. Die Evolutionstheorie konvergiert in einem bemerkenswert einfachen Modell, das mit drei Architekturprinzipien evolutionärer Formbildung auskommt: Variation, Selektion und Retention (Restabilisierung). Natürlich sind die Details dieser Prinzipien dann wieder kompliziert genug.

Aus der vergleichenden Analyse der Genese komplexer Systeme lassen sich als tragende Pfeiler einer allgemeinen Komplexitätstheorie Respezifikationen der drei evolutionären Formprinzipien ableiten, die zugleich zum Grundgerüst der soziologischen Systemtheorie gehören und die Anschlussstellen zwischen Evolutionstheorie, Komplexitätstheorie und Systemtheorie markieren: (1) Identität und Differenz als archetypische Form der Variation, (2) Komplexität und Selektivität als das Dual der Form der Selektion, sowie (3) Kontingenz und Negation als archetypische generative Form der Retention. Nur für den besonderen Fall sinnhaft konstituierter Systeme lässt sich (4) als viertes Formprinzip der Zusammenhang von Reflexion und Selbstreferenz ausmachen. Im folgenden sollen diese vier Formprinzipien komplexer Sinnsysteme genauer betrachtet und in ihrer Bedeutung für den Aufbau von Symbolsystemen generalisierter Kommunikation beleuchtet werden.

(1) Alle Vielfalt entspringt der Variation des Identischen. Alle Einheit folgt aus einem Zusammenspiel der Teile. Teil und Ganzes, System und Elemente, unitas muliplex, pars pro toto, das Ganze als das Übersummenhafte seiner Teile, die Reproduktion der Teile im Ganzen, Redundanz und Varietät etc. – es gibt unendlich viele Varianten, um ein Grundverhältnis auszudrücken, welches das Denken zur Frage der Form des Ganzen von Anfang an begleitet.

Eine markante Zäsur in der Geschichte der unauflösbaren Dialektik von Teil und Ganzem setzt George Spencer Brown im Kontext eines mathematisch-logischen Zeichensystems, das aber mit Gewinn auch als allgemeine Beschreibung der Formbildung komplexer Systeme gelesen werden kann. Seine entscheidende Intuition ist, mit der Differenz zu beginnen und damit die nicht beantwortbare Frage nach dem Ursprung des Ganzen abzuschneiden. Erst wenn eine Differenz im Sinne der Aufforderung »Draw a distinction«[1] gesetzt ist, beginnt auf der einen Seite der Unterscheidung die Einheit einer Welt, die als Einheit erscheinen kann, weil sie Folge einer Differenz ist, die auch die andere Seite der Einheit schafft und damit erlaubt, jede Einheit auf eine dahinter liegende Differenz zurückzuführen.

Erstaunlicherweise sieht Spencer Brown als Mathematiker, dass jedes Formensystem ein bleierner Haufen von Zeichen bleibt, solange es nicht von einem Willen zur Unterscheidung, von einem *motive*[2] zum Leben erweckt ist. Dieses Motiv soll hier mit dem Willen zum Sprechen gleichgesetzt werden, weil jedes Sprechen das Bezeichnen von Unterschieden ist – es wird dieses gesagt und nicht jenes – und seinerseits nur in Gang kommt, wenn es Gründe zum Sprechen gibt. Wenn Sprechen und Kommunikation anheben, dann folgen sie Formen der Struktur- und Systembildung, die einerseits noch keineswegs hinreichend beschrieben sind, die andererseits in sehr unterschiedlichen Typen von Systemen zur Geltung kommen. So spricht Spencer Brown bezeichnenderweise nicht nur von archetypischen Strukturen, die mathematische Formen ausbilden, sondern auch davon, dass »wir« solche Archetypen unmittelbar wahrnehmen können.[3]

Wenn die Differenz eine solche archetypische Struktur ist, dann bleibt allerdings für Sprencer Brown verborgen,[4] dass sie nur von einem Standpunkt aus in die Welt gesetzt werden kann, der vor der Differenz liegt, also wiederum auf Einheit verweist und Einheit erfordert oder auf eine andere Differenz, für die in endlosem Regress dann dieselbe Notwendigkeit vorausgesetzter Einheit gilt. Spencer Brown sieht sicherlich, dass es sich hier um ein selbstreferentielles Paradox handelt, aber er gibt sich damit zufrieden, dass es nicht schlimmer sei als andere Paradoxa auch.[5] An diesem Punkt entscheidet Luhmann anders. Er dreht das selbstreferentielle Paradox um zum Paradox der Selbstreferentialität und entfaltet es als notwendiges Moment der Bildung sinnhafter Systeme, als archetypisches Formprinzip komplexer Systeme. Luhmanns Formel dafür ist »die Differenz von Identität und Differenz«, und er will dies dezidiert unterschieden wissen von der »Identität von Identität und Differenz«.[6]

1 Spencer Brown 1979: 3.
2 Spencer Brown 1979: 1: »There can be no distinction without motive«.
3 Spencer Brown 1979: XXIV, worin er die Wahrnehmungsfähigkeit von Nicht-Mathematikern sicher überschätzt.
4 Dass dies wörtlich so gemeint ist, lässt sich daraus erschließen, dass Spencer Brown als Motto seines Buches eine Gedichtzeile von William Blake zitiert, in der die Form der Welt der Engel als »obscur'd« beschrieben ist. Auch Luhmann notiert (1995 a: 51, Fn. 63), dass bei Spencer Brown für eine Welt vor jeder Unterscheidung der Begriff fehlt.
5 Spencer Brown 1979: XIV.
6 Luhmann 1984 a: 26.

Allerdings reicht auch diese ingeniöse Konstruktion nicht aus, um Einheit als Ursprung möglicher Variation greifbar und begreiflich zu machen. Wovon leitet sich die Vielfalt der Materie ab, die Vielfalt der Phänotypen und Genotypen, die Vielfalt sozialer und symbolischer Systeme? Setzt diese Vielfalt nicht notwendig eine Identität voraus, die dem Zufall der Variation Halt bietet? Oft genug ist gesagt worden, dass dies die falsche Art von Fragen sei, will man sich vor einem Regress auf Theologie und Philosophie bewahren. Tatsächlich löst sich jeder reale Ursprung bei genauerer Betrachtung wiederum in Differenzen auf und entweicht einfach in weitere Tiefen der Unbeobachtbarkeit. »Die Knospe verschwindet in dem Hervorbrechen der Blüte, und man könnte sagen, dass jene von dieser widerlegt wird. Ebenso wird durch die Frucht die Blüte für ein falsches Dasein der Pflanze erklärt, und als ihre Wahrheit tritt jene an die Stelle von dieser.«[7]

Nimmt man aber die Grundintuitionen von Spencer Brown und Luhmann zusammen, dann könnte sich eine weiterführende Variation ergeben. Der frappierendste Moment der Spencer Brownschen Formenlehre ist ihr Anfang: Er verlangt eine Entscheidung zur Differenz. Alles andere, einschließlich der Universen, folgt aus dieser Dezision: *Nur die Dezision gebiert die Differenz.*

Luhmann verflüssigt diesen Anfang und macht daraus mit Hilfe von Maturana einen rekursiven Prozess generativer Selbstreferentialität. In dieser Konstruktion bleibt ein Moment des biologischen Realismus enthalten, der die erstaunlichste Fähigkeit sinnhaft konstituierter mentaler Systeme, ihre Fähigkeit zur Imagination, nicht angemessen aufnimmt. Imagination aber ist das Einzige, das den anderen Teil des Anfanges setzen könnte, den Anfang als Identität. *Nur die Imagination gebiert die Identität.* Da Einheit real nicht auffindbar ist, jedenfalls immer dann, wenn sie gefunden scheint, sich in weitere Differenzen auflöst, muss sie imaginiert werden, um real sein zu können.[8] Gelingt es aber, sie zu imaginieren, dann rücken Einheit und Identität in die Position des »Achtzehnten Kamels«,[9] das die Probleme einer paradoxen Logik durch die Faktizität gelingender Imagination[10] wegwischt.

Jede Einheit ist ein Kind der Imagination. Sie ist Ergebnis einer mental gewollten Einheit. Die Einheit Gottes, die Einheit von Sinn oder

---

7 Hegel 1986: 12.

8 »Die unendliche Einheit ist also der Inbegriff (complicatio) von Allem.« Cusanus 1862: 87. Und für das Selbstbewusstsein formuliert später Schelling analog: »Das Selbstbewusstsein ist der absolute Akt, durch welchen für das Ich alles gesetzt ist.« Schelling 1907: 69.

9 Segal 1988.

10 Diesen Weg geht sogar die Mathematik mit der Erfindung *imaginärer* Zahlen, wie Spencer Brown (1979: XV) festhält.

Geist oder Natur oder Geschichte und selbst noch die Einheit der Person, der Ehe, der Nation oder der Gesellschaft sind reine Imaginationen mit großen Wirkungen. Wenn es gelingt, diese imaginäre Einheit als Abstoßpunkt für die Konstruktion von Differenzen zu nutzen, dann hat die Einheit, auch als imaginierte, ihre Schuldigkeit getan und der Makel des Imaginierten kann ihr vergeben werden. Wenn Hegel sagt, dass das Ganze »nur das durch seine Entwicklung sich vollendende Wesen«[11] ist, dann können wir im Ernst vor dem Ende der Evolution nichts über das Ganze sagen, sondern nur im Spiel der Imagination. Der Entwurf von Einheit ist der paradigmatische Fall einer sich selbst erfüllenden Prophezeiung. Und auch wenn der Prophet selbst darüber meist in Verzückung oder Verzweiflung gerät, weil ihm zumindest dämmert, dass Einheit Imagination bleibt, so tut dies der Wirksamkeit der Prophetie keinen Abbruch. Denn auch Imaginiertes lässt sich in seinen Auswirkungen beobachten und diese Beobachtungen schaffen Realitäten.

Begreift man die Konstruktion von Identität und Differenz als archetypisches Formprinzip symbolischer Systeme, dann liegt auf der Hand, wie entscheidend die genaue Bezeichnung der Identität des Systems und die passende Beschreibung der relevanten Differenzen als Elemente des Systems sind, um Genese und Generativität des Systems darstellen zu können. Über Differenzen kommen Differenzierungen in das System, die das Besondere des Systems ausmachen und seine idiosynkratische Gestalt, Operationsweise und Leistung bestimmen. Über Identität kommen Systematisierungen in das System, die das besondere Allgemeine des Systems ausmachen und seine übergreifende Ausrichtung, Intentionalität und Funktion bestimmen. Wenig überraschend spielen denn auch die Fragen nach der »Einheit« symbolischer Systeme, nach der Einheit der Macht, des Rechts, des Geldes, des Wissens, der Liebe oder des Glaubens eine überragende Rolle in der Selbstverständigung und Selbstthematisierung der entsprechenden Funktionssysteme und ihrer Disziplinen.

Auch auf die Bezeichnung der Elemente und der elementaren Operationen unterschiedlicher Systeme als Bausteine für Differenzierung und Variation verwendet insbesondere Luhmann größte Sorgfalt, während dies ansonsten in der gegenwärtigen Soziologie nicht gerade als Tugend gilt und Begriffe wie Handeln, Kommunizieren, kommunikatives Handeln, Information, Wissen, Austausch etc. wild durcheinander purzeln. Die Systemtheorie gibt mit dem Ellbogen diesen Kameraden einen Schub, und Bautz! Baradautz! liegen sie am Boden.[12]

Die Übersetzung des Mechanismus der Variation in den Kontext

11 Hegel 1986: 24.
12 Beinahe ein Hegel-Zitat, der an dieser Stelle Diderot zitiert. Hegel 1986: 403.

sinnhafter Systeme gelingt über den Begriff der Differenzierung. Differenzierung erzeugt die Variation, die den Systemen das Spielmaterial für neue Komponenten und ihre Synthese gibt. Für den Fall sozialer Systeme ist Differenzierung ein ausführlich behandeltes und dokumentiertes Modell. In moderne Differenzierungskonzepte gehen auch ältere Beschreibungsmodelle sozialer Systeme wie Ganzes-Teil, Zentrum-Periphere, Gesellschaft-Gemeinschaft etc. ein. Die leitende Unterscheidung von segmentärer, geschichteter und funktionaler Differenzierung verweist auf den engen Zusammenhang zwischen allgemeiner Evolutionstheorie und sozialwissenschaftlichen Entwicklungsmodellen.

In den Theorien generalisierter Austauschmedien bzw. Kommunikationsmedien von Parsons und Luhmann spiegelt sich die funktionale Differenzierung moderner Gesellschaften in der Differenzierung der Elemente, welche die Basiseinheiten der Operationsweise der unterschiedlichen Funktionssysteme bilden. Variation als Formprinzip symbolischer Systeme drückt sich dann darin aus, dass sich die allgemeine sprach-basierte Kommunikation für bestimmte Kontexte in spezialisierten Elementen verdichtet, die ganze Kommunikationssequenzen zu handlichen Modulen zusammenpacken und ein ganzes Bedeutungsfeld, einen weitläufigen Bedeutungszusammenhang zu einer leicht beobachtbaren Transaktion komprimieren: etwa das Element *Zahlung* für einen ganzen Komplex ökonomischer Kommunikation oder das Element *verbindliche Entscheidung* für einen ganzen Komplex politischer Kommunikation.[13]

Dies voraussetzend bleibt erstaunlich, dass die weitere interne Differenzierung der Symbolsysteme durch Variation kaum thematisiert ist. Die Steigerung des Elements der Zahlung (im Fall des Funktionssystems der Ökonomie) zu Zahlungserwartungen und zu Erwartungen von Zahlungserwartungen[14] oder die Ausdifferenzierung des Elements der Entscheidungsprämisse (im Fall des Funktionssystems des Rechts) von Konditionalprogrammen zu Zweckprogrammen zu Relationierungsprogrammen[15] oder die Überhöhung der Symbolebenen des Religionssystems von Glauben zu Moral zu Ethik[16] zeigen aber die Richtung an, in der genauere Beobachtungen neue Einsichten versprechen.

Dass Differenzierung als Variation der im System vom System produzieren Elemente vorkommt, ist offensichtlich. Warum und wie sie stattfindet, ist dagegen für den Fall symbolischer Systeme unklar und umstritten. Für Denken und Sprechen gibt es unzählige Gründe für Variation, weil die Gründe für Konformität so vielfältig sind wie die

13 Grundlegend Luhmann 1975 b: 170 ff.
14 Baecker 1991.
15 Willke 1975: Kapitel 2.
16 Willke 2003 b: Kapitel 5.

Gründe für Abweichung. Konsonanz und Dissonanz, Konsens und Dissens, Simulation und Dissimulation und viele weitere Spannungsfelder lassen sich ausmachen, die dem Denken und Sprechen beliebige Gründe für Redundanz *und* Varietät geben. Man muss wohl annehmen, dass sich diese Gründe über den Willen zum Sprechen in die Kommunikation hinein verlängern und dann auch die höher generalisierten Symbolsysteme affizieren.

Auch hinsichtlich der Prozesse und Strukturen, in denen ein System Variation erzeugt, sind Denken und Sprechen naheliegende Lehrmeister, die im Kern eine einzige Methode lehren, solange man es bei Evolution belässt: Ausprobieren und Herumspielen, *trial and error* (aber letzterer wird erst später beim Mechanismus der Retention relevant), Überziehen, Steigern, Phantasieren, Extrapolieren etc. Erst mit der Absicht der Steuerung verändert sich diese Lage grundlegend und nun kommen Prozesse und Strukturen der Invention, Innovation, Simulation, die strategische Nutzung von Szenarien, Projekten und Programmen mit ins Spiel. Soweit es demnach darum geht, Differenzen zu erzeugen, weisen symbolische Systeme – vom denkenden Bewusstsein bis zu den Steuerungsmedien – nicht im geringsten einem Mangel an Kontingenz auf, sondern eher eine Überproduktion, auf die das System mit der Relationierung von Relationen und Musterbildung reagieren muss, um nicht im Überfluss zu ertrinken.

Eine bereits in den archetypischen Mechanismus der Variation eingebaute Strategie, mit überbordender Kontingenz und Varietät umzugehen, liegt in der Aktivierung der anderen Seite von Differenz: der Einheit des Systems. Sie kommt zwar im dritten Mechanismus der Retention vorrangig zum Tragen, doch spielt sie bereits bei der Erzeugung von Varietät insofern eine Rolle, als sie die allgemeinste Bedingung der Möglichkeit realisierbarer Variation darstellt. Die Idee der Einheit des Ganzen definiert den Möglichkeitsraum zulässiger Abweichung in dem strengen Sinne, dass andere Abweichungen im System vom System nicht zugelassen werden. So können sich in der biologischen Evolution zwar letale embryonale Varianten bilden, sie werden aber vom System genau deshalb ausgeschieden, weil sie unter den Bedingungen der Einheit des Systems nicht überlebensfähig sind. Sogar lebende Systeme wie Pflanzen oder Organismen und möglicherweise irgendwann der Mensch, die unter bestimmten Systembedingungen überlebensfähig waren, sterben aus, wenn sich die übergreifenden Bedingungen der Einheit des Ökosystems verändert haben.

Variation in der Form von Differenz *und* Identität begrenzt den reinen Zufall möglicher Varianz auf einen Sektor, dessen Perimeter nicht mehr die Welt umfassen, sondern nur noch die Umwelt als ein von der Identität des Systems bestimmtes Feld: »Umwelt ist ein systemrelativer Sachverhalt. Jedes System nimmt nur sich aus seiner Umwelt aus.

Daher ist die Umwelt eines jeden Systems eine verschiedene. Somit ist *auch die Einheit der Umwelt durch das System konstituiert.*«[17] Umso gewichtiger wird die Bestimmung der Einheit des Systems, denn damit ist sogar die Einheit seiner Umwelt mitbestimmt. Dem entspricht, dass mit zunehmender Komplexität und Organisiertheit eines Systems die für seine Entwicklung relevante Varietät weniger aus seiner Umwelt kommt als aus dem System selbst. Denn mit zunehmender Autonomie und operativer Geschlossenheit kann das System Irritationen aus seiner Umwelt abblocken oder austanzen wie Muhammed Ali die Schläge seiner Gegner.

Überlegungen zur Identität der ausdifferenzierten Symbolsysteme werden in den entsprechenden Fallstudien vorgestellt. Hier sollen nur einige allgemeine Bemerkungen vor die Klammer gezogen werden. Sie betreffen die Kategorien von (a) Intentionalität und (b) Imagination.

(a) Symbolische Systeme, die sich mit wiederholtem und konfirmiertem Sprechen als Kommunikationssysteme konstituieren, können ihre eigene Identität nur dann begründen und gegenüber dem modernen Mythos der Einzigartigkeit personaler Identität ertrotzen, wenn sie sich von den Intentionen der Sprechenden unabhängig machen und ihre eigene kollektive oder systemische Intentionalität etablieren. Unabhängigkeit heißt hier, wie immer in Verhältnissen symbolischer Kopplung, dass das Symbolsystem die Vorleistungen anderer Systeme zwar aufgreift und nutzt, dennoch aber sie so in die eigene Operationslogik einbaut, dass die personale Zuordnung der Intentionen verschwimmt und in einer emergenten Qualität systemischer Selbstorganisation und Selbststeuerung aufgeht: Aus den aggregierten Individualnutzen der Marktteilnehmer wird die emergente Wohlfahrtsschöpfung der Ökonomie, aus dem aggregierten *volonté de tous* wird der emergente *volonté générale,* aus den aggregierten *individual minds* der emergente *collective mind.*

Mit besonderer Umsicht und Klarheit spürt Mary Douglas dieser Eigenständigkeit von Kommunikationssystemen (in ihrem Fall in der Ausprägung von ›Institutionen‹) nach. Sie stützt sich dabei vornehmlich auf Emile Durkheim und Ludwik Fleck. Dennoch zollt auch sie dem herkömmlichen Denken erst einmal Tribut, indem sie tapfer formuliert: »But an institution cannot have purposes«, nur um sofort eine ausführliche Begründung anzuschließen, warum und worin Institutionen doch ihre eigenen Zwecke und Intentionen ausbilden.[18]

---

17  Luhmann 1984 a: 249. (Hervorhebung H. W.)

18  Douglas 1986: 92: »Institutions systematically direct individual memory and channel our perceptions into forms compatible with the relations they authorize. They fix processes that are essentially dynamic, they hide their influence, and they rouse our emotions to a standardized pitch on standardized issues. Add to all this that they endow themselves

Dieser Umschlag ist theoretisch begründbar, er ist aber auch ganz praktisch empirisch zu spüren, wenn die Motive und Absichten von Personen mit den Gitterstäben sozialer Systeme kollidieren. Insbesondere in Organisationen, ob Unternehmen, Kirchen, Krankenhäuser, Universitäten oder Armeen, stehen die Dramen entfremdeter personaler Motive und entglittener Intentionen von Personen täglich auf dem Spielplan, ohne dass das Publikum sich eingestehen könnte, längst begriffen zu haben, worum es geht. Es geht darum, dass die Sozialsysteme in diesen Kollisionen gewinnen, jedenfalls fast immer. Und es geht darum, dass der Mythos der selbstbestimmten Person ein Tabu erzwingt, welches bestimmt, dass es eine eigene Intentionalität sozialer Systeme nicht geben darf.

Das Tabu ist durchaus erfolgreich und gerade deshalb kommt die eigensinnige Intentionalität sozialer und symbolischer Systeme überraschend zur Geltung und zeitigt unerwartete und frappierende Folgen. Erscheinen diese als dysfunktional, so müssen sie als Fehler von Personen (Familienmitglieder im System Familie, Manager oder Personal im System Unternehmen, Trainer im System Sportverein, Professoren im System Universität, Abgeordnete im System Politik etc.) deklariert werden, obwohl niemand erklären kann, worin die Fehler bestehen und was sie mit Personen zu tun haben könnten. Nur allmählich bricht sich in Familientherapie, systemischer Beratung, Wissensmanagement, Pädagogik,[19] Entwicklungspolitik[20] und anderen Feldern die Einsicht Bahn, dass jedes Sozialsystem als doppelte Welt verstanden werden muss, die zwei eigenständige und eigensinnige, wenngleich miteinander gekoppelte Komponenten enthält: Personen und Kommunikationssysteme.

Dass Kommunikationssysteme in ihren internen Strukturen, Prozessen und Regeln eigene Muster aufbauen, die ihre Identität konturieren, ist weitgehend unbestritten. Aber dass sie eigene Absichten ausbilden, wird selbst in den Sozialwissenschaften als Tabubruch und mithin als anstößig betrachtet. Was soll eine Familie, ein Krankenhaus oder ein Unternehmen auch anderes intendieren oder wollen als die irgendwie versammelten und aggregierten Intentionen ihrer Mitglieder und sonstiger *stake holders*? Diese Frage soll nicht auf die leichte Schulter genommen werden, auch wenn schwer zu begreifen ist, warum eine massive und dauerhafte empirische Evidenz nichts ausrichtet. Offenbar ist eine

with rightness and send their mutual corroboration cascading through all the levels of our information system. No wonder they easily recruit us into joining their narcissistic self-contemplation. Any problems we try to think about are automatically transformed into their own organizational problems.« Man müsste demnach umgekehrt fragen, was dann noch die eigenen Intentionen des Denkens sein können.

19 Dreeben 1980.
20 Aufschlussreich dazu Dörner 1989; Meadows 1982.

klarere theoretische Begründung von systemischer Intentionalität doch Voraussetzung dafür, dass Evidenzen durchdringen und wahrgenommen werden können.

Schon im Fall des Bewusstseins lassen sich Intentionen nicht einfach »sehen« oder als existent »beweisen«. In dem Maße, in dem das Bewusstsein auch für sich selbst intransparent bleibt, kann es nicht einmal selbst seine Intentionen beobachten. Dennoch arbeitet das Bewusstsein sehr erfolgreich mit der Kategorie der Intentionen, weil sich Absichten unterstellen und als unterstellte unterstellen lassen. Wie viele andere Emanationen des Bewusstseins gewinnen sie als brauchbare Fiktionen Realität, weil es überhaupt nicht darauf ankommt, ob sie wirklich real sind. Manchmal muss daher ein System, und sei es das eigene Ich, provoziert werden, damit es seine Absichten preisgibt und ein Beobachter, und sei es das Ich selbst, diese Absichten erkennen kann. »Absichten sind also immer Unterstellungen, Fiktionen, die ein weites Feld von mitwirkenden Assoziationen ›punktieren‹ und ebendadurch Kausalität strukturieren.«[21] Für den weiteren Verlauf der Kommunikationen zählt dann vor allem, dass es Intentionen und Intentionalität gibt, vor allem in ihren Wirkungen, und dass sie als Material dienen können, welches das Bewusstsein seinen Adressaten struktureller Kopplung zur Verfügung stellen kann.

Versteht man Intentionalität in diesem Sinne als ein in die Operationsweise eines Systems eingelassenes präferentielles Muster möglicher Anschlüsse, dann legt zum Beispiel die Verknüpfungslogik des mentalen Systems zumindest nach der Theorie der kognitiven Dissonanz eher Konsonanz als Dissonanz nahe, selbst dann, wenn die Konsonanz durch Ausweichmanöver erschlichen ist. Oder die Strukturlogik der Sprache legt eher Ablehnung als Annahme einer Mitteilung nahe, präferiert also eher Dissens als Konsens und selbst Konsens erweist sich bei genauerer Betrachtung eher als fingiert denn als real. Diese Überlegungen laufen auf die Frage hinaus, ob auch in die Operationslogik von Kommunikationssystemen eine Asymmetrie, ein präferentielles Muster und in diesem Sinne Intentionalität eingelassen ist.

Eine solche Steuerungswirkung hat sogar Luhmann als ausgemachter Steuerungsskeptiker festgehalten: Während in die sprachliche Kommunikation von der Codierung her keine Vorentscheidung für oder gegen die Annahme/Ablehnung der angebotenen Mitteilung einer Information eingebaut ist (wohl aber von Seiten der Verteilung von Verstehen und Missverstehen), fixieren die Codes der Medien wie Geld, Macht, Recht, Moral oder Liebe ganz bestimmte Präferenzen. Diese in den Basiscode von vornherein eingebaute Steuerungswirkung entfaltet sich als Intentionalität oder intentionale Logik des Symbolsystems. »Im Unterschied

21 Luhmann 1998: 25.

zu vielen anderen Codierungen handelt es sich hier um *Präferenzcodes*. Im Unterschied zum allgemeinen Ja/Nein-Code der Sprache wird der positive Wert als Präferenz für diesen (und nicht für den Gegenwert) ausgedrückt. Damit kommt zum Ausdruck, dass die Kommunikation *gegen die Wahrscheinlichkeit gesteuert wird*. Die Ausgangsunwahrscheinlichkeit der Annahme der Kommunikation wird nicht mitkommuniziert und bleibt deshalb latent ... . Eben wegen dieser Präferenzorientierung eignen sich symbolisch generalisierte Medien auch als *Steuerungsmedien*. Sie erfüllen ihre Steuerungsfunktion, indem sie Präferenzen *fixieren* und zugleich *variablen* Konditionierungen aussetzen.«[22]

Die routinisierte Verwendung von Geld prädisponiert Wirtschaftsakteure demnach in der Codierung Haben/Nichthaben zum Haben und in der Codierung Eigentum/Nichteigentum zum Eigentum. Der emergente Effekt ist dennoch und gerade deshalb, dass die vielen Nicht-Eigentümer sich ihre sehr natürlichen individuellen Besitzmotive von dem *einen* Eigentümer radikal begrenzen lassen, weil das System es so vorschreibt. Routinisierte Transaktionen im Medium Macht prädisponieren das darin entstehende oder kontinuierte Kommunikationssystem zu einer Präferenz für Macht und gegen Ohnmacht, unterlegen also dem System selbst eine generelle Intention, Kommunikationssequenzen so anzuschließen, dass Prozesse der Machtbildung im Zweifel auch gegen die Intentionen der beteiligten und betroffenen Individuen in dem Sinne erfolgreich sind, dass klare asymmetrische Verteilungen von Macht und Ohnmacht entstehen.[23]

Der emergente Effekt ist die von David Hume beschriebene Verwunderung, ja Bestürzung über »the easiness with which the many are governed by the few«. Diese Einsichten sind durch anthropologische und ethnologische Beobachtungen gut untermauert und insofern nicht überraschend. Überraschend wäre es, wenn über diese elementare Steuerung hinaus hinter dem Rücken der Akteure sich weitere *Unwahrscheinlichkeiten* mediengesteuerter Kommunikationen ergäben, die aus dem Operationsmodus des Symbolsystems folgen und nicht aus den (irgendwie originären) Motiven der Personen. Natürlich gilt dies auch für den vorliegenden Kommunikationszusammenhang. Jede Theorie entfaltet ihre eigenen Intentionen, oft zur Überraschung des Autors, und immer zur Überraschung aller anderen Beteiligten.

Diesen Fragen ist in den Fallstudien zu den Symbolsystemen näher nachzugehen, hier geht es nur um eine erste Orientierung. Nach Intentionalität ist nun die Bedeutung von Imagination für die Operationslogik symbolischer Systeme zu beleuchten.

(b) David Hume war bescheiden. Er wunderte sich nur darüber, mit

---

22 Luhmann 1997a: 360 und 363. (Alle Hervorhebungen im Original).
23 Popitz 1968.

welcher Leichtigkeit die Wenigen die Vielen regieren. Systemtheoretiker sehen sich dagegen zu einer umfassenderen Sicht gezwungen. Sie müssen diese Verwunderung für jedes einzelne Funktionssystem der Gesellschaft, nicht nur für die Politik, erleben und ziehen daraus Schlüsse nicht nur für die Machtprozesse der Politik, sondern für die Formbildung der Gesellschaft insgesamt. Die Ökonomie als Funktionssystem zeigt, mit welcher Leichtigkeit der Eigentümer alle anderen von seinen Verfügungsrechten ausschließt und ein Einzelner alle anderen in ihre Schranken verweist, weil das System der Ökonomie auf dieser Prämisse aufgebaut ist. Die Religion als Funktionssystem zeigt seit Jahrtausenden, mit welcher Leichtigkeit die Inspirationen der Wenigen zu den felsenfesten Überzeugungen der Vielen werden, weil die Logik des Systems es so will.[24] Das System der Wissenschaft lebt davon, dass Wissen und Expertise extrem ungleich verteilt sind und die Einsichten der Wenigen die Gewissheiten der Vielen steuern.[25] Das System des Spitzensports zieht seine populäre(!) Unterstützung und Attraktivität daraus, dass nur *Einer* gewinnen kann und alle anderen Verlierer sind, sogar die Zweit- und Drittplatzierten.[26]

In dieser Weise ließe sich für jedes Funktionssystem moderner Gesellschaften die frappierende Einsicht formulieren, dass die Logik des Ganzen, die Idee der Einheit des Systems völlig unwahrscheinliche, den natürlichen oder individuellen Motiven und Interessen von Personen diametral zuwiderlaufende systemische Qualitäten hervortreibt, die aus der Sicht der Personen schlicht unbegreiflich bleiben müssen. Sie werfen die Frage auf, warum die Personen sich dem fügen. Warum tun sie das? So gestellt, beantwortet sich die Frage leicht: Sie tun es nicht. Das System tut es mit ihnen.

Versucht man, dem auf die Spur zu kommen, was das System »tut«, so ist zunächst ganz nüchtern festzuhalten, dass Symbolsysteme für sich als Zeichensysteme gar nichts tun, sondern nur in der symbolischen Kopplung mit Personen aktiv werden. Es sind Personen, die über Bewusstsein und Sprache die Zeichensequenzen (wenn man so will: die Semiose) der Symbolsysteme in Schwingungen bringen, aus denen dann allerdings in der Tat Konsequenzen folgen, welche die Personen nicht mehr beherrschen und nicht mehr steuern.

In den Kollisionen von Bewusstseinssystemen und Kommunikationssystemen treffen auch zwei Spiegelungen aufeinander, die sich zu einer merkwürdigen Kollusion ergänzen und darin völlig neue Welten

24 Bendix 1977: 259. »Thus, Weber approached the study of religious ideas in terms of their relevance for collective actions, and specifically in terms of the social processes whereby the inspirations of a few become the convictions of the many.«
25 Willke 2003 b: Kapitel 4.
26 Bette 1999; Bette 1984.

schaffen. Auf der Seite des Bewusstseins ist es eine Spiegelung, die es dem Bewusstsein erlaubt, sich in die Zukunft zu versetzen und Irreales als Kausalfaktor zu behandeln. Es ist die Fähigkeit zur Imagination, die schon mehrfach Thema war. Auf der Seite der Kommunikation entsteht ein Korrelat zur Imagination darin, dass die Zeichen nicht für sich ausdrucksfähig sind, sondern nur in Korrelation zueinander: Dass also das einzelne Zeichen wenig oder nichts bedeutet, es vielmehr zu einer Bedeutung nur gelangen kann, wenn es im Kontext vieler anderer Zeichen und in den spezifischen Relationen, Mustern, Zusammenhängen, Gestalten etc. gesehen wird.

Träger von Bedeutung, Erfahrung und damit von Wissen sind demnach nicht die Zeichen, sondern die *spezifischen Relationierungen zwischen den Zeichen,* die sich mit der Genese und der Geschichte des Zeichensystems verändern und in diesen Veränderungen Erfahrungen konservieren. Der Gehalt des Wissens ergibt sich aus der gewordenen topologischen Ordnung der Zeichen: »Die zeichentheoretische Bedeutung der Veränderung der Sprachen in der Zeit liegt, mit anderen Worten, darin, dass sie den Blick von der Beziehung zwischen Zeichen und Objekt ... weglenkt und stattdessen auf die Beziehungen *zwischen den Zeichen* oder *von Zeichen zu Zeichen,* kurz, auf Beziehungen vom Typus ›a – b – c‹ aufmerksam macht.«[27]

Als Zeichensysteme transzendieren Symbolsysteme die Ebene der Zeichen in den Mustern und Formen der Relationierung. Die Relationierung von Relationen schafft Erfahrungsmuster und präferentielle Festlegungen von Anschlussmöglichkeiten, die mit der Geschichte des Symbolsystems wachsen und vergehen. Sie schaffen also auf der Basis der Realität der Zeichen eine andere, zweite Realität der Relationen, die allerdings dadurch, dass es in der Operationsweise der Symbolsysteme um *Sequenzen,* um Prozesse und mithin um die Verknüpfung von Elementen geht, nicht übermäßig überrascht und in keiner Weise weniger real ist als die erste Realität. Das Überraschende passiert erst, wenn sich die Imaginationskraft des Bewusstseins der Relationierung von Relationen zwischen den Zeichen bemächtigt und sich fragt, worin die jeweilige Musterbildung ihren Grund hat.

Da der Grund nicht in der Umwelt des Symbolsystems liegen kann, insbesondere nicht in der symbolisch gekoppelten Umwelt des Bewusstseins, bleibt nur das Symbolsystem selbst als Grund. Das Zeichensystem selbst weiß allerdings nichts von sich als System, so wenig wie die Zelle etwas von dem Hyperzyklus weiß, der ihre Existenz ermöglicht und sichert. Das Zeichensystem operiert hinreichend verlässlich und erfolgreich auf der Basis lokaler Regeln, die alle erforderlichen emergenten Qualitäten produzieren.

27 Saussure 2003 a: 143.

Der Beitrag des Bewusstseins zur Abrundung des Bildes liegt nun genau darin, das Bild der sequentiellen Operationsweise der Symbolsysteme dadurch abzurunden, dass es eine *Einheit* des Symbolsystems imaginiert, die dieses selbst nicht braucht und von der es nichts weiß. Das Bewusstsein erzwingt kraft seiner Imagination »die Wahrscheinlichkeit des Ganzen«[28] und projiziert eine Einheit in die Symbolsysteme, die weder dem Bewusstsein noch dem Symbolsystem zurechenbar ist, sondern nur dem Kommunikationssystem, das aus dem Zusammenspiel beider resultiert. Daher können weder das Bewusstsein noch die Symbolsysteme die Konsequenzen dieser imaginierten Einheit kontrollieren. Vielmehr sind beide den Folgen der Operationsweise der Kommunikationssysteme ausgesetzt, die als »nicht-intendierte« schlicht falsch beschrieben sind, weil sie zwar nicht den Intentionen der Personen gehorchen, wohl aber den eigensinnigen Intentionen der Kommunikationssysteme.

So ergibt sich im Ergebnis eine Verflechtung von Intentionalität und Imagination, die sich wechselseitig ermöglicht und gegen alle Wahrscheinlichkeit die Wahrscheinlichkeit des Ganzen festigt. Damit sind wir zwar jenseits der üblichen Soziologie, aber noch nicht weit über Hegel hinausgekommen. »Dem Bewusstsein ist in der Dialektik der sinnlichen Gewissheit das Hören und Sehen usw. vergangen, und als Wahrnehmen ist es zu Gedanken gekommen, welche es aber erst *im Unbedingt-Allgemeinen zusammenbringt.*«[29] Versteht man das Unbedingt-Allgemeine als das Imaginäre (Hegel nennt es den wahren Gegenstand des Bewusstseins) und das Zusammenbringen der Gedanken als die gewollte Herstellung von Einheit, dann spricht Hegel genau von dieser Verflechtung von Imagination, Einheit und Intentionalität, die im Ergebnis die Reflexionsfähigkeit der Kommunikationssysteme konstituiert:[30] »Das begründete Absolute ... findet sich in der Funktionsfähigkeit der Systeme.«[31]

Es ist in der Tat eine Reflexionsfähigkeit, die auf beiden Seiten der Kopplung von Bewusstsein und Kommunikation dieselbe und im Kommunikationssystems nur *eine* gemeinsame, aufgehobene ist, nämlich die Reflexion der Kommunikation auf ihre Einheit und auf ihre Differenz gegenüber einer Umwelt aus anderen Systemen der Kommunikation. Erst in dieser Reflexion wird die Wahrscheinlichkeit des Ganzen zur Notwendigkeit, und so formt die Reflexion die Einheit, die sie als imaginierte

28 Saussure 2003a: 17.

29 Hegel 1986: 107. (Hervorhebung H. W.)

30 Hegel 1986: 108: »*Für uns* ist dieser Gegenstand durch die Bewegung des Bewusstseins so geworden, dass dieses in das Werden desselben verflochten und die Reflexion auf beiden Seiten dieselbe oder nur *eine* ist.« (Hervorhebungen im Original).

31 Luhmann 1965: 216.

übernimmt, in hyperzyklischer Selbstverstärkung zu einem unbedingt Allgemeinen, zu einem autonomen, operativ geschlossenen System.

Bei dieser Formbildung der Kommunikation verliert sich das Bewusstsein in der Imagination einer Einheit des Sozialen, die als Form die *Differenz* von Bewusstsein und Kommunikation umschließt, also in diese Form die Ausprägung von Bewusstsein hineinlegt, welche die Einheit der Form ermöglicht. Hegel beschreibt diesen Krebsgang reflexiver Selbsterzeugung in Vollendung: »Indem von der ersten unmittelbaren Einheit ausgegangen und durch die Momente der Gestaltung und des Prozesses hindurch zur Einheit dieser beiden Momente und damit wieder zur ersten einfachen Substanz zurückgekehrt wird, so ist diese *reflektierte Einheit* eine andere als die erste.«[32] Diese Zauberei der Emergenz umgeht die Frage der ursprünglichen Arbeitsweise des Bewusstseins. Zu Recht, denn wir müssen annehmen, dass es eine solche originäre, isolierte Operationsform nicht gibt, sondern nur einen Ursprung in dem Sinne, dass eine Einheit, ein Ur, in eine Differenz zerspringt, in die beiden Seiten einer Form, die ein eigenes, emergentes Universum schafft.

Tatsächlich handelt es sich in soziologischer Sicht nicht um Zauberei, sondern um den ganz alltäglichen Vorgang einer *creatio ex nihilo*, die im Kontext sozialer Systeme dadurch gelingt, dass auf der Basis generalisierter Imagination Unterstellungen unterstellt, Erwartungen und Erwartungserwartungen erwartet, unterstellte Unterstellungen erwartet etc. werden, so dass aus dem Nichts komplexe Architekturen sozialer Realität entstehen.[33] Für die Kreation des Selbstbewusstseins beschreibt schon Hegel diesen Vorgang als Spiegelung von Bewusstseinen in der wechselseitigen Anerkennung: »d. h. es ist nur als ein Anerkanntes ... . Sie anerkennen sich als gegenseitig sich anerkennend.«[34] Das Prinzip wechselseitiger Anerkennung ist die Erfindung, die der fatalen Freiheit doppelter Kontingenz eine doppelte Selbstbindung zur Seite stellt: eine Selbstbindung der Person durch eine Selbstbewusstheit, mit der die personale Qualität anderer Personen nicht mehr negiert werden kann und eine Selbstbindung der Gesellschaft durch eine als kollektives Wissen oder als kollektive Intelligenz etablierte Grundnorm der Fairness im Sinne von Rawls, die sich dann nicht mehr negieren lässt, wenn die eigene Anerkennung von der Anerkennung anderer abhängt.

Wie mühelos den Symbolsystemen diese *creatio ex nihilo* gelingt, zeigt beispielhaft auch die Geldschöpfung aus dem Nichts, die das Geld-

---

32 Hegel 1986: 142. (Hervorhebung im Original).
33 Für den Fall mentaler Systeme beschreibt dies Deacon: »Symbolic processes have freed this process from the bounds of the immediate present and possible.« Deacon 1997: 459.
34 Hegel 1986: 145 u. 147.

system im Kontext der Ökonomie oder des Finanzsystems praktiziert – etwa indem Firmen Kundenkreditkarten ausgeben und mit unterstelltem Kredit und realisiertem Konsum fingiertes Geld schöpfen, das als reales Geld operiert. Oder der Rechtsschöpfung aus dem Nichts, die das Rechtssystem im Kontext der Politik praktiziert. Oder der Kreation von Liebe im Kontext von Intimbeziehungen, die aus dem Nichts kommen muss, weil keine andere Quelle erkennbar ist.

Alle Vielfalt der Sozialsysteme entspringt der Variation des Identischen der Kommunikation. Alle Einheit des Sozialen folgt aus einem Zusammenspiel der Kommunikationen, die als Elemente sich zu Sequenzen, Episoden, Themen, Mustern etc. fügen, die, soweit sie füreinander erreichbar und anschließbar sind, die Gesamtheit des Sozialen bilden. Damit ist in der Evolution des Sozialen als Realität sui generis ein erster Schritt getan, der verbürgt, dass Variation nicht nur Chaos erzeugt, sondern von der Einheit des Systems in Bahnen gezwungen wird, die zwar Vielfalt ermöglichen, aber wie in der übrigen Evolution auch, eine Vielfalt in der Einheit der Systeme.

Nach der Differenz von Identität und Differenz soll im folgenden Schritt die zweite archetypische Form – die Unterscheidung von Komplexität und Selektivität – auf ihren Beitrag zur Formbildung symbolischer Systeme untersucht werden.

(2) Schon die Evolutionstheorie entfaltet die einfache Formel der *unitas mulitplex* zu komplexeren Modellen des Verhältnisses von Komplexität und Selektivität. In der soziologischen Systemtheorie wird dieses Verhältnis für lange Zeit zum Hauptthema, weil gerade Luhmann zunächst nichts dringlicher erschien, als die forcierte Naivität der üblichen soziologischen Grundbegriffe zu durchbrechen. Er beginnt mit Sinn als Grundbegriff der Soziologie, kommt dann zu Soziologie als Theorie sozialer Systeme und von da aus zu Komplexität und Komplexitätsreduktion als zentralen Prämissen der Operationsweise sozialer Systeme. Als Generalthema begleitet diese lange Reise das Problem der Prozeduralisierung des Verhältnisses von Komplexität und Selektivität, das Luhmann beispielsweise in folgende Formel fasst: »Komplexität ... heißt Selektionszwang, Selektionszwang heißt Kontingenz, und Kontingenz heißt Risiko.«[35]

Als paradigmatisches Formprinzip der Gestaltung symbolischer Systeme ist der Zusammenhang von Komplexität und Selektivität allerdings notwendiges Korrelat jedes geformten oder systematischen Denkens. Nimmt man das Setzen einer Differenz im Sinne Spencer Browns als den Ur-Sprung eines Universums, dann stehen der Beobachtung zwei Blickrichtungen offen. Sie kann nach außen ins Zentrum des Ganzen schauen und eine Einheit imaginieren, die sie in der Beobachtung nie

---

35 Luhmann 1984a: 47.

erreichen kann. Immerhin erlaubt der archimedische Hebel der Imagination die Idee einer Einheit (des jeweiligen Universums), die als Idee zumindest so wirkungsmächtig ist wie die Erfahrung von Differenz. Die Beobachtung kann auch nach innen in die unendlichen Verschachtelungen weiterer Differenzen schauen. Sie sieht sich dann mit der Steigerung der Differenz zur Komplexität konfrontiert und ahnt wohl, dass sie dieser Konfrontation nicht ausweichen kann, weil sie im Paket mit Differenzbildung kommt und ohne Differenz keine beobachtbare Welt möglich wäre. Immerhin erlaubt der lange Arm der Selektivität, mit Komplexität mehr oder weniger radikal umzugehen und sie im Notfall auch auf die üblichen Banalitäten und Dichotomien zu reduzieren – wenn der Beobachter bereit ist, die daraus folgenden Risiken zu tragen oder sie zu ignorieren.

*Als Formprinzip meint Komplexität die Gesamtheit der in einem System aneinander anschließbaren Differenzen.* Komplexität bezeichnet damit die Tiefendimension eines Systems. Sie lässt sich als ein sich verzweigender Stammbaum verstehen. Sie beginnt mit einer einzigen Leitdifferenz (des Systems insgesamt) und faltet sich dann in prinzpiell beliebig tief staffelbare Folgedifferenzen aus. Faktisch ist die Tiefe der Staffelung natürlich begrenzt, vermutlich am stärksten durch die Faktoren Zeit und Gedächtnis. Dagegen bezeichnet Kontingenz die horizontale Dimension möglicher Parallelwelten eines Systems. Kontingenz ist die »innere Unendlichkeit« komplexer Systeme. Andere Welten entstehen im System, wenn das System an beliebigen Bifurkationspunkten der Produktion von Differenzen *andere*, auch mögliche Unterscheidungen im Sinne einer »Substitution von Antonymen«[36] setzt und diese dann, statt anderer, in weitere Tiefen verfolgt.

Diese Überlegung legt den Verdacht nahe, dass Komplexität in genau derselben Weise ein Perfektionsbegriff ist wie Einheit. Innerhalb eines geformten Universums, also außerhalb reiner Entropie, gibt es keine Grenzen der Komplexität, sondern nur Begrenzungen der Komplexität durch die Selektivitäten der Formbildung. Dies bedeutet, dass jedes soziale oder symbolische System als sinnhaft konstituiertes System unendlich komplex ist, weil Sinn unendliche Verweisungsmöglichkeiten bereithält und keine prinzipiellen Einschränkungen weiterer und immer weiterer Differenzbildung erkennbar sind.

So lässt sich die volle, »reine« Komplexität eines Systems nur imaginieren, nicht aber beobachten oder irgendwie empirisch festmachen.

36 Holmes 1987. Antonym meint den Gegenpart einer Differenz im Kontext einer Form. Zum Beispiel bildet die Differenz von ›wahr‹ und ›falsch‹ eine Form. Wird nun ›wahr‹ durch einen anderen Gegenpart (Antonym) ausgetauscht, etwa durch ›richtig‹ oder ›funktional‹, dann entstehen andere Formen. Solche Formenwandel sind wichtige Indikatoren der Genese von Semantiken.

Die reine Komplexität eines Systems meint seine prinzipiell mögliche Komplexität vor dem Beginn der Festlegung bestimmter Formen, etwa der Elemente oder der Strukturen. Bei seiner Geburt durch eine erste Leitdifferenz kann jedes sinnhafte System wie bei einem Urknall aus einer prinzipiell unendlichen Komplexität möglicher Sinnverweisungen schöpfen, auch wenn dann sehr schnell selbst gesetzte Restriktionen einsetzen. Diese unendliche Komplexität ist der Zauber, der jedem Anfang innewohnt. Jede Theorie, jedes Spiel, jede Liebe, jedes Buch,[37] jedes Kunstwerk, selbst jede Geschäftsidee als Nukleus eines Unternehmens hat diesen Moment eines primordialen Beginnens, dem *alle* Möglichkeiten offenstehen.

Die reine Komplexität eines Systems wird nach dem ersten Augenblick seiner Konstituierung zwingend zur organisierten Komplexität des Systems, weil in jeder faktischen Operation nun bestimmte Formen im System gesetzt und damit Anschlüsse, belegte Verzweigungen, Pfadabhängigkeiten, Prämissen etc. für die weitere Operationsweise definiert werden. Mit der ersten Operation beginnt die Geschichte der Selbstfestlegung des Systems. Aus dem unendlichen Reservoir reiner Komplexität schneidet es sich eine begrenzte *organisierte Komplexität* heraus. Allerdings lässt sich auf dem Umweg über Kontingenz diese reine Komplexität wieder anzapfen – wenn es das System zulässt, dass Alternativen und Optionen wieder ins Spiel kommen. Was sich demnach messen lässt, ist nicht Komplexität selbst, sondern der Organisationsgrad oder der Ordnungskoeffizient von Komplexität: »Der Begriff der Komplexität hat keinen Gegenbegriff, und das hat theoretisch eine Signalwirkung, denn wir haben sehr wenige Begriffe ohne Gegenbegriff.«[38] Fassbar ist Komplexität nur als organisierte oder geformte oder geordnete Komplexität. Als Weltkomplexität der Innenwelt eines Systems ist sie unendlich.

Um ein Beispiel anzudeuten, das nur in einer ausführlichen Fallstudie adäquat behandelt werden kann: Das moderne Rechtssystem kommt mit der historischen, revolutionären Unterscheidung von legitim gesetztem Recht und Unrecht in Existenz. Auf beiden Seiten folgen im Laufe der Geschichte zahllose Verästelungen rechtlicher Operationen, indem etwa in Verfassungen grundsätzliche Bifurkationen und Anschlüsse geregelt, Prämissen festgelegt und Pfadabhängigkeiten definiert werden, dann weitere Grundentscheidungen in den großen Gesetzeswerken folgen, dann im Verfahrensrecht weitere Verzweigungen und Entscheidungsprämissen folgen bis tief in die Regelungen für rechtmäßige Verwaltungsakte etc. hinein.

Diese organisierte Komplexität des Rechtssystems schließt nicht aus,

---

37 Herbert Simon (1978: 99) nennt explizit ein Buch als symbolisches System als einen solchen Fall organisierter Komplexität.
38 Luhmann 2002: 175.

dass an irgendeiner Bifurkation eine Weichenstellung revidiert und eine andere Differenz eingesetzt wird – etwa an die Stelle eines umfassenden Wohlfahrtsstaatspostulats eine verstärkte Eigenverantwortlichkeit der Bürger oder an die Stelle der Todesstrafe ein humanerer Strafvollzug. Die Komplexität jedes Rechtssystems ist prinzipiell grenzenlos, weil sich an jeder Ecke und an jedem Ende weitere Verzweigungen und Differenzen hinzufügen lassen. Die organisierte Komplexität eines bestimmten Rechtssystems dagegen ist begrenzt durch die ausgebildeten Formen, die noch aufeinander Bezug nehmen können und sich insgesamt noch als Einheit des Rechtssystems darstellen lassen.[39]

Aus diesen Vorüberlegungen folgen einige Umstellungen und Präzisierungen der Konzeption von Komplexität. Sie betreffen zunächst Grundlagen des Komplexitätsbegriffs und das Verhältnis von Komplexität und Kontingenz (a), dann die Problematik der Umweltkomplexität (b) und schließlich das für die operative Bestimmung von Komplexität wichtige Verhältnis von Relation und Anschlussfähigkeit (c).

(a) Zunächst fällt als Überraschung auf, dass Luhmanns überlegter und gegen naturwissenschaftliche Trivialbestimmungen elaborierter Begriff von Komplexität nicht schlüssig ist. Luhmann definiert: »Als komplex wollen wir eine zusammenhängende Menge von Elementen bezeichnen, wenn auf Grund immanenter Beschränkungen der Verknüpfungskapazität der Elemente nicht mehr jedes Element jederzeit mit jedem anderen verknüpft sein kann.«[40] Luhmann zielt dabei auf die Komplexität der Elemente und die in die Systembildung eingebaute Selbstreferenz der Komplexität. Aber merkwürdigerweise verliert er dabei das System selbst aus den Augen, obwohl er einige Zeilen vor dieser Definition völlig zu Recht sagt, dass ein Element nicht unabhängig von ›seinem‹ System bestimmt werden kann und sogar »die geläufige These« zustimmend kommentiert, »dass ›organisierte Komplexität‹ nur durch Systembildung zustandekommen kann.«[41]

Daran ist bei der Bestimmung des Begriffs der Komplexität festzuhalten. Es sind bei Sinnsystemen nicht die Elemente, sondern die Architekturen der Ordnung eines Systems, die bestimmen, welche Verknüpfungen der Elemente gewählt, aktiviert, ausgeblendet, negiert etc. werden. Es gibt vor allem keine immanenten Beschränkungen der Verknüpfungskapazität der Elemente – etwa Begriffe im System der Sprache, Geldtransaktionen im System der Ökonomie, Gerichtsurteile im System des Rechts etc. – , da ihr Elementcharakter gerade darin sich ausdrückt, dass sie sich prinzipiell

---

39 Auf der Basis völlig anderer Theoriegrundlagen rekonstruiert Hans Kelsen (1960) die Einheit des Rechtssystems. Die Spitze der Verzweigungspyramide bildet die *Grundnorm*, von der sich alles weitere ableitet.
40 Luhmann 1984a: 46.
41 Luhmann 1984a: 46.

*beliebig* verknüpfen lassen und dadurch aus denselben Elementen kontinuierlich neue Systemqualitäten entstehen können. Man sollte sich die Elemente sinnhaft konstituierter Systeme nicht als kompakte Holzblöcke oder Backsteine vorstellen, sondern eher wie Synapsen, die beliebig viele Dendriten ausbilden und beliebig viele Relationen herstellen können. Erst bestimmte, kondensierte Formen packen Elemente zu relativ festen Gebilden zusammen und organisieren darin die Komplexität des Systems.

Komplexität ist unbestimmt, aber durch Selektivität bestimmbar. Wie in der Form von Einheit und Differenz die Einheit erst von der Differenz als ihr imaginäres Anderes bezeichnet wird, so wird Komplexität als Endlosverweisung erst durch eine Operation der Selektion in dem Selegierten (als endlicher Ausschnitt aus unendlicher Komplexität) greifbar. Eine sehr frühe Definition des Begriffs der Komplexität von Luhmann aus dem Jahre 1967 entspricht genau diesem Gedanken: »Als Komplexität soll hier, in erster Annäherung an den schwierigen Begriff, die *Gesamtheit der möglichen Ereignisse* verstanden werden.«[42] Da Sinn und mithin sinnbasierte Systeme in unendliche Horizonte möglicher Ereignisse und Beziehungen verweisen, ist Komplexität als Gesamtheit dieser Verweisungen als solche unbegrenzt. Erst bestimmte Operationen der Selektion stanzen aus diesem ewig gärenden Weltteig konkrete Figuren aus, die in der Hitze der Konfirmierung zu sozialen Gegenständen oder sozialen Tatsachen gebacken werden. Kontingenz als Komplementärbegriff zu Komplexität meint dann, dass sich jede dieser vorgenommenen Festlegungen auf bestimmte Figuren aufheben und revidieren lässt, weil andere Möglichkeiten (durch andere Selektivitäten) zumindest prinzipiell auch realisierbar sind.

Jede konkrete, bestimmte Komplexität meint deshalb eine bereits *organisierte Komplexität*, eine im Kontext sozialer Systeme operativ gewendete Komplexität. Damit gewinnt die ursprüngliche, oft missverstandene Luhmannsche Formel der Komplexitätsreduktion eine neue Berechtigung: Jede Systembildung als Semiose von Sinnsystemen oder symbolischen Systemen ist zwingend Komplexitätsreduktion. Der hier vorliegende Theoriegewinn darf nicht leichtfertig verspielt werden. Da sich jede Systembildung gegen die Fülle möglicher Sinnverweisungen profilieren muss, ist Selektivität unvermeidbar, um die Genese eines Systems auf konkrete Bahnen zu bringen. Jedes Sinnsystem umfasst also seine beiden Seiten des Sinns und des Systems. In der Komponente des Sinns partizipiert es an der Unendlichkeit möglicher Verweisungen und damit an offener, unendlicher Komplexität. In der Komponente des Systems produziert es die reduktiven und selektiven Formen, die in selbstreferentiellen und rekursiven Schleifen zur Ordnung des Systems kondensieren.

42 Luhmann 1971a: 115.

(b) Diese Überlegung führt zu einer noch einschneidenderen Veränderung des Komplexitätsbegriffs. Sie betrifft die Differenz von System und Umwelt und das erstaunliche, weitgehend unbegründete Postulat Luhmanns, nach dem »die Umwelt für jedes System komplexer ist als das System selbst.«[43] Versteht man Komplexität als einen nur imaginierbaren unendlichen Verweisungszusammenhang, der aus der *Sinnhaftigkeit* aller sozialen und symbolischen Systeme zwingend folgt, dann ist unabweisbar, dass es immer um systemeigenen und systemspezifischen Sinn geht. Der Weltsinn, der jeder Selektivität zugrunde liegt und auf den jede Selektion bezogen ist, ist der Weltsinn des Systems. Er findet sich nur innerhalb des Systems in den Tiefen unendlicher Verweisungsmöglichkeiten, die aber immer Möglichkeiten im Kontext des Systems sind. Außerhalb des Systems gibt es keine Operationen, also keine Beobachtungen, also keine Differenzen, also keine Kognitionen, also keinerlei Sinn für das System. Alles außerhalb des Systems ist Umwelt im Sinne einer prinzipiell unbegreiflichen Fremdheit, eines ungeordneten Rauschens, einer Außenwelt von Restriktionen und Optionen, die sich vom System als externe Möglichkeiten weder verknüpfen noch nicht verknüpfen lassen, und die deshalb für das System keine Komplexität darstellen können.

Daraus folgt: »Nur Systeme können komplex sein, nicht aber die Umwelt.«[44] Das System braucht auch keinerlei Umweltkomplexität für seine eigene Konstituierung, weil es jeden beliebigen Grad an Komplexität in sich selbst, und nur in sich selbst, vorfindet. Über die wichtige Differenzierung zwischen der Umwelt von Systemen und *Systemen* in der Umwelt von Systemen kann es zwar doch gelingen, eine gewisse Ordnung in die Umwelt zu bringen. Aber es ist dann die interne Rekonstruktion von Ordnungen anderer Systeme über den aufwändigen Prozess der Reflexion, der solche inneren Ordnungen schafft. Die Umwelt selbst, ohne Systeme in ihr, ist für das System purer Zufall, mithin ohne Sinn und damit außerhalb möglicher Komplexität.

Folgt man diesem Gedanken, dann wird auch deutlich, dass es im Verhältnis zwischen System und Umwelt nicht um Komplexitätsreduktion geht, auch nicht um die Reduktion einer Komplexität durch eine andere, sondern um die Produktion von organisierter Komplexität aus interner Kontingenz und um die Viabilisierung dieser Ordnung gegenüber externem Chaos, Zufall oder gegenüber dem Nichts. Mit organisierter Komplexität, die nur intern organisierte sein kann, schafft sich ein System eine Indifferenzzone (im Sinne von Chester Barnard), in der das System es sich gemütlich einrichtet zwischen einer domestizierten Eigenkomplexität einerseits und einer durch Erfahrung und Lernen er-

43 Luhmann 1984 a: 47.
44 Willke 1987: 261.

probten Resilienz (Hamel und Välikangas 2003) gegenüber dem Chaos der Außenwelt andererseits.

Tatsächlich ist Ordnung oder Organisiertheit der Begriff, auf den Luhmanns Definition von Komplexität im Kern zielt. In der Spannbreite zwischen Anarchie und Hyperordnung bezeichnet der *Grad der Kopplung von Elementen* zwischen ganz strikter und ganz loser Kopplung den Grad der Ordnung und in genau diesem Sinne den Grad organisierter Komplexität eines System. Komplexitätsreduktion und Komplexitätsproduktion sind Phasen in der kontinuierlichen Bewegung eines Systems, die Ordnung, Ordnungsformen, Ordnungsmodelle etc. schafft, auflöst, neu schafft, umschichtet und so fort.

Diese für Luhmann untypische Unschärfe der begrifflichen Durcharbeitung ist umso merkwürdiger, als der Impetus seines Buches *Soziale Systeme* von 1984 gegenüber früheren Phasen der Entwicklung seiner Systemtheorie darauf liegt, die Konsequenzen aus der Radikalisierung operativer Geschlossenheit sozialer Systeme zu ziehen und den Explosivstoff Selbstreferenz theoretisch zu bändigen. Dennoch läuft die Entwicklung des Begriffs der Komplexität und seiner Korrelate zunächst im ersten grundbegrifflichen Kapitel ganz in gewohnten Bahnen. Erst nach dem Durchgang durch das gesamte Buch erfolgt in einem speziellen Kapitel über Selbstreferenz eine vorsichtige Verknüpfung von Komplexität und Selbstreferenz im Begriff der *Hyperkomplexität:* »Ein System, das sich an seiner eigenen Komplexität orientiert und sie als Komplexität zu erfassen sucht, bezeichnen wir als *hyperkomplex*; denn allein schon der Versuch produziert, da er im System stattfinden und als Selbstbeschreibung festgelegt werden muss, mehr als nur sich selbst.«[45] Aber an welcher Komplexität sollte sich ein System sonst orientieren?

Unabhängigkeit von frühen Festschreibungen des Komplexitätsbegriffs aus den Konfusionen alter Zwänge – etwa der Relationen Struktur und Funktion, Funktion und System oder Funktion und Kausalität – gewinnt man dann, wenn Fokus der Beobachtung nicht die Funktion des Systems ist, sondern die Formbildung des Systems, die Entwicklung seiner inneren Gestalt und Operationsform. Mit der Suche nach Funktionen eines Systems lässt sich ein externer Blick, eine Perspektive der Fremdbeobachtung kaum vermeiden. Operativ geschlossene Systeme verlangen aber eine klare Reihenfolge: Fremdbeobachtung nur auf der Basis von Selbstbeobachtung. Zunächst und primär muss ein selbstreferentiell operierendes System seine eigenen internen Angelegenheiten ordnen, bevor es sich um Fremdes kümmern kann. Zunächst sind die Bedingungen der Möglichkeit von Selbstbeobachtung zu klären, bevor auf der Basis von Geschlossenheit nach selbst gewählten Kriterien Offenheit gegenüber externen Überraschungen sinnvoll ist

45 Luhmann 1984a: 637.

und Fremdreferenzen systemisch relevante Sinnproduktion mitgestalten können.[46]

Diese Umstellung hat weitreichende Konsequenzen. Nicht die größere oder höhere Komplexität der Umwelt droht ein System zu überwältigen, so dass es sich mit reduktiven Strategien dagegen wehren muss, um sich stabil zu halten. Vielmehr ist es der Dämon der Komplexität im eigenen Haus, der zu bewältigen ist, um aus der Überfülle möglicher Verweisungen eine brauchbare innere Form des Systems zu behaupten. Komplexitätsreduktion ist demnach keine Abwehrstrategie gegen eine irgendwie bedrohliche Umwelt, sondern primär eine Strategie des Umgangs des Systems mit sich selbst. Auf das Problem des Autismus (hier: sozialer Systeme) angewendet, würde dies bedeuten, dass eine Abschließung des Systems nicht erfolgt, weil es sich einer überkomplexen Umwelt hilflos ausgesetzt sieht, sondern weil es mit seiner eigenen und eigenproduzierten Komplexität nicht angemessen umgehen kann und aus dieser Lage die Konsequenz zieht, Umweltsignale abzublocken, weil externe Ereignisse die innere Selbstüberflutung weiter steigern würden.

Soziale und symbolische Systeme gründen mit Sinn auf einem Protomedium, das grenzenlose, beliebig erweiterbare Komplexität per Definition mitbringt. Allerdings lauert diese Komplexität nicht irgendwo da draußen, sondern in den bodenlosen Tiefen des Systems selbst. Diese Komplexität erfährt eine erste Transformation dadurch, dass das Protomedium Sinn nach den Kriterien eines Systems in ein systemnahes, spezifischeres Medium umcodiert wird, etwa in Gedanken, Sprache oder Kommunikation. Auch dort bleibt die Eigenkomplexität prinzipiell grenzenlos, weil in jedem dieser Medien beliebig gestufte Differenzen möglich sind. Die Eigenkomplexität der Symbolsysteme Gedanken oder Sprache oder Kommunikation ist unendlich, weil es keine prinzipiellen Stoppregeln für immer weitere Differenzierungen, Vertiefungen oder reflexive Symbolisierungen gibt. Es ist also vieles möglich, was nie geschehen wird.[47] Erst die weiteren Selbstfestlegungen des Systems, die im Laufe

46 »Mit all dem geht der Operationsmodus selbstreferentieller Systeme zu Formen der Kausalität über, die ihn selbst einer zugriffsicheren Außensteuerung weitgehend entziehen. Alle Wirkungen, die man von außen im System oder mit dem System erzielen will, setzten voraus, dass das System auch den Anstoß von außen als Information, das heißt als Differenzerfahrung wahrnehmen und in sich in dieser Weise zur Wirkung bringen kann.« Luhmann 1984a: 69.

47 Darin unterscheidet sich die unendliche Komplexität diesseitiger Systeme von der Komplexität eines möglichen jenseitigen Gottes: »Denn gleichwie in der Materie Vieles möglich ist, was nie geschehen wird, so ist im Gegentheile Alles, was nicht geschieht, obgleich es geschehen kann, in der göttlichen Vorsehung nicht möglich, sondern wirklich (non

seiner Genese und Geschichte zu bestimmten Strukturen, Prozessen und Regeln gerinnen, begrenzen die offene Komplexität des Systems auf eine bestimmte Ordnung, eine bestimmte Architektur der Kopplung seiner Elemente, auf eine bestimmte Aktualisierung seiner Kontingenzen.

(c) Eine dritte, etwas diffizile Revision des Komplexitätsbegriffs zielt auf eine genauere Bestimmung der Beziehungen zwischen den Begriffen Relation und Anschlussfähigkeit. Erkennbar meint Relation eine realisierte Verbindung (Anschließung) zwischen Elementen, während Anschlussfähigkeit eine irgendwie beobachtete oder imaginierte Potentialität von Elementen meint, Relationen herzustellen oder einzugehen. Etablierte, konfirmierte Relationen zwischen Elementmengen bilden als Strukturen, Prozesse und Regeln die drei wesentlichen Bauteile von Systemen. Sie prägen damit Identität und Gestalt eines Systems. Anschlussfähigkeit dagegen meint eine Qualität, die von zwei Faktoren abhängt: von Eigenschaften der einzelnen Elemente selbst (etwa in dem Sinne, dass Eisenbahnwagen als Elemente Kupplungen aufweisen, mit denen sie an anderen Wagen ankuppeln können) und von Passungen als komplementären Eigenschaften von mehreren Elementen (in dem Sinne, dass mehrere Wagen passende und nicht unterschiedliche Kupplungen haben). Diesen Aspekt hat Luhmann im Auge, wenn er formuliert: »In diesem Sinne können Relationen zwischen Elementen sich wechselseitig konditionieren; die eine kommt nur vor, wenn die andere auch vorkommt.«[48]

Dieser Gedanke macht darauf aufmerksam, dass es das System ist, das bei der Erzeugung seiner Elemente auch deren Konditionalisierung[49] regelt und sich damit die Möglichkeit mehrstufiger Relationierung von Relationen schafft. Eine Sprache regelt in Syntax und Grammatik bestimmte Anschlussmöglichkeiten zwischen Wörtern und Sätzen, konditionalisiert also Relationen. Anschlussmöglichkeiten sind konditionalisierte Relationen. Sie sind im Kontext von Systemen nicht beliebig, sondern von Regeln, Metaregeln etc. des Systems definiert. Ist beispielsweise das System eine Kathedrale und die Elemente Backsteine, dann bestimmen die Regeln des Systems die Anschlussmöglichkeiten zwischen den Backsteinen als Elementen des Gesamtbaus. Regeln des Systems ergeben sich etwa aus verwendeten Baustoffen, aus Statik, Ästhetik oder Architektur. Metaregeln ergeben sich vielleicht aus Stil oder Gesamtidee des Bauwerks. Mit denselben Elementen ließen sich nach anderen Verknüpfungsregeln andere Systeme mit anderen Ausprägun-

---

possibiliter, sed actu), woraus nicht folgt, dass Jenes (das Mögliche) auch wirklich eintrete.« Cusanus 1862: 53.

48 Luhmann 1984 a: 44.

49 Gegenüber dem behavioristisch missverständlichen Begriff der Konditionierung soll hier der Begriff Konditionalisierung vorgezogen werden.

gen organisierter Komplexität bauen, etwa ein Weinkeller oder eine Garage. In dieser Weise lassen sich aus dem Element ›Kommunikation‹ je nach Relationierungen und Verknüpfungsregeln die unterschiedlichsten sozialen Systeme zusammenfügen. Ähnliches ließe sich für die Relationierungsregeln eines mentalen Systems oder einer Sprache oder eines Symbolsystems wie Recht oder Geld sagen.

Die alte Frage, wie Komplexität gemessen werden könne, erfordert demnach eine Antwort in zwei Schritten. Zunächst ist festzuhalten, dass Komplexität selbst als Perfektionsbegriff genausowenig gemessen werden kann wie andere Perfektionsbegriffe auch, etwa Sinn oder Sprache oder System oder Liebe. Jedenfalls wäre eine Messung widersinnig. In operativer Form als organisierte Komplexität lässt sie sich allerdings ohne weiteres messen, wenn man entsprechende Messinstrumente zur Verfügung hat. Die relevanten Messgrößen sind der Grad der Kopplung der Elemente eines Systems im Verhältnis zu den beiden Extremfällen der vollständig fehlenden (losen) und der vollständig ausgeschöpften (strikten) Kopplung der Elemente. Einen beachtlichen Vorschlag in diese Richtung haben Driver und Streufert im Konzept der »integrative complexity«[50] für den Fall psychischer Komplexität vorgelegt.

Bemerkenswert ist, dass im Grad der Kopplung von Elementen auch die Kategorie der Anschließbarkeit zum Vorschein kommt, die in der Definition von Komplexität zentral ist. Empirisch gesehen, lassen sich offenbar nur eine sehr begrenzte Zahl von Elementen in der Form strikter oder vollständiger Kopplung aneinander anschließen. Nicht nur weil die Zahl der Relationen dabei exponential wächst, sondern weil das System dabei in einer Hyperordnung erstarrt, in der alles mit allem verbunden ist, aber sich nichts mehr bewegen kann.

Eine idealtypische Hierarchie wäre eine solche Form der Hyperordnung – die deshalb als reale Hierarchie durch vielfältige Einrichtungen der Entkopplung oder Interdependenzunterbrechung oder Inkompetenzkompensationskompetenz (Odo Marquard) aufgelockert werden muss. Welche und wie viele Differenzen in einem gegebenen System untereinander anschließbar sind, steht also nicht einfach fest, sondern hängt von Faktoren ab, welche die spezifischen Qualitäten des Systems bestimmen.

Einem starren System wie beispielsweise einem patriarchalischen Familienunternehmen, einer autoritären Sekte oder einer zwangsneurotischen Psyche, stehen weniger Anschlussmöglichkeiten seiner Elemente zur Verfügung als einem flexiblen, dynamischen System. Die Unterschiede liegen darin, wie viele Freiheitsgrade ein System sich selbst einräumt. Deshalb sind sowohl die reine[51] als auch die organisierte Komplexität

50 Driver und Streufert 1969.
51 Als reine Komplexitäten sind zwar beide unendlich, aber unterschied-

dieser beiden Systemtypen unterschiedlich groß. Als Hypothese lässt sich vermuten, dass es für konkrete Systeme mit definierten Leistungen und Funktionen einen optimalen Grad organisierter Komplexität im Sinne »integrativer Komplexität« gibt, von dem sie sowohl in Richtung unterkomplex wie überkomplex abweichen können – mit entsprechenden Auswirkungen zum Beispiel auf die involvierten Risiken.[52]

Das Verhältnis von Relation (im Sinne operativ realisierter Verknüpfungen zwischen Elementen) und Anschließbarkeit (im Sinne konditionalisierter Relationen) bildet nach diesen Überlegungen den Kern organisierter Komplexität. In diesem Verhältnis kondensiert für ein konkretes System das allgemeine evolutionäre Formprinzip der Selektion, das für den Fall sinnkonstituierter Systeme in der Einheit der Differenz von Komplexität und Selektivität zum Ausdruck kommt. Selektivität macht aus reiner Komplexität organisierte Komplexität und (reine) Komplexität bildet das Woraus, das Reservoir der Gesamtheit, aus dem selektive Operationen die Elemente und Formen des Systems schöpfen können. Das dritte evolutionäre Formprinzip der Retention sorgt dafür, dass diese Schöpfungen nicht endgültig und unwiderruflich sind, sondern sich im Kontext einer Umwelt aus anderen Systemen, also im Rahmen eines Zusammenspiels von Systemen bewähren müssen.

(3) Im dritten Schritt der Analyse der Formbildung symbolischer Systeme geht es also darum, wie die archetypische Form der Retention als Unterscheidung von Kontingenz und Negation die Form symbolischer Systeme mitgestaltet. Retention ist die Negation von Kontingenz. Aber hinter dieser einfachen Gleichung steckt ein Labyrinth kontingenter Verknüpfungen von Kontingenz und Negation, sobald Negation nicht als bloße Verneinung verstanden wird, sondern als die andere Seite einer positiven Realität, die ohne ihre andere Seite aber nicht wirklich und nicht operationsfähig ist.

Es geht um eine ausgefaltete Dialektik der Formbildung symbolischer Systeme, weil die andere Seite der Negation als positive Realität immer zugleich auch als das »Verkehrte«, das »Unwirkliche«, das »Ferne« der Genese eines Systems erscheint. Negation stellt nicht einfach die Identität eines Systems in Frage, sondern sie fragt nach der Relevanz nicht-realisierter kontingenter Geschichten des Systems, kontingenter Gegenwarten und unter der Prämisse möglicher Steuerung nach kontingenten Zukünften des Systems. Negation als Teil der Relation von Kontingenz und Negation widerlegt die Realität eines Systems, wie das Hervorbrechen der Blüte die Knospe widerlegt; und Kontingenz als Teil

lich unendlich – so wie es viel unendlicher unendlich viele irrationale Zahlen gibt als rationale und noch unendlicher viele transzendentale Zahlen – so jedenfalls die Meinung von Georg Cantor.

52 Perrow 1988.

der Relation von Kontingenz und Negation beschuldigt die Realität des Systems eines falschen Daseins, wie die Frucht die Blüte für ein falsches Dasein der Pflanze erklärt.[53]

In dieser Weise sorgen Kontingenz und Negation im Fall sinnhaft konstituierter Systeme nicht für das Ruhekissen, das Retention für die biologische Evolution bereitstellt, sondern im Gegenteil für eine in die Grundfesten des Systems eingelassene absolute Zerrissenheit des Systems zwischen kontingentem Positiven und notwendigem Negativen. Das System, so lässt sich nun Hegel paraphrasieren, gewinnt seine Wahrheit nur, indem es in dieser absoluten Zerrissenheit sich selbst findet. Diese Macht der Selbsterfindung hat es nicht als das Positive, welches von dem Negativen wegsieht, wie wenn wir von etwas sagen, dies ist nichts oder falsch, und nun, damit fertig, davon weg zu irgendetwas anderem übergehen; sondern es hat diese Macht nur, indem es dem Negativen ins Angesicht schaut, bei ihm verweilt.[54]

Was bei Hegel noch weit vorauseilende Ahnung und Intuition eines singulär systematischen Denkens ist, fällt der soziologischen Systemtheorie mit dem Begriff der doppelten Kontingenz beinahe in den Schoß. Nicht ganz, denn der Begriff muss zunächst noch von seinem philosophischen Ballast befreit und dann gegenüber der von Parsons forcierten Vereinnahmung für die Ebene der Personen auf soziale Systeme ausgeweitet werden. Aber nachdem diese Hindernisse überwunden sind, beschreibt doppelte Kontingenz präzise den selbstreferentiellen Zirkel der Unterstellung von Erwartungen, die als erwartete unterstellt werden. Dieser Zirkel treibt die Genese sozialer Systeme als Macht der Selbsterfindung.

Luhmann konstatiert diese Ausgangslage in der gebotenen Radikalität. Er kommt zu dem Schluss, »dass doppelte Kontingenz *zwangsläufig* zur Bildung von sozialen Systemen führt und in diesem Sinne als Dauerproblem (nicht nur: als Anstoß) autokatalytisch wirkt.«[55] Dieses erstaunliche ›zwangsläufig‹ ist ernst gemeint. Es resultiert daraus, dass soziale Systeme ein Grundproblem lösen, das mit der Koevolution von Bewusstsein und Kommunikation in die Welt gekommen ist: Menschen mutieren in einem sozial-evolutionären Prozess zu Personen, aber der evolutionäre Prozess lässt sich nicht auf der Ebene der Personen durch die Retention der Figur Person abschließen. Die Figur Person ist für sich nicht stabil. Erst indem sie zugleich zu ihrer Emergenz die Autokatalyse sozialer Systeme einleitet, kann sie sich als Komponente eines weiteren Kontextes, des Kontextes sozialer Systeme, als nicht-kontingent und mithin als notwendig setzen und so ihre Retention sichern.

53 Hegel 1986: 12.
54 Hegel 1986: 36.
55 Luhmann 1984 a: 177. (Hervorhebung H. W.)

Die Grundideen dieser autokatalytischen Selbsterfindung des Sozialen sind experimentell gut abgesichert. Robert Axelrod hat das Spiel der Evolution für den Kern der Genese sozialer Ordnung nachgespielt, indem er aus einer Fülle kontingenter Möglichkeiten die optimale Regel für die Evolution von Kooperation (durch eine als Wettbewerb gestaltete Computersimulation) bestimmt hat.[56] Nicht ganz überraschend ist es die von Anatol Rapoport reformulierte Grundregel sozialer Ordnung, die sich evolutionär durchsetzte: *do ut des*; was du nicht willst, das man dir tu, das füg auch keinem anderen zu; ich tue, was du willst, wenn du tust, was ich will; oder in amerikanischer Schlichtheit: tit for tat.

In der Feinmechanik der Nachbildung dieses frappierenden Vorgangs der Selbsterzeugung des Sozialen ist vieles ungeklärt. So hebt etwa Luhmann darauf ab, dass die autokatalytische Freisetzung des Sozialen von der Bindung an die Realität der Dinge einen Optionenraum öffnet, der im Kern die Möglichkeit von Zufall enthält. »Zufall wird bei der Emergenz von Systemen gleich mitproduziert, so dass dem System für seine eigene Reproduktion genügend Unordnung zur Verfügung steht … . Was Kontingenzerfahrung leistet, ist mithin die Konstitution und Erschließung von Zufall für konditionierende Funktionen im System, also die Transformation von Zufällen in Strukturaufbauwahrscheinlichkeiten.«[57]

Diese Überlegung ist wenig plausibel und belegt, wie stark Luhmann die Evolution sozialer Systeme an die naturwüchsige Evolution ihrer anorganischen/organischen/psychischen Basis anbindet. Zufall braucht nicht erfunden zu werden. Er ist als ungerichtete Störung Kern und Auslöser evolutionärer Veränderung. Die Evolution mentaler und sozialer Systeme ist darin besonders, dass sie dem Chaos zufälliger Varianz die Strenge operativer Geschlossenheit entgegensetzt und die interne Wirkung externer Zufälle so weit wie möglich ausschließt, um für die Innenwelt ihrer Systeme die evolutionäre Balance von Zufall und Notwendigkeit deutlich in Richtung Notwendigkeit zu verschieben. In diesem Sinne unterschlägt Luhmann die Besonderheiten der Evolution von Kommunikation und Sozialität, insbesondere also die Bedeutung von Imagination und Futurität.

Zumindest letztere hat Axelrod im Blick, wenn er in seiner eigenen Analyse der Evolution von Kooperation als Kern von Sozialität betont, wie entscheidend es ist, dass die Akteure Zukunft in ihr Kalkül einbeziehen und lernen, mit Zukunft (zukünftigen Ereignissen und Optionen) zu rechnen, um zu stabilen Kooperationsbeziehungen zu kommen: »enlarge the shadow of the future.«[58] Darin spiegelt sich die

---

56 Axelrod 1984; siehe auch Axelrod und Keohane 1985.
57 Luhmann 1984a: 170 f.
58 Axelrod 1984: 126.

einzigartige Fähigkeit von Bewusstsein und Kommunikation, zukünftig vorgestellte Realitäten als Gründe für die Steuerung gegenwärtigen Kommunizierens und Handelns zu nutzen.[59] In dieser Perspektive wird deutlich, dass die Bedeutung des Mechanismus doppelter Kontingenz auch nicht annähernd ausgeschöpft ist, wenn nicht berücksichtigt ist, dass doppelte Kontingenz über unterstellte *Erwartungen* entfaltet und aufgehoben wird.

Diese Erwartungen können sich auf vergangene Erfahrungen und ihre Extrapolation in die Zukunft beziehen; sie können sich aber auch in strenger Futurität auf eine noch nicht erfahrene, sondern nur imaginierte Zukunft richten. Dann fängt es an, interessant zu werden. Denn dann kann die in Sprache eingelassene Intentionalität[60] auch in den Innenraum sozialer Systeme diffundieren und das systemische oder kollektive Handeln sozialer Systeme mit einem Willen, mit Absichten, Zielen und Strategien versorgen, die sich nicht mehr den Notwendigkeiten einfacher Evolution beugen müssen. Insbesondere kann nun Negation überhaupt als Nicht-Zufälliges in Erscheinung treten und seine Rolle als Proponent des Unwahrscheinlichen übernehmen und das Verkehrte, das Unwirkliche und das Ferne je gegebener oder gewordener Realität exponieren.

Während Kontingenz in der Doppelung von Bewusstsein und Kommunikation als notwendige doppelte Kontingenz soziale Systeme erzwingt, wie Luhmann hellsichtig sieht, widerlegt Negation jede gegenwärtige Realität sozialer Systeme als falsches Dasein einer notwendigen anderen Zukunft. Oder weniger hegelianisch: Negation konfrontiert eine gegenwärtige Realität als kontingente mit einer möglichen anderen Zukunft. Dadurch, dass das Werden der Systeme ungleich grundlegender ist als ihr Sein, kommt Negation in die Position, gegen den falschen Schein bloßer Existenz die Wahrheit zukünftiger Möglichkeit hervorzutreiben. Diese scheinbare Destruktivität der schöpferischen Zerstörung,

59 Searle bemerkt ausdrücklich die erstaunliche Fähigkeit des Bewusstseins, »Gegenstände und Sachverhalte in der Welt zu repräsentieren und *aufgrund dieser Repräsentation zu handeln*« (Searle 2004: 82), aber er bezieht diese Fähigkeit nur auf Intentionalität, nicht auf Futurität.

60 Um bei Searle zu bleiben: Er formuliert das Problem präzise: »Kurz, das Problem ist: Wir können die Intentionalität des Geistes nicht dadurch erklären, dass wir uns auf die Intentionalität der Sprache berufen, weil die Intentionalität der Sprache bereits von der Intentionalität des Geistes abhängt.« (Searle 2004: 110). Aber Searle kommt zu keiner brauchbaren Lösung des Zusammenspiels von Bewusstsein, Sprache und Kommunikation, weil er den entscheidenden Prozess der Symbolisierung nur nachträglich und ganz am Rande einführt, und so die koevolutionäre Gleichursprünglichkeit der Intentionalität von Bewusstsein und Sprache verpasst.

die Negation in der Verbindung mit Kontingenz bewirkt, macht es so schwierig, dem Negativen ins Angesicht zu schauen und bei ihm zu verweilen. Aber ebenso wie dies Schumpeter für den Fall der Ökonomie begründet hat, sind Negation und Verweilen unabdingbar, um gegen eine bloß naturwüchsige Evolution das Imaginierte und Ingeniöse der Intentionen von Personen und sozialen Systemen durchzusetzen – also gezielte Innovationen zu realisieren.

Im Hintergrund von Kontingenz und Negation lauert die große Unbekannte Zeitlichkeit. Retention ist der notwendig vergebliche Versuch, etwas temporär zu stabilisieren, was über die kurze Frist hinaus weder stabilisiert werden kann noch stabilisiert werden soll. Nur für die Wimpernschläge evolutionärer Augenblicke hält die Zeit inne und gewährt einem System einen Moment der Unveränderlichkeit. Aber diese Verzögerung ist nur die Ruhe vor dem Sturm der Veränderung durch eine Negation, die andere Kontingenzen des Systems im Sinn hat und diese im Interesse des Ganzen erzwingt. »Man kann verstehen, dass das Jetzt der permanente Ursprungsort der zeitlichen Ekstasis ist.«[61]

So wie Gedanken im nächsten Moment verschwinden und Kommunikationen im nächsten Augenblick verklingen und durch andere ersetzt werden, so befällt die fundamentale Zeitlichkeit alle auf Kommunikation aufsetzenden Systeme wie Mehltau einen Nährboden.[62] Aus dieser Zwangslage haben soziale Systeme eine Operationsweise entwickelt, die alle erdenklichen Hilfestellungen und Anreize bietet, Kommunikationen verlässlich aneinander anzuschließen und damit gegen alle Wahrscheinlichkeit und gegen alle Vernunft Kontinuitäten zu erzwingen. Dies ist ein altes Spiel, das bis in die ersten Mythologien und Religionen zurückreicht und insbesondere in der frühen Astrologie den Bestand gegenüber dem Werden betont, wie Cassirer treffend sagt: »So ist im Anfang des Lebens eines Menschen, in der Konstellation seiner Geburtsstunde, schon das Ganze dieses Lebens enthalten und beschlossen; wie überhaupt alles Werden sich nicht sowohl als eine Entstehung denn als ein einfacher Bestand und als Explikation dieses Bestandes darstellt... . Die Prädetermination des Seins gilt für das Individuum, wie sie für das Universum gilt.«[63] In diesem Sinne ist für das nach-mythische, aufgeklärte Denken das Reale immer auch das Unvernünftige, denn es muss wissen, dass es nicht Bestand haben kann, und es kann die Frage nicht beantworten, warum es dennoch Bestand sucht.

61 Lyotard 1989: 131.

62 Im Gegensatz dazu muss dann Gott als zeitlos imaginiert werden: »Und was die göttliche Vorsehung weiß, weiß sie nicht mit einem Zeitunterschiede, denn sie weiß die Zukunft nicht als Zukunft, die Vergangenheit nicht als Vergangenheit, sondern ewig, das Veränderliche in unveränderlicher Weise.« Cusanus 1862: 53.

63 Cassirer 2002: 105.

Im Umkreis dieser Problematik von Sein und Werden und von Vernunft und Unvernunft spielt die Kontroverse um Hegels berühmten Satz aus der Vorrede zur Rechtsphilosophie. Er ist üblicherweise in der höchst problematischen und viel kritisierten Form überliefert (überliefert, weil es unterschiedliche Nachschriften der Vorlesungen gibt): »Was vernünftig ist, das ist wirklich, und was wirklich ist, das ist vernünftig.« Ein derart konservierendes Lob des Positiven wäre schwer mit dem in Einklang zu bringen, was Hegel in der Phänomenologie des Geistes zum Werden und zur Bedeutung der Negation sagt. In einer Nachschrift der Vorlesung Hegels aus dem Jahre 1819/20, die erst in den 1980er Jahren auftauchte, liest sich dieser brisante Satz denn auch ganz anders: »Was vernünftig ist, wird wirklich, und das Wirkliche wird vernünftig.«[64] In dieser Formulierung rückt das Formprinzip der Retention an die Stelle eines notwendigen Übergangs von einem Sein, das für sich durchaus legitim, wenn auch noch Unvernunft ist, zu einem kontingenten anderen Sein, das wiederum legitim und unvernünftig ist. Die Vernunft liegt allein im Werden. Sie liegt darin, dass die Systeme es aushalten, dem Negativen ins Angesicht zu schauen und darin ihre Zukunft zu imaginieren, von der sie wissen müssen, dass sie notwendig ist, weil sie die alte Unvernunft widerlegt, und zugleich kontingent, weil sie nur eine neue Unvernunft schafft.

Diese Spaltung zwischen dem Triumph des Augenblicks und dem Glanz der Dauer (Ortega y Gasset) zerreißt jedes Sinnsystem. Seine Zerrissenheit ist unvermeidlich, weil es als endliches System Unendlichkeit imaginieren kann, zumindest dem Werden einen Platz einräumen muss, der nicht der seine ist. Jede gegenwärtige Realität jedes sozialen und symbolischen Systems müsste jeden Beobachter bei nüchterner Betrachtung verzweifeln lassen angesichts des Ausmaßes der Widersinnigkeit, mit der es operiert. All die Katastrophen und Kriege, Krankheiten und Kalamitäten des Üblichen sind so unerträglich, weil Sinnsysteme Alternativen imaginieren können, und sie werden erträglich, weil es immerhin Veränderungen gibt und alle dabei mitwirken, kunstvoll zu invisibilisieren, dass auch die veränderten Realitäten nur veränderte Mängel und Missstände bringen werden. Obwohl die List des Verstandes, eingekleidet in den generativen Mechanismus der doppelten Kontingenz, soziale Systeme überhaupt hervorbringt, ist es dann die List der Systeme, welche als doppelte Negation zurückschlägt und jede erreichte Gegenwart, die sich als Negation von Kontingenz den Schein des Notwendigen gibt, als falsches Dasein entzaubert und in einer weiteren, reflexiven Negation wieder zur Disposition stellt.

64 Hegel 1983: 51. Ganz in diesem Sinne Lyotard 1989: 99: »Die Wirklichkeit ist keine Frage des absoluten Zeugen, sondern eine Frage der Zukunft.«

Erst auf dieser aufbereiteten Grundlage tritt die List der Vernunft auf den Plan. Ihr Material ist die Imagination von Einheit auf der einen Seite und die Imagination von Komplexität auf der anderen Seite. Sie fügt zwei Unwahrscheinlichkeiten, genauer: zwei Unmöglichkeiten, zu einer faktischen Geltung zusammen und dissimuliert in diesem *coincidentia oppositorum* jede Festlegung bestimmter Inhalte, bestimmter Gestalten oder bestimmter Zustände als illusorisch. An die Stelle der Illusionen setzt sie die Idee einer Einheit, die nur als Idee sich den Freiraum nehmen kann, die Genese eines Systems nicht einfach als Evolution zu konstatieren und auf Evolution zu beschränken, sondern sie einer Gestaltung zu unterwerfen, deren Leitlinien eine Idee von der Einheit und eine Idee von der organisierten Komplexität des Systems sind.

Die Idee der Einheit des Systems durchdringt die Formprinzipien symbolischer (und sozialer) Systeme wie die Idee des Lebens die Formprinzipien organischer Systeme. Vermutlich ist die Idee der Einheit als Idee noch grundlegender als es hier aufscheint, selbst für so »rationale« Gebiete wie die Mathematik. So behauptet die Geometrie zwar eine fortschreitende logische Eroberung des Raumes vom Punkt zur Linie zur Fläche zum Raum. Aber bereits der Übergang vom Punkt zur Linie kann ohne die Idee der Einheit nicht gelingen. Denn noch so unendlich viele Punkte mit keiner Ausdehnung ergeben keine Linie, da auch unendlich viele Nichts ein Nichts bleiben. Die Punkte müssen also schon ziemlich nahe an Gott sein, um jemals eine Linie zu bilden.

Auch wenn ein symbolisches Systeme nicht weiß, was Einheit *ist*, so wirkt die Idee doch als übergreifendes organisierendes Prinzip für die Ausrichtung von Myriaden von Prozessen, die sich ansonsten orientierungslos in den Wüsten isolierter Kommunikationen verlieren würden – was bei der Betrachtung generalisierter Kommunikationsordnungen als Medien unschädlich wäre, bei der Betrachtung der Medien als Systeme dagegen die Schwierigkeiten aufzeigt, eine symbolische Ordnung wie das Recht oder die Moral ohne eine Idee von Einheit zu rekonstruieren. Ebenso setzt die Idee unendlicher Komplexität in den Tiefen des Systems die Operationen des Systems in einen Zustand permanenter Erregung und Irritation, weil sie sich angesichts der unendlichen Möglichkeiten ihre erbärmliche Beschränktheit zum Vorwurf machen müssen.

Gerade symbolische Systeme scheinen darunter zu leiden. Jede Empirie zeigt, dass Komplexität und Möglichkeitsreichtum von Macht, Geld, Liebe, Wissen, Kunst etc. unendlich sind. Faktisch begrenzt werden sie durch das Nadelöhr notwendiger symbolischer Kopplung mit der Intentionalität von Personen, die ihre Absichten des Handelns und Erlebens in zeitraubende Kommunikationen umsetzen müssen und dabei ganz schnell ihr Reservoir an Zeit erschöpfen. Symbolsysteme benötigen zwar auch Zeit für ihre Operationen und insofern ist Zeit sicherlich eine der Bedingungen ihrer Möglichkeit, doch stellt Zeit für sie keine knappe Ressource dar, weil sie das klar geschnittene Problem des Todes ebensowenig kennen wie soziale Systeme. Wie Langstrecken-läufer sterben symbolische Systeme nicht, *they just fade away*. Worin nun die Idee der Einheit eines Symbolsystems bestehen könn-te und in welcher Weise eine solche Idee die Gestaltung der Form des Systems steuert, lässt sich nur in detaillierten Fallstudien auseinander-setzen.

Abschließend für den allgemeinen Teil der Überlegungen zur Form-bildung soll nun das vierte Formprinzip des Zusammenhangs von Refle-xion und Selbstreferenz betrachtet werden. Bereits in der Erschütterung von Retention durch doppelte Kontingenz und doppelte Negation kündet sich ein Ende der einfachen Evolution an – und ein Beginn von Selbststeuerung. Selbststeuerung meint eine Fähigkeit zur Selbstbe-stimmung, die sowohl die Zufälle wie die Notwendigkeiten einfacher Evolution widerlegt, indem system-eigene Intentionen sich dem natur-wüchsigen Verlauf der Dinge widersetzen und ihm eine eigene Auswahl an Kontingenzen und Negationen entgegenstellen. Die Komponenten des vierten Formprinzips, Reflexion und Selbstreferenz, bezeichnen die Eckpunkte dieser Widerlegung der Evolution, mit der sich soziale und symbolische Systeme einen Teil des Himmels zurückholen und damit die Erde verändern.

(4) Die Evolution hat keinerlei Voraussicht. Sie beschränkt sich auf die gegenwärtigen Wirkungen vergangener Ursachen und begnügt sich im übrigen mit Nachsicht. Da ist es beruhigend zu wissen, dass jedenfalls nach Meinung von Cusanus Gott weit über Voraussicht hinaussieht: »Gott muss nothwendig vorausgesehen haben, was er vorausgesehen hat, weil seine Vorsehung nothwendig und unveränder-lich ist, *wiewohl er auch das Gegentheil von dem vorhersehen konnte, was er vorhergesehen hat*; denn mit dem Inbegriffe ist noch nicht der inbegriffene Gegenstand, wohl aber mit der Entwicklung der Inbegriff gesetzt (posita complicatione non ponitur res complicata, sed posita explicatione ponitur complicatio).«[65] Gegenüber dieser Komplikation muss jede Steuerung passen. Denn ihre Voraussicht ist äußerst begrenzt. Alle naiven und auch die meisten raffinierteren Versuche der Steuerung komplexer Systeme enden verlässlich in einer »Logik des Misslingens« (Dörner) und sind weit davon entfernt, die einfache Evolution zu wi-derlegen.

Dennoch ist in der Kopplung von Sprache, Bewusstsein und Kom-munikation alles angelegt, um die Steuerung sinnbasierter Systeme in den engen Grenzen von Selbststeuerung und Interferenz so anzusetzen, dass die einzigartigen Fähigkeiten der Imagination und der Futurität nicht nur in katastrophisch endenden Utopien zum Tragen kommen,

65 Cusanus 1862: 54. (Hervorhebung H. W.)

sondern zumindest auch in ersten Schritten einer gelingenden Kontext-steuerung.

Mit Reflexion und Selbstreferenz sind die Komponenten bezeichnet, die in ihrem Zusammenspiel über Evolution hinausführen. Selbstreferenz ist bereits für die Evolution die selbst gebastelte Stufenleiter, auf der einfache anorganische und präbiotische Systeme über die hohen Mauern ihrer Abhängigkeit von Zufällen und langwierigen[66] Zufallskonstellationen hinausgelangen, um auf der anderen Seite dieser Grenze in das Reich selbst erzeugter Notwendigkeit zu purzeln.

Mit Selbstreferenz greift ein System auf selbst erzeugte Operationen, Elemente, Komponenten, Konstellationen, Module etc. zurück, um daran Operationen höherer Komplexität anzuschließen. Je stärker ein System eigene Operationen für eigene Operationen nutzt, desto unabhängiger macht es sich von den Zufällen und Störungen seiner Umwelt und desto deutlicher grenzt es sich selbst gegenüber seiner Umwelt aus, konstituiert also mit seiner spezifischen Identität auch seine Umwelt.

All dies »kann« auch schon eine lebende Zelle. Was mit der Trias von Sprache, Bewusstsein und Kommunikation hinzukommt, ist die Fähigkeit, Selbstreferenz mit Reflexion zu verbinden. Reflexion zielt darauf, die Identität eines Systems in der Steuerung seiner Operationen zu berücksichtigen. Sie zielt also auf das Ganze, auf Einheit und damit auf etwas Unmögliches. Jede ernsthafte Steuerung beginnt also mit einer eingestandenen Unmöglichkeit. Das macht die Steuerung keinesfalls sinnlos, denn die Unmöglichkeit lässt sich leicht durch weniger deprimierende Äquivalente ersetzen, etwa durch die Imagination einer Einheit, die dann als Leitidee oder Leitbild oder Vision oder ähnliches für das System einspringt, um das System im System zu repräsentieren und operativ zugänglich zu machen.

Und nun beginnen die eigentlichen Schwierigkeiten. Wie bereits beim ersten Archetypus der Formbildung (schon dort taucht ja Einheit in der Kombination von Einheit und Differenz auf) angedeutet, ist es das Bewusstsein als einziges genuin reflexionsbegabtes System, das eine Einheit in andere Symbolsysteme hineinimaginiert *und dann darüber die Kontrolle verliert.* In aller Klarheit betont dies bereits Schelling: »Es ist eine gegen das Bewusstsein *reale,* d. h. jetzt nicht mehr in seiner Gewalt befindliche Macht, die sich seiner im Mythos [und, so können wir verallgemeinernd hinzufügen: in jeder anderen Imagination von Einheit] bemächtigt hat.«[67] Die in ein Symbolsystem, ob Glaube, Macht oder Liebe, hineinimaginierte Einheit des Systems löst dort eigendynamische Operationen und Prozesse aus, die der Logik des Symbolsystems folgen

---

66 Im Sinne des Uhrmachers Hora von Herbert Simon 1978: 99 ff.

67 So interpretiert Cassirer 2002: 7 zustimmend die Position Schellings zum Verhältnis von Bewusstsein und Mythologie.

und deren Auswirkungen auf Kommunikationsprozesse nicht mehr in der ›Gewalt‹ von Personen liegen, daher auch von den beteiligten Personen nicht mehr gesteuert werden können.

Damit ist nicht eine Defizienz des Bewusstseins bezeichnet, sondern die notwendige Einbindung des Bewusstseins in die kommunikative Fundierung sozialer Systeme. Einbindung ganz wörtlich: Das Bewusstsein bindet sich in symbolischer Kopplung mit Kommunikation an eine zweite Logik, die nicht die seine ist und muss mit ansehen, wie sich soziale und symbolische Systeme seiner Ideen bemächtigen, sie verfremden und in Konsequenzen zurückspielen, die nicht den Intentionen des Bewusstseins entsprechen. Das Bewusstsein kann zwar einiges voraussehen, aber nicht auch noch das Gegenteil dessen voraussehen, was es voraussieht. Daher wird es von den Folgen seiner Intentionen immer überrascht werden und die Frage ist nur, wie weit es sich vernünftigerweise darauf einstellen kann. Ich habe an anderer Stelle argumentiert, dass diese Vernunft darin liegen könnte, nicht Sicherheit vor Überraschungen anzustreben, sondern einen kompetenteren Umgang mit den unvermeidlichen Überraschungen, Ungewissheiten und Unsicherheiten zu entwickeln.[68]

Einen in diesem Sinne kompetenteren Umgang findet das Bewusstsein nicht in sich allein, sondern nur mit Bezug auf sein Generalproblem der doppelten Kontingenz, das es in eine symbolische Kopplung mit Kommunikation bringt und darüber in eine unvermeidliche »Partizipation« an allen höher generalisierten Symbolsystemen der Kommunikation. Der entscheidende Punkt ist demnach nicht, dass das Bewusstsein für sich die Fähigkeit zur Reflexion ausbildet, wie dies seit langem in der Bewusstseinsphilosophie und in weit flacherer Weise in den meisten der neueren Theorien des Gehirns und des Denkens verhandelt wird.

Vielmehr geht es um einen erheblich komplizierteren und unwahrscheinlicheren Vorgang, in dem sich das Bewusstsein in die Lage versetzt, sich kraft Reflexion in die Logik eines anderen Systems hineinzudenken und in diesem System als eingebettete Kompetenz zu wirken, gewissermassen als »invited intruder«[69] in einem Spiel, das zwar nur zwei spielen können, in dem aber *als Spiel* etwas Drittes entsteht,[70] das eine eigene Form entwickelt und dann eine eigene Systemdynamik, der gegenüber das Bewusstsein nicht mehr Betreiber, sondern nur noch Beobachter ist.

Die Spur, die das Bewusstsein als eingebettete Größe in dieses sich etablierende Spiel der Kommunikationssysteme eingräbt, ist die Idee der Einheit des Spiels oder, anders formuliert, die Idee, dass die Systeme

68 Willke 2002b.
69 Baum 1982.
70 Baecker 1993 d: 152 ff. mit Bezug auf Spencer Brown.

zu ihrer spezifischen Operationsform nur gelangen, wenn sie sich selbst als Einheit behandeln und wenn diese Einheit den Einzeloperationen Halt und Richtung gibt, auch wenn es nur eine imaginierte Einheit ist. Wie schon bemerkt, sind die Elemente eines Zeichensystems wie die Komponenten eines Symbolsystems weniger als isolierte Zeichen von Bedeutung denn als Relationen, Muster und Konstellationen von Zeichen. Diese Konstellationen machen allerdings ihrerseits nur Sinn, wenn sie vor dem Hintergrund einer Einheit oder Identität des Systems (von Zeichen oder Symbolen) gelesen werden. Um Sinn zu ergeben, benötigen sie Grenzen zur Begrenzung von Sinn. Ein nicht-triviales System kann es deshalb nicht darauf ankommen lassen, ob es diese seine Einheit »gibt« oder nicht. Es muss diese Einheit erzwingen, weil sie gebraucht wird, und sei es als funktionierende Fiktion.

Reflexion meint die Fähigkeit eines Systems, sich selbst als System zu thematisieren und sich als Einheit oder Gesamtheit zu sehen. Diese Selbstthematisierung geschieht in Abgrenzung von einer Umwelt, die als eigene Umwelt des Systems die notwendige andere Seite dieser Einheit darstellt, also aus der Sicht des Systems und als Operation des Systems über dieses hinausgreift in die *Vorstellung* einer Außenwelt. Damit ist ein großer Schritt für die Selbstverständigung, Selbstbeeinflussung und am Ende für die Selbststeuerung eines Systems getan. Denn wenn in einem vollendeten »re-entry« die Differenz von System und Umwelt in das System wieder eingeführt ist und im System zur Wirkung kommt, dann kann das System im strengen Sinne mit der (wieder eingeführten) Differenz spielen, das heißt: mit ihrer Hilfe Optionen ausprobieren. Insbesondere die Option, durchzuspielen was wäre, wenn in der Umwelt des Systems andere ähnliche Systeme vorkämen.

Dies klingt in der Rekonstruktion vermutlich schwieriger als es sich in der Praxis darstellt, weil diese Praxis als Verflechtung von Sprache, Bewusstsein und Kommunikation entstanden ist. Das Bewusstsein hat sich nicht isoliert ausgebildet, sondern als Teil dieser koevolutionären kommunikativen Praxis, also bereits geprägt von den Zwängen eines Zusammenspiels, das zwar ungleiche Partner zusammenspannt, aber doch die gemeinsame Ökologie einer evolutionären Schicksalsgemeinschaft erzeugt. Es ist deshalb nicht abwegig, eine minimale Homologie der inneren Form beider Medien anzunehmen.

Weniger pathetisch gesprochen: Sobald ein Bewusstsein sich vorstellen kann, dass es in seiner Umwelt andere Bewusstseine gibt, die sich ihrerseits dasselbe vorstellen können, ergeben sich zwei mögliche emergente Effekte. Die Bewusstseine können Erwartungen darüber ausbilden, wie sie ihre Verflechtungen *verstehen* und erklären wollen – etwa mit Hilfe mythischer oder traditionaler Vorstellungen, wonach die Götter dem Menschen die Sprache geschenkt oder ein Gott dem Menschen die Zunge gelöst habe oder gemäß modernerer Mythen, wonach Sprache der Verständigung diene, oder »doppelte Kontingenz« auflöse oder ähnliches. Und sie können Erwartungen darüber ausbilden, wie sie ihre Verflechtungen *gestalten* und steuern wollen. Diese zweite Möglichkeit spielt allerdings in einer anderen Liga. Sie verlässt den Raum einfacher Evolution und mythischer oder traditionaler Selbstbeschreibungen des Bewusstseins und wechselt in den komplexeren Raum von Steuerung.

In diesem Raum kommen Intentionalität und Futurität zur Entfaltung, allerdings üblicherweise beschränkt auf Personen und ihre Absichten und Vorstellungen. Jedenfalls ist weitgehend unbestritten, dass Personen sich gemäß einem Bild ihrer selbst (ihrer Identität) selbst steuern und auf dieser Basis in der Regel auch versuchen, andere zu steuern. Die tatsächliche Ausführung dieser Steuerungsabsichten hat nichts mit einem »Erfolg« der Steuerung zu tun, da die Gründe für gelingende oder misslingende Steuerung mangels einer brauchbaren Steuerungstheorie auf Vermutungen über psychische Prozesse gestützt sind, die schon deshalb problematisch sind, weil unklar ist, was sich mit Sprache und Kommunikation über Psychisches aussagen lässt.

Unklar ist aber in erster Linie, ob und wie Intentionalität und Futurität sich auch für soziale und symbolische Systeme geltend machen lassen und ob sie eine brauchbare Grundlage für die Selbststeuerung von Kommunikationssystemen abgeben. Selbst wenn diese Fragen zufriedenstellend beantwortet werden könnten, wäre immer noch unklar, wie die Interferenz von Personen und Kommunikationssystemen gestaltet werden müsste, um auch noch im Zusammenspiel von Personen und sozialen oder symbolischen Systemen Steuerungsfähigkeit zu realisieren.

Diese gestuften Voraussetzungen lassen ahnen, wie schwierig es ist, die Folgen der Fähigkeiten einzuschätzen, die mentale Systeme von allen anderen Systemen der Evolution abheben. Schon die Archetypen der Formbildung der Evolution schaffen Systeme von beeindruckender organisierter Komplexität. Mit Reflexion und Selbstreferenz rückt allerdings die völlig neuartige Kategorie der *wählbaren Identität* in die Reichweite systemischer Operationen: Ein System setzt sich in die Lage, sich selbst als System in seiner Identität zu sehen und darüber hinaus sich in seinen Operationen (selbstreferentiell) auf diese Einheit zu beziehen und sie in einem Prozess der Selbsteinwirkung zu verändern.

So unendlich weit diese wählbare Identität von den Möglichkeiten der einfachen Evolution entfernt ist – weder ein Makromolekül noch ein Huhn können wohl ihre Identität willentlich ändern –, so unspektakulär ist dies Personen und sozialen Systemen möglich. Jedenfalls im Prinzip in dem Sinne, dass Personen zuhauf von sich behaupten, dass sie sich selbst neu erfinden oder erfunden haben, dass sie ihr Leben, ihre leitenden Ziele und Ideen verändert haben etc. In gleicher Selbstgewissheit gibt sich die EU mit einer neuen Verfassung eine neue, *gewählte* Identität und viele nationalstaatlich organisierte Gesellschaften haben sich mit einer Revolution, einer Verfassungsreform oder einem Regimewechsel eine neue, aus kontingenten Möglichkeiten ausgewählte Identität als System gegeben.

Noch weit normalisierter vollzieht sich dieser erstaunliche Vorgang seit Jahrzehnten für viele Organisationen im Kontext von Organisationsentwicklung, Restrukturierung, neuer strategischer Ausrichtung, »mergers & acquistions«, Wechsel des Geschäftsmodells etc. Es gibt also genügend empirische Fälle für erfundene oder gewählte Identitäten, um den Schluss nahezulegen, dass Personen und Sozialsysteme sowohl Intentionalität wie auch Futurität als systemische Kompetenzen praktizieren und sich darin von den Gesetzen der einfachen Evolution entfernen.

Das Problem liegt denn auch nicht in dieser Evidenz als solcher, sondern darin zu wissen, *wer* (welches System) eine neue Identität beabsichtigt hat, *wie* diese Veränderung prozessiert worden ist, um die Differenz zwischen Gegenwart und imaginierter Zukunft zu überwinden, und *was* das Ergebnis des Transformationsprozesses mit den ursprünglichen Intentionen zu tun hat. Diese Leitfragen einer Steuerungstheorie komplexer Systeme können hier nicht angemessen behandelt werden. Sie sollen nur deutlich machen, dass alles, was nach einfacher Evolution kommt, auf die Problematik der Steuerung hinausläuft.

Das gilt gerade auch für die Genese und die Gestaltung der inneren Form symbolischer Systeme. Es liegt auf der Hand, dass individuelle und kollektive Akteure jeglicher Konstellation und Couleur vieles daran setzen, absichtsvoll in die großen Symbolsysteme einzugreifen oder sie sogar zu steuern. Jeder geschriebene Satz, jede geschlossene Ehe, jede Investition, jedes produzierte Kunstwerk, jedes beschlossene Gesetz etc. kann zugleich als ein Versuch gelten, auf die involvierten Symbolsysteme nach eigenen oder kollektiven Intentionen einzuwirken, um gegenwärtige Absichten in einer imaginierten Zukunft zu realisieren.

So sicher es ist, dass alles was geschieht, gleichzeitig in einer gegebenen Gegenwart geschieht, so sicher ist, dass im Kontext moderner, säkularer Gesellschaft jede Intention sich *nur* auf Zukunft beziehen kann, also mit ausgebildeter Intentionalität die Zukunft endgültig gegenüber Vergangenheit und Gegenwart zur Leitzeit wird. Aus dieser umfassenden Problematik geht es hier nur um den Ausschnitt der Interferenz mentaler und kommunikativer Reflexion.

Menschen können sich selbst und ihre Kommunikationen nur verstehen, wenn sie Krücken benutzen, die ihnen darüber hinweghelfen, dass sie auf beiden Seiten, der Seite der Personen und der Kommunikationssysteme, das meiste nicht verstehen können. Bemerkenswert ist zunächst, dass für das mythische Denken *keine* Frage offen bleibt. Für jedes noch so unbegreifliche Ereignis geben die Mythen, die alten Erzählungen, die Traditionen, die magischen Rituale etc. Antworten. Sie erklären den Himmel und die Erde, die Herkunft und das Jenseits der Menschen, Unglück, Krankheiten etc. ebenso wie die Rhythmen des Lebens und Sterbens. Die Ironie der Aufklärung liegt darin, dass die Erkenntnisse des »wissenschaftlichen Zeitalters« vor allem deutlich machen, dass gerade die großen Fragen völlig ungeklärt und unverstanden sind.

Das mythische Denken profitiert davon, dass keine Frage offen bleiben *darf* und spätestens irgendein Orakel die Lösung verkünden muss. Die Einheit des Bewusstseins, die notwendig ist, weil das Bewusstsein sich sonst in sich selbst nicht zurecht findet, verlängert sich in eine Einheit der Welt, die es unerheblich macht, ob die Notwendigkeit dieser Einheit den Mythos erzeugt oder der Mythos die Einheit.[71] Blickt man aus der Gegenwart des wissenschaftlichen Zeitalters auf diese beneidenswerte Leichtigkeit des Seins der Konstruktionen von mythischer Einheit, so ließe sich die absolute Zerrissenheit von Wissen und Nichtwissen der Gegenwart mit Hegel als die Wahrheit bezeichnen, die nach der Aufklärung noch möglich ist, indem sie die unabwendbare doppelte Kontingenz nicht im und hinter dem Mythos versteckt, sondern sich ihr stellt.

Gegenüber dieser heroischen Attitüde bleibt Cassirer bemerkenswert nüchtern: »Es sind dieselben allgemeinsten ›Formen‹ der Anschauung und des Denkens, die die Einheit des Bewusstseins als solche und die somit ebensowohl die Einheit des mythischen wie die des reinen Erkenntnisbewusstseins konstituieren … . So sind es, abstrakt genommen, die gleichen Arten der Beziehung, der Einheit und der Vielheit, des ›Miteinander‹, des ›Beisammen‹ und ›Nacheinander‹, die die mythische und die wissenschaftliche Welterklärung beherrschen.«[72]

Cassirer setzt demnach die Einheit des Bewusstseins und die Einheit des mythischen Denkens nicht in Gegensatz zum wissenschaftlichen Denken, sondern postuliert auch für dieses eine notwendige Form der Einheit. Nimmt man den kalten Blick Hegels und den mythisch erwärmten von Cassirer zusammen, dann eröffnet sich eine neue Perspektive, in der sich die Unterschiede aufheben lassen: Gerade weil das aufgeklärte und wissenschaftliche Denken in die absolute Zerrissenheit führt, erzwingt es sich eine imaginierte Einheit, ganz analog zur Einheit, die der Mythos imaginiert, und interpretiert die Welt im Lichte der Generalhypothese, dass eine solche Einheit existiere. Tatsächlich gehen Physiker von der Einheit der Materie, Biologen von der Einheit des Lebens, Psychologen von der Einheit der Psyche, Soziologien von der Einheit der Gesellschaft oder Philosophen von der Einheit von Sinn aus, obwohl sie es besser wissen müssten. Sie können es aber nicht bes-

71 »Auch der Mythos strebt nach einer ›Einheit der Welt‹«. Cassirer 2002: 76.

72 Cassirer 2002: 74.

ser wissen wollen, weil dies die Möglichkeiten »sinnvoller« weiterer Operationen zu schwierig machen und dem Chaos unauflösbarer Kontingenz aussetzen müsste.

Eine überwältigende anthropologische und ethnologische Evidenz lässt vermuten, dass die Einheit der Welt dem archaischen Denken viel näher lag und wichtiger war als die Einheit des Denkens. Der archaische Mensch denkt nicht über sich nach, sondern über die Welt und über sich als Teil dieser Welt. Die Einheit der Welt verbürgt, dass sie »gesehen« und kommunikativ als existent behandelt werden kann.

Erst das ›neuzeitliche‹ Denken der alten Griechen scheint die Einheit des Denkens von dieser übergreifenden Einheit abzuspalten und ihr gegenüber die Besonderheit des Individuums als eigene, unteilbare Einheit zu begründen. Dann wäre weniger verwunderlich, dass ein sich selbst bewusst gewordenes Denken diese Einheit in die Welt zurückprojiziert und die Einheit der Welt als Denkvoraussetzung braucht. Dies hieße dann allerdings, dass die Einheit der Welt ein Mythos bliebe und sich in der imaginierten Einheit sinnhaft konstituierter Systeme wiederfindet.

Auch noch für ein sich selbst bewusst gewordenes Denken ist die Einheit der Kommunikationssysteme unabdingbar, weil es sonst hinter dem Gewirr der Einzelphänomene nicht den Sinn des Ganzen entziffern könnte. Ob es diese Einheit ›gibt‹, ist zweitrangig. Das rationale Denken braucht und erzwingt diese Einheit ebenso wie das mythische Denken. Aber es tut dies nicht folgenlos. Es affiziert die Symbolsysteme mit seinen eigenen Kompetenzen und Konstruktionen, so wie vorher das mythische Denken das rationale Denken mit der Idee der Einheit infiziert hat. Damit ist im Zusammenspiel beider Seiten nicht mehr ohne weiteres erkennbar, woher welche Fähigkeiten stammen und was diese Fähigkeiten im Zusammenspiel von Bewusstseinssystemen und Kommunikationssystemen anrichten.

Die Lage war einfacher, als die Mythen noch zu den Menschen gesprochen haben. Sie konnten ihre Unverwechselbarkeit kundtun und ihre Einheit war unbezweifelbar. Mit dem rationalen Denken wurde das Sprechen der Personen so laut, dass die Mythen verstummten. Aber es ist unklar, ob sie überflüssig oder nur unhörbar wurden. Das moderne Denken entdeckt sie wieder in den Mythen der Einheit der Symbolsysteme. Aber auch nach Hegel und Marx bleibt unklar, wie diese Mythen hinter dem Rücken der Akteure zur Geltung kommen und wie es ihnen gelingt, in den Kollisionen und Kollusionen mit Personen eine eigene Identität und eigene Intentionen zu behaupten. Bevor diese Frage näher behandelt werden kann, ist eine letzte Komplikation der Interferenz mentaler und kommunikativer Reflexion zu bedenken.

Ausgangspunkt der folgenden Überlegungen ist das oben entwickelte Argument, wonach das Bewusstsein die Operationsweise von Kommunikationssystemen (und aller höher generalisierter Symbolsysteme) nicht mehr steuern, sondern nur noch beobachten kann. Eine Steuerung der Kommunikation ist für das Bewusstsein unerreichbar, weil die Kommunikation sich selbst steuert. Dies geschieht, wie ausgeführt, dadurch, dass schon die Sprache als Symbolsystem eigene interne Strukturen, Prozesse und Regeln ausbildet, die nach anderen Kriterien Anschlüsse und Kombinationen selegieren als es die Kriterien sind, welche die Operationsweise von Gedanken im System des Bewusstseins steuern.

Kommunikation als Resultante der strukturellen Kopplung zweier Sprecher über die Mitteilung ausgewählter Informationen folgt wiederum eigenen Gesetzen, weil sie gegenüber der Sprache autonome Strukturen, Prozesse und Regeln ausbildet, welche einen bestimmten Kontext von Kommunikationen als Kommunikationssystem kennzeichnen. Jede dieser Ebenen von Sinnsystemen hängt zwar in bestimmten Hinsichten von den anderen ab, aber es sind wie bei allen symbolisch gekoppelten Systemen Abhängigkeiten im Sinne von Bedingungen der Möglichkeit. Gleichzeitig hängen sie in einer Hinsicht nicht voneinander ab, nämlich hinsichtlich der Regeln ihrer Selbststeuerung. Diese Autonomie ermöglicht ihnen, je eigene systemische Qualitäten und Identitäten auszubilden, auch wenn sie in keiner Weise autark im strengen Sinne sind.

Bewusstsein, Sprache und Kommunikation sind zwar durch symbolische Kopplung verbunden, aber sie stehen sich nicht als Trivialsysteme gegenüber, die direkten Zugang zueinander hätten. Vielmehr ist jede Verbindung auf den indirekten Weg der Anregung zu Resonanzen und Eigenoperationen verwiesen. Zwar wirkt jede Ebene auf die andere katalytisch, aber ein System kann ein anderes nur zu dessen autonomer Autokatalyse anregen, nicht selbst in diese eingreifen.

Dieser verwickelte Zusammenhang von Abhängigkeiten und Unabhängigkeiten macht das Zusammenspiel der Symbolsysteme zu einem Minenfeld der Analyse. Dass die Symbolsysteme aufeinander reagieren können, steht außer Frage, weil sie beobachtungsfähig sind und Ereignisse in ihrer Umwelt nach ihren je eigenen Beobachtungsmustern aufgreifen und zu internen Operationen aufbereiten. Aber es ist nicht mehr prognostizierbar, *wie* sie aufeinander reagieren, weil alle Ereignisse durch die Filter systemischer Relevanzen und Regeln laufen und darin verfremdet und zu anderen Differenzen transformiert werden. So wie eine fähige Gärtnerin die Bedingungen dafür schaffen kann, dass ein Blütenzauber entsteht, obwohl sie auch nicht eine einzige Knospe direkt steuert, so mag ein Bewusstsein durch Empathie und Erfahrung lernen, geeignete Bedingungen für den Zauber der Sprache und ein Erblühen der Kommunikation zu schaffen. Aber es kann nicht einen einzigen Satz selbst sprechen und nicht eine einzige Kommunikation selbst kommunizieren. Das müssen Sprache und Kommunikation schon selbst tun.

Erkennbar tut sich das Bewusstsein schwer mit dieser Beschränkung. Es kann sich selbst denken und sich selbst beeinflussen, warum dann nicht auch andere Bewusstseine und andere Symbolsysteme? Dem animistischen und mythischen Denken ist genau diese Beschränkung völlig fremd. Es »sieht« die direkte Beeinflussbarkeit aller Elemente durch alle anderen in einer einheitlichen Welt und ist überzeugt, dass sich Kräfte, Eigenschaften, Qualitäten, etc. unmittelbar und material von einem auf das andere Element, also etwa von einem Menschen auf einen anderen oder von einem Gott auf einen Menschen oder von einem Zauberer auf einen anderen übertragen lassen.[73] In den meisten Alltagstheorien und noch in vielen elaborierten Modellen von Erziehen, Therapieren, Beraten, Regieren oder Managen[74] ist dieser Animismus ungeschwächt und die Mythen des alten Denkens sind ungebrochen.

Das rationale Denken setzt dem animistischen Mythos der Beeinflussbarkeit den Mythos technischer Machbarkeit und wissenschaftlicher Wahrheit entgegen. Nun gelingt »Erziehen, Kurieren und Regieren« nicht mehr qua Zauber, sondern aufgrund überlegener Technik und wahrer Methoden und Erkenntnisse. Obwohl in Deutschland gegenwärtig jedes Jahr mehrere Zehntausend Menschen allein in Krankenhäusern an falscher Medikamentierung sterben, hält sich unerschrocken der Glaube, dass die wissenschaftliche Medizin heilt. Obwohl niemand sagen kann, welche Wirkungen Beratung hat und wie sie im Verhältnis zu Myriaden von anderen Veränderungsfaktoren ihre eigene Bedeutung begründen könnte, geben Firmen und andere Organisationen Milliarden für Beratung aus. Obwohl jede Regierung neue Programme und Veränderungserfolge verspricht und damit scheitert, wenn es gut geht, und dramatisch scheitert, wenn es schlecht geht, denkt niemand daran, die neuen Versprechungen für irrelevant zu halten. Man kann also wohl ohne Bedenken behaupten, dass die Mythen leben, auch wenn sie ihre Form gewandelt haben.

Das reflektierte Denken gibt sich zumindest Rechenschaft darüber ab, dass seine eigene Einheit, auf die sich seine Reflexion bezieht, nicht auch zugleich die Einheit anderer Systeme ist. Es kommt also nicht umhin, sich ernsthaft mit Differenzen auseinanderzusetzen. Eine aufgeklärte Reflexion, die sowohl auf Einheit wie auch auf Differenz reflektiert, erscheint als ein wesentlicher Faktor, dem Denken plausibel zu machen, dass es sich im Denken auf sich selbst und hinsichtlich der übrigen Welt

73 Cassirer 2002: 70 et passim: »In den ägyptischen Zeremonien der Königskrönung gibt es genaue Anweisungen dafür, wie in einem ganz bestimmten Stufengang alle Eigenschaften, alle Attribute des Gottes durch die einzelnen Regalien, durch das Szepter, die Geißel, das Schwert auf den Pharao zu übertragen sind. Sie alle stehen hierbei nicht als bloßes Symbol, »sondern als echte Talismane, als Träger und Bewahrer göttlicher Kräfte.«

74 Zu Recht spricht deshalb Sigmund Freud mit Blick auf Erziehen, Kurieren und Regieren von »unmöglichen Berufen«. Siehe Belardi 1994: 15.

auf Beobachtung beschränken muss. Auf dieser Grundlage kann sich das Denken von der animistischen Vorstellung befreien, durch Denken die Sprache oder gar die Kommunikation steuern zu können. Das muss nicht das Ende jeder Einflussnahme des Denkens auf Sprache und Kommunikationssysteme sein. Aber mit dem Eingeständnis von Distanz und Differenz verändern sich die Parameter möglicher Beeinflussung grundlegend vom Mythos der »Allmacht der Gedanken« zu einer distanzierten, indirekten und dezentralen Kontextsteuerung.[75]

Zugleich wird dann auf der anderen Seite die Frage unabweisbar, in welcher Weise Sprache und Kommunikationssysteme ihrerseits das Denken beeinflussen. Auch in dieser Blickrichtung wird man sich von allen Vorstellungen verabschieden müssen, die eine direkte Steuerbarkeit des Denkens durch soziale und symbolische Systeme postulieren. Nach wie vor ist es notwendig »to clarify the extent to which thinking depends upon institutions.«[76] *Groupthink* und andere Ausprägungen totalitären Zwangsdenkens funktionieren, soweit sie funktionieren, nur als Zwangssysteme, wie die historischen Erfahrungen mit Diktaturen aller Art zeigen. Aber dies ist kein Argument für die Steuerbarkeit des Denkens unter zivilisierten Bedingungen von Freiheit und Autonomie. Dennoch verlangen insbesondere die Wirkungen globaler Massenmedien auf das Denken Überlegungen dazu, wie das Verhältnis zwischen Denken und Symbolsystemen (unter »normalen« Bedingungen) zu denken und zu kommunizieren ist. Vieles weist darauf hin, dass neue Mythen zu den Menschen sprechen, nicht nur die Mythen der Massenmedien, sondern nachhaltiger und untergründiger noch die Mythen der großen Symbolsysteme, die Mythen der Macht, des Geldes, der Moral, des Wissens, der Liebe oder des Rechts. Und vieles weist darauf hin, dass nun im Gegenzug das eigene und selbstbestimmte Sprechen der Menschen verstummt.

75 Ausführlich Willke 2001b.
76 Douglas 1986: 8.

# III. Zwischenbetrachtung zur Intentionalität der Kommunikation

Mit der Bewusstseinsphilosophie im allgemeinen und Husserls Bewusstseinsphänomenologie im besonderen ist hinreichend belegt, dass Intentionalität als prägendes Element der Selbstbeschreibung des Bewusstseins als Bewusstsein gilt. Zwar könnte irritieren, dass diese Selbstbeschreibungen im Medium der Sprache verfasst sind und damit dem Bewusstsein verschlossen bleibt, ob Intentionalität nun eine genuine Eigenschaft des Bewusstseins ist oder aber eine über die Sprache in das Bewusstsein importierte. Aber diese Frage mag offen bleiben, weil jedenfalls aus dem koevolutionären Zusammenspiel von Bewusstsein und Sprache Intentionalität herausspringt. Sie lässt sich mit den Mitteln der Sprache als Qualität des Bewusstseins beobachten und beschreiben: »Husserl hatte bekanntlich postuliert, dass das Bewusstsein sich immer zugleich mit Phänomenen beschäftigt und weiß, dass es dies bewusst tut. Ins Systemtheoretische übersetzt, heißt dies, dass das Bewusstsein Fremdreferenz und Selbstreferenz immer zugleich prozessiert und nie auf das eine zugunsten des anderen verzichten kann. Im Kreuzpunkt dieser beiden Referenzen findet man den Begriff der Intention«.[1]

Auch John Searle beginnt mit einer Referenz, allerdings nur mit *einer*. »Intentionalität ist das Merkmal des Geistes, durch das Geisteszustände auf Sachverhalte in der Welt gerichtet sind, von ihnen handeln, sich auf sie beziehen oder auf sie abzielen.«[2] Die Sprachphilosophie, und nicht nur bei Searle, nutzt den Begriff der Intention, um alle Varianten des Rätsels durchzuspielen, ob nun die Sprache das Denken prägt oder das Denken die Sprache oder ob beides irgendwie zusammenwirkt. John Searle schlägt sich dabei klar auf die Seite des Bewusstseins: »Wir können die Intentionalität des Geistes nicht dadurch erklären, dass wir uns auf die Intentionalität der Sprache berufen, weil die Intentionalität der Sprache bereits von der Intentionalität des Geistes abhängt. ... Wir müssen diejenige Intentionalität, die Menschen und Tiere intrinsischermaßen haben, von der abgeleiteten Art von Intentionalität unterscheiden, die Wörter und Sätze, Bilder, Diagramme und Graphiken haben.«[3]

Aber woher will Searle wissen, dass die Intentionalität der Sprache von der des Geistes abhängt, dass die eine originär, die andere derivativ ist, und nicht umgekehrt? Da das Denken sich sprachlich ausdrücken muss und der Begriff ›Intentionalität‹ offenbar eine Konstruktion im

---

1 Luhmann und Schorr 1992: 104.
2 Searle 2004: 82.
3 Searle 2004: 110 u. 112.

Kontext von Sprache ist, ist völlig offen – und muss völlig offen bleiben –, welche Seite originär ist. Deshalb muss auch offen bleiben, ob es überhaupt *eine* originäre und eine abgeleitete Seite gibt oder ob es nicht plausibler ist, auch hier einen koevolutionären Zusammenhang, eine unauflösliche wechselseitige Bedingtheit von Sprache und Bewusstsein zugrunde zu legen.

Die beiden stärksten Argumente für eine eigene Intentionalität der Kommunikation sind zugleich Argumente für diesen koevolutionären Zusammenhang von Bewusstsein und Sprache. Das erste Argument folgt aus einer genaueren Bestimmung des Begriffs der Intention. Während etwa Searle auch Phänomene wie Hunger, Durst, Freude etc. als Intentionen versteht[4] und damit Intentionen mit Bedürfnissen und Gefühlen in einen Topf wirft, lenkt eine soziologische Sicht darauf, Intentionen deutlich enger als *Handlungs*absichten oder als Handlungs-*zwecke* zu verstehen. Intentionen meinen Absichten und Zielrichtungen des Handelns. Damit ist zwar die ganze Problematik des Handlungsbegriffs einerseits, des Zweckbegriffs andererseits in die Bestimmung von Intentionalität hineingezogen, aber eben auch die Fülle bereits vorliegender Einsichten in die Struktur des Handelns und in die Funktion von Zwecken.

Zumindest kann man nun voraussetzen, dass es sinnvoll ist, Handeln von Verhalten zu unterscheiden, Handeln an Kontingenz und mithin an Wahlfreiheit zu binden, also insbesondere festzuhalten, dass es nicht sinnvoll ist, von Intentionen und von Handeln zu reden, wenn es keine Möglichkeit der *Auswahl aus unterschiedlichen Möglichkeiten* gibt. Intentionalität setzt demnach alternative Wahlmöglichkeiten des Handelns voraus. Hunger oder Durst führen etwa bei Tieren zu Verhalten, wenn und weil es keine Alternativen zu den ablaufenden Reiz-Reaktions-Schemata gibt. Tiere brauchen daher keine Intentionen. Hunger oder Durst führen beim Menschen zu Handeln, wenn und weil es viele alternative Möglichkeiten gibt, darauf zu reagieren – bis hin zu der Intention, dem Reiz gerade nicht nachzugeben und stattdessen zu hungern.

Weiter kann man voraussetzen, dass Handeln »im Sinn sinnhaft verständlicher Orientierung«[5] notwendig sozial konstituiert ist, weil verständlicher Sinn sich nur in sozialen Kontexten bildet. Selbst Max Webers unklarer und ambivalenter Handlungsbegriff setzt dies voraus und widerspricht damit sich selbst und seiner Reduktion auf das Verhalten einzelner Menschen. Auch ist schwer zu sehen, wie eine ›sinnhaft verständliche Orientierung‹ ohne Rekurs auf Sprache möglich sein soll. Jürgen Habermas, der für seine *Theorie des kommunikativen Handelns* erst gar keinen Handlungsbegriff entwickelt, sondern gleich auf die Ra-

4 Searle 2004: 115 ff. u. 125.
5 Weber 1972: 6.

tionalität »des« Handelns losgeht, markiert immerhin den Unterschied zu Verhalten: »Verhaltensreaktionen eines durch innere oder äußere Stimuli gereizten Organismus, umweltinduzierte Zustandsänderungen eines selbstgeregelten Systems lassen sich zwar als *Quasihandlungen* verstehen, nämlich so, als ob sich darin die Handlungsfähigkeit eines Subjekts äußerte. Aber von Rationalität sprechen wir hier nur in einem übertragenen Sinne. Denn die für rationale Äußerungen geforderte Begründungsfähigkeit bedeutet, dass das Subjekt, dem diese zugerechnet werden, unter geeigneten Umständen *selbst* in der Lage sein soll, Gründe anzuführen.«[6]

Wenn aber Sprache unabdingbar ist, um den Sinn von Handlungen zu verstehen und um sie in ihrer Rationalität beurteilen zu können, dann ist sogar in die Tiefenstruktur von ›sinnvollem‹ Handeln nicht nur eine soziale Fundierung eingebaut, sondern die geballte Macht der sprachlichen Konstitution von Welt. Dann sind für die Orientierung des Handelns, also für Intentionalität, nicht so sehr die verhaltensprägenden Bedürfnisse der einzelnen Personen relevant, sondern vielmehr die weltbildenden Weltbilder einer Gesellschaft – von ihrer Sprache über ihre Mythen[7] bis zu ihren Regelsystemen: »Wer versteht, was einem Volke seine Mythologie ist, welche innere Gewalt sie über dasselbe besitzt und welche Realität sie hierin bekundet: der würde ebenso leicht, als er die Mythologie von einzelnen erfinden ließe, für möglich halten, dass einem Volke auch seine Sprache durch Bemühungen einzelner unter ihm entstanden sei.«[8]

Ein zweites Argument betrifft zwar auch den Begriff der Handlung, aber nicht als Komponente von Handlungsabsichten und damit als Teil der Bestimmung des Begriffs der Intention. Vielmehr geht es jetzt um den Begriff der Handlung im Verhältnis zum Begriff der Kommunikation. In einer systemtheoretischen Sicht ist das Handeln selbst eine derivative Konstruktion, die bereits mit Rücksicht auf das überzogene Selbstbild des individualisierten Menschen auf diesen zugeschnitten ist. Diese Konstruktion muss ihre Verankerung in dem genuin sozialen Prozess der Kommunikation abdunkeln, um dem Selbstbild eines souveränen eigenverantwortlichen Individuums zu genügen: Ich handle, also bin ich souverän – so der standardisierte Mythos des Individualismus.

Demgegenüber postuliert die Systemtheorie ein komplizierteres Verhältnis zwischen psychischem und sozialem System, zwischen Handeln

6 Habermas 1981: 31.
7 »Hier gibt es daher sowenig für ein einzelnes Volk wie für die Menschheit als Ganzes eine freie Wahl, ein liberum arbitrium indifferentiae, mit der sie bestimmte mythische Vorstellungen annehmen oder ablehnen könnte; sondern hier herrscht überall strenge Notwendigkeit.« Cassirer 2002: 6.
8 Cassirer 2002: 7.

und Kommunikation. In allen Handlungsbezügen des Alltags moderner Gesellschaften, ob Familie, Kindergarten, Schule, Ausbildung, Beruf, Unterhaltung, Freizeit oder was immer, ist Handeln ohne Bezug auf die dahinter stehenden Kommunikationskontexte überhaupt nicht zu verstehen. In Übereinstimmung mit den Positionen des symbolischen Interaktionismus formuliert Luhmann: »Was eine Einzelhandlung ist, lässt sich deshalb nur auf Grund einer sozialen Beschreibung ermitteln.«[9]

Handlungen sind Interpunktionen eines laufenden Kommunikationsprozesses, die dazu dienen, die unendlichen Geschichten eines ausufernden und letztlich grenzenlosen Kommunikationskontextes zu beobachtbaren, überschaubaren und als abgegrenzte Einheiten verstehbare Komponenten zu unterteilen. Der Kommunikationsprozess muss, »um sich selbst steuern zu können, auf Handlungen reduziert, in Handlungen dekomponiert werden.«[10]

Handlungen sind demnach Zurechnungen, die ein Beobachter vollzieht, wobei dieser Beobachter auch der Handelnde selbst sein kann. Der Beobachter markiert bestimmte Bifurkationspunkte des sich selbst weiterspinnenden Kommunikationsnetzes, um *sich selbst* Orientierungspunkte in einer prinzipiell endlosen Topologie prinzipiell unendlich vieler Topoi der laufenden Kommunikation zu schaffen. Er digitalisiert mit seinen Einzelbeobachtungen, die auf einzelne wahrnehmbare Unterschiede ausgerichtet sind, den breiten Strom analoger Kommunikationen und schafft damit handhabbare Komponenten, die sich weiterverarbeiten lassen. »Am besten lässt sich die laufende Herstellung von Einzelhandlungen in sozialen Systemen begreifen als Vollzug einer mitlaufenden Selbstbeobachtung, durch die elementare Einheiten so markiert werden, dass sich Abstützpunkte für Anschlusshandlungen ergeben.«[11] Ein laufender Kommunikationsprozess generiert durch eine mitlaufende Zurechnungsprozedur einen parallel laufenden Handlungsstrang, der aus den Komponenten ›Einzelhandlungen‹ besteht, die dann auf ihre Gründe, ihre Rationalität, ihre Intentionen befragt werden können.

Mit einer anders intendierten, aber merkwürdig parallelen Formulierung bestätigt Habermas die Verankerung des Handelns in den Kommunikationskontexten sozialer Systeme: »In Zusammenhängen kommunikativen Handelns *darf als zurechnungsfähig nur gelten*, wer als Angehöriger einer Kommunikationsgemeinschaft sein Handeln an inter-

9 Luhmann 1984 a: 228.
10 Luhmann 1984 a: 193. Luhmann fährt fort: »Soziale Systeme werden demnach nicht aus Handlungen aufgebaut, so als ob diese Handlungen auf Grund der organisch-psychischen Konstitution des Menschen produziert werden und für sich bestehen könnten; sie werden in Handlungen zerlegt und gewinnen durch diese Reduktion Anschlussgrundlagen für weitere Kommunikationsverläufe.«
11 Luhmann 1984 a: 229 f. Siehe auch: 240.

subjektiv anerkannten Geltungsansprüchen orientieren kann.«[12] Anders intendiert ist diese Aussage, weil Habermas die Zurechnungsfähigkeit als Normalität versteht (im Sinne von normal vs. unzurechnungsfähig), nicht aber als Fähigkeit, Zurechnungen von Kommunikation auf Handlung vornehmen zu können. Bemerkenswerterweise ist aber die zweite Art der Zurechnungsfähigkeit viel allgemeiner und grundlegender als die erste. Normalität, Zurechnungsfähigkeit, Rationalität *and all that* hängen in Kommunikationsgemeinschaften primär daran, ob ein Beobachter in der Lage ist, angemessene Anhaltspunkte und Interpunktionen für die Zurechnung – und damit die Konstruktion – von Handlungen zu finden. Gelingt dies nicht, dann produziert er unverständliche, magische, sinnlose, verrückte, pathologische, nicht-rationale etc. Handlungen als kondensierte Ausschnitte der laufenden Kommunikation und schließt sich damit selbst aus der »gelingenden« Kommunikation aus.

Nach dieser Sicht ist es also nicht die Intention, die eine Handlung zur Handlung macht, wie Max Weber meinte, und Intention ist schon gar nicht ein diffuses »Merkmal von Geisteszuständen«, wie John Searle meint. Vielmehr ist hier Handlung zunächst ganz unabhängig von irgendwelchen Absichten, Motiven und Zwecken konstruiert als Ergebnis einer typisierenden Zurechnung von Kommunikationen. Den solchermaßen konstruierten Handlungen können alle denkbaren Zwecke oder Absichten zugeschrieben oder unterstellt werden. *Intention ist eine spezifische Verknüpfung von Handlung und Zweck.*

Um die Figur der Intentionalität zu klären, sind daher die Begriffe Handlung und Zweck je für sich und in ihrer Verbindung zu klären. Dies hat nicht nur den Vorteil, dass Handlungen und Zwecke unabhängig voneinander variieren können, sondern es erhält eine erste Plausibilität dadurch, dass unterschiedliche Beobachter typischerweise unterschiedliche Intentionen des Handelns annehmen oder unterstellen. Gerade bei asymmetrischen Kommunikationen wie denjenigen zwischen Eltern und Kind, Lehrer und Schüler, Vorgesetzten und Untergebenen etc. dürfte es deshalb die Regel sein, dass Handlungen und Zwecke *unterschiedlich* gesehen und verstanden werden. Deshalb ist Dissens, nicht Konsens, der übliche Modus des Kommunizierens, und die Machtverhältnisse erweisen sich daran, wessen Definition von Handlung bzw. Zweck sich durchsetzen kann.

Mit Dissens ist die Prozessform bezeichnet, die jeder möglichen Intention nicht erst von irgendwelchen psychischen Motiven oder ›Geisteszuständen‹ zufließt, sondern die bereits in die Fundamente des Symbolsystems der Sprache und des Mediums der Kommunikation eingelassen ist. Seit ihrem imaginierten Anfang mit der Kommunikation im Paradies ist Sprache so gebaut, dass jede Aussage mit ihrer Negation

---

12 Habermas 1981: 34. (Hervorhebung H. W.)

dupliziert werden kann. Deshalb kann Eva zu dem Gebot ihres Gottes ›Nein‹ sagen. Sogar noch jede Negation ist negierbar, so dass Eva vermutlich widerrufen oder sich irgendwie hätte herausreden können, wenn sie das gewollt hätte. »In den Kommunikationsvorgang ist mithin die *Möglichkeit* der Ablehnung *zwingend* miteingebaut. Hiervon ausgehend können wir ein Elementarereignis von Kommunikation definieren als kleinste noch negierbare Einheit.«[13]

Nun erweist sich, dass Kontingenz nicht erst und nicht nur Merkmal eines auf Handlungsabsichten des Bewusstseins zielenden Begriffs von Intentionalität ist, sondern bereits und jedenfalls auch in die Tiefenstruktur von Sprache und Kommunikation eingelassen ist. Damit kommt zum Vorschein, dass ganz unabhängig von irgendwelchen Absichten des Bewusstseins und unabhängig davon, ob im mentalen System genuine Intentionen auffindbar sind oder nicht, jedenfalls die Sprache als Sprache erzwingt, dass Personen als Teilnehmer an Kommunikationen sich zwischen Bejahung und Verneinung *entscheiden* müssen. *Jede Kommunikation erzwingt eine Entscheidung zwischen Ja und Nein.* Auch wenn es keine Intentionen, keine Motive, Zwecke etc. gäbe, müsste man sie erfinden, um dem elenden Zwang zur permanenten Begründung von Entscheidungen zu entgehen – oder doch zumindest diesen Zwang dadurch zu mildern, dass pauschalierte und anerkannte Gründe für Intentionen und damit Begründungen für Handlungen gegeben werden können.

Typische Zweckbestimmungen wie »damit ich Geld verdiene«, »damit Gott mich liebt«, »damit ich gesund bleibe«, »damit ich dich zwingen kann«, »damit ich es weiß«, »damit ich es lerne«, »damit ich dir gefalle« etc. sind generalisierte Zielsetzungen für ganze Kommunikationsfelder und Handlungsbereiche, die ihre Begründungen schon hinter sich haben, weil diese als prinzipiell selbstverständlich gelten können. Hier scheinen Parsons »situationally generalized goals« durch.[14] Mit ihnen gelingt es, die in Sprache und Kommunikation eingebaute Möglichkeit von Dissens und Negation sozial erträglich zu gestalten, indem pauschalierte Vorverständnisse unterstellt werden können, ohne dass die *Möglichkeit* zum Dissens entfällt. Insbesondere die differenzierten Zwecke, die in den Organisationen der verschiedenen Funktionssysteme eine generalisierte Anerkennung genießen, implizieren eine Pauschalvermutung für Konsens, obwohl jede einzelne Kommunikation dennoch und zugleich auf möglichen Dissens angelegt ist und Ablehnung nicht auszuschließen ist.

Schon nach diesen ersten Überlegungen fällt auf, dass Zwecke nicht (oder jedenfalls nicht nur) den Köpfen von Menschen entspringen, son-

13 Luhmann 1984a: 212.
14 Dazu Luhmann 1973a: 189.

dern dass sie notwendige Einrichtungen zum Betrieb sozialer Systeme sind. »Absichten sind verkehrsnotwendige Fiktionen.«[15] Typischerweise definieren *Organisationen* Zwecke, die dann von Personen in einem merkwürdigen Ritual übernommen werden. Sicher gehören zu diesen Organisationen auch sehr originäre soziale Systeme wie Familie, Dorf, Clan, Kult oder Stamm. Aber die Proliferation der Zwecke auch noch in die abenteuerlichsten und unwahrscheinlichsten Winkel möglicher Zwecksetzungen setzt erst mit der Proliferation des Systemtypus Organisation ein. Schnell gibt es dann nichts mehr, was nicht Zwecksetzung einer Organisation werde könnte, *obwohl* sich ein Mensch an sich solche Zwecke nicht einmal vorstellen könnte: Ohne Erstaunen und ohne Aufregung können nun Zwecke von Organisationen darin bestehen, kollaterale Schuldobligationen als Derivate zu optimieren, ganze Genome zu sequenzieren, Straßenautos mit über eintausend PS zu bauen, Selbstmordattentäter auszubilden und so weiter ohne Ende.

Es fällt schwer, ein solches Maß an Verwirrung dem Menschen zuzuschreiben. Ein weitaus geeigneter Kandidat dafür sind soziale Systeme, weil sie dem Ideal opportunistischer Optimierung ihrer Operationen und einer entsprechenden »Variation der Zwecke ungehinderter folgen können als Personen: »Opportunismus ist ein praktisch kaum erreichbares Ideal, dem nur sehr komplexe Systeme sich annähern können.«[16] Allerdings macht Luhmann in diesem Zusammenhang darauf aufmerksam, dass Opportunismus und Zwecksetzung sich auch widersprechen, weil jede realisierte Zwecksetzung eine Selbstbindung des Systems beinhaltet, die nicht ohne weiteres und nicht ohne Kosten wieder aufgelöst werden kann.

In einer kommunikationstheoretischen Perspektive (die Luhmann bei dieser frühen Argumentation nicht zugrunde legt) lässt sich das Ideal des Opportunismus präzisieren als die reine, unrestringierte Möglichkeit jeder Kommunikation, und mithin jeder Operation eines sozialen Systems, ihre positive Ausprägung durch ihre Negation zu ersetzen und so völlig offene, bindungslose, eben opportunistische Trajektorien möglicher Fortsetzungen der Kommunikation zu verfolgen. Jede Einschränkung dieser Bindungslosigkeit etwa durch Zwecke oder andere Strukturen der Kommunikation bewirkt dann eine Selbstbindung der Kommunikation, weil mit Zwecken eine generalisierte Asymmetrie der Kommunikation zugunsten der Vermeidung von Dissens gesetzt ist.[17]

15 Luhmann 1992: 106. Und weiter: »Das Forschungsthema ist dann nicht: ob eine Absicht tatsächlich vorliegt oder nicht, sondern: wie es zu erklären ist, dass man Absichten unterstellen und für solche Unterstellungen relativ rasch Konsens finden kann.« (107).
16 Luhmann 1973a: 200.
17 Insofern ist es folgerichtig, dass Luhmann bereits bei seiner frühen

Damit schält sich deutlicher heraus, dass Zwecke notwendige Erfindungen von sozialen Systemen und für soziale Systeme darstellen. Mit der Einrichtung von Zwecken wappnen sich soziale Systeme gegen den heillosen Opportunismus ihrer operativen Elemente: der Kommunikationen in ihrer reinen Form. Mit weiterer Differenzierung und steigender Eigenkomplexität führen die Funktionssysteme der Gesellschaft dieses Geschäft der Entopportunisierung fort durch die Erfindung der symbolisch generalisierten Medien der Kommunikation, die ganze Netze erwartbarer Vorentscheidungen für die Akzeptanz von Kommunikationsangeboten aufspannen. Die innere Form der mit den Medien entstehenden Symbolsysteme (Macht, Geld, Glaube, Kunst, Wissen etc.) prägt eine innere Form der Kommunikationen, die mit codierten und programmierten Vorentscheidungen für unterstellten Konsens ihrerseits den gesellschaftlichen Funktionssystemen und ihren Organisationen eine innere Form jenseits des Opportunismus aufprägen und so überhaupt erst den Grad an Verlässlichkeit kommunikativer Operationen ermöglichen, der es Personen erlaubt, sich in diese Operationen einzuklinken, ohne sofort und unabwendbar einer opportunistischen Sprachverwirrung des Jaja/Neinnein zu verfallen.

Etwas vereinfacht lässt sich deshalb auch sagen, dass die damit ermöglichte symbolische Kopplung von Kommunikationen und Personen auf beiden Seiten der Kopplung passende Vorleistungen voraussetzt: auf der Seite sozialer Systeme die Selbstbindung der frei vagabundierenden Kommunikationen durch Zwecke, in denen sich eine spezifische Systemrationalität ausprägt; und auf der Seite der Personen die Selbstbindung der frei vagabundierenden Gedanken durch zurechenbare und zugerechnete Handlungen, die als Handlungen genau deshalb eine Form gewinnen und beobachtbar werden, weil ihnen eine spezifische Rationalität des Handelns unterlegt werden kann.

Das Entscheidende passiert aber erst durch die Zusammenführung dieser beiden Seiten. *Aus der symbolischen Kopplung von Handlung und Zweck entspringt Intentionalität.* Intentionen als absichtsvolles oder zweckgerichtetes Handeln sind Produkte des Zusammenspiels differenzierter Symbolsysteme. Sie lassen sich als Merkmale oder Fähigkeiten nur einer der beiden Seiten nicht angemessen verstehen. Dies könnte erklären, warum sich bisher selbst großformatige Konzeptionen der Analyse von »absichtsvollem Handeln« wie diejenigen von Weber und Husserl unvereinbar und verständnislos gegenüberstehen.

Analyse von *Zweckbegriff und Systemrationalität* auf eine Frühform der Kommunikationsmedien, auf »generalisierte Medien der Problemlösung« stößt. Luhmann 1973 a: 204 ff. Die Medien entwickeln sich von diesem Ansatzpunkt aus zu generalisierten Zweckbestimmungen der Funktionssysteme.

Zieht man die über Sprache vermittelten Ebenen des Bewusstseins und der Kommunikation auseinander, dann wird es einerseits schlicht überflüssig, dass nur eine der Ebenen die Begründungslast für Intentionalität übernimmt. Andererseits ermöglicht es diese Differenzierung von Sphären symbolischer Systeme, dass sie weitgehend unabhängig voneinander variieren und daher stark unterschiedliche Formen der Rekombination eingehen können. So verlegt das mythische Denken, wie Cassirer darlegt, Intentionalität radikal einseitig auf die Seite der umfassenden Symbolsysteme des Heiligen als Ausdruck des Sozialen. Die handelnden Personen brauchen sich keine Gedanken über eigene Intentionen zu machen, da die Zwecke des Ganzen mythisch/religiös vorgegeben sind und die Aufgabe der Menschen darin besteht, diesen Zwecken entsprechend zu handeln.[18] Diese Mythen kehren zurück in den Formen des Kommunismus, des Fundmentalismus und des radikalen Kommunitarismus.

Für eine nach-mythische Phase beschreibt Albert Hirschman eindrucksvoll die allmähliche Veränderung der Perzeptionen der Selbststeuerung des Menschen von einer Steuerung durch Leidenschaften zu einer Steuerung durch Interessen. Ohne in Einzelheiten zu gehen, sollen doch zwei Punkte hervorgehoben werden. Hirschman betont, dass nach Machiavelli die Begriffe *Interesse* und *ragione di stato* als Zwillingsbegriffe praktisch synonym verwendet wurden, weil erst ein durch Leidenschaften unbeeinträchtigter, von Interessen rational geleiteter Wille dem Fürsten eine vernünftige Linie seines Handelns vorgeben konnte.[19] Und er hebt als besonderen Vorzug einer von Interessen regierten Welt ihre »Voraussagbarkeit und Beständigkeit« hervor.[20] Ohne größere Übertreibung lässt sich die Argumentation Hirschmans so interpretieren, dass er die Bedingungen der Möglichkeit des intentionalen Handelns beschreibt, eines Handelns, das weder den unkontrollierbaren und unbeständigen Turbulenzen der Leidenschaften folgt, noch den Unverrückbarkeiten religiös vorgegebener Systemzwecke.

---

18  »Die Objektivität dieses Weltbildes ist somit nichts anderes als der Ausdruck seiner vollständigen Geschlossenheit, als der Ausdruck der Tatsache, dass wir in und mit jedem Einzelnen die Form des Ganzen mitdenken und das Einzelne somit gleichsam nur als einen besonderen Ausdruck, als einen ›Repräsentanten‹ dieser Gesamtform ansehen.« Und: »Nicht minder wurzelt die Religion Chinas in jenem Grundzug des Denkens und Fühlens, den de Groot als ›Universismus‹ bezeichnet hat: in der Überzeugung, dass alle Normen des menschlichen Tuns in dem ursprünglichen Gesetz der Welt und des Himmels gegründet und von ihm unmittelbar abzulesen sind.« Cassirer 2002: 39 und 135.
19  Hirschman 1987: 41 f.
20  Hirschman 1987: 57.

Die Erfindung von Intentionalität als eingeschwungene Mittellage zwischen den Leidenschaften des Bewusstseins und den ewigen Zwecken einer heiligen Ordnung lässt beiden Seiten den Raum für die dann noch erforderlichen Fiktionen. Personen müssen die Intentionen ihres Handelns als eigene reklamieren können, um sich nicht der realen Übermacht der Systeme ausgesetzt zu sehen; und Kommunikationssysteme müssen in ihren Zwecksetzungen dem Ideal des Opportunismus abschwören, um sich als hinreichend voraussagbar und beständig zu stilisieren. So folgen aus der Operation symbolischer Kopplung von Bewusstsein und Kommunikation die Restriktionen, die zwar beide Seiten einschränken, aber genau aus den Einschränkungen emergente Qualitäten schaffen, die ansonsten nicht erreichbar wären.

# IV. Einheit und Differenz
## der Symbolsysteme

## 5. Exposition

Aus der Sicht einer Anthropologin weist Mary Douglas den Institutionen die Aufgabe zu, die fundamentalen Probleme der Orientierung des Menschen in der Welt zu lösen. Es sind die Institutionen einer Gesellschaft, die Identität schaffen, die das kollektive Vergessen und Erinnern regeln, die Entscheidungen über Leben und Tod treffen und die elementaren Leitdifferenzen definieren, welche die Welt in überschaubare Teile klassifizieren. Bei ihrer Argumentation kann sich Mary Douglas auf anthropologisches und ethnographisches Material berufen, aber auch auf eine Fülle soziologischer Analysen insbesondere zur Rolle von »Wissenswelten«, von Ludwik Fleck und Emile Durkheim über Robert Merton bis zu Nelson Goodman und Howard Becker.[1]

Schließt man in Mary Douglas sehr offener und unspezifischer Definition von Institution[2] für den Fall moderner Gesellschaften alle sozialen und symbolischen Systeme von gesellschaftlichem Gewicht ein, dann macht sie auf den wichtigen Punkt aufmerksam, dass es Kommunikationssysteme im Sinne von Systemen kollektiven Wissens sind, welche die primordialen Kategorisierungen einer Gesellschaft leisten. Es sind diese Sinnsysteme, welche die Leitdifferenzen etablieren, an denen sich der weitere, differenzierte Sinn der sozialen und symbolischen Systeme entfaltet. Daran partizipieren dann Personen mit ihrem Bewusstsein und ihrem individuellen Wissen. Sie selbst belegt dies am Beispiel der Konstruktion von *Ähnlichkeit* (»similarity or resemblance«): »It is naive to treat the quality of sameness, which characterizes members of a class, as if it were a quality inherent in things *or as a power of recognition inherent in the mind.*«[3]

Einige Zeit vor Mary Douglas hat Ernst Cassirer die elementaren Formen der Orientierung in der Welt bis in die Ursprünge der Mythen hinein verfolgt. Er macht im Anschluss an eine weitläufige Literatur deutlich, dass die Leitdifferenzen der Orientierung in Raum, Zeit und

1 Douglas 1986.

2 Douglas 1986: 46: »Institution will be used in the sense of legitimized social grouping. The institution in question may be a famliy, a game, or a ceremony. The legitimating authority may be personal, such as a father, doctor, judge, referee, or maître d'hôtel. Or it may be diffused, for example, based by common assent on some general founding principle.«

3 Douglas 1986: 58. (Hervorhebung H.W.)

Welt tief im mythischen Denken verankert sind und der Logik der Mythen folgen, lange bevor eine objektive oder rationale oder wissenschaftliche Logik sich als »sekundäre Formung« an einer anderen Ordnung der Phänomene versucht.

Besonders eindrucksvoll ist seine Beschreibung der Idee des »templum« in der Bedeutung von Grenze, Schwelle oder Ausgeschnittenem, an welcher eine ganze Kaskade von grundlegenden Orientierungen anknüpft: »Denn templum (griechisch τέμενοζ) geht auf die Wurzel τέμ ›schneiden‹ zurück; bedeutet also nichts anderes als das Ausgeschnittene, Begrenzte. In diesem Sinne bezeichnet es zunächst den heiligen, den dem Gott gehörigen und geweihten Bezirk, um dann in weiterer Anwendung auf jedes abgegrenzte Stück Land, auf einen Acker oder eine Baumpflanzung überzugehen, mag sie nun einem Gott oder einem König und Helden gehören … . Auf ihm [dem Begriff templum] beruht die Entwicklung des Begriffs des Eigentums und der Symbolik, durch die das Eigentum als solches bezeichnet und beschützt wird. Denn der Akt der Grenzsetzung, der Grundakt der ›Limitation‹, durch den erst im rechtlich-religiösen Sinne ein festes Eigentum geschaffen wird, knüpft überall an die sakrale Raumordnung an.«[4]

Das Setzen einer Grenze setzt elementare Differenzen in Gang, in diesem Falle die Unterscheidungen von innen und außen, von heilig und profan, von Eigentum und Nichteigentum. Darauf können sich Kommunikationssysteme aufbauen, »indem sie räumliche Grenzen durch sinnhafte Unterscheidungen ersetzen«,[5] aber auch dadurch, dass sie hochspezifische Sinngebilde über räumliche Metaphern erlebbar und begreifbar machen.

Nicht zufällig erinnert der Ursprung der Differenzen in den Mythen an die gar nicht mythisch gemeinte, aber mythisch anmutende erste, fundierende Operation, die Spencer Brown setzt, um ein Universum zu schaffen: »Draw a distinction«. Der archaische Mensch orientiert sich in seiner Welt (einschließlich Raum und Zeit), indem ihm die Mythen die wichtigsten Kategorien und Klassifikationen als Unterschiede erklären. Dies gilt für innen/außen, hell/dunkel, oben/unten, heilig/profan, roh/gekocht, tot/lebendig, gut/schlecht und viele weitere Differenzen, die der einzelne Mensch genausowenig erfindet wie er Sprache erfindet. Die Erklärungen der Differenzen mögen noch so phantasievoll sein und einem rationalen und aufgeklärten Denken fremd anmuten. Sie erfüllen ihre Aufgabe der sinnhaften Erklärung der Welt und der Abwehr der

4 Cassirer 2002: 117 f. An der historischen Schwelle zwischen mythischer Welt und dem Beginn der europäischen Philosophie postuliert Anaximander das Unbegrenzte (tò áperon), aus dem sich die Differenzen als Absonderungen (apokrisis) bilden, ohne dass dadurch das Unbegrenzte sich verändert.

5 Luhmann 1997a: 124.

»Fatalität des Ganzen«[6] über Jahrtausende – und nicht wenige wirken bis heute.

Vor diesem Hintergrund erscheint es geradezu als Fortsetzung einer langen Tradition, wenn die soziologische Differenzierungstheorie die Ordnung der modernen Gesellschaft als *Ordnung aus Differenzen* erklärt. Die unterschiedlichen Leitdifferenzen der Funktionssysteme ordnen als basale binäre Codes den Optionenraum ihrer Bereiche als spezialisierte Leistungsfelder der Gesellschaft. Sie klassifizieren und sortieren die Fülle anfallender Kommunikationen nach den Relevanzkriterien der Leitdifferenzen und füttern so die nachgeordneten Programme mit dem Material, das die Reproduktion der Funktionssysteme als Kommunikationssysteme in Gang hält.

Dadurch reproduziert sich zugleich die Gesellschaft insgesamt. In den Leitdifferenzen der Funktionssysteme kondensieren die Mythen der Moderne. Sie steuern in der Gegenwart die Ordnung möglicher Kommunikationen so wie die alten Mythen die Ordnung archaischer Kommunikationen steuern. Sie symbolisieren die Einheit der Funktionssysteme und imaginieren in ihrem Zusammenspiel eine Einheit von Gesellschaft, die Voraussetzung für die Sinnhaftigkeit und Vernunft des Ganzen ist.

An diesem von der soziologischen Systemtheorie aufbereiteten Tableau möglicher Gesellschaft setzen die nun folgenden Überlegungen zur Einheit und Differenz der Symbolsysteme an. Sie fokussieren auf die generalisierten Kommunikationsmedien als Symbolsysteme, die den operativen Kern der Selbststeuerung der Funktionssysteme bilden. Um die Besonderheiten der Arbeitsweise der Funktionssysteme besser zu verstehen, ist es notwendig, *die innere Form der Medien als Symbolsysteme*, ihre Operationsmodi und ihre Verflechtungen mit den Ausgangsmedien der Sprache und des Denkens eingehender zu betrachten. Die in Teil I behandelten Muster der Formbildung legen einen hohen Grad systemischer Autonomie und Eigendynamik der Symbolsysteme nahe. Diese allgemeine Vermutung ist nun vertieft am Fall der Steuerungsmedien zu prüfen. Die weitere Analyse reiht sich also in ein weites Feld systemtheoretischer Analysen von Funktionssystemen ein, die Luhmann gleich für eine ganze Reihe von Subsystemen vorgelegt hat und (um nur wenige zu nennen) Gunther Teubner insbesondere für das Rechtssystem, Dirk Baecker für die Ökonomie oder Rudolf Stichweh für das Wissenschaftssystem. Allerdings geht es nun nicht mehr um die Funktionssysteme ingesamt, sondern um den speziellen Aspekt ihrer Medien als paradigmatische Symbolsysteme.

Auch die Kommunikationsmedien hat Luhmann in »Einführenden Bemerkungen« und in verstreuten Teilanalysen behandelt, zuletzt aus-

6 Cassirer 2002: 106.

führlich in Kapitel 2 der »Gesellschaft der Gesellschaft«.[7] Wie bereits in Teil I bemerkt, setzt Luhmann bei Parsons Konzept der Austauschmedien an, transformiert diese aber in Kommunikationsmedien, indem er einen modalisierten Kontingenzbegriff und einen strengen Begriff des Codes zur Charakterisierung der Medien einführt. Insbesondere die binäre Codierung macht alle Medien zu Einrichtungen, die Kommunikationen nach internen Mustern und Prävalenzen steuern: »Über Codes erreichen Systeme eine Umverteilung von Häufigkeiten und Wahrscheinlichkeiten im Vergleich zu dem, was an Materialien oder Informationen aus der Umwelt anfällt. Ob kommunikativ bejaht oder verneint wird, hängt dann nicht mehr direkt von Vorkommnissen in der Umwelt, sondern *von intern steuerbaren Prozessen der Selektion* ab.«[8] Sehr früh (1974) baut Luhmann in seine Konzeption der Medien Steuerungswirkungen und Steuerungsmöglichkeiten ein, die er später dann allerdings nicht weiterverfolgt.

Stattdessen betont er andere Merkmale der Kommunikationsmedien: (a) ihre Fähigkeit, »reduzierte Komplexität übertragbar zu machen und für Anschlussselektivität auch in hochkontingenten Situationen zu sorgen«, (b) die Zurechnung von Selektionsleistungen auf Systeme (Handeln) oder Umwelten (Erleben) zu steuern, (c) durch »symbolische Generalisierung« Systemkomplexität als Einheit in der Vielfalt darzustellen und für den Aufbau langer Handlungsketten verfügbar zu machen und (d) die »binäre Schematisierung« der Medien-Codes dafür zu nutzen, dass in der Zeitdimension der Kommunikation harte Alternativen zugemutet werden können, in der Sachdimension Selektionen aufeinander aufbauen und zu progressiven Operationsketten verbunden werden, sowie in der Sozialdimension sehr heterogene soziale Situationen unter dem Gesichtspunkt ihrer einheitlichen Codierung als Zusammenhang erscheinen und als Zusammenhang wirken.[9]

Dieser erste Zugang Luhmanns zur Thematik der symbolisch generalisierten Kommunikationsmedien ist hoch komprimiert und greift nahezu alle systemtheoretischen Grundprobleme auf: Über die bereits genannten Themen von Kontingenz, Komplexität, Selektivität, Codierung, Generalisierung hinaus auch noch symbiotische Mechanismen oder Kontingenzformeln oder Nebencodes. Dennoch bleiben die Ausführungen, eingekeilt zwischen eine Kritik an Parsons Austauschmedien und eine wenig pertinente Kritik an einer von Habermas diagnostizierten Motivationskrise der ›spätkapitalistischen‹ Gesellschaftsordnung, eher Abgesang auf nicht haltbare oder abgelehnte Vorstellungen als der Entwurf einer neuen Sicht auf Kommunikationsmedien. Die Kernidee

7 Luhmann 1975b; 1997a.
8 Luhmann 1975b: 172.
9 Alle Zitate dieses Absatzes bei Luhmann 1975b: 174-177.

des Textes ist denn auch nicht dieser Entwurf, sondern das frappierend einfache und einleuchtende Vier-Felder-Schema, das Alter und Ego sowie Handeln und Erleben korreliert und daraus eine Axiomatik der Differenzierung von Funktionssystemen moderner Gesellschaft und ihrer Medien konstruiert. In diesem Schema überwindet Luhmann Parsons AGIL-Schema und es ist anzunehmen, dass auch Luhmann selbst darin die Hauptleistung seines Textes sah.

Ganz dieser Einschätzung entsprechend spielt die Theorie symbolisch generalisierter Kommunikationsmedien im ersten Hauptwerk Luhmanns von 1984, der Theorie sozialer Systeme, so gut wie keine Rolle. Diese auffällige Auslassung ist dadurch erklärbar, dass Luhmann meint, die Ausarbeitung einer Medientheorie setze eine ausgearbeitete Gesellschaftstheorie *und* eine ausgearbeitete Interaktionstheorie voraus.[10] Eine Interaktionstheorie hat er nie vorgelegt, aber im letzten von ihm selbst veröffentlichten Buch, der ausgearbeiteten Gesellschaftstheorie, nimmt die Medientheorie dann einen gewichtigen Platz ein.

Um einen Überblick zu geben, sollen die Grundlagen der Konzeption in sechs Punkten zusammengefasst werden:[11]

1. *Medium/Form:* Luhmann nutzt die von Fritz Heider für den Fall der Wahrnehmungsmedien entwickelte gestalttheoretische Unterscheidung von Medium und Form dazu, Kommunikation als ein Medium zu beschreiben, aus dem der Kommunikationsprozess einzelne Formen (Wörter, Sätze, Episoden) prägt, die als prägnante Gestalten sichtbar werden (während das Medium selbst unsichtbar bleibt). Ein Kommunikationsmedium regelt »die operative Verwendung der Differenz von medialem Substrat und Form«. In diesem Punkt berührt Luhmann das Formprinzip »Identität und Differenz« oder Variation. Formen, die sich ins Medium einprägen, variieren das Ensemble möglicher Formen durch neue/andere Differenzen. Die Leitdifferenz garantiert demgegenüber die Einheit des Mediums.

2. *Lose/strikte Kopplung:* Weiter nutzt Luhmann die von Karl Weick entwickelte Unterscheidung von loser und strikter Kopplung von Elementen, um unterschiedliche Grade organisierter oder strukturierter Komplexität eines Mediums zu bezeichnen. Formen sind dann strikter oder enger gekoppelte Elemente im Bereich eines lose gekoppelten Mediums. Beispielsweise werden die lose gekoppelten Wörter zu strikter gekoppelten Sätzen verbunden und bilden dadurch eine Form, die Form des Satzes im Medium der Wörter (während Wörter wiederum Formen im Medium der Sprache sind): »Ein Medium besteht *in* lose gekoppelten Elementen, eine Form fügt dieselben

---

10 Luhmann 1984a: 207.
11 Alle nicht näher bezeichneten Zitate der folgenden Auflistung bei Luhmann 1997a: 194-204. (Hervorhebungen H. W.)

Elemente dagegen zu strikter Kopplung zusammen.« Dieser Aspekt entspricht dem Formprinzip »Komplexität und Selektivität« (Selektion) und schließt an frühere Überlegungen Luhmanns zum Zusammenhang von Systemkomplexität und Kopplung von Elementen an.

3. *System/Medium:* »Im Hinblick auf dies laufende Binden und Lösen des Mediums kann man auch sagen, dass das Medium im System ›zirkuliere‹. Es hat seine Einheit in der Bewegung.« Die dritte konstituierende Unterscheidung ist demnach diejenige zwischen System und Medium. Im Laufe der gesellschaftlichen Evolution bilden sich etwa mit Geld oder Macht schon früh differenzierte (Erfolgs-)Medien jenseits der Sprache aus, während es noch lange dauert, bis sich um diese Kristallisationskerne herum ausdifferenzierte gesellschaftliche Funktionssysteme bilden. Während das System nichts ist als das Ensemble der es konstituierenden Kommunikationen, ist es das spezifische Kommunikationsmedium des Systems, das alle Merkmale und Qualitäten der im System möglichen Kommunikationen definiert.

4. *Reproduktion/Verbrauch:* Die Ausprägung von Formen im Medium reduziert nicht die Substanz des Mediums. »Das System operiert in der Weise, dass es das eigene Medium zu eigenen Formen bindet, ohne das Medium dabei zu verbrauchen (so wenig wie das Licht durch das Sehen von Dingen verbraucht wird).« Formbildung ist also nicht Abnutzung, Verlust oder Erschöpfung von Ressourcen, sondern Reproduktion des Mediums durch laufende Rekonfigurationen der Kopplungsgrade von Elementen.

5. *Konfirmation/Fluidität:* Bestimmte Formen können durch Wiederholung und Konfirmation zu Semiologien von Zeichen und zu Semantiken von Formen gerinnen und eine gewisse Stabilität und mithin Wahrscheinlichkeit der Wiederverwendung erreichen, in der »eine positive Semantik des akzeptierten Sinnes entsteht, die in einem Prozess der Wiederverwendung, der Verdichtung, der Abstraktion gleichsam reift.«[12] Dennoch »bleibt die freie Kapazität des medialen Substrats zu immer neuen Kopplungen erhalten.« Diese Flexibilität »unterläuft also die klassische Unterscheidung von Struktur und Prozess. Das heißt nicht zuletzt, dass die Einheit des Systems nicht mehr durch (relative) strukturelle Stabilität definiert sein kann, obwohl es nach wie vor um Systemerhaltung geht, sondern durch *die Spezifik, in der ein Medium Formbildung ermöglicht.«* Das Merkmal Konfirmation/Fluidität weist auf das Formprinzip »Kontingenz und Negation« (Retention) hin, weil durch Wiederholung und Konfirmation jedenfalls für eine gewisse Dauer bestimmte, ausgeprägte Formen im Sinne einer Semantik stabil gehalten werden. Wie im Grundmodell der Evolution hängt die Stabilität bestimmter Formen davon ab, wie erfolgreich sie in dem

12 Luhmann 1997a: 317.

Sinne sind, dass sie wiederholt genutzt werden und Anschlusskommunikationen wahrscheinlich machen.

6. *Konditionierte Motivation:* Als eine solche Spezifik bezeichnet Luhmann ziemlich kryptisch die Fähigkeit symbolisch generalisierter Kommunikationsmedien, »eine neuartige Verknüpfung von Konditionierung und Motivation« zu leisten. Diese Verknüpfung läuft darauf hinaus, »die Schwelle der Nichtakzeptanz von Kommunikationen, die sehr naheliegt, wenn die Kommunikation über den Bereich der Interaktion unter Anwesenden hinausgreift, hinaus(zuschieben)«. Postuliert ist damit, dass Medien die Reichweite, die Dichte und wohl auch das Tempo anschließbarer Kommunikationen in funktional spezifizierten und spezialisierten Feldern der Gesellschaft vergrößern und darin Voraussetzung eines weiteren Wachstumsschubs von Gesellschaft sind. In diesem letzten der fünf von Luhmann hervorgehobenen allgemeinen Merkmale von generalisierten Kommunikationsmedien liegt die Betonung – etwas überraschend für Luhmann – auf Steuerung. Obwohl er explizit von Steuerungsmedien spricht, bleibt ungeklärt, worin genau die Steuerungswirkung liegt und wie weit sie reicht.

Obwohl Luhmann in allen diesen Punkten die Charakterisierung von Medien intendiert und in der Tradition von Parsons Medien gerade nicht als Systeme behandelt, können diese Merkmale der Medien doch auch als Kristallisationspunkte einer eigenen Systembildung der Medien verstanden werden. So wie etwa die Form Medium/Form gestufte Übergänge von der einen zur anderen Seite gestattet, so kann analog dazu auch die Form Medium/System als flexibles Raster für unterschiedliche Ausprägungen einer komplexen Verschachtelung von Seiten derselben Form gelten.

In der weiteren Ausarbeitung der Medientheorie betont Luhmann zunächst noch einmal diese Steuerungswirkung der Kommunikationsmedien. Indem die Leitdifferenzen der Funktionssysteme Selektionswirkungen zugunsten nur einer Seite der Differenz ausüben und damit in den Anschlusssequenzen von Kommunikationen Präferenzen für nur eine der beiden Seiten der Differenz setzen, »was immer im individuellen Bewusstsein dabei vor sich gehen mag«[13], steuert die Kommunikation der Funktionssysteme sich selbst gegen die Wahrscheinlichkeit gleich verteilter Chancen auf Anschluss oder Nichtanschluss auf der Ebene des Sozialsystems und damit zugleich auf Annahme oder Ablehnung auf der Ebene von Personen.

An dieser schwierigen Konstruktion erweist sich, dass Personen über symbiotische Mechanismen oder »symbiotische Symbole«[14] an

13 Luhmann 1997 a: 321.
14 Luhmann 1997 a: 378.

die Arbeitsweise der Medien angekoppelt bleiben. Dadurch verlängern sich sehr allgemeine motivationale Präferenzen, etwa für Eigentum, für Macht oder für Wahrheit (und *nicht* für Nichthaben, Ohnmacht oder Unwahrheit), in die Muster der Kommunikation hinein. Auch jenseits dieser Grundausrichtung der Leitcodes von Funktionssystemen spricht alles dafür, dass Präferenzen und Intentionen von Personen auch in die Programme einfließen, die den Codes nachgeordnet sind.[15] Programme arbeiten die Leitdifferenzen in jede erdenkliche Tiefenstaffelung hinein ab und operationalisieren sie.

Entscheidend ist, dass diese Intentionen nicht direkt zum Ausdruck kommen können, sondern nur vermittelt über eine symbolische Kopplung zwischen Sprache und Kommunikation. Dies bedeutet, dass eine intentionale Färbung und Mitgestaltung von Kommunikationsmustern nicht ausgeschlossen ist, sich diese Färbung und Gestaltung aber gerade nicht auf einzelne Motive, einzelne Intentionen und einzelne Personen zurückführen lassen.[16]

Diese Komplikation scheint größere Verwirrung bei den Personen hervorzurufen als eine klare Abhängigkeit oder eine klare Trennung durch volle Autonomie. Denn Personen sehen sich andauernd mit der perplexen Erfahrung konfrontiert, dass manchmal und irgendwie die Kommunikationen ihren Wünschen und Intentionen zu entsprechen scheinen und oft genug und ohne ein erkennbares Muster dann doch wieder nicht. Diese Verwirrungen lassen sich nur verstehen, wenn man zugrunde legt, dass die Intentionen und Motive von Personen in den Funktionssystemen auf eine agonale Logik treffen, die nicht einfach abwehrt und ausschließt, sondern tranformiert und transponiert. Für die Denkweise von Personen ist die Logik der Kommunikationssysteme keine unüberwindliche Große Mauer – dann wären die Verhältnisse zumindest klar. Vielmehr gleicht diese Logik eher einem Orakel oder einer Sphinx: Ihre Sprüche scheinen Sinn zu machen, aber es ist ein Sinn in der Grammatik der Kommunikation und nicht ein Sinn in der Grammatik der Motive. Und da die Menschen nicht erst seit Ödipus sich

15 »Sie hängen sich wie ein riesiger semantischer Apparat an die jeweiligen Codes; und während die Codes Einfachheit und Invarianz erreichen, wird ihr Programmbereich, gleichsam als Supplement dazu, mit Komplexität und Veränderlichkeit aufgeladen.« Luhmann 1997 a: 362.

16 Warglien und Masuch (1996: 6) beschreiben diese Komplizierung: »Despite rather consequential and orderly actors, disorder may arise at the level of complicated ›ecologies of micromotives‹ (Schelling 1978). It is visible at the level of the aggregation of the interaction system, but it can't be directly induced from individual behavior. Consequently, disorder may be surprising and obscure not only to an external observer, but also to participants engaged in the interactions.«

allzu gerne auf ihre Motive verlassen und alle Ereignisse in deren Logik interpretieren, erleiden sie genau damit Schiffbruch.

Ein modernes Beispiel mag dies verdeutlichen. Wir wissen, dass Piloten Flugzeuge steuern. Jeder Pilot wird die Frage, ob er das Flugzeug steuere, in seiner eingebauten Naivität selbstverständlich bejahen. Tatsächlich aber steuert das Flugzeug viel radikaler den Piloten als umgekehrt. Der Pilot drückt auf den Anlasser, er gibt den Startschuss und löst die ganze Sequenz aus, immerhin. Aber danach übernimmt die autonome Maschinerie des Flugzeuges. Sie schreibt dem Piloten bis ins Detail vor, was er zu tun hat, um die Maschine fliegen, lenken, steigen, sinken, stabilisieren etc. zu können. Der Pilot hat sich engstens an die Logik des Fliegens zu halten, wenn er wohlbehalten unten wieder ankommen will. Tatsächlich macht es die Expertise eines guten Piloten aus, durch Erfahrung sich in diese Logik eindenken und eventuell auch einfühlen zu können. Seine eigenen Motive und Intentionen beschränken sich darauf, zu starten und wieder zu landen. Was dazwischen passiert, schreiben Flugzeug und Flugsystem vor. Der Mythos des Piloten reduziert sich bei genauerer Betrachtung darauf, fähig zu sein, mit einer fremden Logik so etwas wie Freundschaft zu schließen und sich nicht allzu drastisch von ihr überraschen zu lassen.

Ähnliches gilt für alle Expertinnen und Experten. Ärzte sehen sich mit der fremden Logik des Körpers konfrontiert, Therapeutinnen mit der fremden Logik der Psyche, Beraterinnen mit der agonalen Logik von Organisationen, Lehrer mit der unerreichbaren Logik, die in den Köpfen von Kindern wohnt, und vollends ratlos sind Politiker gegenüber den Systemen, die sie umgeben. Soweit nichts Neues.

Bemerkenswert ist allenfalls, dass man gerade Experten ihre fundamentale Ratlosigkeit abnimmt und verzeiht, weil sie die großen Brocken ihrer Ignoranz professionell invisibilisieren und die kleinen Brosamen von Wissen und Erfolg entsprechend leuchten lassen. Demgegenüber sind Laien im Umgang mit den großen Funktionssystemen doppelt benachteiligt: Sie können sich und andere über ihre Ignoranz der fremden Logiken nicht hinwegtäuschen und sie müssen dennoch tapfer mitmachen, weil die Systeme es so wollen.

Wenn all dies sich gewissermaßen routinemäßig beobachten lässt, dann ist eine Antwort auf die Frage dringlich, was es genau heißen könnte, dass die Funktionssysteme in ihren spezifischen Logiken »es so wollen«. Welche Begründungen gibt es dafür, dass sich der Eigensinn der Medien als Symbolsysteme tatsächlich so konstituiert und so auswirkt, dass er Motive und Intentionen der Personen verfremdet, ja zu eigenen Intentionen entäußert und hinter dem Rücken der Akteure zur Geltung bringt? Worin liegt die Gewalt, die Unterjochung, die Tyrannis, der Terror der Systeme begründet, der immer wieder angeprangert wird, ohne dass irgendeine Aussicht auf Änderung oder gar Verbesserung der Lage bestünde? Worin liegen der evolutionäre und der gesellschaftsgeschichtliche Sinn der Ausbildung von Steuerungsmedien, wenn Menschen offenbar so wenig in der Lage sind, adäquat mit ihnen umzugehen?

# 6. Imaginationen der Einheit

Sobald der Mensch seinen Gesichtskreis in Raum, Zeit und Sinn vom unmittelbaren Hier und Jetzt in sinnlich nicht mehr wahrnehmbare Distanzen ausweitet, braucht er *Orientierungen,* die seine Welt ordnen. Er braucht künstliche Begrenzungen (templum, Limitationen, Schwellen) zur Begrenzung von Sinn, weil nur begrenzter Sinn es erlaubt, Sinndomänen von einem sicheren Standort aus in unbekannte Räume, Zeiten und Themen auszuweiten. Eine der fundierenden Paradoxien von Sinn liegt genau darin, Ausweitungen von Sinn zu ermöglichen, indem Sinn künstlichen Begrenzungen unterworfen wird. Zugleich erzeugen alle Begrenzungen und Schwellen Unterscheidungen von innen/außen, eigen/fremd, nah/fern etc., die unabweisbar die Frage nach der Einheit der Differenzen und nach der Einheit ingesamt, also der Einheit der Einheit, aufwerfen.

Sobald Menschen auf die Idee kommen, zu gesetzten Negationen nein zu sagen, also doppelte Negation zu denken und eigene Differenzen zu setzen, beginnt eine endlose Rekursion zwischen Differenz und Einheit: Jede Differenz verlangt eine neue Einheit und jede Einheit provoziert neue Differenzen. Der Paradies-Mythos erzählt diese Geschichte in Reinform. Dem Gebot der Einheit der Welt, der Wahrheit und des Wissens und dem Verbot, selbst eigenes Wissen zu erwerben und vom Baum der verbotenen Früchte zu essen, setzt Eva ein Nein entgegen (und zieht dann irgendwie auch Adam mit hinein).

Dies zerbricht die Einheit der Welt in die Differenz von Paradies und Erde, und der Mensch muss sich auf einer der beiden Seiten einrichten. Offenbar geht das bei all dem Jammer, der den Ausgeschlossenen auf dieser Seite entgegenschlägt, nicht ohne die Hoffnung auf eine neue Einheit, nicht ohne die Tröstung – und sei sie noch so imaginiert – einer Rückkehr (»re-entry«!) in den Zustand einer endgültigen Einheit. Selbst noch das Leben jedes Menschen beginnt mit der Trennung von der Einheit (mit der Mutter) und dem Setzen einer Differenz unterschiedlicher Menschen (Mutter/Kind). Auch in diesem Fall muss sich der Mensch auf einer der beiden Seiten einrichten und tut sich entsprechend schwer damit.

Allerdings zeigt dieser Fall deutlicher als sonst, dass *beide* Menschen, Mutter *und* Kind, also beide Seiten der Differenz sich auf je einer Seite einrichten müssen und *beide* Seiten wieder nach Einheit streben. Dies öffnet den Blick dafür, dass nicht nur der aus dem Paradies vertriebene Mensch sich in die Einheit des Paradieses zurücksehnt, sondern dass auch der vertreibende Gott sich ins eigene Fleisch geschnitten und sich von einer Differenz abhängig gemacht hat, deren Einheit er nicht mehr erzwingen kann. Es ist zu befürchten, dass alle großen Einheiten, die Einheit von Gott, Sinn, Geist, Natur, Geschichte, Staat oder Gesellschaft, ebenso wie die Einheit des Denkens, der Sprache und der Kommunikation Imaginationen darstellen, die auf *beiden* Seiten ihrer konstituierenden Differenz Mythen der Wiederherstellung von Einheit in sich bergen, die nur und doch als Prophetie Geltung haben und daher unkontrollierbar werden.

Die Imagination von Einheit durchzieht alle übergreifenden Formen von Sinn, alle großen Entwürfe des Bewusstseins und der Kommunikation. Sie ist notwendig, weil sie nicht möglich ist.[1] Niemand kann die Einheit Gottes oder der Natur, der Macht oder des Geldes begründen. Also müssen auch die größten Geister diese Einheit imaginieren. Das wäre nicht weiter schlimm, wenn diese Imaginationen nicht die fatale Eigenschaft hätten, sich unsichtbar zu machen, ihre zweifelhafte Herkunft zu verschleiern, sich über kurz oder lang als Gewissheiten auszugeben und damit die Fatalität des Ganzen dem einfachen Beobachten zu entziehen.[2] Immer geht es darum, die gewöhnlichen, »für endliches Erkennen stets lückenhafte[n] Ordnungsofferten durch ultimate Ordnungsgarantien«[3] zu überhöhen.

Die Ursprungsimagination, die auf der fundamentalen Paradoxie gründet, dass sie notwendig ist, weil sie nicht möglich ist, generiert jede Menge und jede Form von nachgeordneten Paradoxien, die nötig sind, um die Idee der Einheit gegen alle denkbaren Anfechtungen zu retten. Jede Theologie kann davon Bände erzählen. Aber auch ein so klares und rationales Feld wie die Mathematik ist kein Deut anders. So erfordert die imaginäre Idee der Einheit der Zahlen oder die ebenso imaginäre Idee der Einheit der Logik kleinere Hilfskonstruktionen, wie etwa die Erfindung imaginärer Zahlen, weil es notwendig ist, auch die Wurzel aus minus Eins zu ziehen, was unmöglich ist.

Ein anderes Beispiel ist die Einheit des Rechts, die notwendig und unmöglich ist, und die als Setzung gerade nicht auf Recht, sondern auf Willkür gründet. Sie generiert einen endlosen Strom verästelter Paradoxien, etwa der Gleichbehandlung von Gleichem und der Ungleichbehandlung von Ungleichem, weil im Interesse der Einheit des Rechts nicht mehr zugelassen werden kann, dass das unvermeidliche Aufblitzen von Willkür (etwa in der Bestimmung von Gleichem und Un-

---

1 »Die Einheit der Welt ist unerreichbar, sie ist weder Summe, noch Aggregat, noch Geist.« Luhmann 1995 a: 51. »Denn für alle differenztheoretischen Analysen ist Identität ein eher beunruhigendes Konzept.« Luhmann 1996 a: 13.

2 »Wie die Rechenmaschine arbeitet das Gehirn wahrscheinlich nach einer Variante des berühmten Prinzips, das Lewis Caroll in ›The Hunting of the Snark‹ erklärt: ›Was ich dreimal sage, ist wahr.‹« Wiener 1963: 180.

3 Piechotta 1983: 84, hier mit Bezug auf Adalbert Stifter.

gleichem) die Einheit des Rechts gefährdet. Zumindest die Wissenschaft vom Recht muss dann so tun, als gäbe es fraglos diese Einheit, die sich in der Praxis einfach nicht zeigen will: »Gerade in diesen Gegensätzen aber des an und für sich seienden Rechts, und dessen, was die Willkür als Recht geltend macht, liegt das Bedürfnis, gründlich das Rechte erkennen zu lernen. Seine Vernunft muss dem Menschen im Rechte entgegenkommen; er muss also die Vernünftigkeit des Rechts betrachten, und dies ist die Sache unserer Wissenschaft, im Gegensatz der positiven Jurisprudenz, die es of nur mit Widersprüchen zu tun hat.«[4]

Die Einheit der Leitdifferenz setzt einen Anfang, der eigentlich ein Ende ist, weil die Einheit sich als Einheit erst in einem langen Prozess des Werdens herausbilden und behaupten kann. Erst dieses Werden verbürgt ein »durch seine Entwicklung sich vollendende[s] Wesen.«[5] Dies gilt für Philosophien wie für soziologische Theorien, und es gilt für die gesellschaftsgeschichtliche Evolution von Funktionssystemen ebenso wie für die Autopoiese sozialer Systeme.

Selbst die Sprache als symbolisches System benötigt einen solchen heroischen Anfang, wie Saussure in einem bemerkenswerten Argument andeutet. Trotz seiner verzweifelten Bemühungen, die Sprache als autonomes Zeichensystem zu ergründen, kann er sich letztlich der Einsicht nicht verschließen, dass sie sich nicht als einheitliches System darstellen lässt: Das einzelne Zeichen, das semiologische Individuum ist gekennzeichnet durch »die Unfähigkeit, eine sichere Identität zu bewahren«, es ist nicht nur »eine mehr oder weniger fragile Schöpfung: sondern eine radikal eines Einheitsprinzips entbehrende Schöpfung... Wir bestreiten, dass die Sprache [langue] etwas Einheitliches [une chose une] sei...«.[6]

Dies hat Konsequenzen für die Möglichkeit der Identität der Person. Da Saussure überzeugt ist, dass die Person erst durch die Sprache zur Person wird, also der Mensch, was die Sprache betrifft, *vollständig nur durch das ist*, was er seiner Umgebung entlehnt, stellt sich die Identität der Person als ebenso imaginär heraus wie die Identität des Symbolsystems der Sprache. »Da es in der Sprache (langue) keine positive *Einheit* gibt (welcher Ordnung und welcher Natur auch immer), die auf etwas anderem als *Differenzen* beruht, ist die Einheit in Wirklichkeit immer imaginär, und es existiert nur die Differenz.«[7] Die Sprache ist nicht nur

---

4 Hegel 1970: 16 f.; Zusatz. »*Fiat iustitia, pereat mundus* ist das Gesetz, nicht einmal in dem Sinne, wie es Kant ausgelegt hat: das Recht geschehe, und wenn auch alle Schelme in der Welt zugrunde gehen, sondern: das Recht muss geschehen, obschon deswegen Vertrauen, Lust und Liebe, alle Potenzen einer echt sittlichen Identität, mit Stumpf und Stiel, wie man sagt, ausgerottet werden würden.« Hegel 1986 a: 87.

5 Hegel 1986: 24.

6 Saussure 2003 a: 161 und 211.

7 Saussure 2003 b: 151.

eine soziale Tatsache, vielmehr macht sie auch das sprechende Subjekt zu einer vollständig sozial konstituierten Tatsache. Darüber hinaus hat die Sprache keinen Anfang. Sie kann nicht beginnen, vielmehr setzt sie sich in einer fortwährenden Transformation, in einem kontinuierlichen »Wirbel der Zeichen« fort: »Damit gesprochen werden kann, müssen Sprachen bereits im Umlauf sein, sie werden von den ›früheren Generationen ererbt‹ oder übernommen. Weil sie (immer schon) zirkulieren, können sprachliche Systeme nicht als geschlossene Ordnung begriffen werden, vielmehr ist jede Sprache [das nicht freie Produkt dessen, was ihr ... vorangegangen ist]. Weil Sprachen notwendig zirkulieren, muss in einem infinitesimalen Prozess der relative Wert der Worte durch die sprechenden Subjekte ständig neu – und kann zugleich nie endgültig – bestimmt werden.«[8]

Dem theoretischen Blick erscheinen sie als Gewordene, deren Anfänge im Dunkeln liegen, aber rekonstruiert werden müssen, um die Genese und Gestalt der Systeme nachzeichnen zu können. Da die Anfänge des Anfangs schwer zu protokollieren sind, ist es für die Praxis der Theorie überzeugender, den Anfang im Licht des Endes seines Werdens zu beschreiben, also ein Ende zu imaginieren, das zu einem imaginierten Anfang passt. Dies erlaubt es, »die unbeschreibliche Größe der Anfänge zum Ausgangspunkt unserer Überlegungen zu machen«[9] und den Zauber jedes reinen Anfangs zu nutzen, um klare Verhältnisse zu schaffen – jedenfalls in dem und für den ersten Schritt.

Nur ein solchermaßen heroischer Anfang gibt die Mittel an die Hand, eine Theorie, eine Liebe, eine Religion, einen Staat oder eine Ästhetik als »Monumentalen Diskurs«[10] aufzubauen, und nur als monumentale Diskurse sind sie als große Symbole, etwa als Große Theorie satisfaktionsfähig. Gegenüber den Alltagsdiskursen, auch denen in der Theorie, gehören nach Jan Assmann folgende drei Merkmale zum monumentalen Diskurs:

1. Die Verwendung von kostbaren Materialien. Also: kostbare und unvergängliche Begriffe im Gegensatz zu einfachen Ausprägungen. Natürlich ist bei Begriffen und Konzepten nicht so einfach zu sehen, welche kostbar und welche trivial sind. Zur Markierung hilft der zweite Punkt.

2. Die Verwendung von Hieroglyphen im Gegensatz zu leicht lesbaren Schriftformen und die Verwendung einer kunstvollen Formensprache. Eine Theorie, eine Liebe, eine Kunst etc. ohne Geheimnisse und ohne schwer entzifferbare Formen ist wertlos. Da jede Wirklichkeit perplex ist und die Reflexion den Geist in zusätzliche Verwirrung

---

8 Fehr 2003: 159.
9 Claude Lévi-Strauss (Traurige Tropen), zit. bei Bolz 1983: 485.
10 Im Sinne von Jan Assmann 1987.

stürzt, kann die Symbolik nicht übersichtlich und leicht zugänglich sein.

3. Der Einbau eines Kultbezuges: »Mit jedem einzelnen Akt monumentaler Zeichensetzung verbindet sich eine Art von Kult.«[11] Nur Symbolsysteme, die entsprechende Zeichen setzen, haben die Chance, Kult zu werden. So haben beispielsweise Psychoanalyse, Strukturalismus, Dekonstruktivismus oder Systemtheorie als Theorien Kultstatus erreicht, indem sie entsprechende Zeichen gesetzt, kleine Heiligtümer errichtet und Priesterschaften ausgebildet haben. Auch Staaten, Religionen, Liebesverhältnisse, Kunstrichtungen, Unternehmen etc. statten ihren Anfang, wenn alles gut geht, im Nachhinein mit den Insignien eines Kultes aus und errichten kleine Heiligtümer und Hausaltäre.

All dies verdankt sich einem heroischen Anfang, der in seiner Imaginationskraft vergessen macht, dass er ein Wurf ins Ungewisse bleibt, solange er sein Ende nicht erreicht hat. Auch die Theorie der Kommunikationsmedien postuliert einen Anfang mit der Einheit des Codes, die in seiner Form besteht, »das heißt darin, dass die andere Seite mitgemeint ist, wenn man die eine bezeichnet«.[12] Diese Einheit des Codes setzt sich von anderen Einheiten, mithin von anderen Codes ab und beschreibt in diesen Differenzen die Differenzierung der Medien und ihrer Funktionssysteme. Woher der Code kommt, bleibt ungeklärt. Erstaunlicherweise ist seine *präzise* Bezeichnung auch weniger wichtig als eine Bezeichnung, die sich klar von den Bezeichnungen anderer Codes abhebt.

Ob die Leitdifferenz der Ökonomie mit Eigentum/Nichteigentum, Haben/Nichthaben oder mit Zahlung/Nichtzahlung beschrieben ist, erscheint eher sekundär. Wichtiger ist es, eine markante Differenz etwa zum Code der Macht, des Rechts oder des Wissens zu bezeichnen und mit diesen Differenzen die Zuordnung von Kommunikationen zu spezifischen, leicht erkennbaren Bereichen gesellschaftlicher Reproduktion zu steuern.

Während diese Grobsortierung von Kommunikationen sich in der Moderne durchgesetzt hat, erscheint die innere Ordnung der differenzierten Medien bereits im zweiten Schritt – nach dem Postulat der Einheit des Codes – wieder mit kumulierenden Komplikationen behaftet. Luhmann zelebriert geradezu diese Komplikationen und türmt eine Verschränkung von Einheit und Differenz auf die andere: »So kommt es zu einer sich in sich selbst wiederholenden selbstreferentiellen Relation und damit zu einer Form, die die Differenz von Identität und Differenz wieder in Differenz auflöst, ... die sich von anderen Unterscheidungen derselben Art, von anderen Codes, unterscheiden lässt. Das wiederum

11 Assmann 1987: 209.
12 Luhmann 1997a: 364.

unterscheidet sich radikal von allen Versuchen, Differenz letztlich auf Einheit zurückzuführen, sei es auf eine religiöse Formel, sei es auf ›Geist‹ als Formel für das, was in sich unterschieden ist. Im Ergebnis führen die (gegeneinander unterschiedenen) Medien daher zu einer nicht mehr religiös kontrollierbaren Semantik.«[13]

Diese Einsicht bereitet den Boden für die generellere Einsicht, dass die Semantik der Medien weder von der Religion, noch von anderen Garanten für Einheit, insbesondere nicht von Personen, zu kontrollieren ist. Mit Blick auf die Medien spricht Luhmann ausdrücklich von selbstreferentiellen Operationen. Damit ist auch gesagt, dass sich eine medienspezifische Systembildung im Innenraum der Medien gar nicht aufhalten lässt. Tatsächlich verstärkt die eigene Systembildung der Medien, die den instituierten Kern der Medien als Eigenlogik betont, die Unkontrollierbarkeit der Symbolsysteme von außen.

Die relevante Frage ist damit, ob die Medien und ihre Symbolsysteme sich selbst kontrollieren können. Diese Frage führt auf das bekannte Terrain der Steuerbarkeit moderner differenzierter Gesellschaften zurück. Die groben Linien sind: (a) Für den modernen Nationalstaat übernimmt für lange Zeit die Politik auf der Basis ihrer Kompetenzkompetenz die legitime, normative Steuerung der anderen Funktionssysteme. (b) Insbesondere mit der Expansion von Wirtschaft und Wissenschaft erreicht dieses Modell im 20. Jahrhundert seine Grenzen und »Unregierbarkeit« wird zum Thema. (c) Die Politik zieht sich im Rahmen von Verhandlungssystemen auf eine Kontextsteuerung zurück, die das Selbststeuerungspotential der Funktionssysteme aktiviert und sich ansonsten darauf beschränkt, gröbere Ausprägungen von negativen Externalitäten der Funktionssysteme zu vermeiden oder zu korrigieren. (d) Mit einer ernster werdenden Globalisierung schrumpft der Optionenraum der (nationalstaatlich organisierten) Politik noch stärker, weil alle anderen Systeme und Akteure Ausweichmöglichkeiten haben und Territorialität im Kern zur Restgröße für eine territorial organisierte Politik wird. (e) Die weitere Fundierung der Wissensgesellschaft durchlöchert die zentrale Steuerungsressource der Politik: machtbasierte legitime Entscheidungskompetenz. Denn immer mehr Entscheidungen können nicht mehr als Wertentscheidungen deklariert werden, sondern hängen als wissensbasierte Sachentscheidungen primär von Expertise ab. Expertise wird zu einem Derivat der Legitimität, das allerdings nicht von der Politik selbst zu kontrollieren ist.[14]

All dies erhöht die Relevanz der Frage, ob und wie die Kommunikationsmedien und ihre Symbolsysteme sich selbst kontrollieren oder besser: sich selbst steuern können. Denn es ist keine andere Instanz in

13 Luhmann 1997a: 364f.
14 Ausführlich dazu Willke 1997a; 2003b.

Sicht, die diese Aufgabe leisten könnte. Die Rekonstruktion der Einheit der Symbolsysteme ist daher nicht nur eine theoretische Spielerei. Nur wenn eine solche Einheit zur Wirkung kommt, lässt sich einigermaßen plausibel eine Reflexionsfähigkeit der Symbolsysteme postulieren, und nur wenn diese Reflexionsfähigkeit gegeben ist, ist ein Art von Steuerungskompetenz der Symbolsysteme denkbar.

Natürlich könnte man auf Evolution vertrauen. Aber das ist eine alteuropäische Option, die nach dem Sündenfall der Moderne unrealistisch geworden ist, weil alle handlungsfähigen Systeme massiv zu steuern versuchen und damit, wenn sie schon ihre Steuerungsziele nicht erreichen, zumindest alles durcheinanderbringen.[15] Steuerung *passiert* also. Und das Problem ist nun, für den Fall sozialer Systeme Steuerung neu so zu denken, dass zumindest im Umrissen erkennbar wird, wie eine Selbststeuerung der Symbolsysteme als Minimalbedingung der Steuerungsfähigkeit von Funktionssystemen aussehen könnte. Ein Grund für die Steuerungsskepsis von Luhmann könnte darin liegen, dass er die Medien nur als Prozess und nicht auch als (System-) Struktur sieht und er damit die Problematik der Selbststeuerung und der Steuerungswirkung der Symbolsysteme nicht in den Blick bekommt.

Wie grundlegend die Imagination von Einheit dafür ist, dass ein System als autonom, souverän, selbstbestimmt und in diesem Sinne als sich selbst steuernd verstanden werden kann, zeigt sich in besonderer Klarheit in den Verwirrungen der Begriffe und Ideen von Staat, Politik und Gesellschaft in der frühen Moderne. Wohin man schaut, ob auf Bodin, Hobbes, Locke, Spinoza, Rousseau oder Spätere bis hin zu Hegel, überall konstruieren große Geister Phantasmen der Einheit des Staates, der Politik oder gar der Gesellschaft aus einer schieren Notwendigkeit des Denkens heraus und ohne substantielle Begründung oder Beleg. Fiktionen über die Natur des Menschen, den originären Zustand, den Willen jedes Einzelnen oder den Willen Aller, die Natur des Bösen, den Anfang oder das Ende der Geschichte etc. müssen dafür herhalten, eine noch grandiosere Fiktion von der Einheit der Gesellschaft zu begründen.

Daran hat sich bis heute nichts geändert, ob die konstruierten Fiktionen nun »Schleier der Ignoranz« (Rawls) oder »herrschaftsfreier Diskurs« (Habermas) oder »Ensemble aller füreinander erreichbarer Kommunikationen« (Luhmann) heißen. Jede dieser Konstruktionen ist ohne brauchbare Begründung und Beleg, da sie der ins Auge springenden Imperfektion des Erfahrbaren widerspricht (was Rawls, anders als andere Vertragstheoretiker, ausdrücklich konzediert): Jede entscheidungsfähige Person hat ein Hintergrundswissen oder ein Vorwissen und kann sich deshalb nur fiktiv hinter einen Schleier ursprünglicher Ignoranz versetzen. Jeder Diskurs übt Herrschaft aus, und sei es noch so subtil,

15 Dörner 1989; Meadows 1982.

und er tut dies sogar gegen den Willen der Akteure. Jedes Ensemble für-einander erreichbarer Kommunikation ist fiktional, weil Erreichbarkeit immer hypothetisch bleibt. Dennoch machen alle diese Fiktionen Sinn, weil sich mit Imperfektionen kein monumentaler Diskurs führen lässt. Dies erzwingt, die Unvollkommenheit der Realität mit der Idee einer anderen Realität zu konfrontieren und diese zu einem Idealtypus zu stilisieren. Der imaginierte Idealtypus widerlegt die Realität als das Un-vollkommene und baut die Argumentation auf dem Fundament einer imaginierten Vollkommenheit auf.

Um der konstruktiven Logik der Imagination von Einheit auf die Spur zu kommen, soll im folgenden beispielhaft die Konzeption von Thomas Hobbes betrachtet werden. Sie ist ein Meilenstein im ›monumentalen Diskurs‹ der Begründung des Staates als Monopol legitimer Macht und insofern geeignet, den Sinn und die Notwendigkeit einer Imagination von Einheit eines großen Symbolsystems anschaulich zu machen. Die Darstellung beschränkt sich auf drei Momente der Generalisierung, in denen die Notwendigkeit fiktionaler Überziehung der Prämissen der Theoriebildung besonders deutlich zutage treten: (1) Vom Vertrag zwi-schen Individuen zum Gesellschaftsvertrag; (2) vom freiwilligen Vertrag zum freiwilligen Zwang und (3) von der Vielfalt zur Einheit.

(1) Schon die bloße Idee des Vertrages markiert ein Selbstverständnis des Menschen als autonomes Individuum, das nach eigenem Willen Vertragsverhältnisse eingehen kann. Notwendig werden Verträge zur Gestaltung der Beziehungen zwischen autonomen Individuen, wenn Personen nicht (oder nicht mehr) qua Tradition, Zwang oder aus an-deren Gründen völlig fraglos als Mitglieder in soziale Kontexte einge-bunden sind. Die Idee eines Gesellschaftsvertrages setzt also ein aufge-klärtes, modernes Verständnis der selbstbestimmten, mündigen Person voraus, die fähig und berechtigt ist, für sich selbst zu entscheiden.

Dem widerspricht zunächst die Empirie, wonach jeder Mensch als völlig hilfloses Wesen in eine Familie und eine Gesellschaft hineinge-boren wird, die er sich nicht ausgesucht hat. Die politische Philoso-phie und Theorie umgehen diese Schwierigkeit, indem sie für bereits bestehende Gesellschaften ein Vertragsverhältnis fingieren oder einen ursprünglichen Vertrag annehmen, der natürlich genau so fiktional bleiben muss.

Immerhin lässt sich die Grundidee für solche neu zu gründende Ge-sellschaften retten, die in einer verfassungsgebenden Versammlung nach dem Prinzip »Wir wollen sein ein einig Volk von Brüdern...« oder »We, the people...«[16] tatsächlich einen Vertrag zwischen einigen Personen als ursprüngliches Vertragsverhältnis interpretieren, in dem sich eine nationalstaatlich organisierte Gesellschaft konstituiert. Selbst für diese

16 Ausführlich Ackerman 1991.

Fälle gilt, dass alle anderen nicht gefragt worden sind, sondern per unterstellter Zustimmung dazugerechnet werden.

Hobbes geht von einem unterstellten Naturzustand aus, in dem vereinzelte Personen sich als Feinde oder zumindest als Konkurrenten gegenüberstehen. Dies ist exemplarisch die Grundsituation doppelter Kontingenz. Die wechselseitige vertragliche Bindung und Selbstbindung löst das Problem des »Kampfes aller gegen alle«, das Hobbes aus der Erfahrung des englischen Bürgerkrieges kennt. Wenn der von Hobbes angenommene Naturzustand – und das meint vor allem: die von ihm angenommene Natur des Menschen – realistisch gesehen ist, dann verbindet seine Vertragslösung elegant die Individualität der Person, die sie dazu berechtigt, im eigenen Namen Verträge zu schließen, und den nötigen Selbstschutz der Person, der erforderlich ist, weil es von Natur aus keine verbindlichen übermächtigen Instanzen über der Person gibt.

(2) Eine zweite grundlegende Schwierigkeit der vertraglichen Konstruktion der Einheit von Gesellschaft liegt darin, dass ein Vertrag sich nicht selbst durchsetzt. Ohne Garantie oder zumindest Aussicht auf Durchsetzung ist ein Vertrag wertlos. Damit ist die Validität der Konstruktion eines Gesellschaftsvertrages darauf angewiesen, dass es eine Instanz gibt, die die Durchsetzung der Verträge sichert. »Und deshalb ist es kein Wunder, dass außer dem Vertrag noch etwas erforderlich ist, um ihre [der Menschen] Übereinstimmung beständig und dauerhaft zu machen, nämlich eine allgemeine Gewalt, die sie im Zaum halten und ihre Handlungen auf das Gemeinwohl hinlenken soll.«[17] Eine solche Instanz kann aber erst durch die Verträge selbst geschaffen werden, weil die Idee der autonomen Person es ausschließt, eine der Vertragsschließung vor- oder übergeordnete Instanz anzunehmen. »Es lautet also die von Hobbes zu lösende Aufgabe: einen Vertrag zu finden, durch den zugleich eine alle Glieder der zu stiftenden politischen Gemeinschaft *zwingende Gewalt* entsteht.«[18]

Die bekannte Lösung von Hobbes ist, den Vertrag zur Bildung einer politischen Gemeinschaft und den Vertrag zur Schaffung einer allgemeinen Gewalt gleichzeitig *uno actu* abzuschließen, also Gesellschaftsvertrag und Herrschaftsvertrag getrennt und gleichzeitig abzuschließen, um mit dem einen den anderen zu ermöglichen: »Der alleinige Weg zur Errichtung einer solchen allgemeinen Gewalt ... liegt in der Übertragung ihrer [der Menschen] gesamten Macht und Stärke auf einen Menschen oder eine Versammlung von Menschen, die ihre Einzelwillen durch Stimmenmehrheit auf einen Willen reduzieren können ... . Ist dies geschehen, so nennt man diese zu einer Person vereinte Menge *Staat*, auf lateinisch *civitas*. Dies ist die Erzeugung jenes großen *Leviathan*

17 Hobbes 1984: 134.
18 Fetscher 1984: XXV.

oder besser, um es ehrerbietiger auszudrücken, jenes *sterblichen Gottes*, dem wir unter dem *unsterblichen Gott* unseren Frieden und Schutz verdanken.«[19]

Nach Hobbes entstehen durch Vertragsschluss somit Gesellschaft und Staat gleichzeitig, aber es ist der Staat, der als Leviathan die allgemeine Gewalt ausübt. Was Hobbes »zeigen konnte und auch zeigt, war, dass die Menschen, um zu einem solchen Staat zu gelangen, so handeln müssten, *als ob* sie durch Übereinkunft den Naturzustand verlassen hätten.«[20]

Der Staat »wird *Souverän* genannt und besitzt, wie man sagt, *höchste Gewalt*«.[21] Als auf *einen* Willen reduzierter Gesamtwillen steuert er die Menschen (hält sie im Zaume) und lenkt die Gesellschaftsmitglieder auf das Gemeinwohl hin, steuert also das Zusammenspiel der Personen zur Gesellschaft insgesamt. Diese Steuerung ist im Kern eine Gegensteuerung, weil sie die Menschen daran hindert, in ihrem »natürlichen« Streben nach Macht und Sicherheit, die ihrer »natürlichen« Angst vor Tod und Verletzung entspringt, in einen destruktiven Teufelskreis zu geraten, in dem sie sich gezwungen sehen, nach mehr Macht zu streben, um ihre Macht zu erhalten. Selbst »der seiner Anlage nach gemäßigte Mensch einer Gesellschaft muss einfach deshalb nach mehr Macht suchen, um seinen gegenwärtigen Stand bewahren zu können.«[22] Gelingt es dem Staat unter diesen Bedingungen das Gemeinwohl zu fördern, indem er diesen Teufelskreis durchbricht und wandelt sich unter dem Schutz der übermächtigen Gewalt des Staates das Zusammenspiel der Menschen von einer feindlichen Konkurrenz zu einer friedlichen Kooperation, dann ist wenig gegen die Konstruktion von Hobbes zu sagen.

(3) Sucht man allerdings nach einer genaueren Beschreibung der Instanz des Souveräns als eines Menschen (oder einer Versammlung von Menschen, die ihre Einzelwillen durch Stimmenmehrheit auf einen Willen reduzieren können), der durch die Übertragung aller Einzelrechte zur alleinigen Ausübung von Gewalt autorisiert worden ist, so bleibt die Konstruktion eines einheitlichen Gesamtwillens, dem sich alle anderen durch Vertrag unterworfen haben. »Dies ist *mehr* als Zustimmung oder Übereinstimmung: Es ist eine *wirkliche* Einheit aller in ein und derselben Person«.[23] Warum ist dies mehr als Zustimmung? Und inwiefern ist dies eine wirkliche Einheit? An diesem zentralen und kritischen Punkt seiner Argumentation sieht sich Hobbes gezwungen, auf eine doppelte Fiktion zurückzugreifen – und genau darin die entscheidenden Schwachstellen seines Gesellschaftsmodells zu bezeichnen.

19 Hobbes 1984: 134. (Hervorhebungen im Original).
20 Macpherson 1980: 33.
21 Hobbes 1984: 135. (Hervorhebungen im Original).
22 Macpherson 1980: 56.
23 Hobbes 1984: 134. (Hervorhebungen H. W.)

Wie später Rousseau auch, imaginiert Hobbes als Ergebnis der Zustimmung aller zu einem Vertrag zugunsten des Souveräns einen magischen Umschlag von der Summe der Einzelwillen zu einem Gesamtwillen, der irgendwie mehr und anders ist als die Summe der Einzelwillen. Natürlich ist und bleibt dies reine Fiktion. Aber es ist eine praktisch wirksame Fiktion, die den souveränen Einzelwillen zu einem sterblichen Gott erhebt und damit zumindest aufs Erste das Problem abdunkelt, ob es denkbar sei, dass sich dieser sterbliche Gott als Teufel entpuppt und seine Ermächtigung missbraucht.

Eine noch radikalere Fiktion ist allerdings die Hypostasierung einer wirklichen Einheit des Gesamtwillens. Sie taucht in allen Beschreibungen eines souveränen Gesetzgebers auf, von Gott über Pharao und Kaiser bis zum demokratischen Parlament. Im Akt der Entscheidung zu einem Gebot, Spruch oder Gesetz beruhigt sich wie durch einen großen Zauber der Aufruhr der Unterschiede zur einfachen, klaren Einheit des »So sei es«.

Noch die demokratischen Gesetze der Gegenwart tragen diese Pflicht zur Einheit mit sich und müssen behaupten, mit der Entscheidung sei nun Einheit in der Vielfalt der Meinungen, Ordnung im Chaos der Interessen, Klarheit im Dunkel des Nichtwissens, Konsens im Widerstreit der Wertungen eingekehrt und durch die Setzung des Souveräns hergestellt. Auch diese Fiktion ist nicht ohne Sinn. Entscheidender Abstoßpunkt für den magischen Sprung zur Einheit ist die in die Grundlagen von Denken und Kommunikation – also in die »Natur des Menschen« – eingebaute binäre Codierung der handlungsleitenden Differenzen. Sie führt dazu, dass eine Entscheidung im Medium der Macht zwischen zwei, und nur zwei, Alternativen entscheidet oder dass eine Entscheidung im Medium Recht zwischen den Alternativen legitim und illegitim, und nur zwischen diesen beiden Alternativen, entscheidet. Tertium non datur.

Wenn die reale Wirrniss und Vielfalt durch die etablierten binären Codierungen auf klare Alternativen zurechtgestutzt werden, dann muss der anfallende Rückstau an verwirrender Komplexität irgendwo und irgendwie aufgefangen werden. Genau dies leistet die Fiktion von Einheit, die Imagination eines einheitlichen Gesamtwillens. Diese Fiktion ist das große Rückstaubecken, in dem die üblichen Verwirrungen des Geistes durch Vielfalt und Komplexität versinken können: ein Pandämonium der Zweifel. Sie müssen in der Versenkung verschwinden, weil mit den von ihnen verkörperten Imperfektionen sich kein monumentaler Diskurs führen ließe. In aller Regel wiegen die Erleichterungen der Klarheit alle Verluste an Vielfalt auf und bremsen so Rückfragen nach dem Inhalt des Pandämoniums: lieber eine schlechte Entscheidung als keine, Ordnung als Eigenwert der Ordnung, Einheit als Eigenwert der Systembildung.

Um welche Ordnung, um welches System geht es Hobbes? Macpherson hat argumentiert, dass Hobbes ein klares Bild der englischen

Gesellschaft seiner Zeit vor Augen hatte und dass dieses Bild den Hintergrund und den Kontext seiner Überlegungen für ein revidiertes Gesellschaftsmodell darstellt. »Das von Hobbes im *Behemoth* beschriebene England ist eine nahezu vollständige Marktgesellschaft. Arbeit ist eine Ware, die in solchem Übermaß zur Verfügung steht, dass ihr Preis durch die Käufer auf die Stufe des Existenzminimums gedrückt wird. Der durch das Marktgeschehen begründete Reichtum hat durch die Akkumulation jenen Punkt erreicht, der es seinen Eigentümern erlaubt, einen Staat, dessen Steuergewalt sie als einen Eingriff in ihre Rechte betrachten, herauszufordern ... . Die Herausforderung wurde überhaupt erst möglich, weil die Menschen der Erlangung von Reichtum mit Hilfe des Marktes jetzt einen höheren Wert beimessen als traditionellen Pflichten und überkommenen Rangordnungen. Nur weil die englische Gesellschaft solchen Veränderungen unterworfen wurde, konnte es zu einem Bürgerkrieg kommen.«[24]

Dieses Bild würde in der Tat verständlich machen, (a) dass Hobbes von freien Individuen ausgeht, die auch noch frei über den Verkauf ihrer Arbeitskraft auf einem Markt entscheiden, (b) dass das Konkurrenz-getriebene Zusammenspiel der Individuen massive Ungleichgewichte des Reichtums und der Macht erzeugt, die es den Reichen erlauben, den Staat herauszufordern, und (c) dass der einzige Schutz gegen eine Übermächtigung des Staates durch marktförmig erzeugte Machtpositionen darin liegt, dem Staat als Souverän die einzige und überwältigende legitime Macht zuzugestehen.

Was Macpherson allerdings übersieht, ist eine Schwäche der Analyse, die Hobbes an alle liberalen, individualistisch ausgerichteten Modelle und Ideen von Gesellschaft weitergibt: Die Unfähigkeit, Gesellschaft anders denn als Aggregation von vielen Individuen zu begreifen. Am Ende zwingt diese Unfähigkeit Hobbes zu den heroischen Fiktionen im Umschlag von den vielen Einzelnen zu dem wirklichen Einen und im Umschlag von der Vielfalt zur wirklichen Einheit.

Dass kollektive Denksysteme, Wissenssysteme, Institutionen, Symbolsysteme und andere Systeme als Teile der Gesellschaft gleichberechtigt neben den Individuen konstituierende Komponenten des Ganzen der Gesellschaft darstellen könnten, ist für Hobbes ebenso undenkbar wie für alle individualistischen Reduktionen und methodologischen Individualismen bis heute. Dabei berührt Macpherson in einem Nebensatz sehr wohl das Problem: »Die Entscheidungen aller Menschen bestimmen den Markt, die jedes einzelnen wird von ihm bestimmt. Hobbes erfasste sowohl die Freiheit als auch den Zwangscharakter der Eigentumsmarktgesellschaft.«[25] Aber er verfolgt diese Spur nicht weiter. So

24 Macpherson 1980: 82.
25 Macpherson 1980: 125.

bleibt ungeklärt, was genau unter dem Zwangscharakter der Eigentumsmarktgesellschaft zu verstehen ist und inwiefern die Charakterisierung
als Zwang angemessen ist.

Auch im Markt und in der (von Macpherson so genannten) Eigentumsmarktgesellschaft geht es für Hobbes um Motive der Personen.
Sein Augenmerk richtet sich auf eine Grammatik individueller Motive
und ihm entgeht die parallele, aber versteckte Welt der systemisch gesteuerten Kommunikationen. Ihm entgehen die Wirkungen einer Grammatik der Kommunikationen, die gerade das Kommunikationsforum
des Marktes beispielhaft zeigen könnte. Weit folgenreicher ist, dass
ihm damit auch ein Teil der Konsequenzen seiner eigenen Konstruktion
entgeht, die systemischen Konsequenzen der Instituierung eines Souveräns und damit die Konsequenzen einer bestimmten Konstruktion der
Politik einer Gesellschaft, die immer noch als bloße Aggregation von
Individuen erscheint.

Wenn es aber nicht nur die Motive von Personen sind, die Gesellschaft ausmachen, sondern auch und gleichgewichtig die Logiken differenzierter Symbolsysteme, dann ist zumindest ein Mythos unhaltbar:
der Mythos der Kontrollierbarkeit des Ganzen. Genau diesem Mythos
verfällt Hobbes, weil ihm die Individuen und ihre Natur als Ausgangspunkte der Analyse die scheinbare Sicherheit geben, zu wissen, wovon
er redet. Der Staat als künstliches Tier, als vom Menschen rational geformter Automat, der sich geometrisch konstruieren und mathematisch
berechnen lässt, weist auf ein Wissens- und Wissenschaftsverständnis
von Hobbes, das auf den sicheren und klaren Prinzipien einer geomet-
rischen Logik aufbaut.[26]

Auch ein Vertrag, und selbst noch ein allseitiger Begünstigungsver-
trag, ist dann ein so rationales Gebilde, dass Kontrolle und Kontrollierbarkeit unproblematisch erscheinen müssen. Die Konstruktion
bricht zusammen, wenn sich herausstellen sollte, dass die Politik als
Funktionssystem, der Staat als instituiertes Ordnungsmodell der Politik
und das Symbolsystem der Macht als instituiertes Ordnungsmodell des
Machtmediums eine eigene Dynamik entfesseln, eine eigene Logik der
Steuerung von Kommunikationen in Gang setzen und eigene, nicht-
triviale Rückwirkungen auf die Motivationslagen partizipierender
Personen ausüben.

Immerhin hat nur fünfzig Jahre später Adam Smith für das Funktionssystem der Ökonomie und das Ordnungsmodell des Marktes sehr
klar gesehen, dass zwar die Motive von Personen eine wesentliche Rolle
spielen, aber durch diese individuellen Motive hindurch sich eine eigene
Marktlogik etabliert, die systemische Ziele und Absichten durchsetzt.
Die Motive der Personen richten sich auf ihren je individuellen, egois-

26  Wahring-Schmidt 1997.

tischen Vorteil und genau daraus ergeben sich hinter dem Rücken der Akteure evolutionäre (systemische) Effekte der Operationsweise des Marktes, die auf dem Umweg über optimale Ressourcenallokation und Produktivitätssteigerungen wie durch eine »unsichtbare Hand«[27] gesteuert einen positiven Wohlfahrtseffekt erzeugen.[28] Schon vorher hatte Montesquieu, darauf weist Albert Hirschman hin, die Formel der unsichtbaren Hand für die Förderung des Gemeinwohls im Staat (der konstitutionellen Monarchie) entwickelt.[29]

Die entsprechende Frage an das Ordnungsmodell von Hobbes ist daher, welche von Personen nicht intendierten Effekte sich hinter dem Rücken der Akteure ergeben, wenn sie einen Souverän instituieren, der die »wirkliche Einheit« darstellt und dessen Entscheidungen als verbindlich und im unterstellten Interesse aller unterstellt werden in der Hoffnung darauf, durch diese Entscheidungen vor inneren und äußeren Feinden geschützt zu werden. Die Rechte des Souveräns sind außerordentlich weitgehend. Sie sollen durch keinerlei innere Differenzen aufgeteilt und untereinander in Widersprüche gebracht werden können: weder durch einen besonderen Vertrag (von Rebellen oder Widersprechenden) mit Gott gegen den Souverän, noch durch die »gefährliche Lehre« der Montesquieuschen Gewaltenteilung.[30]

Die Beschwörung der wirklichen Einheit im Souverän, die von allen Denkern des absoluten Staates bis zu Carl Schmitt bereitwillig übernommen und gesteigert worden ist, muss bei Hobbes vor dem Hintergrund des Chaos der englischen Bürgerkriege gesehen werden. Auch begrenzt Hobbes die Allmacht des Souveräns zumindest hinsichtlich des *forum internum* des inneren Glaubens, den der Staat nicht kontrollieren kann und soll. Dennoch bereitet er den Boden für eine imaginäre

27 »Aber gerade das Streben nach seinem [des Einzelnen] eigenen Vorteil ist es, das ihn ganz von selbst oder vielmehr notwendigerweise dazu führt, sein Kapital dort einzusetzen, wo es auch dem ganzen Land den größten Nutzen bringt.« Smith 1990: 369.

28 Dies ist nicht der einzige Fall, an dem Adam Smith die Schaffung einer neuen emergenten Realität durch funktionierende Unterstellungen beschreibt. Auch die künstliche Erzeugung von ›wertvollem‹ Papiergeld auf der Basis von Vertrauen und unterstelltem Vertrauen beschreibt Smith treffend: »Setzt die Bevölkerung eines Landes ein solches Vertrauen in das Vermögen, die Ehrlichkeit und die Klugheit eines Bankiers, dass sie überzeugt ist, er werde immer bereit sein, auf Verlangen alle ausgegebenen Noten einzulösen, sobald man sie ihm vorlegt, werden solche Noten zu gleichem Geld wie Gold- und Silbermünzen, ganz einfach wegen des Vertrauens, sie jederzeit gegen Gold und Silber eintauschen zu können.« Smith 1990: 241.

29 Hirschman 1987 (1977): 18, 119.

30 Fetscher 1984: XXX f.

Übersteigerung der Einheit Aller im Staat und im Souverän, die schon zu Hobbes Zeiten der unaufhaltsamen Differenzierung der Gesellschaft fundamental widerspricht. Ein politisches System, dessen Staatsmodell so unnachgiebig auf Einheit verpflichtet ist, kann sich nur kontrafaktisch als imaginäre Institution im Sinne von Castoriadis konstituieren: als die »*indeterminierte* Schöpfung«[31] einer Form, deren Auswirkungen nicht mehr von den Motiven von Personen allein abhängen.

Dazu passt, dass Hobbes die Leitdifferenz des Mediums der Politik nach der binären Codierung in Macht/Ohnmacht nicht nur auf die Spitze treibt, indem nach dem Vertragsschluss nur noch einer mächtig und alle anderen gewollt ohnmächtig sind. Vielmehr sichert Hobbes auch sorgfältig ab, dass die Einheit der Leitdifferenz unsichtbar wird, damit der Reflexion entzogen ist und der Gebrauch der Unterscheidung selbst ein für alle Mal durch die offensichtliche Notwendigkeit von Ordnung der Gesellschaft und Souveränität der Politik begründet ist, die Differenz selbst also »durch den Präferenzwert mitlegitimiert wird.«[32] Die Aufklärung des Volkes, die Hobbes bemerkenswert wichtig war, bezieht sich deshalb auf das fertige Ergebnis des Hobbes'schen Modells, für dessen Popularisierung sogar Feiertage eingerichtet werden sollten, nicht aber darauf, warum und mit welchen Konsequenzen gerade diese Leitdifferenz (Macht/Ohnmacht) gewählt und sakrosankt gesetzt worden ist.

Jede Reflexionstheorie der Politik (und in gleicher Weise die Reflexionstheorien aller anderen Funktionssysteme) hat die Aufgabe, diese Imaginationen von Einheit aufzulösen, sie durch andere zu ersetzen und in dem Prozess des Auflösens und Ersetzens allmählich Erfahrungen im Umgang mit der unhintergehbaren Kontingenz und Komplexität moderner Gesellschaft zu machen. Diese Erfahrungen laufen darauf hinaus, dass die moderne Gesellschaft den alten Einheitsformeln entwachsen ist und nun neue braucht, obwohl sie unmöglich sind. Dennoch formt die historische Transformation der Leitdifferenzen von Funktionssystemen die Erfahrung, dass neue Formen, die einer Epoche als unmöglich erscheinen, sich hinter dem Rücken der Akteure durchsetzen und sich im Rückblick als notwendig erweisen. Im Fall der Politik bezeichnet die Ablösung der Leitdifferenz von Macht/Ohnmacht durch die Differenz von Mehrheit/Minderheit den Wandel vom Absolutismus zur Demokratie. Eine nächste Transformation von Mehrheit/Minderheit auf die Leitdifferenz beispielsweise von akzeptablem und nicht akzeptablem Systemrisiko müsste dann einen ähnlich grundstürzenden Übergang von der formalen Demokratie zu einer Art wissensbasiertem Konsequentialismus anzeigen.

31 Castoriadis 1990: 12.
32 Luhmann 1997a: 365.

Dass damit Probleme der Legitimität und der Selbstlegitimation von Gesellschaften insgesamt auf dem Spiel stehen, liegt auf der Hand. Die Gesellschaft findet sich »in ihren Funktionssystemen mit Problemen der Selbstlegitimation, der Autonomie, der Anwendung des Code auf sich selbst konfrontiert«[33] und muss sich in der Folge darauf einstellen, dass all dies genau das auflöst, was Gesellschaft bislang auszumachen schien: Ordnung, Einheit und Identität.

Selbstlegitimation beginnt in der Moderne bei der Person, die sich als autonomes souveränes Subjekt konstituiert. Im Herrschaftsvertrag geben die Personen ihre Souveränität (nach Hobbes) freiwillig an einen gemeinsamen Souverän ab, der durch den Vertrag legitimiert ist. Diese Fremdlegitimation des Souveräns wird *im Code der Macht* zur Selbstlegitimation der Macht, indem der Code die Fremdreferenz seiner Instituierung dadurch invisibilisiert, dass er aus der offenen Leitdifferenz von Macht/Ohnmacht die Ohnmacht – jetzt allerdings des neuen Souveräns – als illegitim herausschneidet und nur noch der Seite der Macht Legitimität zugesteht. Diese »kleine Mogelei«[34], die Luhmann »Selbstplacierung des Codes in einem seiner Werte« nennt, ist der Zaubertrick, mit dem sich der Code als autonom behaupten und danach seine eigenen Wirkungen entfalten kann.

Ist einmal ein Kind, ein Bauwerk oder eine Idee in die Welt gesetzt, dann sorgt eine eigenartige Logik dafür, dass das Faktum seine Kontingenz abdunkelt und sich als alternativlos präsentiert. Aus der Sicht des psychischen Systems liegt dies nahe, weil dann nicht alles, was der Fall ist, immer weiter und wieder problematisiert oder in Frage gestellt wird. Das gilt verstärkt für soziale Systeme, die noch größere Schwierigkeiten haben, überhaupt erst zu geltenden Setzungen zu kommen.

Die kleine Mogelei, der Luhmann nicht weiter nachgeht, weil sie natürlich auch eine kleine Mogelei der Theorie ist, entpuppt sich als eine in die Operationsweise von Sinnsystemen eingebaute Präferenz für Vereinfachung, Routinisierung und Selbstbetrug. Bewusstsein und Kommunikation, Personen und Sozialsysteme ergänzen sich darin aufs Schönste und verstärken so den Hang zu einem inneren Diskurs der Systeme, der die veralltäglichte Ekstase monumentaler Einheit sucht, auch wenn die Monumente auf tönernen Füßen stehen, irgendwann einstürzen und alles unter sich begraben.

Auf den ersten Blick mag dies zu negativ klingen. Denn was will man dagegen vorbringen, dass ein Code eine Präferenz für seine »gute« Seite ausbildet? Was soll problematisch daran sein, dass das Medium der Macht die Seite der Macht präferiert, das Medium des Geldes die Seite der Zahlung, des Medium des Rechts die Seite des Rechts gegenüber

33 Luhmann 1997 a: 366.
34 Luhmann 1997 a: 369.

dem Unrecht? Das Problem liegt weniger in der Einseitigkeit der Präferenzen als in der mangelnden Reflexion der Folgen dieser Selbstschließung der Medien zu den instituierten Ordnungen der Symbolsysteme. Nach ihrer Setzung als Differenzen springen die Symbolsysteme in den Modus einer selbstlegitimierten operativen Geschlossenheit, indem sie den Rückweg hinter ihre konstituierenden Differenzen mit der Gewalt der Einheit abblocken. Jeder Versuch der Reflexion sieht sich daher dem völlig treffenden, aber als Hochverrat stilisierten Verdacht ausgesetzt, Einheit aufs Spiel zu setzen, also Zwietracht zu säen und Chaos zu ernsten.

Nun erweist sich, dass die den Aufbau komplexer Sinnsysteme begleitenden Imaginationen der Einheit nicht ohne Folgen bleiben. Sie überformen die realen Differenzen mit einer imaginierten Einheit und zwingen sie unter das Dach einer Architektur, die ganz schnell wichtiger wird als die Komponenten, die sie ausmachen – und wichtiger als Vielfalt. Auch Hobbes Idee des souveränen Staates entgeht diesem Schicksal nicht. Der Leviathan, der zunächst noch als Metapher und mythisches biblisches Bild ganz wörtlich aus unzähligen Menschen zusammengesetzt ist, wird von Hobbes zuerst als »artificial man« bezeichnet. Aber das Künstliche und Imaginierte daran verliert sich im Handumdrehen. Es bleibt die Idee der Einheit und es bleibt die Einheit der Macht, die als absolute Macht jeden einzelnen der ihr nun unterworfenen Menschen davon abschrecken soll, selbst Macht auszuüben.

Mit dem Postulat notwendiger Einheit ist in die Konstruktion symbolischer Systeme ein »inviolate level«[35] eingezogen, der als *last resort* endlich für Klarheit und Sicherheit sorgt. Es ist das oberste Stockwerk der Architektur eines monumentalen Gebäudes, an dem alle Aufzüge, Treppen und auch Hintertreppen enden. Hier enden die Komplizierungen durch Rekursionen, Rückkopplungen, etc. und hier endet die Paradoxieanfälligkeit des Ganzen, weil das Postulat der Einheit die Aufdeckung ihrer eigenen fundierenden Paradoxie verbietet: *here the buck stops*. Gegen den Souverän ist Machtausübung nicht erlaubt, obwohl doch alle Macht ursprünglich von den souveränen Einzelnen kommt. Der Unterschied von Recht und Unrecht kann nicht Unrecht sein, sonst wäre die Legitimität des Ganzen gefährdet. Die Differenz von Wissen und Nichtwissen kann nicht auf der Seite des Nichtwissens spielen, sonst wäre die Einheit des Wissens hinfällig. Es gibt also gute Gründe für die Imagination der Einheit von Symbolsystemen.

Allerdings gibt es zumindest ebenso gute Gründe dafür, jedenfalls in

---

35 Hofstadter 1984: 686ff. Ein reflektierter Beobachter »kann wissen, dass Aufklärung nicht in Richtung auf restlose Selbsttransparenz möglich ist, sondern nur durch Substitution neuer ›inviolate levels‹«. Luhmann 1995b: 183.

der Reflexion diese Einheit wieder aufzulösen. Dem Nutzen der Einheit stehen Kosten gegenüber, die erst in der Dissimulation der zwingend erscheinenden Einheit aufscheinen und erst dann bezeichnet werden können, wenn die alternative Einheit einer anderen Leitdifferenz vorstellbar wird. Würde sich beispielsweise für die Politiksysteme von Wissensgesellschaften die Leitdifferenz von akzeptablem und nicht akzeptablem Systemrisiko durchsetzen und als Einheit der Differenz die Idee einer wissensgestützten Zukunftsfähigkeit des Gesellschaftssystems etablieren, dann wären damit hohe Kosten der Legitimierung von Wissen und Nichtwissen, von Risikomodellen und Systemszenarien verbunden, von denen man heute wohl noch nicht wissen kann, wie sie beglichen werden könnten. Es liegt auf der Hand, dass ein System, wenn es denn erst einmal Einheit erreicht hat, einem solchen Spiel mit dem Feuer Riegel vorschiebt. Zugleich winkt dem System selbst in diesem Spiel neben den vielen Verlustmöglichkeiten als Hauptpreis eine mögliche Leistungssteigerung, die im Wettkampf mit konkurrierenden Systemen vorteilhaft wäre. Insofern zeigen sich auch hier die Grundzüge der Schumpeterschen »schöpferischen Zerstörung«, die als Mechanismus genau darin interessant ist, dass sie sich auch gegen die Intentionen einzelner Akteure als Logik eines Systemkontextes durchsetzt.

Hobbes selbst zieht bei der Konstruktion der Einheit des Staates Varianten in Betracht. Die »wirkliche Einheit aller« kann in einer einzigen Person (Monarchie), in mehreren (Aristokratie) oder in einer »allgemeinen Versammlung« (Demokratie) hergestellt sein. Er macht aus seiner Präferenz für die Monarchie keinen Hehl, aber er begründet diese Präferenz bemerkenswerterweise präzise mit dem Leistungsvorteil dieser Staatsform gegenüber anderen, gemessen an der eigentlichen Aufgabe des Staates: »Der Unterschied zwischen diesen drei verschiedenen Staatsformen liegt nicht in der Verschiedenheit der Gewalt, sondern in der unterschiedlichen Angemessenheit oder Eignung für den Frieden und die Sicherheit des Volkes, dem Zweck, zu dem sie eingesetzt worden sind.«[36] Damit öffnet Hobbes sein Argument dem Gegenargument, dass eine andere Staatsform vorzuziehen sei, wenn sie besser geeignet ist, indem die Regierung ihre Aufgaben besser erfüllen könnte. Selbst die von ihm abgelehnte Gewaltenteilung wäre dann zwingend, wenn sich herausstellen sollte, dass sie die Regierungsfähigkeit des Staates nicht gefährdet, sondern verbessert.

Diese Überlegung verweist auf eine Metaebene, die noch jenseits des »inviolate level« liegt und der Reflexion den Hebel in die Hand gibt, den Panzer der Einheit aufzubrechen. Der *Zweck* eines Symbolsystems, von wem und wie auch immer definiert, eröffnet den Spielraum für Variationen der inneren Form eines Systems, wenn die Prämisse zutrifft,

36 Hobbes 1984: 146.

dass verbesserte Leistungsfähigkeit im Sinne einer besseren Erreichung des gesetzten Zwecks das entscheidende Kriterium der Legitimität des Ganzen darstellt. Die Organisationssoziologie lehrt allerdings nachdrücklich, dass der Geltung dieser Prämisse viele Hindernisse entgegenstehen. Von Zielverschiebung (»goal displacement«) über Zielrevision bis zur Auswechslung der leitenden Zwecke ist alles im Repertoire von Akteuren und Systemen, um einer drohenden Variation der inneren Form des Systems Paroli zu bieten.

Wie die historische Erfahrung zeigt, setzen auch politische Systeme und ihre Ordnungsmodelle des Staates der Veränderung ihrer inneren Form Widerstand entgegen, selbst dann, wenn die veränderte Form anderenorts ihre Überlegenheit erwiesen hat. Der übliche Verweis auf das Beharrungsvermögen der etablierten Interessen reicht nicht aus, um die Resilienz der Symbolsysteme zu erklären. Auch die Eigendynamik der Symbolsysteme, die aus der strukturellen Kopplung von Personen (ihrer Motive und Interessen) und Kommunikationssystemen (ihrer Selektivitäten und Muster) resultiert, wirkt sich vorrangig als struktureller Konservatismus aus, weil »die Medien eine selbstsubstitutive Ordnung erzeugen«[37] und genau in dieser Ordnungsbildung den Weg zur eigenen Systembildung vorzeichnen. Dies meint, dass all das, was ein komplexes Symbolsystem in Richtung Selbstreferenz, Autonomie, Selbstorganisation, operative Geschlossenheit und schließlich Selbststeuerung drängt, seinen Erfolg darin sucht, eine einmal gelungene, bestimmte Ordnung zu erhalten und in den rekursiven Operationen des Systems zu reproduzieren.

Es gibt nur zwei übergreifende Systemdynamiken, die diesem eingebauten Strukturkonservativismus entgegenwirken: Evolution und Steuerung. Die Evolution realisiert in ihren tragenden Mechanismen der Variation, Selektion und Retention einen Lernprozess, der die an ihre Umwelt besser angepassten Systeme als erfolgreicher bewertet und diese Wertung ohne Rücksicht auf Verluste durchsetzt. Dies lässt viel Raum für »alte«, gut angepasste Formen, für Stasis und für Nischen, aber sobald unterschiedlich gut angepasste Formen konkurrierend aufeinandertreffen, gibt es keine Gnade. Ein Strukturkonservativismus bleibt zwar insofern eingebaut, als auch innovative Varianten sich nur schwer durchsetzen, weil die Mikrovariationen (z. B. verbesserte Zellprozesse) sich in einen gegebenen Systemkontext (etwa ein Organ oder ein ganzer Organismus) einpassen müssen und nur dann zum Zuge kommen können, wenn sie das Getriebe des Systems insgesamt nicht stören. Aber wenn sie nach den übergreifenden Kriterien der Evolution die Anpassungsfähigkeit des Systems verbessern, setzen sie sich durch.

Für sinnkonstituierte Systeme gibt es keine übergreifenden Kriterien

37 Luhmann 1997a: 373.

dieser Art. Sie schaffen sich ihre Kriterien selbst und müssen selbst entscheiden, ob sie sich an veränderte Umweltbedingungen anpassen wollen oder nicht. Eine fehlende Anpassung kann durchaus Konsequenzen haben, auch die des Untergangs, sobald ein soziales System sich einem Wettbewerb der Systeme ausgesetzt sieht. Auch für soziale und symbolische Systeme greifen dann die Mechanismen der natürlichen Evolution oder die Mechanismen einer ihrer künstlichen Derivate wie Markt, Krieg, Kulturkampf oder ähnliches.

Eine prinzipiell andere Konstellation entsteht in der Moderne mit der Möglichkeit der *Steuerung* sozialer Systeme. Um die Radikalität dieses Paradigmenwechsels ermessen zu können, empfiehlt es sich, in einem Zwischenschritt noch einmal einen Blick auf die symbolische Kopplung von Bewusstsein und Kommunikation durch *Sprache* zu werfen. Sprache als Symbolsystem hat den Reiz, so nahe am Menschen zu sein, dass es erstaunen muss, dass der Mensch die Sprache nicht steuern kann, obwohl auch einfache Theorien dem Menschen intentionale Steuerungsfähigkeit in dem Sinne unterstellen, dass er eigene Motive verfolgen und bestimmte Absichten ›realisieren‹ könne. Zugleich ist Sprache gut erkennbar ein Symbolsystem aus eigenem Recht, das kein einzelner Mensch geschaffen hat oder verändern oder abschalten kann. So wird tatsächlich zum Problem, wie man »mit Worten Dinge tun kann«, wie John Austin diese Frage formuliert hat, und die Folgen der getanen Dinge dann mit den Worten auch etwas zu tun haben und nicht in das münden, was Austin »infelicities« nennt.[38]

Ein aufschlussreiches Bild des Zusammenspiels und der gegenseitigen Verwirrung von Bewusstsein und Kommunikation, von Mensch und Sprache, entwirft Saussure. Aufgrund seiner Beobachtungen der historischen und geographischen Veränderungen der Sprachen sieht er nicht eine Einheit, sondern eine kontinuierliche Transformation und Offenheit der Sprache. Die Transformation ist einer Zirkulation der Symbole geschuldet, welche *als Zirkulation* überhaupt erst zur Sprache wird und *in der Zirkulation* erst die Zeichen schafft, die Sprache ausmachen.

Schon diese Zirkulation gründet nicht auf festen Bestandteilen des Bewusstseins, sondern auf einem »Strom kognitiver Prozesse«,[39] welche die Fähigkeiten des mentalen Systems erzeugen, wahrzunehmen, sich zu erinnern und Schlüsse zu ziehen, also Rückschau *und* Vorschau zu ermöglichen. So vermeidet die Zirkulation eine starre Identität der Sprache und sie verhindert zugleich eine starre Identität der Personen, weil die Identität von Personen durch Sprache und Sprechen erzeugt ist und mithin die kontinuierliche Veränderung von Sprache auch die

---

38 Austin 1971: 14 ff. (Austin meint damit etwas, was soziologisch gesprochen »nicht intendierte Folgen des Handelns« heißen würde).
39 Foerster 1993: 305.

sprechenden Personen verändern muss: »Wo ist inzwischen die Identität geblieben? Darauf antwortet man gewöhnlich mit einem Lächeln, als ob dies tatsächlich eine sonderbare Angelegenheit sei, die philosophische Tragweite der Sache zu bemerken, die auf nichts weniger hinausläuft als zu behaupten, dass *jedes Symbol*, wenn es erst einmal in die Zirkulation hineingeworfen ist – aber ein jedes Symbol existiert nur, *weil es* in die Zirkulation hineingeworfen ist –, im selben Augenblick absolut unfähig ist zu sagen, worin seine Identität im nächsten Augenblick bestehen wird...«.[40]

Diese Saussursche Unschärferelation für Symbole erschüttert ganz grundsätzlich die Möglichkeit, mit Blick auf komplexe symbolische Systeme noch naiv von Einheit und Identität zu sprechen. Einheit ist zwar denkbar, aber nur als imaginäre Größe, als Hilfskonstruktion einer Praxis des Umgangs mit Symbolsystemen, die sich nicht durch Reflexion in Verwirrung, in eine *discretio in confusione* stürzen lassen will. Sprache *ist* diese Zirkulation der Symbole, die als Zirkulation zugleich stabil und dynamisch ist, also ihre Einheit in der Zirkulation findet und in der Zirkulation permanent Differenzen aufbaut, die von Tag zu Tag, wie Saussure sagt, infinitesimal und unmerklich sind und sich dennoch über die Jahrzehnte und Jahrhunderte zu großen Veränderungen aggregieren, die scheinbar neue Sprachen schaffen.

In dieser Perspektive wird schon deutlicher, dass Menschen nichts an diesem Transformationsprozess kontrollieren, beherrschen oder steuern. Sie sind zwar daran beteiligt, aber als Betroffene, nicht als Gestalter eines »Wirbels der Zeichen«, dem sie als Sprechende ihre Identität verdanken. So wenig wie Menschen die Unterschiede der Sprache von Tat zu Tag merken, so wenig merken sie die Mikrofluktuationen ihrer Identität als Sprechende. Dies erlaubt ihnen, sich als Identische zu sehen, so wie sie ihrer Sprache Einheit zusprechen und ihr Sprechen als identisch begreifen.[41]

Die Unschärferelation, die Saussure für die Einheit symbolischer Systeme begründet, betrifft im Kern allerdings nicht nur die Symbole als isolierte Zeichensysteme. Wichtiger und folgenreicher noch ist, dass sie als Relation das *Verhältnis* zwischen Symbolsystemen und Personen einer unaufhebbaren Unschärfe unterwirft, die es verbietet, dieses Verhältnis nach Regeln von Trivialmaschinen und einfachen Kausalitäten

40 Saussure 2003 a: 419 f. (Hervorhebungen im Original).

41 Zu einer bemerkenswert parallelen Einschätzung aus der Sicht einer Diskursökonomie der Verbreitungsmedien kommt Winkler 2004: 118: »Das semantische System der Sprache, das System der konventionalisierten Bedeutungen, das uns als festgefügtes Lexikon gegenübertritt, ist nicht vom Himmel gefallen, sondern ist ... das Resultat von Milliarden von Sprech-Akten und Einzeltexten, die an der Sprache wie an einem Kollektivkunstwerk gearbeitet und ihr ihre Form verliehen haben.«

zu verstehen. Tatsächlich prozedieren die Konjektionen von Bewusstsein und Kommunikation nicht in der Mechanik uniformer Fließbandproduktionen, in denen fertige Zwischenteile aufeinandertreffen und zu Fertigteilen zusammengesetzt werden.

Viel angemessener ist das Bild, das Saussure evoziert, wonach zwei dynamische, wilde Luftmassen zusammenfließen und sich zu einem Wirbelsturm vermischen, in dessen ruhendem Kern der Schein von Identität sowohl für den Sprechenden wie für die Sprache entsteht, während tatsächlich Identität sich nur als prozessproduzierte Fiktion einer konstanten Zirkulation ergibt.[42] Vermutlich hat es dieses schwierige Verhältnis von imaginierter systemischer Identität und abgeleiteter prozessualer Realität symbolischer Systeme erschwert, Zusammenhang und Unterscheidung von symbolisch generalisierten Kommunikationsordnungen als Medien einerseits und als Systeme andererseits zu sehen.

Ein passendes Bild der Kovariation unterschiedener Symbolsysteme entwirft Alain Pottage bei seiner Reformulierung des Begriffs des *agencement machinique* von Deleuze und Guattari. Anders als der Begriff zunächst insinuiert, geht es um die Kovariation nicht-linearer Komplexitäten, die nur mit Bezug aufeinander ihre Realität finden: »The differentiation and replication of each machine is therefore dependent upon its association with a contiguous machine ... . Each successive ›intervention‹ by one machine prompts a reconfiguration within its ›neighbour‹, thereby modifying the horizon presupposed by the first machine and prompting it into a new configuration or performance, which in turn prompts a new configuration of the neighbouring machine, and so on.«[43] Diese Kovariation je interner Konfigurationen unterschiedlicher Symbolsysteme ist der Kern des Prozesses der Konjektion, in dem Symbolsysteme zwar miteinander kollidieren, sich aber nicht kausal bestimmen, sondern in ihren internen Musterbildungen darauf reagieren, dass in ihren relevanten Umwelten *andere* Muster und Konfigurationen auftreten und als Differenz beobachtbar sind.

In den Konjektionen zweier eigendynamischer Zirkulationen – der Zirkulation der Zeichen des Bewusstseins und jener der Sprache – entsteht eine dynamische Struktur, die Floyd Allport in einem sozialpsychologischen Zusammenhang »a structure of events« nennt und geradezu bildlich[44] als geordnete Kollisionen unterschiedlicher Ereignisströme

42 Hier wären interessante Anschlussmöglichkeiten zwischen dem allgemeinen Fall der Zirkulation der Symbole und dem speziellen Fall der Warenzirkulation und des Tausches. Dazu Winkler 2004: 81 ff. Und es wären tiefer greifende und weiter zurückgehende Anschlussmöglichkeiten an Cusanus Konjekturenlehre und seine Idee *de coniecturis* und ihre weitere Entwicklung bei Hegel.

43 Pottage 1998: 21.

44 Allport 1954: 296 und 299.

darstellt. Nicht zufällig erinnern seine Grafiken an die Spurenbilder der Streamerkammern oder der großen Collider des CERN, in denen aus den hochenergetischen Kollisionen von Partikeln elementare Grundformen der Materie entstehen.

In der strukturellen Kopplung – Allport spricht von Interstrukturierung – zweier Ereignisströme treffen zwei Operationszyklen aufeinander, die je für sich operativ geschlossen sind und dennoch füreinander Bedeutung haben. An die Stelle einer zeitlich klar geordneten Abfolge von linearen Kausalrelationen nimmt Allport zum einen für jede Seite einer strukturellen Kopplung eine zyklische Struktur an, die dadurch entsteht, dass fortlaufende Prozesse und Ereignisse ein spezifisches Muster bilden, »that *closes itself through a cycle of operation* ... . All structures of events have a self-closing or cyclical character.«[45] Zum anderen versteht er das Zusammenspiel beider (oder mehrerer) Seiten der Kopplung ganz ähnlich wie Saussure als eine nicht-lineare, komplexe Verschachtelung von Bewegungsimpulsen,[46] die unterschiedliche Zirkulationen oder Wirbel von Zeichen füreinander darstellen und die sie in ihrer eigenen Logik aufnehmen ohne ihre operative Schließung zu beeinträchtigen.

Wohl nicht zufällig hat auch Karl Weick, der auf der Suche nach Prozessen des *sensemaking* ist, für das Verhältnis von Organisationen und Personen im Anschluss an weitere Autoren zu ähnlichen Metaphern gefunden: »Cohen, March, and Olsen (1972) have remained sensitive to the reality of continuity, thrownness, and flows in their insistence that streams of problems, solutions, people, and choices flow through organizations and converge and diverge *independent of human intention.*«[47]

Es erscheint demnach geboten, neue Metaphern für das Zusammenspiel von Bewusstsein und Kommunikation und insbesondere dafür zu finden, wie ihre je eigene Einheit und die Einheit ihrer Konfusion zu denken sei. Man kann sich die Symbolsysteme des Bewusstseins und der Kommunikation je für sich als komplizierte, ineinander verschachtelte und operativ geschlossene Produktionsnetzwerke vorstellen, in denen die unterschiedlichsten Teilprozesse, Laufrichtungen, Übertragungen, Gegenkopplungen, Laufgeschwindigkeiten etc. aufeinander einwirken. Die Produktionszyklen haben in einem evolutionären Prozess dennoch zu einer ausgefeilten internen Feinabstimmung gefunden, die dafür sorgt, dass bei aller Kompliziertheit und Komplexität die Systeme autonom

---

45 Allport 1954: 288.

46 »The system is essentially a geometry of ongoings and their interrelations at ›event points‹. In short, it is a theory of *structural kinematics.*« Allport 1954: 300.

47 Weick 1995 b: 44. (Hervorhebung H. W.)

operieren und sich im Rahmen langwelliger Transformationen kontinuierlich reproduzieren.

In jeder strukturellen Kopplung treffen zwei dieser wohlgeformten, operativ geschlossenen Produktionsnetzwerke aufeinander. Man müsste erwarten, dass es nun wie an der Frontlinie zweier mächtiger feindlicher Heere knirscht und bricht und die beiden Räderwerke sich destruktiv ineinander verhaken. Das passiert nicht, weil beide Systeme gelernt haben, Distanz zueinander zu wahren. Wie Schattenkrieger oder Capoera-Tänzer dissimulieren sie ihr Aufeinandertreffen in Bewegungen, welche die andere Seite aufnimmt und zu eigenen Bewegungen umformt, die ihrerseits von der anderen Seite aufgenommen werden. So entsteht eine strukturelle Kinetik oder *kinematics*, ein von der Evolution sorgfältig choreographierter Tanz, in dem die tobenden Elemente einander fremder Systeme sich zu Figuren und Formen finden und die Systeme in diesem Tanz ohne ihr Zutun zu Verbündeten werden müssen.

Nur gelegentlich durchbricht ein singuläres Ereignis oder ein Phasensprung diesen Gleichmut der Evolution. Der Prozess der Symbolisierung, die Fähigkeit des Bewusstseins zur Selbststeuerung und die Ambition der Steuerung sozialer Systeme scheinen solche singuläre Ereignisse zu sein. Mit der Möglichkeit oder Fähigkeit zur Steuerung überbietet sich die Evolution selbst. Sie schafft eine Lage, die zugleich die Evolution überfordert und mit Kriterien der Evolution allein nicht mehr erklärbar erscheint.

Strategisches Handeln und Steuerung stellen singuläre Operationsformen dar, die der Evolution als Evolution vollkommen fremd sind, ja ihr widersprechen, denn Evolution kennt weder Strategie noch Zukunft. In diesen Übersteigerungen überfordert die Evolution allerdings nicht nur sich selbst, sondern vermutlich auch ihre seltsamen Kinder Bewusstsein und Kommunikation. Denn diese scheinen die ihnen zugewachsenen Zauberkräfte bei weitem zu überschätzen. Sie wagen sich in Gefilde der Strategie und der Steuerung vor, aus denen sie wie der Zauberlehrling nicht unbeschadet zurückfinden. So sprechen viele Beobachtungen dafür, dass Personen glauben, steuernd in die Konjektionen von Bewusstsein und Kommunikation eingreifen zu können, während sie tatsächlich nur die kunstvolle Distanz beider Systeme zueinander ruinieren und es dann wirklich zu einem destruktiven Verhaken kommt, das die Akteure nicht gewollt, aber doch in Gang gesetzt haben.

Im Problem der Steuerung kulminiert eine von der Evolution gegen die Evolution gesetzte Hybris des Menschen und der ihn konstituierenden Symbolsysteme, die mit der Imagination von Einheit ihren Anfang nimmt. Könnte sich der Mensch mit der Sinnlosigkeit des Ganzen zufriedengeben, dann bräuchte es keinen Anfang, keine Einheit und keine Steuerung. Die Sinnfrage ändert all dies. Sie erzwingt einen Sinn auch dort, wo er nur imaginierter Sinn sein kann. Immerhin ergänzen sich der Zwang zur Sinnbildung und die Fähigkeit zur Imagination zu einer kunstvoll einstellbaren Balance möglicher Verhältnisse des Menschen zur Welt, die von religiöser Ergebenheit über Stoizismus bis zur Ironie reichen, wenn es gut in dem Sinne geht, dass er seine Steuerungsfähigkeit in eigenen und fremden Angelegenheit realistisch als äußerst gering einschätzt. Wenn es schlecht geht, und Menschen Steuerungskompetenzen auch gegen jede Vernunft erzwingen, dann reicht das Spektrum der resultierenden Katastrophen von individuellem tragischen Scheitern über Pyrrhussiege und Bankrotten bis zu Rassenwahn und Völkermord.

Erst diese Nähe der Steuerungsproblematik zur allgemeinsten, konfundierenden Sinnfrage macht verständlich, weshalb Steuerung als intentionaler Eingriff in naturwüchsig ablaufende evolutionäre Prozesse für den Menschen als sinnhaft konstituiertes Wesen unvermeidlich ist, sobald die Ordnung der Dinge nicht einfach gegeben ist und die Dinge nicht einfach passieren, sondern auf ihren Sinn befragt werden. Denn der Verweisungsüberschuss jeder Sinnbildung schafft einen Optionenraum voller Kontingenzen, die geradezu nach Auswahl und mithin nach Steuerung verlangen.

Auf der anderen Seite muss von Anfang an, wie beispielhaft die klassischen griechischen Tragödien zeigen, versuchte Steuerung in überwältigendem Ausmaß die Erfahrung von Scheitern nach sich gezogen haben. Daher läuft die Eingrenzung von Sinn in den Sinnsystemen der Mythen, Religionen, Weltbilder etc. bis zu den Sinnsystemen der großen Symbolsysteme von Anfang an darauf hinaus, Optionenräume eng zu machen, Kontingenzen zu zügeln und damit die Komplexität notwendiger Steuerung scharf zu beschränken.

Eine der wenigen mythischen Beinahe-Tragödien, die glücklich enden, Homers Odyssee, zeigt diesen Zusammenhang exemplarisch. Für Odysseus bedeutet die Odyssee die Suche nach seiner »Seele« im Sinne einer – wie Richard Rudermann in einem klugen Text herausarbeitet – fundamentalen Aufklärung durch die Befreiung der Seele aus nicht verschuldeten Abhängigkeiten, »the liberation of one's soul from the ›mythological‹ or ›social‹ world in which it is, at first, inevitably imbedded«.[48] Es ist die bereits durch Symbolsysteme geordnete »soziale« Welt kontrollierter Kontingenzen, aus der Odysseus ausbrechen möchte. Die Homerische Aufklärung lässt sich als eine Befreiung *zur* eigenen Seele, und gerade nicht, wie die moderne Aufklärung, als Befreiung *von* einer eigenen Seele verstehen. Setzen wir den Homerischen Begriff der Seele mit dem Begriff des identischen Selbst oder der Einheit der Person gleich, dann wird deutlich, dass die aufklärerische Tat der Odyssee darin besteht, dem heroischen oder monumentalen Menschen zu einem reflektierten Selbst zu verhelfen, ihn aber gerade nicht von einem Selbst

---

48 Ruderman 1999: 140.

zu befreien, sondern ihn in die Freiheit der Selbststeuerung oder gar der Steuerung des Schicksals zu entlassen.

Aufschlussreich ist die Konsequenz, mit der Homer seinen Helden in dessen Projekt der Aufklärung und in seinem Versuch der Steuerung scheitern lässt. Am Ende schreckt Odysseus vor dem Opfer der Aufklärung zurück, sein Zorn bleibt Sieger über seine Vernunft. »Odysseus fails to attain his goal not because it is impossible but because he is ultimately less rational than he supposes. He pulls back from the full implications of rationality because it would undermine his angry longing to defend what he believes he deserves. Homer, in the end, questions his need to do so«.[49] Er verweigert sich einer Rationalität, die Steuerung notwendig einschließen müsste, eine Steuerung die ebenso notwendig scheitern muss, und genau deshalb verbürgt nur diese Verweigerung ein glückliches Ende seiner Irrfahrt.

Die Moderne hat keinen Homer, der sie vor ihrer Selbstaufklärung schützen könnte. Auch Adorno hilft hier nicht, vielleicht Hegel, vielleicht Luhmann. Denn nur der Ausgangspunkt einer äußersten Steuerungsskepsis wird dem Ernst, dem Schmerz, der Geduld, der Arbeit des Negativen und darin der Tragweite des Problems gerecht. Bedenkt man beispielsweise, dass seit gut zweihundert Jahren (mit der Positivierung des Rechts) Menschen beanspruchen, durch politische Entscheidungen gesellschaftliche Problemlagen zu steuern, und bedenkt man, wie wenig dies mit gelingender Steuerung zu tun hat,[50] dann erhellt die Tragweite der Problematik. Darauf ist später detaillierter einzugehen. Hier ist der Ausschnitt des allgemeinen Steuerungsproblems zu betrachten, der in der Zone der Konfusion der symbolischen Kopplung von Bewusstsein und Kommunikation spielt.

Ausgangsdilemma bleibt, dass das Bewusstsein als sinnkonstituiertes System *Einheit* in allen seinen Teilwelten verlangt, weil es an offenen Sinnbezügen, an möglicher Sinnlosigkeit verzweifeln muss. So werden die Einheit Gottes, die Einheit der Natur, des Geistes, der Nation, der Wahrheit etc. zu den primordialen Haltepunkten einer sinnbasierten Konstruktion von Welt, welche die bodenlose Kontingenz ihrer Konstruktion ahnen muss, aber diese Ahnung der Sicherheit imaginierter Einheit opfert. Zu Recht! Jedenfalls zunächst. Denn die Bedeutung einer funktionierenden Fiktion von Einheit für die Möglichkeit der Steuerung sozialer Systeme lässt sich kaum überschätzen. Sicher ist, dass schon moderat komplexe Systeme sich ohne eine solche wie auch immer unterstellte Einheitsfiktion *nicht* steuern lassen. Wahrscheinlich und einigermaßen historisch belegt ist, dass sich selbst komplexe Sozialsysteme wie die frühen Hochkulturen *mit* funktionierenden Modellen

49 Ruderman 1999: 160.
50 Willke 2003 b: Kapitel 2.

einer mythischen oder religiösen Einheit in einem frappierenden Maße steuern lassen. Jedenfalls haben sie Errungenschaften planvoll gesteuerter monumentaler Strategien – von den Gärten Babylons über die ägyptischen Pyramiden bis zu den Suprastrukturen und Infrastrukturen des alten Chinas oder Roms – vorzuweisen, die einen Großteil moderner »strategischer Initiativen« alt aussehen lassen.

Selbst noch die modernen Imaginationen der Einheit der Nation oder der Einheit des Wissens zeitigen noch einmal eindrucksvolle Ergebnisse strategischer Systemsteuerung wie den Code Napoleon, die Errichtung des britischen Empire, den Aufschwung der Naturwissenschaften im 19. Jahrhundert oder die Sozialgesetzgebung in Europa vor dem Ersten Weltkrieg. Aber je stärker die Komplexität sozialer und symbolischer Systeme expandiert und je schwächer die Überzeugungskraft imaginierter Einheit wird, desto prekärer werden die Möglichkeiten der Systemsteuerung. Steuerung wäre jetzt nur noch um den Preis unnachsichtig forcierter dämonischer Einheit möglich.

Tatsächlich bricht sich im 20. Jahrhundert die Illusion erzwingbarer Steuerung in furchtbarer Weise Bahn. Die faschistischen und kommunistischen Diktaturen meinen, mit ebenso absoluten wie absurden Ideen der Einheit die Transformation ganzer Gesellschaften mit unmenschlicher Gewalt erzwingen zu können.

Auch noch völlig anders geartete, möglicherweise sogar großherzig gemeinte Steuerungsstrategien wie die »Grüne Revolution«, Entwicklungshilfe für die Dritte Welt oder der Wohlfahrtsstaat schlagen auf fatale Weise fehl, weil die ihnen zugrunde liegenden Ideen von Einheit nur noch Chimären vergangener Imaginationen sein können, nachdem sich die Bedingungen der Möglichkeit der Steuerung komplexer Systeme grundlegend verändert haben. Diese vergeblichen Strategien geben den Stoff für moderne Tragödien ab, weil auch hier, wie in den klassischen Tragödien, die Menschen versuchen zu steuern, und nun nicht den Göttern in die Quere kommen und ihren Zorn wecken, sondern die unbarmherzigere Gewalt der Systeme provozieren, und sie entsprechend bestraft werden.

Soll nun endlich die Vernunft über den Zorn siegen, dann muss die Vernunft jenseits der Imaginationen von Einheit ihren Platz finden. Es muss eine Vernunft sein, die sich weder auf die Vernunft des Bewusstseins beschränken lässt, wie Hegel meint, noch auf die Vernunft der Kommunikation, auf die Habermas und Luhmann je in ihrer eigenen Weise setzen. Vielmehr muss sie sich als Vernunft gerade auch in der zwielichtigen Zone der Konfusion von Bewusstsein und Kommunikation durchsetzen und sich gegen, nein: *mit* allen Zweifeln des Ambivalenten und Ungesicherten als Leitlinie eines Denkens behaupten, das seine Einheit nicht mehr in einer Idee der Einheit imaginieren kann, sondern das seine Einheit als Differenz von Einheit und Differenz in eine unendliche Regression fortsetzen muss, in eine rekursive Bewegung ohne Halt, in eine selbstreferentielle Zirkulation der Symbole und einen schwindelerregenden Wirbel der Zeichen, den »Schwindel einer sich immer erzeugenden Unordnung«[51]. Differenzierung und Unordnung bieten der Konstruktion von Sinn eine Matrix von Verweisungen, die sich von keinem Architekten mehr zur Einheit zwingen lässt.

51 Hegel 1986: 161.

# 7. Konjektionen der Differenz

Die Vernunft der Symbolsysteme muss sich darin erweisen, wie sie dem Zwang zur Einheit trotzen und der Verführung des Imaginären widerstehen. Zwang und Verführung formen sich zwar aus den Intentionen von Menschen, die mit den Symbolsystemen kommunizieren, aber es sind die Symbolsysteme, welche die Bahnen, Mittel, Aussichten, Anreize und Zwecke bereitstellen, an denen die Motive von Personen andocken können. Statt Einheit zu fingieren, wäre es nun nötig, der Negation von Einheit unerschrocken ins Gesicht zu blicken und die Differenz der Differenzen, primär die Differenz der konstituierenden Differenzen der Symbolsysteme von Bewusstsein und Kommunikation als Leitlinie möglicher Sinnbildung willkommen zu heißen.

Mit der funktionalen Differenzierung der Gesellschaft und der entsprechenden Ausbildung unterschiedlicher Symbolsysteme der Steuerungsmedien wird Sinnbildung zu einer komplizierten Angelegenheit. Der Kern des Problems ist darin zu sehen, dass für das Verhältnis von Bewusstsein und Kommunikation, für das Verhältnis von Mensch und Symbolsystemen die übliche homozentrische Ansicht unbrauchbar und irreführend ist, wonach die Menschen als Subjekte irgendwie »da« sind und sie sich nun irgendwie Kommunikationssysteme und auch noch die darauf aufbauenden Symbolsysteme schaffen. Nach dieser Auffassung erfinden Menschen im Laufe ihrer Geschichte Religion, Macht, Recht, Geld, Wissen etc. und nutzen die so geschaffenen Symbolsysteme zu ihren Zwecken.

Angemessener scheint demgegenüber die Auffassung zu sein, dass sich in den Relationierungen von Mensch und Symbolsystemen überhaupt erst bestimmte Ausprägungen von Subjektivität und sinnhaft konstituierter Identität der Person ausbilden, wie dies Saussure für die Sprache begründet und Ernst Cassirer für den allgemeineren Fall symbolischer Formen beispielhaft formuliert: »Denn ein Blick auf die Entwicklung der einzelnen symbolischen Formen zeigt uns überall, dass ihre wesentliche Leistung nicht darin besteht, die Welt des äußeren in der des Inneren abzubilden oder eine fertige innere Welt einfach nach außen zu projizieren, sondern dass in ihnen und durch ihre Vermittlung die beiden Momente des ›Innen‹ und ›Außen‹, des ›Ich‹ und der ›Wirklichkeit‹ erst ihre Bestimmung und ihre gegenseitige Abgrenzung erhalten ... . Vielmehr liegt die entscheidende Leistung jeder symbolischen Form eben darin, dass sie die Grenze zwischen Ich und Wirklichkeit nicht als ein für allemal feststehende im voraus hat, sondern dass sie diese Grenze selbst erst setzt – und dass jede Grundform sie *verschieden* setzt.«[1]

1 Cassirer 2002: 182.

Die Konstituierung von Sinn ist demnach nicht als eine Leistung zu verstehen, die der Mensch in seinem Inneren mit sich selbst abmacht und als Ausgeburt seines autonomen Geistes in die Welt setzt. Sinn entsteht vielmehr in den Konjektionen der Symbole des Bewusstseins und der Symbole der Kommunikation als korrelierte oder resonante Fluktuationen, die je nach involvierten Bezügen unterschiedlich gefärbte Kontexte spezifischer Bedeutungen erzeugen. Der Begriff *Konjektion* soll bezeichnen, dass zwei oder mehrere Zirkulationen von Zeichen sich durchdringen, ohne sich direkt zu beeinflussen oder zu manipulieren. Ihre internen Fluktuationen rufen Resonanzen oder Ansteckungen hervor, die im einzelnen aus der internen Verarbeitung externer Perturbationen bestehen. Je nachdem, mit welchem Symbolsystem der Mensch als Bewusstsein in Resonanz kommt, *ist* er eine andere Person, weil sich das Konstrukt Person erst als Resultante einer Konjektion oder Konfusion der »tobenden Elemente« unterschiedlicher Symbolsysteme herausschält. Die Zirkulationen der Kommunikation produzieren einen spezifischen Sinn und damit eine spezifische Identität der Person, die sich in bestimmten Kommunikationsfeldern bewegt.

»Der Mensch« nimmt eine unterschiedliche sinnhafte Gestalt an, je nachdem, in welchem kommunikativen Kontext und in welchen symbolischen Formenmustern er sich bewegt. Diese Einsicht ist wenig überraschend, da sie von der Rollentheorie und vielen anderen Überlegungen seit langem postuliert wird. Dennoch ist die Botschaft noch nicht einmal im Bewusstsein der Soziologie angekommen. Immer noch werden Symbolsysteme verstanden und behandelt wie andere »Restriktionen« menschlichen Handelns auch, wie die Strukturen von Organisationen oder die Normen der Erziehung. Nach dieser Vorstellung beeinträchtigen, begrenzen oder kanalisieren sie ein Handeln, das nach wie vor als prinzipiell frei postuliert wird.

Demgegenüber gründet die Idee der Konjektion von Symbolsystemen auf einer anderen Logik. Die Genese von Sinn erweist sich dann als ein Resonanzphänomen, das in eigener Qualität aus der berührungslosen Interferenz zweier Zirkulationen entsteht, die aus ihren resonanten Fluktuationen eine Art von Ordnung schaffen oder aus ihren emergenten Infektionen eine Art möglicher Unordnung. Das Zusammenspiel autonomer Symbolsysteme lässt sich allerdings mit diesen physikalischen Metaphern nur unvollständig fassen. Denn der Kern des Zusammenspiels ist ein wechselseitiger, symbolisch codierter Sinntransfer, der gelingt, weil Sinn als Protomedium zwischen unterschiedlichen Codierungen und Spezifizierungen vermitteln kann wie ein idealer Katalysator, der in diesem Vermittlungsgeschäft sich selbst nicht verändert. Dies erklärt auch, warum für das Ereignis des Sinntransfers ein Zwischenbeobachter erforderlich ist: Sinn selbst kann sich nicht beobachten.

Damit gründet Sinn nicht mehr auf den ontologischen Eigenschaften feststehender Identitäten, sondern auf der prozeduralen Rationalität einer erst in der und durch die Zirkulation konstituierten Realität. Erst der Prozess des Sprechens bringt Bewusstsein und Sprache in resonante Schwingungen, deren Resultate *uno actu* gleichursprüngliche aber unterschiedliche Bedeutungen für Bewusstsein und Sprache gewinnen. Im und durch das Sprechen konstituiert sich personale Identität, die nur eine identische bleiben könnte, wenn das Sprechen das Gleiche bliebe. In frappierender Klarsicht hat dies bereits Hegel vorgedacht. Er formuliert, dass in der Sprache »die für sich seiende Einzelheit des Selbstbewusstseins als solche in die Existenz (tritt), so dass sie für andere ist. Ich als dieses reine Ich ist sonst nicht da; ... Die Sprache aber enthält es [das Selbst] in seiner Reinheit, sie allein spricht *Ich* aus ... . *Ich*, das sich ausspricht, ist *vernommen*; es ist eine Ansteckung«.[2] Da sich das Sprechen kurzwellig und die Sprache langwellig ändern, muss sich auch personale Identität in beiden Dimensionen verändern. Vor allem aber färbt sich personale Identität danach ein, auf welchen symbolischen Systemkontext sich das Sprechen ausrichtet und welche Symbolsysteme den Hintergrund der Kommunikationen bilden.

Dass Menschen in verschiedenen Kontexten unterschiedliche Rollen spielen, gilt als soziologisches Allgemeingut. Dass sie im Kontext unterschiedlicher Symbolsysteme, also etwa als Konsumenten, Wähler, Forscher, Kranke, Erzieher etc. aber unterschiedliche Subjekte *sind*, wirklich unterschiedliche Personen darstellen (darstellen!), verstößt gegen die tabuisierte Regel, nach welcher die Person eine klare Identität im Wechsel der Sozialbeziehungen durchzuhalten habe. Löst man sich aber von der Vorstellung, dass die Person als fertige, feststehende Einheit verfügbare Symbolsysteme wie fertige, feststehende Instrumente einsetzt, um ihre Ziele zu verfolgen, und legt man stattdessen zugrunde, dass das Konstrukt Person erst aus den Spezifika der Interferenz eines operativ geschlossenen Bewusstseins und eines ebenso operativ geschlossenen Symbolsystems entsteht, dann klingt schon plausibler, dass aus unterschiedlichen Interferenzen auch unterschiedliche Personen resultieren.

Daraus folgt eine der Kernfragen einer Theorie der Symbolsysteme: Wie gestalten Symbolsysteme die soziale Welt und soziale Realität? Wie schaffen sie Merkmale und Ausprägungen des Konstrukts *Person* und prägen damit auf der Seite der Personen die Bedingungen der Möglichkeit unterschiedlicher, differenzierter sozialer Realitäten? *Welche Art sozialer Realität ermöglichen und erlauben die Symbolsysteme der Kommunikation?* Diese Fragen sollen im folgenden näher untersucht werden. Um Nachvollziehbarkeit und Plausibilität zu erhöhen, folgt die Argumentation den fünf systemtheoretischen Hauptdimensionen, unter-

2 Hegel 1986: 376.

scheidet also die soziale, zeitliche, sachliche, operative und die kognitive Ebene der Interferenz und Konjektion von Symbolsystemen.

(1) Verallgemeinernd lässt sich die *Sozialdimension* als die Dimension der Relationen zwischen Elementen und der Relationierung von System-Umwelt-Kontexten verstehen. Alle Symbolsysteme sind als höher generalisierte Formen der Kommunikation notwendig sozial konstituierte Zeichensysteme. Damit ist gemeint, dass sie nicht dem Fühlen oder Denken des einsamen Bewusstseins entspringen, sondern erst dann in Existenz kommen, wenn eine Fluktuation und Zirkulation der Zeichen in Schwingungen gerät, die ihre Energie aus den primordialen Ängsten der doppelten Kontingenz (als Merkmal der *conditio humana*) beziehen. Sie sind von vornherein einer interaktiven Strategie des Umgangs mit Ungewissheit und der Orientierung in der Welt geschuldet.

Symbolsysteme der Kommunikation sind sozial konstituiert, weil sie mögliche Lösungen eines Problems darstellen, das kein einzelner Mensch für sich hat, sondern nur Menschen in der Interaktion mit anderen Menschen: Das Problem der Steuerung ihrer Kommunikation in Formen, die erwartete Erwartungen, unterstellte Unterstellungen, fiktive Fiktionen etc. verlässlich anbieten, so dass die monadischen Bewusstseine über die Beobachtung der Kommunikation an andere Beobachtungen der Kommunikation ankoppeln können und, wenn schon keine Fenster zu ihrer Umwelt öffnen, dann doch zumindest resonante Beobachtungen beobachten können.

Die Sozialdimension ist für die Genese der Symbolsysteme insofern entscheidend, als das dem Menschen immer schon mitgegebene Sprechen den materialen Kern aller Formen der Kommunikation bildet. Sprechen als notwendig soziale Aktivität ist die Brücke, die sich nach und nach ihre Pfeiler auf der Seite des Bewusstseins und auf der Seite der Kommunikation schafft. Aus den Pfeilern schlagen auf beiden Seiten des Ufers Wurzeln, die aber nicht die Brücke ernähren, sondern das Wachstum der beiden Ufer, das Wachstum von Bewusstsein und Kommunikation antreiben.

Das Sprechen ist primär. Es ist Bedingung der Möglichkeit für die operative Schließung sowohl des Bewusstseins wie der Symbolsysteme der Kommunikation. Die Brücke markiert also nicht nur die Verbindung, sondern auch die Grenze. Sie steht für die Differenz von Bewusstsein und Kommunikation und sie steht für den Primat der Differenz. Als Schwelle, als *templum*, setzt diese Grenze elementare Differenzen in Gang, die sich auf beiden Seiten zu operativ geschlossenen Zirkulationen verdichten und autonom setzen, und die dennoch durch die Grenze aufeinander bezogen sind.

Das Sprechen – Maturana würde von *languaging* sprechen – markiert den Unterschied von Bewusstsein und Kommunikation, indem es als ein Drittes von beiden Seiten der Differenz zwar getragen wird, aber dabei in seiner eigenen Operationsweise autonom bleibt wie ein Katalysator. Für beide Seiten der Differenz fungiert das Sprechen wie ein Instrument fremdreferentieller Beobachtung. Beide Seiten nutzen das Sprechen als Zwischenbeobachter, um die ihnen ansonsten nicht zugängliche jeweilige andere Seite zumindest indirekt beobachten zu können. Auch das Sprechen selbst beobachtet. Es beobachtet aber weder Bewusstsein noch Kommunikation, sondern anderes Sprechen in einem kontinuierlichen Zirkel wechselseitiger Beobachtung des Sprechens. Es wird genau in der Weise zum wahrgenommenen Sprechen, wie sich nach Hegel das Selbstbewusstsein wechselseitig anerkennt, nämlich als anerkanntes Selbstbewusstsein, »das in dem anderen freien Selbstbewusstsein die Gewissheit seiner selbst und eben darin seine Wahrheit hat«.[3] Das Sprechen beobachtet in diesem Sinne Sprechen und registriert Veränderungen des Sprechens, um von diesen Veränderungen auf Veränderungen des Bewusstseins und der Kommunikation zu schließen.

Zugleich wirkt das Sprechen sowohl in das Bewusstsein wie in die Symbolsysteme hinein, wenngleich indirekt und in der Form von externen Perturbationen, die in der eigenen Logik beider Systeme aufgenommen und prozessiert werden. Saussure begründet ausführlich, wie die Mikrofluktuationen des Sprechens (*parole, langage*) langwellige Veränderungen des Zeichensystems der Sprache (*langue*) bewirken, und wie umgekehrt dann die intrikate Semiologie der Sprache sich auf die Möglichkeiten des Sprechens auswirkt. Das Sprechen schafft zwar die Sprache, aber »kaum ist der erste Augenblick vorbei, tritt die Sprache (*langue*) in ihr semiologisches Leben, und es gibt kein Zurück mehr: Sie wird sich weitergeben gemäß Gesetzen, die nichts zu tun haben mit den Gesetzen ihrer Erschaffung.«[4] Für die Seite des Verhältnisses von Sprechen und Bewusstsein dürfte Ähnliches gelten, wie insbesondere die Überlegungen Cassirers zur mythologischen Prägung des Bewusstseins nahelegen.

Nimmt man diese Grundlagen ernst, dann ist für den Fall der gegenwärtigen, hochdifferenzierten Gesellschaft mit einer stärkeren Differenzierung von Diskursen auch eine entsprechende Aufspaltung sozialer Realität dadurch zu erwarten, dass die Symbolsysteme der Kommunikation mit ihrer Spezialisierung und internen Leistungssteigerung höhere Dynamiken aufweisen und damit in weit stärkerem Maße als bisher Personen und Bewusstseine prägen, gestalten und zugleich verwirren müssen.

Die prägende Wirkung der Symbolsysteme, die im allgemeinen über strukturelle Kopplung und im besonderen über den »Zwischenbeobachter« des Sprechens läuft, ist in allen relevanten Dimensionen zu

---

3 Hegel 1986: 264.
4 Saussure 2003 a: 501.

erwarten. In der Sozialdimension lässt sich der Prozess des Sprechens davon beeindrucken, dass die Merkmale oder Dynamiken der ihn fundierenden Zirkulation der Zeichen semiologische *Prämissen* möglichen Sprechens bilden, das heißt, dem freien Fluss des Sprechens Zügel der Resonanz und Konsonanz anlegen.

Man darf sich diese Beeinflussung nicht im strengen Sinne eines Dirigierens oder eines Manipulierens vorstellen, wohl aber im Sinne einer untergründigen, subliminalen Vorselektion präferierter Sequenzen, Themen, Episoden, Geschichten, Mythen etc., sowie übergreifender, supraliminaler Muster sinnvoller Rede, die sich in den Lebenszyklen der beteiligten Systeme herauskristallisieren. Zusammengenommen repräsentieren diese Prämissen die Logik eines Symbolsystems. Sie sind nicht ohne weiteres zu erkennen, weil sie als selbstverständlich gelten und nur noch bei Dissens oder deutlicheren Veränderungen des Sprechens auffallen.

So verändern, um ein praktisches Beispiel zu nennen, die Interventionen der systemischen Familientherapie Prozesse und Muster des Sprechens, um damit das System Familie zu verändern, um den Personen die Möglichkeit zu geben, in dem veränderten Systemkontext andere Personen zu werden und andere Identitäten aufzubauen.

Dass die Symbolsysteme in diesem Sinne Prämissen möglichen Sprechens und damit auch Prämissen der Konstituierung möglicher Personalität setzen können, hängt damit zusammen, dass sie aufgrund ihrer internen Komplexität und Selbstreferenz als Zeichensysteme eigendynamisch werden und nach eigenen Gesetzen operieren. Es ist nicht überflüssig festzuhalten, dass diese Gesetze, Muster und Prämissen sich dem Menschen und seinem Bewusstsein nicht aufdrängen wie eine Fremdherrschaft oder eine Okkupation durch feindliche Mächte. Vielmehr benötigt jedes Bewusstsein in seiner originären Konstellation doppelter Kontingenz nichts dringender als Gesetze, Muster und Prämissen des Redens und der darin entstehenden Kommunikation. Sie bilden die Elemente des Hintergrundswissens und der Erwartungssicherheit, die das Bewusstsein im Prozess der Sozialisation interiorisiert und die soziales Handeln und insgesamt Sozialität ermöglichen.

Diese allgemeine Aussage dürfte wenig umstritten sein. Schwieriger zu beantworten ist die Frage, welche spezifische Art sozialer Realität durch die gegebenen Symbolsysteme der Kommunikation ermöglicht, erlaubt, gefördert, behindert oder auch verhindert wird. Darauf ist bei der Analyse einzelner Symbolsysteme einzugehen. Hier geht es um den allgemeinen Gedanken, dass die Verwendung aller symbolischer Medien der Kommunikation gerade darauf zielt, *Sprechen* weitgehend überflüssig zu machen oder jedenfalls das Sprechen auf wenige Momente des impliziten Sprechens zu reduzieren und zu komprimieren, um Geschwindigkeit, Dichte und Leistungsfähigkeit tatsächlicher und möglicher Kommunikation zu steigern. Dies wirft die Frage auf, was aus dem Zwischenbeobachter wird, der für die Konstituierung und Relationierung der Zeichensysteme von Sprache und Bewusstsein unabdingbar ist.

Die bisherigen Überlegungen führen zu der Vermutung, dass die Verwendung von Kommunikations- oder Steuerungsmedien auf der Basis impliziten und verdichteten Sprechens die Eigenschaft der Medien radikalisiert, Prämissen möglichen Sprechens zu bilden. Das koevolutionäre Gleichgewicht von Bewusstsein und Kommunikation, das von einem als Sprechen vernommenen und beobachteten Sprechen im Gleichgewicht gehalten ist, verschiebt sich deutlich auf die Seite der Kommunikation und bringt das Bewusstsein ins Hintertreffen. Das Bewusstsein kommt mit der Dichte und Geschwindigkeit der Kommunikation nicht mehr mit. Es müsste sich aus der denkenden Beeinflussung der Symbolsysteme der Kommunikation zurückziehen, weil es der Prämissen setzenden Kraft der Medien nichts Ebenbürtiges entgegenzusetzen hat und sich folglich mit seiner Prätention der Steuerung des Sprechens und der Kommunikation nur noch blamieren kann.

Dennoch spricht alle Evidenz dafür, dass Individuen und ihre Bewusstseine von dieser Prätention nicht lassen können – und entsprechend ihre eigene Verwirrung und »die Verwirrung des Ganzen«[5] steigern. Dabei dürfte das Ergebnis eigentlich nicht überraschen. Bereits mit der Erfindung der Schrift sichert sich die Kommunikation gegenüber dem Sprechen einen faktischen Vorrang und bringt das Bewusstsein hinsichtlich der Gestaltung des Sprechens in Schwierigkeiten. Die weitere Steigerung der Generalisierungsstufen der Kommunikation in den Steuerungsmedien radikalisiert die »Tyrannei der geschriebenen Sprache« (Saussure) zur gänzlich normalisierten Präponderanz der Medien in dem Geschäft, Prämissen, Muster und Gestalten des Sprechens zu formen und damit das zu prägen, was dem Bewusstsein als Material seiner Selbstbeschäftigung zur Verfügung steht.

(2) Es kommt aber noch schlimmer für das Bewusstsein. In der *Zeitdimension* zumindest durfte sich das Bewusstsein als Krone der Evolution betrachten, weil es mit der in den Tiefen seiner Dendritennetze residierenden Fähigkeit der Imagination Zukunft und Futurität als Eigenleistung beanspruchen und als Überwindung der einfachen Evolution betrachten konnte. Nun stellt sich nicht nur heraus, dass das Sprechen vor das Subjekt gesetzt ist und es sich als Subjekt erst über Sprechen und Kommunizieren ausbilden kann. Vielmehr nehmen die Steuerungsmedien in der Phrasierung ihrer Zirkulationen und Rekursionen geradezu begierig die Druckwellen von Imagination und Futurität auf und nutzen sie dafür, ihre temporale Eigenkomplexität zu steigern und ihre Fähigkeit zur Reflexion auszubauen.

5 Hegel 1986: 389.

Ziemlich überraschend für alle Beteiligten ist nun damit zu rechnen, dass die Symbolsysteme ihre eigene Futurität ausbilden, also eigene Vorstellungen von Zukunft entwickeln und sich Zukünfte imaginieren, die sich nicht primär nach den Vorstellungen von Menschen richten, sondern nach den Bewegungsgesetzen der Symbolsysteme. Wieder gilt die übliche Warnung. Es ist nicht gemeint, dass Symbolsysteme plötzlich mit der Fähigkeit zur Futurität menschliche Züge im emphatischen Sinne annehmen. Gemeint ist, dass sie *Operationsmechanismen* realisieren, welche die Leistungen der Kognition und damit Leistungen des Beobachtens, des Erinnerns und des Folgerns erzeugen.[6] Nur in dieser Hinsicht lassen sich neuronale Netze, Rechnernetze und Netze symbolischer Rekursionen vergleichen, und nur in diesem Sinne erreichen symbolische Systeme die Fähigkeit, im Zusammenspiel mit den Zeichensystemen der Sprache und des Bewusstseins ihre eigenen Differenzen, Präferenzen, Muster, Anschlussregeln etc. so zu strukturieren, dass das System so operiert *als ob:* als habe es eigene Vorstellungen möglicher Zukünfte.

Diese Fundierung höherstufiger Symbolisierung und die Verbesserung der Symbolisierungsleistung von Semantik kommt bereits bei Susanne Langer treffend zum Ausdruck: »Es ist eine merkwürdige Tatsache, dass jeder bedeutende Fortschritt des Denkens, jede epochale Erkenntnis, einem neuen Typus von symbolischer Transformation entspringt. Jede höhere Stufe des Denkens ist in erster Linie eine neue Tätigkeit. Der Ausgangspunkt aller dieser Tätigkeiten liegt in der Semantik.«[7] Es sind nach dieser Auffassung die gesteigerten Möglichkeiten symbolischer Transformation, die das Material bilden, aus dem das Zusammenspiel von Denken, Sprache und Kommunikation neue und unerwartete »Tätigkeiten« hervortreibt, die sich in den Bedingungen ihrer Ermöglichung nicht mehr auf ein einziges Symbolsystem zurückführen lassen. Eine so bedeutende Neuerung wie Futurität (mit der entsprechenden ›Tätigkeit‹ der Projektion) scheint demnach symbolische Transformationen vorauszusetzen, die alle Symbolsysteme erfassen und in den spezifischen Logiken der Symbolsysteme ihre eigenen Wirkungen entfalten.

Ein exemplarischer Fall für diese auch in die Zukunft hineinreichende Eigen-Sinnigkeit ist das Symbolsystem des Geldes. Die Wirtschaft als Funktionssystem der Gesellschaft ist insgesamt darauf ausgerichtet, die *zukünftige* Bedürfnisbefriedigung zu gewährleisten, also die gefährliche Enge der Gegenwart zu überbrücken und dafür zu sorgen, dass die Mitglieder einer Gesellschaft sich auch zukünftig mit den nötigen (natürlich auch den unnötigen) Gütern versorgen können. Das Geld symbolisiert in reiner Form die Möglichkeit, Zeit zu binden, Zeitdifferenzen zu über-

6 Foerster 1993: 305 ff.
7 Langer 1965: 200

brücken und durch gegenwärtiges Nichtausgeben von Geld – Sparen – zukünftige Zahlungsfähigkeit und zukünftige Bedürfnisbefriedigung zu sichern. Geld erzeugt *als Symbolsystem* eine chronische Knappheit dadurch, dass »jemand im Interesse der eigenen Zukunft andere vom Zugriff auf Ressourcen ausschießt.«[8] Dies setzt zwar eine rechtliche Absicherung des Geldes durch Eigentumsrechte voraus, aber es zeigt in dieser Konstruktion die bemerkenswerte gestaltende Wirkung des Symbolsystems des Geldes.[9]

Die Eigenlogik des Geldes wird noch gesteigert, indem der Symbolisierung des Mediums gleichursprünglich und gleichgewichtig eine diabolische Codierung und Generalisierung entspricht. Die *Sym*bolisierung richtet sich auf das Zusammenspiel der Differenzen, zum Beispiel das Zusammenspiel von Käufern und Verkäufern, Sparern und Investoren etc. Ausgehend von der Leitdifferenz verzweigen sich die Differenzen im Raum des Mediums und bilden gewissermaßen das interne neuronale Netz, in dem die ökonomischen Kommunikationen laufen.

Parallel dazu fokussiert die *Dia*bolisierung darauf, dass die ablaufenden Kommunikationen von allen erdenklichen Asymmetrien geprägt sind, etwa hinsichtlich der Datenlage, der abrufbaren Informationen oder des verfügbaren Wissens. Damit drückt sich auch im Geld als Steuerungsmedium der Ökonomie aus, dass Tausch als basale Operation zwar auf wechselseitiger Anerkennung der Tauschpartner beruht (anders als etwa bei Raub oder Schenkung), dass dies aber nicht Gleichheit der Tauschpartner voraussetzt, sondern Raum für eine Fülle von Differenzen und Ungleichheiten zulässt.[10]

Diese intrikate Codierung des Mediums hat zur Folge, dass die Kommunikation über Ökonomie unterschiedliche, ja konträre Perspektiven zugrunde legen kann. Wer nur die Symbolik des Geldes im Auge hat, wird erwarten, dass erfolgreiches Wirtschaften auf ein *Zusammen*spiel der Differenzen hinausläuft, Differenzen zwischen Tauschpartnern reduziert und auf lange Sicht Angleichung der Vermögen und der Eigentumsrechte herstellt. Sozialistische Theorien der Ökonomie oder die gegenwärtig gängige Neoliberalismuskritik lassen sich dieser Seite

8 Luhmann 1988a: 252.
9 Obwohl Searle in seiner Exposition des Verhältnisses von Geist, Sprache und Gesellschaft explizit »das Beispiel des Geldes« behandelt (Searle 2004: 151ff.), entgehen ihm doch alle soziologisch relevanten Konnotationen des Symbolsystems des Geldes und er bleibt auf dem Stand von Adam Smith stehen.
10 »Symbolisch generalisierte Kommunikationsmedien sind diabolisch generalisierte Kommunikationsmedien. Das, was sie verbindet, und das, was sie trennt, wird aneinander bewusst. Zunächst bilden Symbolik und Diabolik eine unlösbare Einheit, das eine ist ohne das andere nicht möglich.« Luhmann 1988a: 258f.

zuordnen. Wer dagegen auch auf die diabolische Seite des Mediums Geld achtet, wird erwarten, dass Asymmetrien und Ungleichheiten zunehmen, jedenfalls nicht ausgeschlossen sind, und dass auch hinsichtlich der Wirkungen des Geldes das Matthäusprinzip waltet. Aus dieser Konstellation leitet Luhmann die soziologisch sinnvolle Frage ab: »Gibt es strukturelle Bedingungen, unter denen die diabolische Seite der Generalisierung besonders hervortritt?«[11] Gegenüber einer undifferenzierten Kritik an Globalisierung, Welthandel oder Neoliberalismus macht diese Frage deutlich, dass das Geld als Medium – und mit ihm die Einrichtung des geldgesteuerten marktförmigen Tausches – beide Optionen eröffnet: eine Reduzierung und/oder eine Verstärkung der Ungleichheiten. Die strukturellen Bedingungen für die Bevorzugung der einen oder der anderen Seite setzt in der Moderne vorrangig die Politik, und insofern ist jede moderne Ökonomie nach wie vor politische Ökonomie.

Es sind diese Operationsmechanismen der zweiseitigen, antagonistischen Codierung des Geldmediums, die es nicht nur ermöglichen, sondern katalytisch nahelegen und steuern, dass sich Zukunftserwartungen von Personen in den Mustern und Gestalten der ökonomischen Kommunikation wiederfinden. Sie koppeln sich an passenden Anschlussstellen an, die in der Codierung bereits bestehen und nur darauf warten, durch Aktivierung genutzt und in Gang gesetzt zu werden.

Die Erwartungen von Personen sind ihrerseits von strukturellen Bedingungen geformt, etwa von dem Regelsystem, das die Politik der Ökonomie vorgibt. So diffundieren Projektionen und Projekte möglicher Zukünfte zwischen den zirkulierenden Zeichensystemen, und es wird am Ende unmöglich und unwichtig zu bestimmen, wo sie herkommen, wer oder was sie zuerst imaginiert hat, ob es einen ursprünglichen Schöpfer gibt etc. Vielmehr scheint es auf Ursprung gar nicht anzukommen, sondern auf die Konjektionen von zirkulierenden Zeichensystemen, aus denen resonante Fluktuationen entstehen, die als Ordnungen (Figuren, Muster etc.) beobachtet werden können. Erst in der wechselseitigen Anregung und Resonanz der Zeichensysteme *entsteht* eine Art Realität als beobachtbares Sinngefüge, welches nur dadurch Realität ist, dass es als Sinn erscheint. Zugleich ist es nur dadurch sinnhaft konstituiert, dass es in den komplizierten Prozess der Produktion von Sinn eingespannt ist, der nicht auf ein Zeichensystem reduzierbar ist, sondern zwingend Zwischenbeobachter, also unterschiedliche und sich unterscheidende Zeichensysteme voraussetzt.

In systemtheoretischer Sicht ist vor allem der Markt als fundierende Institution der Ökonomie ein solcher Zwischenbeobachter und Mittler zwischen den Zeichensystemen. Er ist »nichts anderes als eine Grenze, er ist die Wahrnehmung des Konsums aus der Sicht der Produktion und

---

11 Luhmann 1988 a: 260.

Verteilungsorganisation ... . Die Grenze wirkt wie ein Spiegel, der insofern zur Integration der Produktion beiträgt, als jedes Unternehmen im
Spiegel des Marktes sich selbst und die Konkurrenten (und sich selbst als
Konkurrent der Konkurrenten) zu Gesicht bekommt.«[12] Er konstituiert
sich als Grenze in der »Differenz von bestimmter und unbestimmter (eigener und umweltmäßiger) Komplexität«,[13] in der Differenz zwischen
einem Innen, das für die jeweiligen Wirtschaftsakteure durch Projektionen und Projekte beeinflussbar ist, und einem Außen, das ihnen als
Projekte anderer in der Form von Chancen und Risiken entgegentritt.
Der Markt selbst spielt als Grenze die Logik des Geldes als Steuerungsmedium ein. Er macht diese Logik zum Bestandteil der Konstellation relevanter Faktoren. Er wird als Zwischenbeobachter zum
Kern einer *»borderline economy«*, die nur als Grenze und Grenzfall
die Hyperbolik ihres Steuerungsmediums in die notwendigen Grenzen
verweisen kann: »In ihrer eigenen Logik ist die Ökonomie, wie viele ihrer Theoretiker herausgestellt haben, ein Borderline-Fall, der zwischen
den beiden Welten der Ordnung und des Chaos, der Schöpfung und der
Zerstörung, der Produktivität und der Destruktivität *notwendig* hin-
und hergerissen ist, zwischen beiden Teilidentitäten *notwendig* oszil-
liert, weil die Ökonomie, wie jedes komplexe Sozialsystem, notwendig
paradox konstituiert ist.«[14]
Insbesondere das Zusammenspiel von Politik und Ökonomie ist im
Kontext moderner Gesellschaften eine für die Strukturierung gesellschaftlicher Sinnbildung relevante Konjektion von Zeichensystemen.
Die Politik hat in ihrer Symbolik die Umstellung auf Futurität genauso
begierig aufgesogen wie die Ökonomie. Ihre Hauptprodukte, die Gesetze, weisen in die Zukunft und operieren unter der Prämisse, Zukunft zu
gestalten, indem sie in den naturwüchsigen Gang der Dinge intervenieren. Gerade in ihrer Ausrichtung auf Zukunft treffen sich Politik und
Ökonomie kongenial. Allerdings entgleist diese Passung gegenwärtig
eher zu einem Teufelskreis diabolischer Generalisierung, in dem die
Zukunft kolonialisiert und dazu verurteilt ist, die Schulden der Vergangenheit zu begleichen.
Wie immer dem im einzelnen sein mag, hier soll lediglich begründet
werden, wie sich die scheinbar so singulär menschliche Eigenschaft der
Futurität folgenreich in den Symbolsystemen des Geldes und der Macht
wiederfindet. Es geht gar nicht darum, dass Menschen und ihre Rede
mühsam Futurität in die Funktionssysteme der Gesellschaft hineinzwin-
gen. Vielmehr scheint es so zu sein, dass die Steuerungsmedien in ihren
spezifischen Logiken leichtfüßig Zukunft in ihre Operationsmodi ein-

---

12  Luhmann 1988 a: 73 f. u. 108 mit Verweis auf Harrison White.
13  Luhmann 1988 a: 74. Im Original kursiv.
14  Willke 2003 b: 247.

schließen und mit dieser Rigorosität der Ausrichtung auf Zukunft eher die Personen in Verlegenheit bringen. Wieder kommt der Verdacht auf, dass Futurität sich nicht isoliert als genuine Leistung des Bewusstseins verstehen lässt, sondern erst in der symbolischen Kopplung mit mobileren Zeichensystemen möglich wird, also als emergente Qualität aus den Konjektionen von Bewusstsein, Sprache und Kommunikationsmedien hervorgetrieben wird.

(3) In der *Sachdimension* geht es um die Strukturierung der Inhalte sozialer Realität, gewissermaßen um die Ergebnisse der Geschäftsprozesse der Sinnbildung. Wie im Fall der Futurität denkt man auch im Fall sachlicher Intentionen und Wünsche[15] unwillkürlich an genuin menschliche Qualitäten, die sicherlich von sozialen Kontexten und Symbolsystemen beeinflusst werden, aber eben den Symbolsystemen selbst nicht in gleicher Weise zustehen und nicht von ihnen in ihrer eigenen Logik und Operationsform produziert werden. Gegen diese Einseitigkeit spricht von vornherein, dass in der Entwicklung des denkenden Subjekts das ursprüngliche mythische Denken einen umfassenden Wirkungszusammenhang imaginierte, in dem die Natur, die Götter und Dämonen über alle Grenzen hinweg »Wirksamkeit schlechthin«[16] meinten und ganz selbstverständlich Intentionen und Wünsche haben konnten. Die Reservierung von Absichten allein für die handelnde Person ist in dieser Sicht eine späte Fehlentwicklung. »Demnach wird gerade in der gesteigerten Intensität des Ichgefühls und in der *Hypertrophie des Wirkens*, die sich hieraus ergibt, nur ein Scheinbild des Wirkens hervorgebracht.«[17]

Dieses Scheinbild des Wirkens ebenso wie die auf personale Akteure fokussierte Hypertrophie des Wirkens zu korrigieren, wird eine der wichtigsten Aufgaben einer angemessenen systemtheoretischen Steuerungstheorie sein. Ihre Aufgabe ist es, als Gegengewicht gegen die Hypertrophie der Bedeutung personaler Akteure nun auch die Rolle symbolischer Systeme ins Spiel zu bringen.

Es dient der weiteren Ernüchterung, sich die Formulierung von Heinz von Foerster vor Augen zu halten, die den kognitiven Fähigkeiten eines »Rechnersystems« gilt – darunter auch der Fähigkeit, Schlüsse zu ziehen, also inhaltliche Intentionen zu formulieren: »Der Großteil der neuronalen Maschinerie ist funktional organisiert, um aus der sensorischen Information ... Relationen zwischen beobachteten Entitäten mit Bezug auf den beobachtenden Organismus herzustellen. Diese relationale Information modifiziert den *modus operandi* eines Rechnersystems,

---

15  Auf die Kategorie der Wünsche stellt etwa Cassirer ab: »Die erste Kraft, mit der der Mensch sich als ein Eigenes und Selbständiges den Dingen gegenüberstellt, ist die Kraft des Wunsches.« 2002: 183.

16  Cassirer 2002: 185.

17  Cassirer 2002: 184. (Hervorhebung H. W.)

welches neue Verhaltensweisen rekursiv auf der Basis der Ergebnisse vorausgegangener Verhaltensweisen errechnet, also auf der Basis der Geschichte des Stroms externer und interner Information.«[18] Strikt analog modifizieren die relationalen Informationen, die ein Zeichensystem aus externen und internen Beobachtungen zieht, den *modus operandi* dieses Systems und formen neue Muster oder Gestalten im Strom externer und interner Informationen.

Ein schönes Beispiel dafür gibt die Transformation geldgesteuerter Transaktionen im Kontext der Variationen des Symbolsystems »Kapitalismus« ab. Gegenüber der ungezügelten Kurzsichtigkeit eines Räuberkapitalismus setzt sich im zivilisierten und politisch eingebundenen Kapitalismus die gemäßigte, auf Kontinuität der Wirtschaftsbeziehungen kalkulierende Logik der Steigerung durch und transformiert die simple Logik der Übervorteilung und der Macht des Stärkeren – jedenfalls für die »befriedeten« Gebiete der regionalen, überregionalen oder nationalen Ökonomien – in eine Logik des regulierten Austausches: »Gleichzeitig findet Temperierung des hemmungslosen Strebens nach Gewinn bei Übernahme des Erwerbsprinzips in die Binnenwirtschaft statt. Das Ergebnis ist *regulierte Wirtschaft* mit einem gewissen *Spielraum für den Erwerbstrieb*.«[19]

Erstaunlich daran ist, dass sich nicht in erster Linie die Motive und Intentionen der beteiligten Personen ändern, sondern die Logiken der Ökonomie als Zeichensystem. Diese gesellschaftsgeschichtlich veränderten Logiken schlagen auf dem Umweg über den Wirbel der Zeichen auf die Motivlagen der Personen durch und erlauben ihnen, andere Intentionen in den nun neu definierten Spielraum für den Erwerbstrieb hinein zu generieren, die sie als eigene betrachten mögen, die aber primär den neuen Konstellationen des Zusammenspiels von Zeichensystemen zu verdanken sind.

Ähnliches ließe sich für andere Steuerungsmedien ausführen, etwa für das Medium des Rechts. Auch dieser Fall zeigt, dass ein Verständnis zu kurz greift, wonach unterschiedliche Logiken oder Formen des Rechts unterschiedliche Intentionen und Motivlagen von Personen formen, prägen, kanalisieren, beeinflussen oder was dergleichen Beschreibungen noch sind. Stattdessen gilt es, sich der eher frappierenden Einsicht zu stellen, dass etwa Programmformen des Rechts wie Konditionalprogramme, Zweckprogramme oder Relationierungsprogramme tatsächlich eigene Logiken des Rechtsmediums instituieren, die mit anderen Anschluss- und Verweisungsmöglichkeiten auch andere Inhalte rechtlicher Kommunikation generieren und damit den Zeichensströmen des Bewusstseins und der Sprache andere Kontexte zur Verfügung stellen,

---

18 Foerster 1993: 322.
19 Weber 1973: 362. (Kursiv im Original.)

aus denen neue Optionen entspringen, einschließlich neuer Möglichkeiten, Intentionen zu bilden und Wünsche zu äußern.

Der neue ›Logos‹, der von einem anderen Prinzip als dem des sprachlichen Denkens geleitet und beherrscht wird, und den Cassirer als innere Form der Symbolsysteme von Religion und Mythos, von Kunst und Wissenschaft bezeichnet, bildet »dann eine Art Grammatik der symbolischen Funktion als solcher, durch welche deren besondere Ausdrücke und Idiome, wie wir sie in der Sprache und in der Kunst, im Mythos und in der Religion vor uns sehen, umfasst und generell mitbestimmt würden.«[20] Die Regeln dieser Grammatik steuern die innere Operationsweise, die innere Zirkulation der Zeichen eines Symbolsystems. Sie formulieren die in das System eingebauten Präferenzen, Rekursionen und Musterbildungen. Sie bestimmen damit den Optionenraum der im Symbolsystem realisierbaren Prozesse.

Die Frage ist dann, welche Arten und Formen sozialer Realität aus den Konjektionen der Ergebnisse dieser Prozesse mit anderen Zeichensystemen herausspringen. Für die Philosphie der symbolischen Formen hat Cassirer die Aufgabe so formuliert: »Wenn alle Kultur sich in der Erschaffung bestimmter geistiger Bildwelten, bestimmter symbolischer Formen wirksam erweist, so besteht das Ziel der Philosophie nicht darin, hinter all diese Schöpfungen zurückzugehen, sondern vielmehr darin, sie in ihrem gestaltenden Grundprinzip zu verstehen und bewusst zu machen.«[21]

Für die Soziologie lässt sich dieselbe Aufgabe darin fassen, herauszufinden, welche Art sozialer Realität die Symbolsysteme der Kommunikation als Kommunikationsmedien und als Steuerungsmedien ermöglichen oder wahrscheinlich machen. Eine Vorstufe dieser generellen Aufgabe ist es, die Logik der Symbolsysteme, ihre »gestaltenden Grundprinzipien« zu verstehen. In einer systemtheoretischen Perspektive ist damit das Arbeitsprogramm einer Theorie symbolisch (und diabolisch) generalisierter Steuerungsmedien formuliert. In einer systemtheoretischen Perspektive kommt es darauf an, die Operationslogik komplexer dynamischer Zeichensysteme zu rekonstruieren, die erst in ihrem Zusammenspiel mit Bewusstsein und Sprache *Sinn* als den Rohstoff hervorbringen. In den Ausprägungen als sozialer Sinn ist er Gegenstand soziologischer Analysen.

Die Geschäftsprozesse der Sinnbildung scheinen jedenfalls verzweigter, vernetzter und vielfältiger zu operieren, als es sich eine auf das individuelle Handeln verengte Sicht vorstellen kann. Legt man zugrunde, wie hier vorgeschlagen, dass Sinn zunächst als unspezifisches Protomedium geradezu eine Ursuppe bildet, aus der unterschiedliche

20 Cassirer 2001: 17.
21 Cassirer 2001: 49.

kognitive Systeme unterschiedliche spezifische Sinnsysteme in der Form von Zeichensystemen herausschöpfen, dann öffnet sich ein weites Feld möglicher sinnbildender Instanzen. Für das mythologische Denken war diese Sichtweise selbstverständlich. Vielleicht ist eine neue Mythologie erforderlich, um der elenden Einseitigkeit der Sinnbildung von Personen und der Reduktion möglichen Sinns auf die Geschäfte des Bewusstseins zu entkommen. Nach und nach sollte an die Stelle einer neuen Mythologie allerdings eine Steuerungstheorie treten, die möglichst nüchtern untersucht, welche Faktoren, Ebenen, Systemformen etc. einzubeziehen sind, um gerade auch diejenigen Geschäftsprozesse der Sinnbildung zu verstehen, die mit der inhaltlichen Gestaltung von Intentionen Ziele formulieren und darin der naturwüchsigen Entwicklung etwas Eigenes entgegenstellen, also steuern wollen.

(4) Dieser Gedanke führt in die *operative Dimension* der Logik von Symbolsystemen. Welche Programmstrukturen bilden Symbolsysteme aus, um den Wirbel der Zeichen zu ordnen und für sich selbst zugänglich zu machen? Das Denken organisiert sich nach Denkgesetzen, die wir in der üblichen Übertreibung Logik nennen. Die Sprache *(langue)* formt sich in Regeln und Gesetzen, die Chomsky primär genetisch und physiologisch verankert sieht und an deren linguistischer Analyse Saussure zerbrochen ist. Das Geld als Symbolsystem gehorcht Gesetzen, denen Marx drei Bände des *Kapitals* und Simmel eine Philosophie gewidmet hat, die aber ansonsten die Ökonomik bislang nicht nachhaltig beschäftigen. Vergleichbares ließe sich für jedes weitere Symbolsystem sagen.

Für die soziologische Analyse steht die Frage im Vordergrund, ob sich übergreifende Regeln der Operationsweise symbolischer Systeme ausmachen lassen, die den Bedingungen komplexer, eigendynamischer und operativ geschlossener Systeme geschuldet sind. In dieser Suchrichtung lassen sich die vorliegenden Ergebnisse systemtheoretischer Analyse zu anderen Themen, insbesondere die Einsichten einer allgemeinen Theorie sozialer Systeme, nutzen. In Teil 1 dieser Abhandlung sind in diesem Sinne bereits leitende Kategorien systemischer Analyse wie Kommunikation, doppelte Kontingenz, Kognition, Reflexion oder die Archetypen der Formbildung komplexer Systeme genutzt worden. Die operative Dimension der Analyse sozialer und symbolischer Systeme richtet sich vorrangig auf die Mechanismen und Strukturen der *Selbststeuerung* dieser Systeme, die in Codierung, Programmstrukturen, Prozessen und Regelsystemen ›operationalisiert‹ sind. Während Sozial-, Zeit- und Sachdimension grundlegende Aspekte jeder Sinnbildung bezeichnen, impliziert die operative Dimension eine besondere Qualität der in Frage stehenden Sinnsysteme: Es geht um die von ihnen realisierten Bedingungen der Möglichkeit, sich selbst als bestimmte Ordnung zu erhalten und sich nach selbst gesetzten Regeln zu steuern.

Auch diese Fragestellung scheint auf den ersten Blick in eine überkommene Prärogative des menschlichen Bewusstseins einzugreifen und »menschliche« Züge für nicht-menschliche Systeme zu usurpieren. Wenn allerdings Planetensysteme, Makromoleküle, Hyperzyklen oder lebende Zellen sich ganz ohne Zutun des menschlichen Bewusstseins selbst organisieren, ordnen und steuern können, dann kann es mit dem behaupteten Alleinstellungsmerkmal der Selbststeuerung des Bewusstseins nicht weit her sein. Wir können diese Illusion also beruhigt zu den Akten legen. Schwieriger ist es allerdings, den Regeln der Selbststeuerung von Zeichensystemen in deren eigener Logik auf die Spur zu kommen. Denn die Übermacht der Selbstbeobachtung des Bewusstseins verleitet das Denken dazu, auch in der Fremdbeobachtung anderer Sinnsysteme nur das zu sehen, was das Bewusstsein bei sich selbst sieht. Dabei gibt es zunehmend auch experimentelle Evidenz dafür, dass zum Beispiel die Makromoleküle der DNS sich durch »molekulare Selbsterkennung« und »self-assembly« – also Beobachtung und Selbstbeobachtung im strengen Sinne! – zu komplexen Strukturen verbinden.[22]

Immerhin lässt sich aus der vergleichenden Analyse der unterschiedlichsten Systeme im Rahmen der Phänomenologie, der Linguistik, der Sprachphilosophie oder der Allgemeinen Systemtheorie (GST) und den daran anschließenden Analysen der soziologischen Systemtheorie als einigermaßen gesichert festhalten, dass sinnhaft konstituierte Symbolsysteme komplexe, selbstreferentielle und eigenlogische Systeme darstellen. Selbstreferenz ist dabei der entscheidende Schritt zur Selbststeuerung von Systemen nach eigenen Regeln und eigenen Relevanzen. Sie sind – wie in Teil I ausgeführt – aus diesen Gründen zur Kognition und zur Reflexion fähig, wenn man die insbesondere von Saussure nachdrücklich formulierte Bedingung einbaut, dass es das *Zusammenspiel* der differenten Sinnsysteme ist, in dem aus der Zirkulation von Zeichen der Sinn als Rohstoff oder als Protomedium entsteht, der dann von jedem beteiligten Symbolsystem in seiner Weise und für seine Zwecke zu spezifischem Sinn interiorisiert und transformiert werden kann.

Jedes dieser Symbolsysteme besteht aus Elementen, die als prozessproduzierte Zeichen nur in dem jeweils aktuellen Prozess entstehen und augenblicklich wieder verschwinden: Gedanken, Laute, Kommunikationen. Um seine Operationen zu organisieren und zu ordnen, bildet jedes dieser Sinnsysteme Strukturen aus. Die Strukturbildung benutzt den Zerfall der Zeichen, um *daraus* Ordnungen aufzubauen. Die Strukturen schaffen räumlich stabile Relationierungen im Sinne von Topologien und Mustern präferierter oder gebahnter Verknüpfungen, Bifurkationen, Verzweigungen, von geregelter Distanz und Nähe, von Direktheit und Umwegigkeit der Kopplung von Elementen etc., in die beliebige

---

22 Yan et al. 2003.

Zeichen in *nicht* beliebigen Anordnungen einfließen können. Dies hat zur Folge, dass »die jeweils realisierten Relationen eine Auswahl aus einer Vielzahl von kombinatorischen Möglichkeiten darstellen und damit die Vorteile, aber auch die Risiken einer selektiven Reduktion einbringen.«[23]

Strukturbildung ist demnach eine zentrale Bedingung der Möglichkeit der Selbststeuerung komplexer Systeme. Der Aufbau von Strukturen erhält das System in der Zeit, indem er die räumliche »Gestalt« des Systems formt wie den Rohbau einer Zelle, in der Makromoleküle oder Enzyme als Zeichen lokal und temporär eine Rolle spielen und wieder verschwinden, während die Zelle bestehen bleibt. Auch die Sprache weist eine Fülle von Strukturen auf, die sich zwar in einer langwelligen Transformation verändern, die aber über lange Zeiten stabil bleiben und den ephemeren Kommunikationen in gesprochenen Sätzen Halt geben. Diese Systeme realisieren aus sich heraus die Fähigkeiten zur Beobachtung, zur Diskriminierung von Differenzen, zur Selbstreferenz. Sie sind im strengen Sinne kognitive Systeme. Weder im Fall der Zelle noch im Fall der Sprache war oder ist es ein menschliches Bewusstsein, das die vorfindlichen Strukturen »gemacht« hat. Es bleiben dann für die Kreation dieser Leistungen nicht viele andere Autoren übrig, als eben die jeweiligen Einheiten selbst als autopoietische Systeme.

Ein zweites konstituierendes Moment der operativen Selbststeuerung komplexer Systeme ist der Aufbau und die Gestaltung von Prozessen. Strukturbildung und Prozessaufbau dienen als zwei komplementäre Seiten der Verknüpfung von Elementen oder Ereignissen zur Einheit des Systems. Die Differenzierung von Struktur und Prozess ist eine der frappierenden Leistungen der Genese operativ geschlossener Systeme. Sie ermöglicht es, die systeminterne Zirkulation der Zeichen (Elemente, Ereignisse etc.) zu operativ stabilen Figuren zu fügen und so in das Chaos der tobenden Elemente eine systemspezifische Ordnung zu bringen.

Sie ist der Hintergrund dafür, dass auch die Medien selbst ihre eigenen Systeme bilden und mit der Differenz von Medium und Symbolsystem die Differenz von Struktur und Prozess abbilden. Strukturen und Prozesse regulieren die Produktion von Ereignissen durch Ereignisse. Insofern ist die Einheit des Systems imaginär und real zugleich. In jedem einzelnen konkreten Augenblick zerfällt sie in die Differenz von Myriaden von Einzelereignissen und ist doch über den Augenblick hinaus in den etablierten Strukturen und Prozessen instituiert. Diese bestehen zwar ihrerseits nur aus einer bestimmten Zusammenfügung von Ereignissen, aber sie bilden genau in der *Bestimmung* ansonsten offener Möglichkeiten die Muster, die dann als Ordnung und Einheit des Systems lesbar werden – gerade auch für das System selbst.

23 Luhmann 1984a: 383 f.

Strukturen ordnen Ereignisse im Raum, Prozesse in der Zeit. Raum und Zeit sind immer systemrelativ konstituiert und setzen sich von einem möglicherweise auch noch gegebenen universalen Raum und von einer möglicherweise auch noch gegebenen Weltzeit ab. Der Raum eines strukturell gefalteten Makromoleküls ist einer anderer als der Raum des Denkens oder der Sprache. Die Zeit des Geldes ist eine andere als die Zeit der Gefühle des psychischen Systems oder die Zeit einer Organisation. Daher ist zu erwarten, dass die von Strukturen und Prozessen geformten Ordnungen sehr unterschiedliche Qualitäten annehmen, auch wenn sie prinzipiell äquivalente Funktionen im jeweiligen Systemkontext erfüllen.

Für materiell konstituierte Systeme von Galaxien bis zu Organismen hat der Raum wörtlich als körperliche Ausdehnung Bedeutung. Ordnung durch Strukturen meint hier die räumliche Anordnung von Körpern. Für sinnhaft konstituierte Systeme nimmt Raum die Bedeutung von *Optionenraum* an, meint also eine sachliche, inhaltliche oder thematische Ordnung von Sinnpartikeln in Sinnprovinzen, die sich bis in Wissensgeographien (Wissenslandkarten) und Räume des Wissens[24] erstrecken. Nicht zufällig nutzt die Sprache auch für diesen Fall die Metaphern des körperlichen Raumes, um die Ordnungen des Sinnraumes zu beschreiben. Offenbar ist die Strukturierung für Sinnsysteme ebenso wichtig wie für materiale oder organische Systeme – sonst hätten wir einen einzigen großen Griesbrei von Sinn vor uns. Strukturen zeichnen in diese große Masse Relevanzen und Differenzen ein, beschreiben verzweigte Wege, Netze und Topologien. Sie gliedern das Ganze in mehr oder weniger überschaubare Felder einer Matrix von Differenzen, die am Ende für das Sinnsystem insgesamt steht.

Besonders aufschlussreich für die Problematik der Selbststeuerung von Sinnsystemen – und mithin für die Beleuchtung der operativen Dimension – ist das Zusammenspiel von Strukturformen und Prozessabläufen. Dies soll exemplarisch an einem soziologischen Kernbegriff erläutert werden, am Begriff der Erwartung.

Luhmann schließt sich einer langen soziologischen Tradition an, wenn er zwei Merkmale der Strukturbildung hervorhebt. Danach sind einerseits Systemstrukturen aus Erwartungen gebildet und andererseits gelten Erwartungen als die Zeitform von Strukturen. Dies koppelt das Verständnis der Leistung und Funktion von Erwartungen zu eng und zu ausschließlich an Strukturen, sowie zu eng und zu ausschließlich an die Dimension der Zeit.

Angemessener erscheint es dagegen, Erwartungen als komplexer gebaute Komponenten von Sinnsystemen zu verstehen, die sowohl strukturelle wie auch prozessuale Voraussetzungen und Wirkungen haben,

24 Rheinberger, Hagner und Wahrig-Schmidt 1997.

und die deshalb nicht nur als Zeitform operieren, sondern gleichgewichtig auch eine sachliche oder inhaltliche Dimension aufweisen. Kurz: Konstruktion und Bedeutung von Erwartungen erschließen sich erst einer Sicht, die strukturelle und prozessuale Komponenten von Erwartungen unterscheidet und der strukturellen Komponente die Steuerung von Inhaltsaspekten zuweist, während die prozessuale Komponente die Steuerung in der Zeitdimension beschreibt.

Erst diese Sicht kann erklären, warum Erwartungen sich in der Sachdimension auf bestimmte Inhalte richten und zugleich mit der Zeitdimension spielen, indem sie von einer je gegebenen Gegenwart aus variabel und beliebig in Vergangenheit und Zukunft ausgreifen können.[25] Gerade Rollenerwartungen zeigen diesen Konnex sehr deutlich. Sie beziehen sich auf spezifische Inhalte etwa des fachlichen oder professionellen Handelns, und sie beziehen sich darauf, dass etwas früher so gemacht oder entschieden worden ist oder sich in Zukunft so oder anders verhalten wird. Aber auch ganz simple Erwartungen, wie etwa die Erwartung, dass die Blätter im Frühling grün werden oder dass die Knospe im Hervorbrechen der Blüte widerlegt wird, gründen auf vergangenen Erfahrungen, die in die Zukunft extrapoliert werden. Sie beziehen also sachliche und zeitliche Momente ein. Für das Handeln und Entscheiden von Personen als Akteure liegen die Implikationen dieser Revision des Erwartungsbegriffs auf der Hand. Unklar erscheint dagegen, welche Schlussfolgerungen dies für soziale und symbolische Systeme nahelegt. Können Sprache und Kommunikation Erwartungen ausbilden?

Dass die Sprache Strukturen und Prozesse in differenziertesten Formen entwickelt, ist unstrittig. Dasselbe gilt für soziale Systeme, wie beispielhaft Organisationen zeigen. Also sind alle Zutaten vorhanden für die Rezeptur von Erwartungen. Alle? Die Frage zwingt dazu, noch genauer zu bestimmen, was Erwartungen zu Erwartungen macht. Offenbar genügt Luhmanns Diktum nicht, wonach Systemstrukturen aus Erwartungen gebildet sind. Denn dann müsste die Architektur von Sprache aus Erwartungen bestehen, und die von Sozialsystemen erst recht. Irgendetwas scheint aber zu haken, wenn die Rede davon ist, die Sprache »habe« Erwartungen.

Die Schwierigkeit wird verständlicher bei einem vergleichenden Blick auf Organisationen als Prototypus sozialer Systeme. Dem üblichen soziologischen Denken hat es immer schon erhebliche Schwierigkeiten bereitet, in einem nicht nur metaphorischen Sinne davon zu sprechen, dass Organisationen als System selbst handeln, entscheiden und lernen können, selbst ein eigenes organisationales Wissen aufbauen, selbst eine

25 »An den Erwartungen erscheinen die Zeithorizonte des Systems.« Luhmann 1984a: 419.

eigene Identität, eigene Ziele, Strategien und Visionen entwickeln können – und dies eben nicht nur mittels und durch ihre Mitglieder. Zumindest in diesen Hinsichten ist inzwischen eine gewisse Klärung dadurch erreicht worden, dass die elementaren Bausteine für alle diese systemischen Fähigkeiten, vor allem Beobachtung, Kognition, Selbstreferenz und Reflexion, so reformuliert wurden, dass sie aus der verengenden Tradition spezifisch menschlicher Fähigkeiten befreit und stattdessen als allgemeine, abstrakte Fähigkeiten dynamischer, operativ geschlossener Systeme bestimmt worden sind. Beobachtung ist dann nicht mehr das, was nur Sinnesorgane von Organismen können, sondern es ist die abstrakte Fähigkeit eines Systems, Unterschiede zu registrieren und anhand systemisch produzierter Kriterien oder Regeln Folgerungen aus diesen Unterschieden abzuleiten und in diesem Sinne zu »rechnen«. Lernen ist dann nicht mehr das, was nur ein Mensch kann (und vielleicht höher entwickelte Tiere), sondern die abstrakte Fähigkeit eines Systems, seine Zustände aufgrund von Perturbationen seiner Umwelt selbst zu verändern, auf sich selbst einzuwirken und Strukturen, Prozesse und Regeln zu installieren, die sich auf das System insgesamt beziehen und es dem System ermöglichen, in seiner Nische erfolgreich zu operieren. Systemisches Lernen, etwa einer Organisation, besteht dann darin, dass nicht nur einzelne Personen lernen, sondern das System selbst in seinen Strukturen, Prozessen und Regelsystemen lernt und diese Formen als Komponenten des Systems intelligenter werden.

Schreibt man diese Denkbewegung fort, dann erscheint es als sinnvoll, auch den Begriff der Erwartung zu reformulieren, indem er auf seine generalisierte Leistung für die Selbststeuerung eines operativ geschlossenen Systems befragt wird. Dann kommt zum Vorschein, dass Erwartungen dazu dienen, eine Konvergenz räumlicher und zeitlicher – oder für Sinnsysteme: sachlicher und zeitlicher – Ordnungsmuster zu bewerkstelligen, also dafür zu sorgen, dass die etablierten Ordnungsformen in zentralen Dimensionen der Systemoperationen zueinander passen.

Erwartungen überbrücken das Risiko, welches das System mit der Differenz von Raum und Zeit (Inhalt und Zeit) eingehen muss. Die Differenzierung erlaubt dem System einen höheren Grad von Varietät in seinen Ordnungsmustern und es balanciert dieses Risiko mit der Konstruktion von Erwartungen aus, die einen komplementären Grad an Redundanz erbringen. So spielt sich im Lauf der Zeit ein Verhältnis von Varietät und Redundanz ein, das einem System in seinem spezifischen Kontext von Umwelt, Umfeld oder symbolisch gekoppelten Zeichenströmen eine optimierte Form der Selbststeuerung erlaubt.

Das System stellt sich mit seinen Erwartungen auf der Basis seiner Erfahrungen in der Vergangenheit auf zukünftige Ereignisse ein. Es kann damit die unbeeinflussbare und unbeherrschbare Kontingenz seiner

Umwelt in interne Wahrscheinlichkeiten, Erwartungswerte und die sie begleitenden Risiken umwandeln. Schon elementare Lernprozesse bei archaischen Organismen beruhen auf diesem Mechanismus. Auch das elementare Lernen sozialer Systeme beruht darauf, dass sie als Systeme (das heißt: in den systemischen Komponenten der Strukturen, Prozesse und Regeln) aus Erfahrungen Schlussfolgerungen für Gegenwart und Zukunft ziehen, also Folgerungen über Eintrittswahrscheinlichkeiten von externen Ereignissen ableiten, die prinzipiell zwar kontingent und unbeherrschbar sind, aber durch interne Vorkehrungen in bestimmte Wahrscheinlichkeiten und mithin Chancen und Risiken transformiert werden können. So stellt sich beispielsweise ein Unternehmen als System auf eine Reihe von Kontingenzen des Marktes, der Konkurrenz, der Technologieentwicklung etc. ein, indem es aufgrund seiner Erfahrungen Erwartungen ausbildet und diese in Strukturen, Prozesse und Regeln organisiert, also in organisationale Lernergebnisse transformiert – und sich nicht damit begnügt, dass vielleicht einzelne Personen aus den gemachten Erfahrungen ihrerseits etwas gelernt haben.[26]

Ein erwartungsgemäß schwieriger Kandidat für die Ausbildung von Erwartungen ist die Sprache. Allerdings klärt sich der Nebel beträchtlich auf, wenn man sich vor Augen hält, dass die Sprache geradezu ein einziges Sammelsurium von Strukturen, Prozessen und Regeln ist. Woher kommen diese Ordnungsformen des Zeichensystems der Sprache und welchen Sinn haben sie? Offenbar verdanken sie ihre Existenz dem, was sie eingeschliffen hat: den historisch gewachsenen Prägungen, die das Zeichensystem der Sprache in der *kontinuierlichen Zirkulation* seiner Zeichen im Rahmen der Praxis der Kommunikation erfährt. Was die Sprache in dieser Zirkulation *erfährt*, sind ihre Erfahrungen. Sie drücken sich darin aus, dass die praktische Verwendung von Zeichen im Prozess des Sprechens sachlichen und zeitlichen Ordnungsmustern folgt, die mit entsprechenden Ordnungsmustern von Bewusstseinssystemen und von sozialen Systemen symbolisch gekoppelt sind und sich als Resonanzen auf diese externen Ordnungsmuster auch intern im Zeichensystem der Sprache spiegeln. Sprachformen wie beispielsweise Analogie, Metapher, Parabel, Gleichnis etc. könnten in diesem Sinne spiegeln, dass auch das Bewusstsein in seinen eigenen Analogien oder Metaphern denkt und dass auch soziale Systeme bei systemischen Innovationen zunächst auf Analogien, Metaphern etc. zurückgreifen, um sich mit Rückhalt im Bekannten neu zu orientieren.

Ist dieses Stadium erreicht, in dem Sinnsysteme Erwartungen in Struk-

---

26 »The existence and persistence of rules, *combined with their relative independence of idiosyncratic concerns of individuals*, make it possible for societies and organizations to function reasonably reliably« Cyert, 1992: 231. (Hervorhebung H. W.)

turen, Prozessen und Regeln kondensieren und treten sie untereinander in Interaktion oder in Beziehungen der strukturellen Kopplung, dann reagieren sie reflexiv darauf, dass sie selbst *und* andere Systeme erwartungsgesteuerte Systeme sind. Sie konstruieren reflexive Erwartungen, Erwartungserwartungen, in dem Sinne, dass sie nun auch erwarten, dass andere sinnhaft konstituierte Systeme in ihrer Umwelt ihrerseits mit Erwartungen operieren und ihrerseits beobachten können, dass andere sinnhaft konstituierte Systeme in ihrer Umwelt mit Erwartungen operieren.

Wieder erweist sich, dass in der Konjektion und Resonanz differenzierter Sinnsysteme emergente Qualitäten entstehen, die zu erreichen für ein isoliertes System unmöglich wäre. Da alle ursprünglichen Erwartungen reine Unterstellungen und Imaginationen sind, spielen die sich verschränkenden Imaginationen als unterstellte Unterstellungen und erwartete Erwartungen in einer genuinen *creatio ex nihilo* zusammen. Die Geschäftsprozesse der Sinnbildung erzeugen kontinuierlich das Sein aus dem Nichts, indem sie die absolute Verlorenheit doppelter Kontingenz in die verlorene Absolutheit reflexiver Mechanismen transponieren.

Reflexive Mechanismen setzen strukturelle Kopplung unterschiedlicher Sinnsysteme voraus und strukturelle Kopplung löst notwendig die Absolutheit operativer Geschlossenheit auf. Die reine Selbstreferenz muss in der resonanten Kopplung einer gleichgeordneten Fremdreferenz Platz machen, ohne die Schließung der internen Operationen zu durchbrechen. Deshalb läuft die Kopplung nicht über Operationen, sondern über Strukturen oder besser: über resonante Fluktuationen der Zeichen, die in ihren je eigenen Zirkulationen und in ihrer eigenen Logik aufeinander reagieren und sich wechselseitig als existent unterstellen, obwohl sie von externer Existenz nichts wissen können.

Solange diese fundierenden Fiktionen halten, kann sich das Karussell des autopoietischen Seins weiterdrehen und die schwindelhaften Zirkulationen der beteiligten Sinnsysteme in Schwung halten. Die Effekte sind real genug. Soziale Systeme und hier insbesondere Organisationen und Gesellschaft insgesamt lassen sich nicht einfach wegdenken. Sie haben ihre Strukturen und Prozesse der Sinnbildung gründlich etabliert und expandieren gerade in der operativen Dimension ihrer Selbststeuerung gnadenlos. Erst in dem sich gegenwärtig ankündigenden Übergang von der gesellschaftsgeschichtlichen Formation der Industriegesellschaft zur Konstellation der Wissensgesellschaft kommt gegenüber der operativen Dimension der Selbststeuerung deutlicher die kognitive Dimension zum Vorschein. Auf sie ist im nächsten Schritt einzugehen.

(5) Der Unterschied zwischen operativer und kognitiver Dimension der Sinnbildung ist ein Unterschied zwischen Welten. Die operative Dimension beschreibt Vorgänge, die dazu führen, dass Sinnsysteme überhaupt zu Operationsformen kommen, die eine Selbststeuerung in den

Bereich des Möglichen rückt. Das ist voraussetzungsvoll und erstaunlich genug. Die kognitive Dimension fügt dem die Qualifizierung zu, dass es um eine Art der Selbststeuerung geht, die nicht einfach und überhaupt passiert, sondern die sich nach *bestimmten Vorstellungen* des Systems selbst richtet. Die kognitive Dimension im hier gemeinten Sinn bezeichnet eine Fähigkeit, die ein System auf der einfachen Kognition als reflexivem Mechanismus aufbaut, also eine reflexive Kognition darstellt. Sie ist eine Kognition, die weiß, dass sie etwas für das System Relevantes weiß.

Die einfache Kognitionsfähigkeit, die in Kapitel 1 behandelt ist, setzt voraus, dass ein System Unterschiede registriert und aus den beobachteten Unterschieden Schlüsse hinsichtlich der Steuerung seiner Operationen zieht. Auch eine Amöbe, die zwischen hell und dunkel unterscheiden kann und ihre Nahrungssuche gemäß den beobachteten Unterschieden ausrichtet, ist ein kognizierendes System. Sie realisiert auf der Basis ihrer Kognitionsfähigkeit ein Lernen erster Ordnung im Sinne von Gregory Bateson.[27] Es läuft eine klassische operante Konditionierung ab, in der ein System im engen Rahmen seiner internen Möglichkeiten alternative Reaktionen auf externe Ereignisse durchspielt und erfolgreiche oder brauchbare Optionen wählt.

Eine reflexive Kognition verlangt demgegenüber, dass ein System registriert, dass es durch Beobachtung Differenzen registriert; sie verlangt, dass es aus dieser doppelten Beobachtung Konsequenzen zieht. Das System benötigt also Beobachtungsinstrumente zur Beobachtung seiner Beobachtungsinstrumente.

Ein Organismus erreicht dies durch einen geschichteten Aufbau seiner kortikalen Netze, in denen unterschiedliche Abstraktionsstufen neuronaler Signale in differenzierten Kategorien und Ebenen behandelt werden bis zu dem Punkt, an dem das System lernt, das Beobachten und das Verarbeiten der Beobachtungen zu unterscheiden und seine »virtuosity in avoiding disaster«[28] zu steigern. Ein symbolisches System erreicht dies durch den geschichteten Aufbau von Prämissen, die über Anschlüsse entscheiden, also über die Stufung von Prämissen für Prämissen etc. »Representational relationships are not just these mechanisms, but a feature of their potential relationship to past, future, distant, or imaginary things. These other things are not physically re-presented but only virtually re-presented by producing perceptual and learned responses like those that would be produced if they were present. In this sense, mental processes are no less representational than external communicative processes, and communicative processes are no less mental in this regard.«[29] Auch diese reflexiven Mechanismen gestufter Repräsentatio-

27 Bateson 1972: 287 ff. Dem entspricht das Konzept des »single-loop learning« von Argyris und Schön 1978.
28 Bateson 1972: 174.
29 Deacon 1997: 78.

nen sind nicht Magie, sondern in ihnen kondensieren die Prägungen, die Symbolsysteme in der Praxis der Kommunikation erfahren.[30]

Dies erlaubt es dem System, seinen Lernprozess ebenfalls reflexiv zu gestalten, also Lernen zweiter Ordnung zu realisieren: »Learning II is change in the process of Learning I, e. g. a corrective change in the set of alternatives from which choice is made, or it is a change in how the sequence of experience is punctuated.«[31] Beim Lernen II lernt ein System, seinen Lernprozess lernend zu verbessern, also das *Wie* des Lernens zu optimieren.

Auf einer dritten Stufe des Beobachtens reift die Kognitionsfähigkeit zur Kompetenz für reflektierte Kognitionen, zur operativen Verbindung von Kognition und Reflexion. Dazu hat sich die Vorstellung eingespielt, dass es nur und ausschließlich das mentale System des Menschen dazu bringt, sich insgesamt selbst zu beobachten. Es erreicht im strengen Sinne Selbstbewusstheit, indem es eine interne Repräsentation des Systems im System aufbaut und so eine reflektierte Kognition des Systems als System ermöglicht.

Die entsprechende dritte Ebene des Lernens taucht bei Argyris/Schön erst gar nicht auf und auch Bateson widmet ihr nur eine ambivalente und etwas verwirrte Behandlung: »To the degree that a man achieves Learning III, and learns to perceive and act in terms of the contexts of contexts, his ›self‹ will take on a sort of irrelevance. The concept of ›self‹ will no longer function as a nodal argument in the punctuation of experience.«[32]

Bestenfalls lässt sich dieses »sort of irrelevance« als eine Art Indifferenz des Selbst gegenüber einer *gegebenen* bestimmten Ausprägung interpretieren. Denn das Lernen dritter Ordnung meint schlicht ein Lernen, das sich nun reflektiv auf das System insgesamt bezieht, also die Varietät der Identität des Systems als Lernfeld betrachtet. Das Lernen bezieht sich auf dieser Stufe auf das *Wozu* des Lernens, auf die Frage, welche Identität des Systems über Lernen zu realisieren sei. Genau für diesen gewagten Prozess dient das Konzept des Selbst, das Bateson in diesem Punkt und auf dieser Ebene der Kognition verloren geben will, als leitendes Argument für die Interpunktion von Erfahrungen. Der Einbau dieser Erfahrungen ermöglicht es dem System, sich von einer

---

30  »Was häufiger zur Formbildung verwendet wird, wird erinnert, was nicht benutzt wird, wird vergessen, so dass ein Systemgedächtnis sich selbst in Anpassung an die Okkasionalitäten, die für das System Zufall sind, einschränken kann.« Luhmann 1997b: 171.

31  Bateson 1972: 293. In einer früheren Publikation von 1942 nennt Bateson Lernen II noch »deutero-learning« Bateson 1972: 287 ff. Dem entspricht das Konzept des »double-loop learning« von Argyris und Schön 1978.

32  Bateson 1972: 304.

gegebenen Identität zu einer bewusst gewählten und gezielt veränderten Identität des Selbst oder des Systems zu bewegen. Dass Menschen dies können, gilt als ausgemacht. Gute Argumente und eine breite Praxiserfahrung sprechen auch dafür, dass etwa Organisationen und andere Sozialsysteme als Kollektivakteure diese Fähigkeit besitzen und sie in Transformationsprozessen aller Art hinreichend unter Beweis gestellt haben. Schwierigkeiten sind dort zu erwarten, wo es im engeren Sinne um Symbolsysteme als Zeichensysteme geht. Warum sollte ein Zeichensystem aus kontingenten Identitäten eine bestimme auswählen und realisieren wollen? Dies setzte zunächst einmal voraus, dass die Sprache eine Identität, dass das Geld ein Selbst, dass Macht, Wissen, Moral, Liebe, Glaube, Kunst etc. überhaupt unterschiedliche Ausprägungen ihrer Identität annehmen können.

Ein zweiter Blick macht deutlich, dass es sich in allen diesen Fällen nicht um isolierte Eigenleistungen der Sinnsysteme handeln kann, sondern um resonante Zuschreibungen, die aus den Konjektionen und Interferenzen der Zeichensysteme entstehen. Dieser Eindruck schärft den Blick dafür, dass auch soziale Systeme und Personen Identität und Selbst nicht in isolierter Introspektion für sich entwerfen, sondern in einem aktiven Aushandlungsprozess mit ihren relevanten Umwelten: »people learn about their identities by projecting them into an environment and observing the consequences.«[33] Das Selbst der Person entsteht in den Kollisionen und Konjektionen zwischen Bewusstsein und Kommunikation, zwischen *mind* und *society* (Mead), zwischen Denken und Mythos (Cassirer), zwischen *parole* und *langue* (Saussure) zwischen Natur und Geist (Hegel) oder wie immer die Formeln dafür lauten mögen. Daraus ist zu folgern, dass das Lernen III ein Lernen ist, das sich zwischen Systemen abspielt als eine Optimierung der Modi der Relationierung von Systemen und System-Umwelt-Beziehungen. Beim Lernen dritter Ordnung lernt ein System, sich in seiner eigenen Logik auf Anderes einzustellen. Der Grund dafür ist, dass dieses Andere Bedeutung für die eigene Operationsweise gewinnt und es daher sinnvoll erscheint, Selbstreferenz und operative Geschlossenheit mit Momenten der Fremdreferenz und der resonanten Kopplung anzureichern.

Die operative Dimension beleuchtet die Problematik der Selbststeuerung eines Symbolsystems. Die kognitive Dimension erweitert dieses Feld und thematisiert die Selbststeuerung in Verbindung mit einer Interferenz oder Konjektion der Systeme, die von der Evolution nun einmal zusammengeworfen worden sind und nun in irgendeiner Weise zusammenspielen müssen. Indem sich Bewusstsein, Sprache und Kommunikation wechselseitig ihre Komplexität in einer resonanten Kopplung zur Verfügung stellen und die Sprache soziale in psychische Komplexität

---

33 Weick 1995 b: 23.

überführt[34] *und umgekehrt*, also Sprache eine Mittlerrolle in der Relationierung von Individuum und Gesellschaft übernimmt, gerät Sprache zwingend in eine Position, in der sie an der Identitätsbildung sowohl von Individuen wie auch von Gesellschaft beteiligt ist.

Nicht Weick, sondern Hegel formuliert: »Das Individuum kann daher nicht wissen, was es ist, ehe es sich durch das Tun zur Wirklichkeit gebracht hat ... . Das ans Handeln gehende Individuum scheint sich also in einem Kreise zu befinden, worin jedes Moment das andere schon voraussetzt, und hierin keinen Anfang finden zu können«.[35] Allerdings findet sich nicht nur das Individuum in einem Kreis ohne Anfang, sondern jedes der beteiligten Sinnsysteme gründet auf einer Zirkularität von Zirkulationen ohne Anfang, auf der imaginativen Kraft wechselseitiger Unterstellungen und Erwartungen, die sich gegenseitig im Nichts stabilisieren wie die Gabeln des Edward de Bono.

Die Identität der Sprache muss als eine zirkuläre Spiegelung der Identitätsbildung von Individuum und Gesellschaft verstanden werden, als ein emergenter Effekt der Leistungen, die sie für die beiden Seiten des Bewusstseins (in der Identitätsbildung der Person) und der Kommunikation (in der Bildung der Identität von Gesellschaft) erbringt. Anders formuliert: Sprache kann diese Leistung nur erbringen, wenn Bewusstsein und Kommunikation ihr selbst ebenfalls eine Identität zuschreiben. Für sich selbst in isolierter Existenz hat keines der Systeme eine erkennbare Identität, wie Hegel in aller Klarheit sieht. In seiner Sprache steht Geist für Identität, und Entfremdung steht für die Gewalt, die ein System dazu zwingt, den Kreis seiner Selbstreferenz zu verlassen und sich auf Anderes, ›Entgegengesetztes‹ zu beziehen: »Nichts hat einen in ihm selbst gegründeten und inwohnenden Geist, sondern ist außer sich in einem fremden; das Gleichgewicht des Ganzen [ist] nicht die bei sich selbst bleibende Einheit und ihre in sich zurückgekehrte Beruhigung, sondern beruht auf der Entfremdung des Entgegengesetzten. Das Ganze ist daher wie jedes einzelne Moment eine sich entfremdete Realität«.[36] Das Ganze entpuppt sich als Zusammenspiel entfremdeter Identitäten, die ihre Identität nur als in einem Fremden gespiegelte Entfremdete gewinnen können.

Kritisch mag man einwenden, dass dies nur eine abgeleitete Identität sein könne. Genau dies ist der Fall, allerdings für alle Formen von Identität. Identität ist ein Derivat der Kopplung operativ geschlossener Systeme. Die Kopplung ist, nota bene, für Organismen und Sinnsysteme nicht optional, sondern konstitutiv. Sie kann keine operative Verbindung sein, sonst würde sie die operative Autonomie zerstören. Vielmehr

34 Luhmann 1984 a: 368.
35 Hegel 1986: 297.
36 Hegel 1986: 361.

beruht sie auf resonanten Fluktuationen oder – in einer anderen Wortwahl – auf der Konjektion von zirkulierenden Zeichenströmen. Für Sinnsysteme besteht die Kopplung im Kern darin, von einem Äußeren auf ein Inneres zu schließen, die Fremdbeobachtung als Anregung für Eigenoperationen zu verstehen und die damit eingeladene Entfremdung willkommen zu heißen. Damit kehrt sich das Gesetz um, das Hegel für das Beobachten des Bewusstseins formuliert und das eine Beschreibung für Selbstreferenz sein könnte: dass das Äußere der Ausdruck des Inneren sei. Erst Selbstreferenz und Fremdreferenz, Selbstbewusstheit und Entfremdung zusammen passen ein System in die Dynamik resonanter Kopplungen ein.

Die Identität von Sprache als fundierendes Sinnsystem verändert sich, indem sie mit ihren eigenen Veränderungen die Identität von Individuen und Gesellschaft verändert und diese Veränderungen auf die Sprache zurückwirken und ihre Identität verändern.[37] Insofern gilt tatsächlich, dass die Identität der Sprache eine abgeleitete ist, produziert in einem Zirkel von Zirkulationen, in dem jedes Moment das andere schon voraussetzt. Aber dann gilt in gleicher Weise, dass die Identität *jedes* Zeichensystems ein Derivat in dem Sinne darstellt, dass es aus der Dekomposition der Identität eines Gesamtsystems entsteht, das als solches nicht fassbar ist, sondern in den Zirkulationen seiner Komponenten als notwendige Imagination zum Vorschein kommt.

Dieses Zusammenspiel von Emergenz und Dekomposition ist keine Erfindung der Systemtheorie. Offenbar sehr nüchtern denkende Ökonomen haben bei der Analyse von Kollektiventscheidungen gemäß dem Arrowschen Unmöglichkeitstheorem eine Beobachtung festgehalten, die der für die Konstruktion des Ganzen notwendigen Imagination entspricht: »Collective decisions are reached through the operation of some rule that combines individual expressions of preference. A preference ordering for the collectivity, treated as a unit, need not correspond to that of any individual in the group and, indeed, *may not exist at all*.«[38] Das Systemergebnis ist aus den Merkmalen der Komponenten nicht erklärbar und existiert doch. Also hilft nur Imagination.

Der Sprache stehen durchaus verschiedene Optionen ihrer Identität zur Verfügung, etwa hinsichtlich der Gesellschaft eine Prägung durch einen restringierten Code oder aber eine Prägung durch einen elaborierten Code als Korrelate der Schichtungsstruktur der Gesellschaft; oder hinsichtlich des Individuums eine alltagssprachliche Form im Unterschied zu einer Fachsprache als Korrelat unterschiedlicher Rollensegmente des

---

37 »An important practical implication of sensemaking is that, to change a group, one must change what it says and what its words mean.« Weick 1995 b: 108.

38 Brennan und Buchanan 1985: 75. (Hervorhebung H. W.)

Individuums. Sicherlich heißt das nicht, dass die Sprache in der Gegend herumläuft und sich sprechwillige Individuen zusammensucht, um eine bestimmte Identität anzunehmen. Aber sie selegiert Operationskontexte in genau dem Sinne, in dem die Evolution Selektion betreibt. Selektivität kommt zustande als Folge interner Formbildungen, die eine unterschiedliche, von eigenlogischen Präferenzmustern gesteuerte Zugänglichkeit für externe Ereignisse etabliert und mit dieser Gestaltung von Kopplungsmöglichkeiten Einfluss darauf nimmt, welche Resonanzen entstehen und welche nicht. Es genügt dann ein im Gesamtsystem überhaupt vorhandener Wille zum Sprechen, um die ganze Maschinerie in Schwingungen zu versetzen und die in die Kopplung der verschiedenen Sinnsysteme eingebauten Selektivitäten zur Geltung zu bringen.

Insgesamt, so lässt sich in einem Zwischenresümee sagen, verhalten sich die Symbolsysteme des Bewusstseins, der Sprache und der Kommunikation in ihrer sich wechselseitig fundierenden Kopplung wie ein evolutionäres Gesamtsystem. Als evolutionäres System realisieren sie in ihrem Zusammenspiel, in der Kombination von Einheit und Differenz, die evolutionären Funktionen der Variation, der Selektion und der Retention in den für Sinnsysteme elaborierten Formen von Identität und Differenz, Komplexität und Selektivität sowie von Kontingenz und Negation.

In diesen evolutionären Zusammenhang sind marginal in der operativen und der kognitiven Dimension Momente der Steuerung eingelassen. Sie bilden als viertes Formprinzip den Zusammenhang von Reflexion und Selbstreferenz, in welchem Prinzipien der Evolution und Prinzipien der Sinnbildung zusammenwachsen. Ein differenziertes Bild der Dynamik des Zusammenhangs der Sinnsysteme ergibt sich aus der Unterscheidung der fünf systemischen Dimensionen, in denen komplexe, operativ geschlossene Systeme betrachtet werden können. Auch diese Dimensionen differenzieren zwischen allgemeinen Dimensionen jedes evolutionären Systems – Zeit, Raum, Relationen – und der operativen und kognitiven Dimension als Besonderheit von Systemen, die über die Evolution hinaus die Fähigkeit zur Intentionalität und Futurität ausgebildet haben.

Die Evolution als Modell der Selbsterzeugung geordneter Systeme aus dem Nichts zeigt sich auch für den Konnex der Symbolsysteme als erklärungskräftiges Modell. Die bemerkenswerten evolutionären Mechanismen der Variation, Selektion und Retention erweisen sich als zureichend, um die Grundlagen der Genese symbolischer Systeme als autonome, operativ geschlossene Sinnsysteme zu schaffen. Erst die Grenzlinie zwischen Evolution und Steuerung und deren Überschreitung im Fall des Zusammenspiels von Bewusstsein, Sprache und Kommunikation stellen Probleme einer anderen Größenordnung.

In der operativen Dimension läuft das Problem auf die Frage hinaus, ob sich übergreifende Regeln feststellen lassen, mit denen Symbolsysteme ihre Selbststeuerung organisieren. Der entscheidende Schritt, um von der gut recherchierten Ebene molekularer und organischer Systeme – für die die Fähigkeit zur Selbstorganisation als unproblematisch gilt – Vergleichbarkeiten mit der Ebene symbolischer Systeme abzuleiten, ist die Rekonfiguration des physikalischen Raumes als sinnhafter Optionenraum. Dann erweist sich, dass Strukturbildung streng funktional äquivalente Leistungen für physische wie für symbolische Systeme erbringt. Für den Fall symbolischer Systeme meint Strukturbildung, dass Sinnelemente in einem Optionenraum in einer Weise geordnet sind, die es ermöglicht, die Erfahrungen des Systems als Lernerfahrungen zu speichern. So kommen Erfahrungen, Lernen und Wissen in Symbolsysteme, wie sie lange zuvor schon in physische Systeme gekommen sind – etwa als molekulares, genetisches oder neuronales Gedächtnis.

Eine semiologische Sichtweise verhilft dazu, Äquivalenzstrukturen, äquivalente Prozesse und Operationsformen ganz unterschiedlicher Zeichensysteme zu sehen. Ob die Zeichen Quarks, Moleküle, Gene, Neuronen, Gedanken, Wörter, Zahlungen, Entscheidungen, Erkenntnisse, Glaubenssätze, ästhetische Urteile oder andere Symbole sind, ist für einige Fragen zweitrangig, etwa für Fragen der Relationierung, Musterbildung, Prozesssteuerung oder für die darauf aufbauenden Problemfelder der Selbstorganisation und der Selbststeuerung der die jeweiligen Zeichen hervorbringenden Systeme.

In der kognitiven Dimension überschreitet der Konnex von Sprache, Denken und Kommunikation am deutlichsten die Grenzen der einfachen Evolution und damit die Grenzen des Evolutionsmodells. Das sprachbasierte und kommunikativ konstituierte Bewusstsein steigert mit Intentionalität und Futurität die Reichweite der Evolution in das völlig neue Feld der Zukunft.

Es steigert sich über die Stufe reflexiver Mechanismen des Lernens zu der Fähigkeit, in reflektierter Weise zu beobachten, zu lernen (Lernen III) und mit der eigenen Identität umzugehen. Ein reflektierter Umgang mit der eigenen Identität bedeutet, kontingente Identitäten in parallelen Welten und in möglichen Zukünften als wünschbar und realisierbar zu behandeln (und mit gleichem Recht natürlich auch als nicht wünschbar und negierbar).

Eine systemische Sichtweise verhilft dazu, diese hochgetriebenen, hoch unwahrscheinlichen und möglicherweise auch hoch riskanten Fähigkeiten nicht einem Einzelsystem zuzuschreiben und insbesondere nicht dem üblichen Verdächtigen Bewusstsein/Mensch. Vielmehr legen es die hier angestellten Überlegungen zu einer allgemeinen Symboltheorie nahe, die Fähigkeit zu selbstbewusster, die eigene Identität einschließender Reflexion dem symbolisch gekoppelten Zusammenspiel der Operationsformen Denken, Sprechen und Kommunizieren zuzuschreiben. Die Trias von *mind, self and society,* von Bewusstsein, Sprache und Sozialsystemen ist nur als Trias möglich und existent. In ihrem Zusammenspiel entsteht als emergente Qualität etwas, was in keinem der drei einzelnen Komponenten des postevolutionären Konnexes für sich vorhanden ist. Diese Qualität entsteht aus dem Nichts als wechselseitige Zuschreibung, als Folge unterstellter Unterstellungen und erwarteter Erwartungen, die sich trotz ihres imaginierten Ursprungs stabil halten können, weil sie reale Konsequenzen haben.

# 8. Stufen symbolischer Steuerung

Die Argumentation dieses Textes läuft bislang darauf hinaus, dass eine Steuerung der Symbolsysteme nur als Selbststeuerung denkbar ist. Selbststeuerung stellt sich als ein äußerst voraussetzungsvoller Modus der Selbstorganisation eines komplexen, operativ geschlossenen Symbolsystems dar. Dieser Modus versetzt das System im Konnex mit anderen, »spiegelnden« Systemen in die Lage, nicht nur einzelne Operationen und Prozesse auf der Basis von Erfahrungen, Lernen und Wissen zu gestalten, sondern auch noch sich selbst als System in der Ausprägung der eigenen Identität zu bestimmen.

Als wäre dies nicht Anspruch und Herausforderung genug, verlangen Menschen – jedenfalls in der Gestalt der säkularen, aufgeklärten Individuen der Moderne – beharrlich und nachdrücklich von sich selbst die Kompetenz, Symbolsysteme steuern zu können. Sicherlich gab es Vorformen und Vorstufen in der Vormoderne, etwa in den frühen Hochkulturen. Und sicherlich haben Menschen bislang nicht versucht, das Symbolsystem der Sprache zu steuern, sieht man von den abstrusen diktatorischen Selbstüberschätzungen aller Programme von *Newspeak* ab. Aber der moderne Wissenschaftler, Künstler, Manager, Investor, Lehrer, Arzt, Therapeut und Berater, weibliche Formen eingeschlossen, geht doch in seinem Selbstverständnis davon aus, mit seinem professionellen Handeln das jeweils zugeordnete Symbolsystem steuern zu können. Sie alle erliegen dem fatalen Fehlschluss von Beobachtbarkeit auf Steuerbarkeit der Symbolsysteme. Bereits Freud hat, wie vermerkt, deshalb von »unmöglichen Berufen« gesprochen und seitdem reißen die Warnungen vor einer Logik des Misslingens nicht ab.

Dennoch bleibt eine merkwürdige Ambivalenz in den Manifestationen professioneller Kommunikation. Professionalität ist geradezu dadurch definiert, dass sie eine geordnete, systematische, nachvollziehbare und wissenschaftlich fundierte Beeinflussung des jeweiligen Symbolsystems verbürgt. So wie Ärzte systematisch und wissenschaftlich den Organismus steuern, um physische Krankheiten zu beseitigen, so sollen Therapeuten systematisch und wissenschaftlich das Bewusstsein steuern, um psychische Krankheiten zu beseitigen, und so sollen Berater systematisch und praxisgerecht das Sozialsystem der Organisation steuern, um Fehlentwicklungen zu beseitigen – und so weiter für alle Fälle professionellen Handelns. Gleichzeitig erkennen gerade seriöse Professionelle am ehesten, dass diese Ansprüche und Zuschreibungen völlig fehlgeleitet sind.

Symbolsysteme und ihre Mystifikationen insinuieren die Möglichkeit einer Steuerung, indem sie dazu verleiten, die professionelle Beherrschung der Fachsprache und ihrer Symbolik damit gleichsetzen, dass mit Hilfe dieser Sprache auch die gemeinte Realität so manipuliert werden könne wie die Symbole. Die frühen Naturwissenschaften und die Mathematik haben diese Illusionen durch anhaltende Erfolge in »einfachen« Problemkonstellationen genährt. Zwar ist inzwischen vielfach beschrieben worden, dass diese Erfolgsrezepte für komplexe, dynamische Problemkonstellationen und insbesondere für die daraus folgenden Risikolagen nicht mehr gelten, doch hat dies die Euphorie professioneller Anmaßungen und die Expansion der Erwartungen von Klienten an die Professionen wenig gebremst.

Es sind unendlich viele Unterscheidungen denkbar, um die undurchdringliche Problematik der Steuerung der Symbolsysteme in eher überschaubare Felder aufzuteilen. Eine erste Differenzierung folgt der Geschichte der Symbolsysteme. Sie unterscheidet aus der Sicht des handelnden Menschen, der sich der unentrinnbaren Lage doppelter Kontingenz gegenüber sieht, einen instrumentellen (I), einen reflexiven (II) und einen kontextuellen (III) Umgang mit Symbolen. Die nächsten Abschnitte folgen dieser Gliederung

Ziel dieses Kapitels ist es, allgemeine Grundlagen einer Steuerungstheorie der Symbolsysteme zu skizzieren. Es sind Teilstudien zu einer allgemeinen Steuerungstheorie, die darin begründet sind, dass eine Steuerungstheorie sozialer Systeme unbrauchbar ist, solange sie die besondere Steuerungsproblematik symbolischer Systeme nicht berücksichtigt.

I

Ein instrumenteller Modus der Steuerung von Symbolsystemen zeigt sich beispielhaft in dem erstaunlich pragmatischen Umgang des archaischen Menschen mit den Symbolsystemen der Mythologien. Symbole dienen hier der Absicht, in Situationen elementarer Ungewissheit durch eine instrumentelle Verwendung der Symbole Realitäten zu steuern: Die Götter milde zu stimmen, dem Feind zu schaden, Krankheit zu verscheuchen, den Geist des gejagten Tieres zu versöhnen etc. Ernst Cassirer hat eine Fülle von anthropologischem und ethnographischem Material unter dem Gesichtspunkt dargestellt und systematisiert, wie sich der Mythos als Denkform und als Lebensform entwickelt.

Besonders aufschlussreich ist das im instrumentellen Modus der Steuerung implizierte Zusammenspiel der Trias von Bewusstsein, Sprache und Kommunikation. Der Topos der »Allmacht der Gedanken«, der bereits im ersten Kapitel Thema war, weist darauf hin, dass der archaische Mensch die Kraft seiner Gedanken auf die Welt insgesamt ausdehnt und annimmt, dass die Gedanken, vermittelt über das Medium der Symbole, tatsächlich auf die reale Welt einwirken. Für die mythische Welt hat das Postulat der Allmacht der Gedanken Gültigkeit. Daher müssen sich die Symbolsysteme der Welt der instrumentellen Kraft des Denkens beugen. Gedankliche Einwirkungen auf die Symbole, eventuell unterstützt durch Totems, setzen sich direkt um als Einwirkungen auf Ereignisse und Kommunikationen in der realen Welt.

Diese scheinbare Leichtigkeit des mythischen Denkens verdankt sich nach Cassirer einer »Form« der Symbolik, die – anders als die Moderne – nicht zwischen real und imaginär, wirklich und fiktiv unterscheidet, sondern primär zwischen heilig und profan. Alles Heilige ist in einer umfassenden Gesamtheit miteinander verbunden und verwoben, so dass ganz außer Frage steht, dass Einwirkungen auf einen Teil des Ganzen Auswirkungen auf jeden anderen Teil haben wird. »Auch der Mythos beginnt damit, in das unterschiedslose ›indifferente‹ Sein bestimmte Differenzen einzuführen, es in verschiedene Bedeutungskreise auseinanderzulegen. Auch er erweist sich als form- und sinngebend, indem er das Einerlei und die Gleichartigkeit der Bewusstseinsinhalte unterbricht – indem er in dieses Einerlei bestimmte Unterschiede der ›Wertigkeit‹ hineinlegt. Indem alles Sein und Geschehen auf den einen Grundgegensatz des ›Heiligen‹ und ›Profanen‹ projiziert wird, gewinnt es in dieser Projektion selbst einen neuen Gehalt«.[1] Vor diesem Hintergrund ist leichter nachvollziehbar, dass die modernen Mythologien das Geschäft der instrumentellen Steuerung der Symbolsysteme mit anderen Formen, das heißt mit anderen primären Differenzen nur fortsetzen.

Immer geht es dabei um Mythen der Gesellschaft, denn nur als gesellschaftsweite Mythologie hat sie Relevanz und Bestand, ob es sich im archaischen Fall um die Gesellschaft eines Dorfes oder Clans handelt oder im modernen Fall um nationalstaatlich organisierte Gesellschaften. Die leitende Differenz der Mythologien bezieht deshalb zugleich die Differenz von öffentlich und privat, von gesellschaftlich und individuell mit ein. Das Heilige ist notwendig öffentlich und gesellschaftlich. Insofern gibt sich die Gesellschaft in ihren Mythen eine Selbstbeschreibung, die es ihren Mitgliedern ermöglicht, sich in der Symbolik des Heiligen auf die Gesellschaft insgesamt zu beziehen.

Es gibt viele moderne Mythologien, aber die wohl krasseste Ausprägung eines instrumentellen Umgangs mit Symbolen vollzieht sich in der Moderne im Bereich der Symbolik der Massenmedien. Ganz ähnlich wie die archaischen Mythen überspielen die modernen Massenmedien die leitende Differenz von real und fiktiv, die das wissenschaftliche Weltbild empfehlen würde, durch ihre eigene Differenz: An die Stelle der Differenz von heilig und profan setzen sie diejenige von *medial präsent* und *nicht existent*. Alles was medial präsent ist, verbindet und verwebt sich

---

1 Cassirer 2002: 89.

zu einer umfassenden Gesamtheit globaler Realität, so dass ganz außer Frage steht, dass es diese Realität ist, die zählt, und dass Einwirkungen auf diese relevante Realität eine direkte, instrumentale Einwirkung auf die Symbolik der Massenmedien verlangt.

Die umfassende Gesamtheit des massenmedial Präsenten *ist* die Gesellschaft. Das medial Präsente ist notwendig öffentlich und gesellschaftlich. In der Symbolik der Massenmedien gibt sich die Gesellschaft eine Selbstbeschreibung, die es ihren Mitgliedern sogar unter den Bedingungen großer Territorialstaaten ermöglicht, die Gesellschaft insgesamt zu »sehen«, zu beobachten und sich auf die Gesellschaft zu beziehen. Auf der anderen Seite gilt, dass das, was medial nicht präsent ist, als gesellschaftlich nicht existent verschwindet. Es mag eine private, arkane oder sonst wie verborgene Existenz haben, aber als gesellschaftlich konstruierte Wirklichkeit ist es schlicht nicht vorhanden.

Eine aufklärerische Restfunktion der Soziologie könnte deshalb darin gesehen werden, bestimmte »Realitäten«, die im Verborgenen blühen, ins Öffentliche und damit zur gesellschaftlichen Existenz und Relevanz zu bringen. Natürlich kollidiert sie genau in diesem Bemühen frontal mit einer Dialektik der Aufklärung, die dafür sorgt, dass die Realitäten, die öffentlich wahrgenommen und als gesellschaftlich relevant verhandelt werden, der massenmedialen Logik der Trivialisierung unterworfen sind, ob das nun zur Aufklärung passt oder nicht. Einige Soziologen, die als Aufklärer begonnen haben, enden so als Journalisten. (Zweifelsohne gilt dies auch für andere Wissenschaftsdisziplinen, gegenwärtig besonders virulent etwa für Genetik oder Hirnforschung).

Seine Überlegungen zur »Realität der Massenmedien« beginnt Niklas Luhmann mit der Feststellung: »Was wir über unsere Gesellschaft, ja über die Welt, in der wir leben, wissen, wissen wir durch die Massenmedien.«[2] Diese ziemlich starke Behauptung schwächt er in den dann folgenden Analysen ab. Insbesondere macht er deutlich, dass es dabei nicht um handlungspraktisches ›Wissen‹ geht, sondern dass die Medien »ein Hintergrundswissen bereitstellen und jeweils fortschreiben, von dem man in der Kommunikation ausgehen kann.«[3] Gemeint ist, dass in der Kommunikation, und mithin in der Reproduktion von Gesellschaft, das als gemeinsam geteiltes Hintergrundswissen unterstellt werden kann, was in den Massenmedien Darstellung findet.

Übersetzt man diesen Grundgedanken in die Sprache der Symboltheorie, dann liegt es nahe, die Realität der Massenmedien als eine Verlängerung des mythischen Denkens in die Moderne zu verstehen. Die Realität der Konstruktion und die Konstruktion der Realität sind

---

2 Luhmann 1996: 9.
3 Luhmann 1996: 121 f.

in gleicher Weise magisch und animistisch, wie dies (auf einer anderen Basis der Symbolik) auch schon archaische Gesellschaften bewerkstelligen. Solange es dabei in den Sparten Unterhaltung, Zerstreuung und Dissimulation darum geht, die Irrelevanz der eigenen privaten Existenz durch Partizipation an dem öffentlichen Klumpatsch von »Naddel-Daddel-Dieter-Verona-Superstar-Dschungel-Burg-etc.«-Syndromen in einen gesellschaftlich akzeptablen und akzeptierten Rang zu erheben, mag man gerade auch mit einem soziologischen Blick darüber hinwegsehen. Sobald aber etwa in den Sparten Politik oder Ökonomie gesellschaftlich akzeptable Weltbilder fabriziert werden, um akzeptierte Weltbilder der Gesellschaft zu produzieren, hört der Spaß auf.

Insbesondere die neueren Kriege der Supermacht USA, der Golfkrieg, Afghanistan und der Krieg gegen den Irak, müssen in dieser Hinsicht als bittere Lektionen gewertet werden. Zum einen erreicht die massenmediale Konstruktion von Bedrohungsszenarien eine ungeahnte Virtuosität. Obwohl die UNO-Inspektoren über lange Zeit keine Massenvernichtungswaffen im Irak finden, gelingt es den globalen Massenmedien, diese faktisch nicht existente Bedrohung als real zu etablieren. Obwohl entscheidende Begründungen für die Behauptung, der irakische Diktator kaufe Komponenten für Nuklearwaffen in Afrika zusammen, als Fälschungen aus einer Diplomarbeit entlarvt werden, bleiben die britischen Massenmedien und die britische Regierung überwiegend bei der obsoleten Begründung für die Teilnahme am Irakkrieg. Obwohl für Monate den amerikanischen Besatzungstruppen ein organisierter Widerstand entgegenschlägt, konsolidieren die amerikanischen Massenmedien das öffentliche Bild der Besatzer als Befreier.

Zum anderen werden die Kriege selbst zum massenmedialen Ereignis, das sorgfältig geplant und medial gesteuert wird bis zur krönenden Idee der »embedded journalists«. Schon beim Golfkrieg war schwer zu entscheiden, ob es sich um ein Computerspiel oder um einen realen Krieg handelte – zu ähnlich waren die medial vermittelten Bilder. »Da der Krieg von vornherein als Medienereignis mitinszeniert war und die Parallelaktion des Filmens oder Interpretierens von Daten zugleich militärischen und nachrichtenmäßigen Zwecken diente, wäre eine Entkopplung ohnehin mit fast totalem Informationsausfall verbunden gewesen.«[4] Aber erst der Irakkrieg wurde zu einem medialen Großereignis, in dem der eigentliche Krieg schnell in den Hintergrund trat (und der Gegner dies unterstützte, indem er irgendwie abhanden kam). Im Vordergrund diente er der medial geführten Auseinandersetzung zwischen den Gesellschafts- und Politikkonstruktionen des Neuen anglo-amerikanischen Komplexes auf der einen Seite und des Alten Europas auf der anderen.

4 Luhmann 1996: 22.

In einem Artikel, der als Titel die mediengerecht trivialisierende Dichotomie von »Power and Weakness« trägt, und der auch deshalb von den Medien stark wahrgenommen wurde, kontrastiert Robert Kagan die amerikanische und die (auf das Alte Europa gemünzte) europäische *strategische* Kultur. Bei letzterer liege »the emphasis on negotiation, diplomacy, and commercial ties, on international law over the use of force, on seduction over coercion, on multilateralism over unilateralism … . The modern European strategic culture represents a conscious rejection of the European past, a rejection of the evils of European *machtpolitik*.«[5] Dagegen zeichneten sich die Amerikaner als Cowboys aus: »The United States does act as an international sheriff, self-appointed perhaps but widely welcomed nevertheless, trying to enforce some peace and justice in what Americans see as a lawless world where outlaws need to be deterred or destroyed, and often through the muzzle of a gun.«[6]

Hinter diesen etwas holzschnittartig gezeichneten Divergenzen der strategischen Kultur stehen allerdings grundlegende Unterschiede im Verständnis der Rolle von Politik und politisch gesteuerter Macht, die sich anlässlich der Turbulenzen des Krieges in den Massenmedien beider Seiten gut darstellen, nutzen und konfirmieren lassen. Im vorliegenden Kontext müssen die inhaltlichen Seiten dieser Thematik zurückgestellt bleiben, um die Analyse darauf zu beschränken, die Arbeitsweise einer Symbolik zu beobachten, die der medialen Konstruktion von Gesellschaft als Ausprägung eines mythischen Denkens zugrunde liegt. Die eigentlich treibende Kraft der Einheit hinter der Differenz der Politikstile und strategischen Kulturen ist der Mythos der Globalisierung, der die Mythologien eines globalen Rechts, eines globalen Geldes, eines globalen Wissens und insbesondere einer globalen Moral trägt.[7] Globalisierung wird als Merkmal der Selbstbeschreibung moderner Gesellschaften in dem Maße real, wie sie zum massenmedialen Dauerthema kondensiert. Während dies gegenwärtig geschieht, entbrennt zugleich der Kampf darum, wer und was die Parameter der Globalisierung definieren und ob es eine Globalität oder viele Globalisierungen geben wird.

Wenn dies die im Hintergrund tobende Auseinandersetzung ist, dann ist leicht begreiflich, warum relevante politische Systeme eine instrumentale Einwirkung auf die Symbolik der globalen Massenmedien erzwingen wollen. Sie halten sich für souveräne Akteure und sie spielen das Spiel im Stil mittelalterlicher Ritterkämpfe, in denen der Stärkere den Schwächeren aus dem Sattel hebt. Die wirklichen Gegner, die nicht nur die Souveränität der Politik nachhaltiger bedrohen, als andere po-

---

5 Kagan 2002: 8.
6 Kagan 2002: 8.
7 Willke 2003 b.

litische Systeme, sondern die darüber hinaus auch über andere Waffen verfügen, sind die sich formierenden lateralen Weltsysteme, vor allem die Weltsysteme der Finanzen, der Ökonomie, der Wissenschaft, der Popkultur und der Massenmedien selbst. Deren kühle Logiken der symbolischen Generalisierung und reflexiven Steigerung funktionsspezifischer Leistung begrenzen den Raum des Politischen dadurch, dass sie in der Symbolik der Massenmedien als Sachzwang, als die gegenüber der Politik wirklichere Realität, zunehmend sogar als Richter über die Qualität der in einer *regulatory competition* verfangenen Politik erscheinen. Die politischen Systeme moderner Gesellschaften veranstalten weiterhin ihre Ritterspiele und ihnen entgeht, dass inzwischen Kanonen und Musketen erfunden und die Ritter den neuen Kriegern hoffnungslos unterlegen sind.

Allerdings sind erste Anpassungen und Lernprozesse der Politiksysteme erkennbar. Die naive instrumentelle Einwirkung auf die Symbolik der Massenmedien weicht Schritt für Schritt einer überlegteren Art der Manipulation. Bedauerlicherweise sind es gerade Kriege, die Stufen der Entwicklung markieren. Nach den von der Militärführung der USA als äußerst negativ eingeschätzten Erfahrungen mit der Berichterstattung der eigenen Medien wie auch der internationalen Medien zum Vietnamkrieg, kam im Golfkrieg ein anderes Konzept zum Einsatz. Es war faktisch eine Mischung aus freundlicher Zensur und gesteuerter, mediengerechter Berichterstattung mit großem Unterhaltungswert. Die Medieninszenierung wurde zum Teil des strategischen Grundkonzepts des Krieges. Der Erfolg des Konzepts aus der Sicht des Militärs war so überwältigend, dass die Medien nicht anders konnten, als sich im Namen von Pressefreiheit und unabhängiger Berichterstattung zumindest im Nachhinein dagegen zu wehren.

Der nächste, im Irakkrieg praktizierte Schritt einer Instrumentalisierung der Symbolik der Massenmedien ist bereits bemerkenswert raffiniert gebaut. Die Idee der »embedded journalists« belässt den Medien formal die Möglichkeit einer unabhängigen Berichterstattung, indem keine offensichtliche Zensur ausgeübt wird und niemand den Journalisten vorschreibt, was und worüber sie berichten. Das Militär formt allerdings den Kontext der Bedingungen der Möglichkeit der Berichterstattung so, dass die Journalisten im Rahmen realer Kampfhandlungen – also in einer Inszenierung mit kaum steigerbarem Unterhaltungswert – schon aus Angst vor Verletzung oder Tod das berichten, was militärisch passt und gewünscht ist.

Ohne dieses Beispiel zu übersteigern ist doch zu erwarten, dass es auch in anderen Funktionssystemen außerhalb des Militärs Schule machen wird. Insbesondere die Politik selbst, aber auch Gesundheitssysteme, Sozialversicherungen, soziale Bewegungen, Unternehmen, Gewerkschaften, NGOs, Einrichtungen des Global Governance wie

Weltforen, WTO etc. und sogar das Wissenschaftssystem werden versucht sein, angesichts ihrer im Normalbetrieb unlösbar erscheinenden Probleme einen direkten, instrumentellen Zugang zur Symbolik der Massenmedien zu erzwingen. Der Druck dieser Versuchung ist umso höher einzuschätzen, je stärker öffentliche Aufmerksamkeit und politischer Einfluss auf den Umweg über die Massenmedien angewiesen ist und nur das gesellschaftlich und öffentlich wahrgenommen wird, was nachhaltig in den Massenmedien als Thema erscheint.

Im Hinterhof der Massenmedien spielt sich ein ganz ähnliches Drama in einer anderen Symbolik ab – der Symbolik der Wissenschaft. Auch das Symbolsystem der Wissenschaft hat sich zu einer neuen Mythologie entfaltet, die über die Massenmedien vermittelt eine bemerkenswerte öffentliche und gesellschaftliche Relevanz entfaltet. Die Symbolik der Wissenschaft formt sich zu einer Mythologie im strengen Sinne, weil es für die Wirkung und den Bedarf der Gesellschaft nicht um Wissenschaft geht, sondern um Wissenschaftsgläubigkeit. Das Etikett »wissenschaftlich erwiesen« fungiert als Totem, dem bestimmte Wirkungen zugeschrieben werden, unabhängig und unbelastet von den Myriaden von Randbedingungen, die ursprünglich eine Rolle spielten. Die Symbolik der Massenmedien und die Symbolik der Wissenschaft verbinden sich zur Produktion gesellschaftlicher Gewissheiten, die einerseits doppelt abgesichert sind in den Mythologien der Massenmedien und der Wissenschaft, die aber zugleich doppelt diabolisch infiziert sind, indem sie sich den Zwängen der Trivialisierung und der Unterhaltsamkeit beugen müssen, die die Massenmedien als Eintrittsgeld verlangen.

Es ist denkbar, dass mit der Erstarkung der Wissensgesellschaft die Symbolik der Expertise ein größeres Eigengewicht gegenüber den Zwängen der öffentlichen Darstellung gewinnt. Dies bedeutet keineswegs zwingend eine Entlastung für das Wissenschaftssystem. Denn es konkurriert nun mit allen denkbaren Formen von Expertise, auch mit einigen ziemlich ungewöhnlichen, und es muss sich nun in einer noch schwierigeren Wettbewerbssituation behaupten. Bereits jetzt ist abzusehen, dass die klassische Symbolik der Wissenschaften Schaden leidet, jedenfalls sich mit der Wahrheit und Empire von Bergsteigern, Gurus, Umweltaktivisten, Popsängern etc. vergleichen lassen muss. Auf der anderen Seite gibt dies die Chance, die Mythologien des Wissens auf eine breitere Basis zu stellen und zu einer gemeinsamen Front gegen die Übermacht der Mythen der Massenmedien zu bewegen.

Wie immer sich dies entwickeln mag, prägend für die zugrunde liegende Dynamik ist ein Verständnis des Umgangs mit Symbolsystemen, das dem animistischen Ideal einer »Allmacht der Gedanken« folgt. Was das Denken im Medium der Sprache ausdrückt und in die Kommunikation einfließen lässt, soll nach diesem Modell unmittelbare, instrumentelle Wirkungen haben. Diese Vorstellung ist ja keineswegs abwegig, denn sobald es das Denken zur Kommunikation bringt, entsteht – auch nach den elaborierten Vorstellungen der Systemtheorie – Gesellschaft in dem Sinne, dass sich in den Operationen der Kommunikation Gesellschaft reproduziert. Die Mythologien überspielen, dass diese ›Reproduktion‹ jedenfalls in einer modernen, komplexen Massengesellschaft in den allermeisten Fällen so unscheinbar und nebensächlich ist, dass sie im Kontext des Ganzen nicht auffällt. Mythologien verbergen diese normalisierte Bedeutungslosigkeit individueller Beiträge zur Gesellschaft. Sie invisibilisieren die gängige Illusion, mit Hilfe der Sprache die Realität manipulieren zu können. Auch wenn Linguisten Vorstellungen darüber entwickeln, »how to do things with words«, so bleibt für den Normalbetrieb doch die im Wortsinne überwältigende Erfahrung, dass Worte gar nichts bewirken und dass diese Wirkungslosigkeit als Bedeutungslosigkeit nicht erträglich ist.

Jede Entzauberung der Mythen, auch der Mythen der Moderne, läuft also ein hohes Risiko. Zumindest die Massenmedien haben sich sorgfältig auf diesen von ihnen gepflegten und ausgebeuteten Widerspruch eingestellt, indem sie neben den großen Themen des als öffentlich und gesellschaftlich relevant Definierten immer auch ein »human interest«-Bonbon verabreichen und damit den Verdacht ruhig stellen, der Einzelne habe doch keine Bedeutung.

Zweifelsohne ließen sich für jeden Bereich der Gesellschaft Beispiele dafür beschreiben, dass Akteure einen instrumentellen Umgang mit dem jeweiligen Symbolsystem pflegen und dies auch angesichts negativer Erfahrungen beizubehalten versuchen. In diesem Sinne lässt sich sagen, dass die Mythen der Moderne in allen Funktionssystemen nachhaltig etabliert sind. Besonders ins Auge fällt dabei der Umgang der Politik mit der Symbolik der Macht – und funktional äquivalent dazu der Umgang von Managern mit der Symbolik organisationaler Macht. Beide Fälle habe ich anderweitig behandelt,[8] so dass es hier genügen soll, eine Besonderheit der Politik im Verhältnis zu ihrem eigenen Mythos herauszustellen.

Politik im Wohlfahrtsstaat stellt die idealtypische Verkörperung einer magischen Weltsicht dar, in der es möglich erscheint, die generelle Funktion der Politik als Herstellung kollektiv verbindlicher Entscheidungen mit der speziellen Leistung zu verbinden, diese Entscheidungen auch noch in die Tiefen individueller Wohlfahrt – einem staatlich verbürgten *pursuit of happiness* – zu treiben. Politik beansprucht danach, mit Entscheidungen die ganze Breite der Gesellschaft mit Kollektivgütern zu versorgen, also in die Familie ebenso einzugreifen wie in das Gesundheitssystem, die Universitäten, die Ökonomie, die Schule, die Kultur oder die Regulierung der Telekommunikation – und sich darin den

---

8 Willke 1983; 1992; 1997a.

Zumutungen der Subsidiarität zu entziehen. Gleichzeitig beansprucht Politik im Wohlfahrtsstaat auch, die ganze Tiefe der Gesellschaft bis hinein in das individuelle Wohlergeben zu gestalten, also alle erdenklichen Risikolagen der Bürger abzusichern, einschließlich etwa der Entscheidung, ob ein mobiles Telefon zur unabdingbaren Grundausstattung des Menschen gehört oder nicht – und damit den Bürger der Zumutungen der Eigenverantwortung zu entheben. Es geht hier nicht um eine Bewertung dieses Politikverständnisses, sondern um eine symboltheoretische Schlussfolgerung.

Wenn dies eine auch nur einigermaßen brauchbare Beschreibung des gegenwärtigen Selbstverständnisses der Politik im Wohlfahrtsstaat ist, dann *können* Politik und ihre Akteure nur mit einem magischen Weltbild überleben. Denn dann haben sie ihre Selbstüberlastung und *overextension* so weit getrieben, dass jede wirkliche Realitätsprüfung gnadenlos erweisen müsste, dass der leitende Mythos der Machbarkeit zusammengebrochen ist: Alles ist machbar und nichts kann ich verändern. Die Symbolik der Macht verhindert verlässlich diesen Reality Check. Stattdessen verbindet sich die Symbolik der Macht mit der gleichermaßen mythischen Symbolik der Massenmedien. Politik läuft dann darauf hinaus, in massenmedialen Gesprächsrunden (talk shows) symbolische Politik in den Mythos der medialen Konstruktion von Gesellschaft einzubinden und Rückmeldungen über den Erfolg von Politik in Signalen zu dekodieren, die als massenmediale Wirkungen symbolischer Politik ankommen.

Die Magie dieser Konstruktion funktioniert erstaunlich gut, wenngleich nicht fehlerfrei. Je stärker die Fehler in diesem und in anderen Fällen kumulieren, umso größer ist die Chance, dass der unterkomplexe instrumentelle Umgang von Akteuren und Systemen mit ihrer Symbolik einem reflexiven Umgang Platz macht.

II

Ein reflexiver Modus der Steuerung von Symbolsystemen meint, dass die Realität der Symbole als Symbole durchschaut und damit der Mythos einer direkten Wirksamkeit der Symbole durch eine andere Praxis widerlegt ist. Nicht zufällig hat sich dieser Modus besonders deutlich im »rationalen« Symbolsystem des Geldes ausgebildet. Auch Geld hat als Mythologie sozialer Beziehungen begonnen. Aber eine sich entwickelnde Marktökonomie hat die Menschen als Marktteilnehmer gelehrt, dass Geld nicht soziale Beziehungen kauft, sondern Güterströme lenkt. Die Symbole des Geldmediums sind *nur* Symbole, nichts weiter, die im Kontext einer geldbasierten Ökonomie die spezialisierte Kommunikation erleichtern und beschleunigen. Das Geld symbolisiert eine distanzierte und entfremdete Austauschlogik in vollendeter Form, ist dafür aber für andere Aufgaben weniger gut geeignet.

Der klassische Ort der Beschreibung dieses reflexiven Modus findet sich sehr passend bei Adam Smith als dem Begründer der modernen Ökonomik. Im Zusammenhang der Behandlung der Prinzipien der Arbeitsteilung schreibt er: »Nicht vom Wohlwollen des Metzgers, Brauers und Bäckers erwarten wir das, was wir zu Essen brauchen, sondern davon, dass sie ihre eigenen Interessen wahrnehmen. Wir wenden uns nicht an ihre Menschen- sondern an ihre Eigenliebe, und wir erwähnen nicht die eigenen Bedürfnisse, sondern sprechen von ihrem Vorteil.«[9] Die Symbolik des Geldes soll und kann nicht Wohlwollen oder Menschenliebe auslösen, sondern sie verdichtet nur einen ganzen Hintergrund ökonomischer Kommunikation über Eigennutz, Austauschlogik und Wertschöpfung in einem Symbol. Die Geldsymbole gehen auch nicht in den Körper oder in die Lebenswelt seiner Eigentümer ein, wie etwa Nahrungsmittel oder andere Gegenstände, man kann sie weder essen noch unmittelbar mit ihnen arbeiten, feiern, sprechen etc. Vielmehr kreisen sie in einer eigenen Zirkulation und generieren ihre Bedeutung ausschließlich in dieser Zirkulation selbst.

Ist dieser gesellschaftsgeschichtlich bedeutsame Schritt von einem instrumentellen Verständnis der Symbolsysteme zu einer reflexiven Sichtweise getan, dann ist damit auch die Problematik der Steuerung der Symbolsysteme neu konfiguriert. Steuerung meint nun eine *Selbststeuerung* der Symbolsysteme in den Voraussetzungen und Folgen, die in Teil I dieser Abhandlung beschrieben sind.

Für die Konjektionen der Trias Sprache, Bewusstsein und Kommunikation bedeutet Selbststeuerung der Symbolsysteme, dass sie sich nicht mehr wechselseitig direkt beeinflussen können, wie es in Mythos und Magie noch selbstverständlich ist. Vielmehr sind sie nur noch über die Formen der symbolischen Kopplung miteinander verbunden. Ihre weitere Entwicklung folgt deshalb einer Eigenlogik und Eigendynamik, die darauf gründen, dass die Operationskontexte der Medien sich spezialisieren, funktional differenzieren und in Symboliken kondensieren, die den Menschen nur noch eine periphere Rolle übrig lassen.

Diese Eigenlogik ist als Entfremdung immer wieder zum Thema geworden. Mit Blick auf die Symbolik des Tausches etwa fasst Georg Simmel diese Erfahrung der Entfremdung in eine geradezu Marxsche Formulierung: »Es wird objektiv Gleiches gegen objektiv Gleiches gegeben, und der Mensch selbst, obgleich er selbstverständlich um seines Interesses willen den Prozess vollzieht, *ist eigentlich gleichgültig*. Die Beziehung der Menschen ist Beziehung der Gegenstände geworden.«[10]

9 Smith 1990: 17.
10 Simmel 1992: 662. (Hervorhebung H. W.)

Im Rahmen der nationalstaatlich organisierten Gesellschaften der Moderne schließt die Entfremdung der Symbolsysteme von der Lebenswelt der Menschen zugleich die Befreiung von Rücksichtnahmen ein, die der Zirkulation der Zeichen im mythischen Denken noch Zügel anlegt. Dies eröffnet für die generalisierten Medien der Kommunikation den Spielraum, ihre Leistungsfähigkeit zu steigern, indem sie reflexive Mechanismen in ihre Operationsweise einbauen. Ein reflexiver Mechanismus besteht darin, einen Prozess auf sich selbst anzuwenden: Denken des Denkens, Spielen des Spielens, Lieben des Liebens, *l‹art pour l‹art,* Kommunikation über Kommunikation, Forschung über Forschung etc. Die reflexive Wendung der Symbolsysteme bewirkt, dass sie ihren Zeichencharakter verstärken, also all die Momente rekursiv auf sich selbst anwenden, die in der evolutionären Ausgangssituation den Geist aus der Materie getrieben haben: Verweisungsüberschuss, Virtualisierung, Abstraktion, Symbolisierung, Imagination. Über die symbolische Kopplung mit Sprache und Bewusstsein bekommen die reflexiv operierenden Medien auch Zugang zu Intentionen und Futurität und machen sich damit in ihrer eigenen Operationsweise von der Bindung an die Gegenwart unabhängig.

Die Leistung der symbolischen *Generalisierung* eines Mediums bezieht sich darauf, dass in einem Gegenstandsbereich direkter Kommunikation (etwa konkrete Prozesse der Übermächtigung, des Güteraustausches, des Lernens oder des Fürwahrhaltens) sich Routinen, Standards, Regeln etc. herausbilden, die Kommunikationen dadurch vereinfachen, dass Kommunizierende sich auf diese Einheiten berufen können, um verstanden zu werden. Sie müssen nicht mehr die ganze langwierige Prozedur der ursprünglichen Kommunikation durchlaufen. Es entstehen *Prämissen und Regeln* für automatisierte Anschlusskommunikationen und Vorverständigungen darüber, unter welchen Bedingungen diese Prämissen gelten sollen.[11] Beispielsweise müssen Kommunikationen über die Frage, wer überlegen und wer unterlegen ist, nicht mehr in jedem Einzelfall bis zu dem Punkt getrieben werden, an dem physische Gewalt entscheidet. Stattdessen regeln generalisierte Prämissen die erforderlichen Entscheidungen für bestimmte Sachverhalte, typische Situationen oder Konstellationen. Der Häuptling – der Ältere, der Vater, der Offizier, die Matrone etc. – entscheidet und alle anderen halten sich an diese Entscheidung, weil sie der Prämisse entsprechend getroffen worden ist. Ist dieser erste Schritt der Generalisierung gelungen, dann lassen sich auch leicht Regeln über die Schaffung von Regeln und Prä-

---

11 »Unter Generalisierung ist zu verstehen eine Verallgemeinerung von Sinnorientierungen, die es ermöglicht, identischen Sinn gegenüber verschiedenen Partnern in verschiedenen Situationen festzuhalten, um daraus gleiche oder ähnliche Konsequenzen zu ziehen.« Luhmann 1975 a: 31.

missen für die Entscheidung über Prämissen herstellen, also reflexive Formen der Generalisierung bilden, die den Grad der Abstraktion und Symbolisierung von Kommunikationssequenzen und Kommunikationspyramiden in die Höhe treiben.

Vor allem erweitert Reflexivität den Raum relevanter Differenzen dadurch, dass die Leitdifferenz eines Symbolsystems auf sich selbst Anwendung findet, die Kaskade der operativen Differenzen also flächendeckend mit beiden Seiten der Leitdifferenz konfrontiert werden kann.[12] *L'art pour l'art* ästhetisiert die Ästhetik und konfrontiert jede Aussage über Kunst mit der möglichen Kunstlosigkeit dieser Aussage. Kommunikation über Kommunikation unterwirft die Differenz von Sprechen und Schweigen und implizit damit den Willen zum Sprechen einem Differenzregime, das der Operationsweise eines Symbolsystems nicht nur die Möglichkeit gibt, zwischen zwei Alternativen einer Differenz (und den folgenden Kaskaden) zu spielen, sondern auch noch die Möglichkeiten des Schweigens, der Aposiopese, der verschwiegenen Aposiopese etc. mitlaufen zu lassen, indem jede Operation auf jeder Seite der Differenz in einem bereits als eingebaute Erwartung oder als unterstellte Unterstellung implizierten *re-entry* die andere Seite verfügbar macht. Vielleicht führt deshalb reflexive (anders als reflektierte!) Kommunikation so häufig zum Schweigen.

Reflexives Recht muss und kann in jeder seiner Operationen die Möglichkeit mitlaufen lassen, dass ein Rechtsakt neben Recht zugleich auch Unrecht bewirkt und das eine mit dem anderen notwendig zusammenhängt. Dies zwingt das Recht als Symbolsystem dazu, eine den gesellschaftlichen Problemlagen angemessene Eigenkomplexität aufzubauen – und dafür den Preis zu bezahlen, der darin besteht, dass es als Symbolsystem nicht mehr ohne weiteres in den Begriffen der forcierten Trivialisierung einer instrumentellen Steuerung gesellschaftlicher Realität durch Recht missverstanden werden kann.[13]

Der Fall des Symbolsystems des Rechts demonstriert beispielhaft die Folgen des Übergangs zu einem reflexiven Modus der Steuerung. Von Anfang an trägt die Symbolik des Rechts die Erblast mit sich herum, als Vehikel direktiver Steuerung gebraucht und missbraucht worden zu sein. Ob es die Direktiven Gottes im Paradies oder in den Zehn Geboten sind oder die Gesetzgebung der frühen Hochkulturen oder die bemer-

---

12 Eine frühe Formulierung dieses Gedankens findet sich bei Luhmann: »Mit Hilfe von Reflexivität kann die für alle Kommunikationsmedien wesentliche *mehrstufige Symbolisierung* verwirklicht werden. Damit ist gemeint, dass der Code eines Mediums symbolisch generalisierte Regeln der möglichen Kombination anderer Symbole enthält, die den Prozess der Erlebens- und Handlungsselektion leiten.« Luhmann 1972: 68.

13 Teubner und Willke 1984.

kenswerte zivilisatorische Errungenschaft des modernen positivierten Rechts, immer verband sich mit der Rechtsetzung die Erwartung, dass sich die betroffene Realität dem Willen der Norm füge und das Sein dem gesetzten Sollen zu entsprechen habe, und sei es mit Hilfe der Drohung mit Gewalt.

Diese lange Geschichte prägt die Operationsweise des Rechtsmediums als Symbolsystem in gleicher Weise wie sie die Erwartungen von Gesetzgebern und Rechtsunterworfenen an das Recht prägt. So hat sich eine stabile strukturelle Kopplung etabliert, die es schwierig macht, Alternativen im Recht und Alternativen zum Recht zu denken und zu kommunizieren. In der herkömmlichen Operationsform des Konditionalprogrammes ist das Recht in eine simple »Wenn-dann-Form« gepresst. Dies leistet der Illusion Vorschub, das Recht brauche nur eine bestimmte Bedingung zu formulieren, dann folge bei ihrem Eintritt tatsächlich auch die Konsequenz des Rechts: die Rechtsfolge trete ein. Wie erwähnt, erliegen gerade auch Politik und Gesetzgeber der Magie dieser instrumentellen Verkürzung, die die Steuerung der Welt durch Symbole darauf reduziert, die Veränderung in einem entsprechenden Gesetz zu postulieren und anzunehmen, dass sie dann auch in der Wirklichkeit eintrete.

Unter dem Druck widerspenstiger und komplexer Verhältnisse haben sich Gesetzgebung und Recht gezwungen gesehen, vom instrumentellen Modus auf einen reflexiven Modus der Steuerung durch Recht umzustellen. In dieser Sicht ist das Recht ein Symbolsystem, das primär auf sich selbst reagiert und sich selbst steuert. Es produziert Normen ausschließlich auf der Basis eines inneren Verweisungszusammenhanges der Normen und erreicht damit nicht nur eine Geschlossenheit der Systematisierung, sondern auch eine Geschlossenheit des Systems. Das Recht wirkt nicht isoliert auf eine gegebene Realität ein, sondern spielt mit anderen Symbolsystemen, insbesondere Geld und Wissen zusammen, so dass es zunächst zu einer Verwirbelung der Zirkulation von Symbolen kommt, bevor irgendetwas auf die Realität einwirkt. Auf der Seite der Personen bedeutet dies, dass im reflexiven Modus der Steuerung die Rechtsunterworfenen sich zu Akteuren mausern, die durchschauen, dass die Symbole des Rechts eben Symbole sind und nicht Realität. Sie müssen nicht mehr die magische Instrumentalität der Rechtssymbole befürchten, sondern können deren Wirkungen rational kalkulieren und in den weiteren Kontext ihrer Abwägungen stellen.

Auf der Seite der Symbolsysteme zeigen sich weiterreichende Folgen der Umstellung auf einen reflexiven Steuerungsmodus. In der nationalstaatlich organisierten modernen Gesellschaft zeichnet sich die Politik als Funktionssystem dadurch aus, dass sie die Kompetenzkompetenz ausübt, also die doppelte Kompetenz beansprucht, in alle anderen Funktionssysteme steuernd eingreifen zu dürfen und eingreifen zu können. Die Politik setzt das ausdifferenzierte Symbolsystem des Rechts als Medium dieser Steuerung ein. Diese Konstruktion impliziert also, dass die Symbolik des Rechts sich gegenüber der Symbolik aller anderen Funktionssysteme durchsetzen kann: Das Recht habe irgendwie die Möglichkeit, auch die Symbole des Geldes, des Wissens, der Liebe, des Glaubens, der Moral etc. steuernd zu beeinflussen.

Zumindest aus heutiger Sicht ist dies eine merkwürdige und gewagte Vorstellung. Nicht erst eine brauchbare Symboltheorie legt nahe, dass die Symbolsysteme hochgradig autonom operieren. Sie bewegen sich in der geschlossene Zirkulation der Zeichen und diese Zirkulation hat primär interne Auswirkungen. Auch die politische Theorie nimmt seit langem in den grundlegenden Modellen der Subsidiarität und der Föderalität wahr, dass Gesellschaften sich zu komplexen Systemen entfaltet haben, die auf Selbstorganisation und Selbststeuerung der Teile angewiesen sind, um das Ganze als handlungsfähige Einheit zu erhalten. Sowohl die internen Prozesse der Funktionssysteme und föderalen Ebenen als auch die Interaktionen zwischen den Bereichen werden komplizierter, vernetzter, langfristiger und folgenreicher: »Hier stehen die Momente einer Steigerung der Eigenkomplexität spezialisierter Teilsysteme der Gesellschaft, eine damit co-variierende Steigerung der Weltkomplexität und die zunehmende Ausbildung lateraler Weltsysteme ... und schließlich die Verlagerung des Zeithorizontes und der operativen Perspektive in die Zukunft im Vordergrund.«[14] Dem entsprechen Vorstellungen der allgemeineren Komplexitätstheorie zum Aufbau und zur Architektur dynamischer selbstreferentieller Systeme, auf die bereits verwiesen wurde.[15]

Im Lichte dieser Überlegungen hat gerade das Recht als Symbolsystem noch einen langen Weg vor sich. Es muss sich darauf einstellen, dass es in einem reflexiven Modus der Steuerung nicht unmittelbar auf Wirklichkeit zielen kann. Vielmehr muss es sich primär mit sich selbst und mit anderen Symbolsystemen auseinandersetzen, um in die Nähe möglicher Steuerungswirkungen zu kommen. Just in dieser Hinsicht fehlen nahezu vollständig brauchbare Erfahrungen. Die beiden Großmodelle, in denen sich das Recht in einen Bezug zur Gesellschaft setzt, Wohlfahrtsstaat einerseits und Marktmodell andererseits, setzen entweder auf eine staatlich verfügte Dominanz des Rechts gegenüber den anderen Symbolsystemen oder auf eine strikte Trennung nach den Prinzipien des Marktliberalismus, der auf Selbststeuerung setzt und der Politik die Rolle des Nachtwächterstaates zuweist. Unter Bedingungen einer sich globalisierenden Wissensgesellschaft ist das Modell des Wohlfahrtsstaates überkomplex und das Marktmodell unterkomplex. Brauchbar

---

14 Teubner und Willke 1984: 5.
15 Kappelhoff 2002; Marion 1999; Simon 2002; Waldrop 1994.

wäre eine Modell, das die Grundideen einer politischen Ökonomie auf die Funktionssysteme der Gesellschaft insgesamt ausdehnt, also zu einer Verschränkung von Kontext und Autonomie in den Relationen zwischen den Funktionssystemen gelangt, in der die Politik vielleicht *primus inter pares* ist, sicher aber nur ein Akteur unter anderen.[16]

Dieser Vorschlag impliziert allerdings die Komplikation, dass es vorrangig die Symbolsysteme der Funktionssysteme sind, die in eine adäquate Form der Kopplung einschwingen müssen, um eine Art der Abstimmung zu erreichen, die weder auf Dominanz noch nur auf Distanz hinausläuft. Das magische Weltbild hat den eminenten Vorteil, dass es sich direkte Einwirkungen der Symbole auf die Realität vorstellen kann. Ein reflexiver Modus der Steuerung kompliziert dagegen die Sache ungemein. Denn nun müssen Einwirkungen den Umweg über Symbolsysteme nehmen, deren interne Operationsweisen ebenso intransparent sind wie die Muster ihrer Kopplung. Sicher ist damit, dass bereits im reflexiven Modus der Steuerung die Wirkungen der Steuerung nicht mehr sicher sein können. Jedes Postulat der Sicherheit ist nichts anderes als ein Regress auf magische Denkformen.

Die Allmacht der Gedanken hat ausgedient. Das Denken muss sich nun in einer komplexeren Welt eine bescheidenere Aufgabe stellen. Das Denken ist damit, wohlgemerkt, nicht abgewertet oder gar irrelevant, sondern eher in seiner wirklichen möglichen Bedeutung ernst genommen, indem es von einer permanenten Überforderung befreit und von den mythischen Zumutungen entlastet ist. Nun könnte es daran gehen, die Komponenten zu bestimmen, welche den Kontext definieren, in dem es als eigenes Symbolsystem wirken kann.

Dieser Kontext besteht im Kern aus Symbolsystemen als generalisierten Medien der Kommunikation. Das Denken findet sich also einerseits in der vertrauten Umgebung von Sprache und Kommunikation. Es kann auf seine evolutionären Erfahrungen im Zusammenspiel mit diesen Symbolsystemen zurückgreifen. Es beginnt nicht bei Null. Andererseits aber ist nun zur Kenntnis zu nehmen, dass die Symbolsysteme der Kommunikationsmedien mit der Expansion der gesellschaftlichen

16 »Das liberalistische Konzept gesellschaftlicher Selbstorganisation reicht heute nicht mehr aus, weil Funktionen und Leistungen der spezialisierten Teile der Gesellschaft Prozess- und Handlungsketten in Gang setzen, die von den jeweiligen Bereichen selbst nicht mehr kontrolliert werden können. Zugleich steht inzwischen aber auch außer Frage, dass eine zentralisierte gesamtgesellschaftliche Steuerung im Sinne einer umfassenden Planung gesellschaftlicher Prozesse faktisch unmöglich ist, weil weder das politische System noch irgendein anderes Teilsystem der Gesellschaft in der Lage ist, die steuerungsrelevanten Variablen und Faktoren als Aktionsparameter selbst zu gestalten.« Teubner und Willke 1984: 9.

Funktionssysteme zu Monumenten der Moderne gereift sind, die sich den bescheiden gebliebenen Mitteln des Denkens nicht mehr beugen. Ein reflexiver Modus der Steuerung ist bereits der Beginn einer Antwort auf diese Konstellation. In einer reflexiven Rationalität spiegeln die Symbolsysteme die selbstreferentielle Operationsform ›ihrer‹ gesellschaftlichen Teilsysteme. So wie die operative Schließung der Funktionssysteme in der Moderne ihre Beziehungen untereinander zum Kernproblem der Selbststeuerung von Gesellschaft macht, so komplizieren sich die Interaktionsbeziehungen zwischen den Medien. Sie folgen nicht mehr den Regeln eines »Austauschs«, denn es fehlt an der grundlegenden Voraussetzung der Äquivalenz. Deshalb sind sie als »Austauschmedien« missverstanden. Sie folgen auch nicht den Regeln einer normativen Gestaltung, denn es gibt keine Norm und keinen Normgeber, der solche Regeln für den Fall operativ geschlossener Systeme setzen könnte – es sei denn, man geht auf die Archetypik der Evolution zurück und begreift Evolution als letzte normative Instanz des faktisch Möglichen.

Die Medien folgen den Regeln eines kognitiv stilisierten Prozesses lernbereiter Reflexivität. Dies ließe Raum dafür, der eigenen Leitdifferenz und den in dieser beschlossenen Intentionen Vorrang einzuräumen, und dennoch die Tore der Beobachtung für solche Fremdreferenzen zu öffnen, die sich der eigenen Programmatik als kongenial anschließbar erweisen. Fremdreferenzen dieser Art können sich nicht mehr auf Inhalte beziehen, denn diese stehen sich in agonalen Logiken fremd gegenüber. Aber sie können sich auf die Ebene der Kopplung von Strukturen, Prozessen und Regeln beziehen und darin eine prozedurale Rationalität im Sinne von Herbert Simon realisieren. Ihren Sinn findet diese Rationalität darin, die Komponenten eines funktional differenzierten Ganzen selektiv füreinander zugänglich zu halten, ohne den Systemvorteil ausgefeilter operativer Autonomie der Teile zu opfern.

Die Details dazu müssen entsprechenden Fallstudien zu den einzelnen Symbolsystemen vorbehalten bleiben. Hier kommt es darauf an, in einer umfassenderen Sicht die Verbindungen zwischen Symboltheorie und Steuerungstheorie zu markieren, um eine erste grobe Orientierung zu leisten. Die Orientierung bereitet Schwierigkeiten, weil weder Symboltheorie noch Steuerungstheorie entwickelt genug sind, um Anhaltspunkte zu geben, und weil zugleich beide Theoriekomplexe angemessen nur dann ausgearbeitet werden können, wenn von vornherein ihr Zusammenspiel Fixpunkt der Analyse ist. Jedenfalls drängt sich in dieser verbindenden Perspektive der Eindruck auf, dass die interne Evolution und die darauf aufsetzende selbstreferentielle Entwicklung der Symbolsysteme die Parameter möglicher Steuerung setzen. Komplementär dazu treibt die Expansion notwendiger Steuerung, der sich die Gesellschaft insgesamt, einschließlich ihrer Mitglieder und Teilsysteme in der Moderne aussetzt, die mitlaufende Dynamik der Symbolsysteme.

Zweifelsohne haben schon viele Denker auf die Konstellation möglicher Kollision und/oder Kollusion reagiert, beispielhaft Hegel oder Marx, und etwa den veränderten Steuerungsbedarf einer sich aus den Zwängen des Merkantilismus befreienden Marktökonomie mit der veränderten Dynamik des Geldes in Beziehung gesetzt.

Im Fall des Rechts muss man eine verspätete Entwicklung konstatieren, jedenfalls was das kontinentaleuropäische gesetzlich formulierte Recht angeht. Diese Verspätung hängt kausal und konsekutiv, also rekursiv mit einer Verspätung der Politik zusammen, die in einem konservierenden Modell des Wohlfahrtsstaates den Anschluss an die Entwicklung der Gesellschaft verloren hat. Ein zweiter Blick lässt befürchten, dass dies weniger eine Besonderheit des Symbolsystems des Rechts darstellt als vielmehr das allgemeine Folgeproblem der durchdringenden Entkopplung von gesellschaftlich induzierten Steuerungsbedarfen und Steuerungskompetenzen der Symbolsysteme.

Auch die Symbolik der Moral feiert in der maßlosen Überhöhung als Weltethik nur ihre eigene manifeste Bedeutungslosigkeit für die Steuerung von Weltproblemen. Auch die Symbolik des Wissens ist gerade erst auf der Spur ihrer anderen Seite der Ignoranz und schwankt als Steuerungsmedium zwischen mythischer Selbstüberschätzung und beleidigtem Rückzug. Sogar die Symbolik der Liebe zieht sich aus der Steuerung des Funktionssystems der Intimbeziehungen zurück, weil die Situation unter Bedingungen parzellierter Identitäten und potenzierter Kontingenzen und Optionen aussichtslos geworden ist und bestenfalls in der Symbolik der schöngeistigen Literatur überlebt. Nur die Symbolik des Geldes scheint den Anschluss zu wahren. Sie entfaltet jene kühle Rationalität der selbstverständlichen Verbindung von symbolischer und diabolischer Codierung, die Voraussetzung dafür ist, die Steuerung von der vergeblichen Suche nach Gleichheit, Symmetrie, Konsens etc. in den Inhalten und Ergebnissen zu entlasten und darauf einzustellen, dass Steuerung nur noch und bestenfalls eine Gleichheit prozeduralisierter Chancenbildung leisten kann, eine Symmetrie der Konditionalitäten für Differenzierung, einen Konsens in den Regeln des Umgangs mit notwendigem Dissens.

Die rigorose Transformationsgrammatik des Geldmediums, die theoretisch richtig und operativ verwirrt als seelenlos und unmenschlich betrachtet wird, löst zwei bemerkenswerte Reaktionen aus. Zum einen zieht sie alle Verwünschungen einer theoretisch verwirrten und operativ verständlichen »Neoliberalismus«-Kritik auf sich; zum anderen provoziert sie in der Symbolik der Religionen einen rigorosen, operativ unmenschlichen und destruktiven Fundamentalismus, der sich Steuerung nur noch als Auslöschung vorstellen kann, und der Auslöschung nicht nur auf Menschen und Sozialsysteme bezieht, sondern explizit auch auf Symbole wie etwa die von den Taliban zerstörten Buddha-Statuen in

Afghanistan. Beide Reaktionen sollen hier nur kurz angedeutet werden, um die Verbindung zwischen Symboldynamik und Steuerungsproblematik zu beleuchten.

Die Extravaganzen der gegenwärtigen Neoliberalismuskritik sind frappierend. Die heutige Verwendung des Begriffs Neoliberalismus hat mit der traditionellen Bezeichnung eines gegen jede Art von Absolutismus gerichteten liberalen Denkens nichts zu tun. Auch mit neueren Verwendungen des Begriffs, etwa im Sinne der Freiburger Schule, hat dies nichts zu tun – im Gegenteil: Die Ordoliberalen sind immer *für* Ordnungspolitik und *für* »soziale Marktwirtschaft« eingetreten, während Wegbereiter des heutigen Neoliberalismus wie Friedrich v. Hayek und Milton Friedman die Konzeption der sozialen Marktwirtschaft immer als verdeckte Form des Sozialismus verdächtigt und abgelehnt haben.[17] Die Begriffe »neoliberal« und »Neoliberalismus« werden heute eher als Kampfbegriffe verwendet. Sie haben primär denunziatorische Funktion. Der darauf basierende Ansatz der Neoliberalismuskritik ist deswegen ungeeignet, irgendwelche Erkenntnisse über die aktuelle Entwicklungsdynamik einer sich globalisierenden Gesellschaft und ihrer Symbolsysteme zu fördern.

Die Neoliberalismuskritik operiert mit dem magisch bewährten Sündenbock-Schema. Ihr Sündenbock ist der Marktkapitalismus. Dies zeigt sich daran, dass diese Kritik der Ökonomie anlastet, was Versagen der Steuerungsmodelle und der Steuerungskompetenz der Politik ist. Die Kritik erhofft sich Abhilfe gegen alle kapitalismusbedingten Mängel von dem Interventionsstaat, der genau an dieser Aufgabe gescheitert ist. Die Neoliberalismuskritik versucht sich am falschen Problem, denn sie sucht die Ursachen der heutigen Misere im »Marktprinzip« oder – schlimmer noch – in den ethischen Defizienzen der Marktteilnehmer.

Diese Kritik hat die Steuerungsproblematik nicht begriffen. Das Grundproblem ist die mangelhafte Kopplung von Wirtschaft und Politik, nicht die Operationsweise des Teilsystems Wirtschaft für sich. Dies führt zu untauglichen Lösungsansätzen. Die vorgetragenen Empfehlungen, von »mehr Kooperation« über »Wirtschaftsethik« bis hin zur Re-Moralisierung der Gesellschaft, sind bestenfalls naiv und schlimmstenfalls Anfänge eines gefährlichen ökonomischen und moralischen Fundamentalismus, wie dies in den radikaleren Versionen des Kommunitarismus durchaus angelegt ist.

Wettbewerbswirtschaft oder Marktkapitalismus unterscheiden sich hinsichtlich ihrer Funktionsprinzipien in keiner Weise, ob sie nun in den Rahmen einer keynesianischen und sozialen oder einer neoliberalen und »freien« Wirtschaftsordnung eingelassen sind. Was die *varieties of capitalism* und ihre Performanz unterscheidet, sind im Kern die politisch

---

17 Gerhard Willke 2002a; 2003a.

gesetzten Rahmenbedingungen, also die unterschiedlichen konstitutionellen Arrangements. In ihnen kommt zum Ausdruck, wie die Politik und ihre Akteure die symbolische Kopplung von Politik und Ökonomie gestalten wollen und welche Modelle sie dafür zur Verfügung haben. Die seit Jahrzehnten andauernde Krise des Interventionsstaates hat eher bescheidene Ansätze einer reflexiven Steuerung hervorgebracht. Sie hat die Dominanz des instrumentellen und magischen Denkens nicht gebrochen.

Wenn etwas skandalös ist an den Problemlagen der Moderne – von der Einkommensverteilung über ungleiche Erwerbschancen, Armut und Umweltzerstörung bis hin zu den Ungerechtigkeiten der Globalisierung, dann liegen dem skandalöse politische Fehlentscheidungen bzw. Unterlassungen zugrunde. Nimmt man dies zur Kenntnis, dann platzt die aufgeplusterte Entrüstung über das »Monster Neoliberalismus« wie eine Seifenblase. Man sieht dann, dass nicht der Marktkapitalismus das Problem ist, sondern die suboptimale Regulierung dieses Mechanismus durch die Politik – das heißt durch die gesellschaftliche Instanz, die im herkömmlichen Steuerungsmodell moderner Gesellschaften als einzige allgemeinverbindliche Entscheidungen herstellen kann und die selbst noch bei elaborierteren Architekturen gesellschaftlicher Steuerung die Prämissen der Supervision des Ganzen setzt.

Eine weiterführende Frage wäre dagegen, warum Anfang der 8oer Jahre der bislang vorherrschende Keynesianismus abgelöst wurde zugunsten einer anderen, weniger staatsgläubigen und weniger interventionistischen Ausrichtung der Wirtschaftspolitik. Warum konnte sich die Maxime »mehr Markt, weniger Staat« zumindest als Leitidee quasi flächendeckend durchsetzen – vom »Thatcherism« über die »Reaganomics« und die Angebotspolitik der 8oer Jahre bis hin zu Schröder/Blair heute? Dass Deregulierung eine Antwort auf das Scheitern exzessiver Regulierung sein könnte und einen Bedarf anzeigt, die symbolischen Kopplungen zwischen Politik und Ökonomie, aber auch zwischen der Politik und allen anderen Funktionssystemen moderner Gesellschaft neu einzustellen, diese Vermutung liegt der Neoliberalismuskritik eher fern.

Seit es den Marktkapitalismus als System von Privateigentum, Markttausch und Wettbewerb gibt, sieht ein Teil der Sozialkritik seit der Romantik darin die Ursache von Ausbeutung, Armut, Massenarbeitslosigkeit und überhaupt für alle Übel der jeweiligen Zeit. Auf der anderen Seite, aber genauso borniert, lobpreisen die Marktapologeten das reine Wettbewerbssystem als Quelle und Voraussetzung der Freiheit, des Wohlstands und des sozialen Fortschritts. Zwischen diesen beiden einäugigen und deswegen unbrauchbaren Positionen stehen diejenigen, die weder im Markt noch im Staat das Problem sehen, und entsprechend weder im Markt noch im Staat die Lösung, sondern Problem und Lösung in der adäquaten strukturellen Kopplung zweier funktional differenzierter Systeme mit je eigener Funktionslogik: also in Mechanismen und Architekturen der Kopplung von Markt und Staat. Im Problemkontext der adäquaten Spielregeln für den Markt, also der optimalen Markt-Verfassung, gibt es nun in der Tat seit den 1980er Jahren so etwas wie eine neoliberale Agenda der Wirtschafts- und Gesellschaftspolitik. Diese Agenda – weithin verteufelt als seelenloser Marktradikalismus – ist der eher bescheidene Versuch, an die Stelle fehlgeleiteter Staatsinterventionen, überzogener Regulierung und einer Staatsquote von rund 50 Prozent wieder etwas mehr Selbstregulierung durch Markt und Wettbewerb zu setzen. Nicht dass diese Agenda für die genannten Probleme auch schon die Lösung wäre – dazu sind die Leitmaximen »Deregulierung und Flexibilisierung« doch etwas zu einfach gestrickt. Aber das neoliberale Projekt konnte sich durchsetzen, weil die skizzierte Problemlage als Scheitern der staatsinterventionistischen Option wahrgenommen wurde – und wird.

Die Grundsatzfrage damals wie auch heute lautet: Soll die Neujustierung der Kopplung in Richtung von mehr Staatseinfluss, mehr Regulierung und mehr Interventionen erfolgen – oder aber in Richtung weniger Staat, Deregulierung und mehr Selbststeuerung durch Markt und Wettbewerb? Was in der Kritik als Neoliberalismus aufgebauscht wird, ist bei nüchterner Betrachtung das Wendemanöver eines Tankers, der zu lange in die falsche Richtung gefahren ist: Es lassen sich Ansätze erkennen, den staatlichen Einfluss in Gestalt eines überzogenen Interventionismus und Dirigismus – also eine unter den Bedingungen komplexer Gesellschaften nur noch magische Instrumentalisierung politischer Programme und rechtlicher Regelungen – etwas zurückzudrängen zugunsten von mehr Marktsteuerung, also zugunsten einer *intelligenteren Kopplung* von Markt und Politik (was dann auf Re-Regulierung hinauslaufen würde). Weit entfernt von einem in der Kritik immer wieder beschworenen »Triumph« des Neoliberismus schleppt sich dieses Projekt eher im Schneckentempo dahin. In Deutschland liegt die Staatsquote immer noch bei knapp 50 Prozent; es gibt immer noch keine Studiengebühren an den Hochschulen, der Arbeitsmarkt ist immer noch durch eine erstickende Überregulierung alles andere als ein Markt.

Dies heißt keineswegs, dem Marktsystem einen Persilschein auszustellen und in naiver Weise auf die Wunderwirkungen der »invisible hand« zu vertrauen. Vielmehr heißt es, das *Verhältnis* zwischen Politik und Ökonomie ins Auge zu fassen und in der Kritik wie bei den Reformvorschlägen die Steuerungskompetenz der Politik ebenso nüchtern zu veranschlagen wie die Leistungsfähigkeit und die Leistungsgrenzen der Marktwirtschaft.

Eine Entzauberung des Staates und eine Reduzierung der Kernaufgaben der Politik auf die Formulierung von Prämissen symbolischer Kopplung, auf eine supervisorische Rolle und auf die Bereitstellung essenzieller

Kollektivgüter wird umso dringlicher, je stärker sich die Industriegesellschaft zur Wissensgesellschaft transformiert und je stärker Prozesse
der Globalisierung den Nationalstaat in seiner Reichweite reduzieren.
Wissensgesellschaft und Globalisierung müssen als die beiden Megat-
rends der gesellschaftlichen Entwicklung verstanden werden, welche die
zentralen Herausforderungen der Gegenwart an Politik und Wirtschaft
definieren. Die übliche Neoliberalismuskritik wird diesen beiden Herausforderungen nicht einmal ansatzweise gerecht. Umso wichtiger wäre es,
die Kritik gegenwärtiger Gesellschaft – und das schließt natürlich Kritik
an der gegenwärtigen Form von Politik und Ökonomie mit ein – daran
auszurichten, wie die politischen und ökonomischen Systeme moderner Gesellschaften die Transformation zur Wissensgesellschaft und die
Transformation zu globalen Kontexten bewältigen können.

Jedes Steuerungsregime, ob lokal, regional oder global, wird unter
den Bedingungen von Wissensökonomie und Wissensgesellschaft nur
dann brauchbar sein und tatsächlich Steuerungseffekte erzielen können,
wenn es sich von den Illusionen einer machtgestützten, normativen Er-
zwingung bestimmter Zukünfte löst und stattdessen auf das Management kognitiver Erwartungen und die Generierung wissensbasierter
Regelsysteme umstellt. Es scheint einer der Grundirrtümer einer naiven
Neoliberalismuskritik zu sein, auf Warenströme und Finanztransakti-
onen zu starren, während die wichtigeren Weichenstellungen in einer
sich ausbildenden Wissensökonomie von der differenziellen Verteilung
und Nutzung der Produktivkraft Wissen ausgehen, was Wissen über
brauchbare Steuerungsregime einschließt.

Wir können noch nicht wissen, wie schwierig dieses Geschäft ist.
Die Politik wird die Kontrolle verlieren. Sie wird sich darauf umstellen
müssen, Kontrolle als eine supervisorische Aufgabe umzudefinieren, die
beinhaltet, Prämissen für die Steuerung der Interaktionsbeziehungen
zwischen den gesellschaftlichen Teilsystemen, mithin Kontextbedingungen für das Ganze zu generieren. Dies kann in Verhandlungssystemen
und deren Derivaten geschehen, in einer intelligenten Nutzung von beratenden Kommissionen, politischer Beratung und der Organisierung
von dezentralen, föderalen Diskursen oder in vielen anderen Einrichtungen der Zusammenführung verteilter Intelligenz. Die Suchprozesse
stehen immer noch ganz am Anfang und viele der ersten Erfahrungen,
etwa mit beratenden Kommissionen, waren nicht ermutigend. Dennoch
scheint deutlicher zu werden, dass es zu dieser Reformulierung und Rekonfiguration der Politik (als System und als Symbolik) für moderne
Gesellschaften keine Alternative gibt. Insbesondere sind Populismus
und ein als »starke Steuerung« verkleideter, wie immer benevolenter
Autoritarismus à la Bush oder Berlusconi keine Alternativen, wie die
zweite Reaktion auf die Transformationsgrammatik des Geldmediums
eindringlich zeigt.

Diese zweite Reaktion, die eng mit der ersten (der Perzeption einer neoliberalen Verschwörung der Globalisten) zusammenhängt, kommt in der Gestalt eines religiös gefärbten Fundamentalismus zur Vorschein. Metaphern und Symbolik des Fundamentalismus konstituieren sich als radikaler Widerspruch gegen die Metaphern und die Symbolik von Globalisierung und Neoliberalismus. Was immer Globalisierung und Neoliberalismus bei genauerer Betrachtung beinhalten mögen, ist für diesen Widerspruch uninteressant. Globalisierung wird auf die politische Formel einer westlichen, vor allem amerikanischen Weltdominanz reduziert, wie Neoliberalismus auf die ökonomische Formel einer westlichen, vor allem amerikanischen Wirtschaftsdominanz reduziert wird, mit all den Konnotationen eines prinzipienlosen Räuberkapitalismus ohne menschliche Werte und ohne Selbstbindung durch Ethik. Unter einer dünnen Deckschicht religiöser Symbolik entpuppt sich der Fundamentalismus als verzweifelter Widerspruch, genauer: als Widerspruch der Verzweifelten gegen Globalisierung und Marktlogik. In ihm kommen in der Gegenwart Frantz Fanons Verdammte dieser Erde zu Wort, und ihre Chancen, gehört zu werden, sind genau so minimal wie vor vier Jahrzehnten.

Einen wichtigen Aspekt des komplexen Hintergrundes von Fundamentalismus beleuchtet Jean Baudrillard mit der Unterscheidung von Universalität und Globalisierung. Er sieht die Begriffe ›global‹ und ›universell‹ als trügerisch analog und beharrt dagegen auf deren Unterschied: »Universalität meint Universalität der Menschen- und Freiheitsrechte, der Kultur und Demokratie. Globalisierung heißt Globalisierung der Technik, des Marktes, des Tourismus, der Information. Globalisierung scheint unumkehrbar, dagegen ist das Universelle eher im Schwinden begriffen ... .Tatsächlich geht das Universelle in der Globalisierung unter. Die Globalisierung des Tauschs setzt der Universalität der Werte ein Ende.«[18]

Baudrillard übersieht dabei, dass zunächst die Idee der Universalität kritisch zu beleuchten ist, bevor sie dann in ein adäquateres Verhältnis zu Globalität als globale Lebensformen und zur Globalisierung als gesellschaftsgeschichtlicher Prozess gesetzt werden kann. Die Universalität der Werte, und sei es der Werte der Menschenrechte, der Demokratie und der Freiheit, ist eine klassisch westliche Idee, die nicht ohne weiteres auf andere Kulturkreise der Erde übertragen werden kann. Eine universale Kultur ist weder existent noch wünschbar, wie Baudrillard selbst sieht, ohne daraus Konsequenzen für einen angemesseneren Begriff der Globalisierung zu ziehen. Wenn das Universelle nichts anderes ist als eine Chimäre westlichen Hochmuts, der so erhaben daher kommt, dass er die anderen Kulturen nicht um ihre Zustimmung zur Vereinnahmung

18 Baudrillard 2003: 9.

unter das Universale bitten muss, und wenn man sich dann tatsächlich fragen muss, »ob das Universelle seiner kritischen Masse nicht schon erlegen ist und ob dieses sowie die Moderne jemals anders existiert haben als in den Diskursen und in der offiziellen Moral«,[19] dann ist auch zu fragen, warum ein pervertierter Begriff von Globalisierung dafür herhalten muss, um eine Symbolik der Universalität, die bereits im Sterben liegt, noch einmal als Ideal des Humanen erscheinen zu lassen.

Globalisierung ist zunächst nichts anderes als eine Befreiung der gesellschaftlichen Funktionssysteme aus den Fesseln des Nationalstaates. Vor dem Hintergrund der historischen Exzesse des Nationalstaates trägt dies durchaus Züge eines zweiten Prozesses der Zivilisierung. Sicherlich sind die Folgen und Begleiterscheinungen dieses Prozesses ambivalent. Keine komplexe Transformation zeigt nur einfache und eindeutige Ergebnisse. Dagegen zeigt die Charakterisierung, die Baudrillard der Globalisierung gibt, ziemlich genau dieselben Trivalisierungen und Einseitigkeiten, die eine dämonisierende Kritik dem primär imaginierten Konzept eines Neoliberalismus unterstellt: »Im Triumph ihres Sieges macht die Globalisierung Tabula rasa mit allen Differenzen und Werten, und öffnet so den Weg für eine Kultur (oder Unkultur), die indifferent ist. Wenn das Universelle verschwunden ist, bleibt nur noch die allmächtige globale Technostruktur und ihr gegenüber Singulariäten, die wieder wild und sich selbst ausgeliefert sind. Das Universelle hat seine historische Chance gehabt. Angesichts einer globalen Weltordnung ohne Alternative auf der einen Seite und den Auswüchsen und dem Aufstand der Singularitäten auf der anderen sind die Begriffe der Freiheit, Demokratie und Menschrechte Schatten ihrer selbst geworden, Phantombilder des verschwundenen Universellen.«[20]

Schält man aus diesem für die Massenmedien adäquat zubereiteten Einfältigen die Argumentation heraus, dann bleibt nicht viel an Einsicht. Weder hat die Globalisierung gesiegt, noch gibt es einen Triumph und schon gar nicht eine Tabula rasa aller (!) Werte. Weder gibt es eine allmächtige globale Technostruktur noch eine globale Weltordnung. Die globale Technostruktur kann nicht einmal längere Blackouts für große Regionen verhindern, geschweige denn ihren periodischen Zusammenbruch durch Überlastung, Fehleranfälligkeit, Inkompetenz und Inkompatibilitäten. Was ist das für eine globale Weltordnung, wenn sich die Konferenzen der scheinbar so Mächtigen dem Druck der Straße in Vancouver ebenso beugen wie dem Druck der scheinbar so Ohnmächtigen in Cancun? Überblickt man auch nur grob die Schwierigkeiten, einigermaßen brauchbare und funktionsfähige Regime globaler Gouvernanz in den unterschiedlichen globalen Problemfeldern zu etablieren,

19 Baudrillard 2003: 9.
20 Baudrillard 2003: 9.

dann kann die Rede von einer allmächtigen Technostruktur und einer globalen Weltordnung nur verwundern.

Tatsächlich ist der Kampf um eine globale Weltordnung nicht entschieden, es gibt keinerlei Tabula rasa und viele vermeintliche Triumphe haben sich als Pyrrhussiege herausgestellt. Die Auseinandersetzung beginnt erst und sie spielt primär auf der Ebene der Symbolsysteme. Die diabolische Begleitcodierung der Symbolsysteme ist darin eingeschlossen. Die neben die symbolischen Generalisierungen gleichgewichtig tretenden diabolischen Dissoziationen, Asymmetrien und Ungleichheiten können daher nur die Unvorbereiteten überraschen. So unterscheiden sich radikale Gegner und Befürworter der Globalisierung darin, in ihrer Einfältigkeit jeweils nur eine der beiden Seiten der Symbolik der Globalisierung überhaupt wahrzunehmen – entweder die symbolische oder die diabolische. Dass die eine ohne die andere Seite nicht zu haben ist und dass genau in diesem Sinne die Globalisierung im Paket kommt, könnte nun allmählich zur Grundlage und zur Ausgangsprämisse jedes Diskurses über Globalisierung werden.

Vergleichbares gilt für das Schreckgespenst des Neoliberalismus. Erst wenn man sich davon löst, der Ökonomie und ihren Akteuren eine instrumentelle Interventionslogik und ein entsprechend triviales Steuerungsmodell zu unterstellen, kann zum Vorschein kommen, dass niemand die Weltökonomie so einfach in eine bestimmte Richtung lenkt. Im Gegenteil: Gerade der Mangel an adäquaten Vorstellungen und Modellen der Steuerung komplexer polit-ökonomischer und sozioökonomischer Zusammenhänge zementiert die krassen Mängel der gegenwärtigen, nationalstaatlich dominierten Wirtschaftsordnung. Wenn die reichen Länder der Ersten Welt gegenwärtig ihre Landwirtschaften jährlich mit rund 300 Milliarden Euro subventionieren und damit gerade den ärmsten Landwirtschaften der Dritten Welt das Wasser abdrehen, dann ist dies nicht ein Mangel der Ökonomie, sondern eine fundamentale Schwäche politischer Steuerung und schlicht die Unfähigkeit nahezu aller politischen Systeme der Ersten Welt, sich gegen den hoch organisierten politischen Druck der Agrarlobby durchzusetzen.

Ein reflexiver Modus der Steuerung in Politik und Ökonomie (wie auch in allen anderen Funktionssystemen) ist allerdings nur ein erster Schritt in die Richtung, die Steuerungsproblematik hochkomplexer Sozialsysteme ernst zu nehmen und zumindest in Teilbereichen die verheerende Strategie[21] des Durchwurstelns zu überwinden. Wenn der Fundamentalismus mit seinen archaischen Mitteln der Illusion der instrumentellen Steuerung erliegt, darf das nicht überraschen. Wenn aber Gesellschaften und ihre Politiksysteme, die sich als hochentwickelt bezeichnen, nach wie vor größte Schwierigkeiten haben, auch nur einen

21 Warfield 1976.

reflexiven Modus der Steuerung zu praktizieren, dann zeigt dies gravierende Mängel kollektiver Intelligenz und kollektiver Lernfähigkeit an.[22]

Der berechtigte Teil der Kritik an Globalisierung und an einer ungesteuerten Expansion der Marktlogik ist deshalb im Kern darin zu sehen, dass weder die politischen Systeme noch die Ökonomien der Ersten Welt intelligentere Modi der Selbststeuerung entwickelt und aus den Erfahrungen ihres häufigen Versagens in nationalstaatlichen Kontexten Lehren für eine sich globalisierende Welt gezogen haben.

## III

Auch wenn ein reflexiver Modus der Steuerung der Symbolsysteme noch keineswegs etabliert ist, könnte es lehrreich sein, einige der seltenen Beispielsfälle genauer zu betrachten, die bereits auf eine dritte Ebene der Steuerung verweisen: auf den Modus einer kontextuellen Steuerung. Ein kontextueller Modus des Umgangs mit Symbolen ist dadurch charakterisiert, dass handelnde Personen oder Systeme sich über ihr Unvermögen klar sind, über Symbole magisch oder instrumentell eine Realität steuern zu können. Weiter sind sie sich klar darüber, dass sie einer Problematik oder einer Systemdynamik gegenüberstehen, in der auch ein reflexiver Modus der Steuerung nicht brauchbar ist, weil das Wissen über die Eigendynamik der Systeme nicht ausreicht, um einschätzen zu können, welche Wirkungen Interventionen haben könnten. Und schließlich sind sie sich klar darüber, dass eine Einwirkung auf Symbole auch unter der Voraussetzung, dass Symbole nicht Realität darstellen, sondern nur Symbole sind, Rückwirkungen auf eine hinter den Symbolen spielende Realität haben wird, die noch schwerer einzuschätzen sind als die Eigendynamik der Systeme selbst.

Ein kontextueller Modus geht also scheinbar zurück auf eine instrumentelle oder magische Ebene, indem er eine Wirkung (nicht nur in den Symbolen, sondern) in der Realität erzielen will, dies allerdings so konfiguriert, dass weder die Symbole noch die Realität direkter Beeinflussung unterliegen, sondern in ihren jeweiligen eigenlogischen Zirkulationen in reflektierter, das heißt: in einer auf das System insgesamt ausgerichteten Weise angeregt werden. Dieser dritte Modus zielt – über reflexive Steuerung hinaus – auf reflektierte Steuerung. ›Reflexiv‹ bezieht sich auf Reflexivität und ist als Begriff auf die Ebene reflexiver Mechanismen beschränkt, während der Begriff ›reflektiert‹ sich auf Reflexion im systemtheoretischen Sinne bezieht, also einen rekursiven Bezug auf das Ganze des Systems meint. Im Zusammenhang mit Steue-

22 Willke 2002 b: 178 ff.

rung soll diese Qualität der Reflexion mit dem Begriff der kontextuellen Steuerung belegt werden.

Im Kern nutzt der kontextuelle Modus der Steuerung den ingeniösen Mechanismus der *self-fulfilling prophecy*.[23] Reflexion wird mit Luhmann als ein Prozess gesehen, der in der Selbstthematisierung eines Systems ein inneres Modell der Einheit des Systems im System voraussetzt und auf dieser Grundlage die Identität des Systems als kontingent, mithin als auch anders möglich, mithin als veränderbar behandeln kann. Die Verbindung zwischen der Figur der selbsterfüllenden Prophezeiung und der Figur der Reflexion liegt darin, dass beide die Imagination eines noch nicht existierenden Zustandes verlangen und leisten. Sie schaffen die Vision einer Welt, die noch nicht existiert, aber schon imaginiert werden kann: in diesem Sinne eine Prophetie künftiger Realität. Sie gehen über das Bestehende hinaus, ob normativ oder kognitiv oder spekulativ, immer aber imaginär, um einen Zustand zu beschreiben, der jedenfalls möglich erscheint.

Die raffiniertere Verbindung zwischen der Figur der selbsterfüllenden Prophezeiung und Reflexion kommt allerdings erst darin zum Vorschein, dass die Imagination sich nicht zur Instrumentalisierung der Zukunft oder zur Magie hinreißen lässt, sondern sich erkühnt, auf Selbststeuerung zu setzen. Erst wenn die Imagination realisiert, dass sie sogar mit einer reflexiven Steuerung der Symbole eine bestimmte Zukunft, eine bestimmte Vision oder Identität des Systems nicht erzwingen kann, und stattdessen darauf vertraut, dass in den Konjektionen der Zeichenströme das Erwartete passieren wird, ist sie im Modus kontextueller Steuerung angekommen.

Eine Vorstufe kontextueller Steuerung bezeichnet Donald MacKenzie als *performativ* im Sinne der von John Austin entwickelten linguistischen Figur einer performativen Sprachäußerung. Er hat einen aufschlussreichen Fall performativer Steuerung im Detail analysiert.[24] Der Fall spielt im Bereich des globalen Finanzsystems in der Abteilung Derivate. Es geht um das finanztechnisch und mathematisch schwierige Problem, wie die Preise für Optionen optimal bestimmt werden könnten. Optionen sind (finanztechnisch gesehen) Verträge, die dem Inhaber das Recht, nicht aber die Pflicht geben, bestimmte Eigentumsrechte, zum Beispiel Aktienpakete, bis zu einem bestimmten Preis oder bis zu einem bestimmten Zeitpunkt zu kaufen (»call«) oder zu verkaufen (»put«). Der angemessene Preis für solche Optionen lässt sich beispielsweise ökonometrisch durch die Beobachtung faktischer Preisbildung oder mit anderen Methoden wie dem »random walk«-Modell oder dem »capital asset pricing«-Modell bestimmen. Alle derartigen Versuche waren allerdings

---

23 Merton 1949.
24 Siehe zum Folgenden MacKenzie 2003 a; 2003 b.

nicht sehr überzeugend – bis Fischer Black und Myron Scholes einerseits und Robert C. Merton (der Sohn des Soziologen Robert K. Merton) andererseits zunächst unabhängig voneinander, dann aber kooperativ im Jahr 1973 eine grandiose mathematische und finanzökonomische Lösung vorlegten (für die Scholes und Merton etwa zwanzig Jahre später den Nobelpreis für Ökonomie erhielten). Davor schon hatte 1952 Harry Markowitz eine mathematische Begründung für die optimale Diversifikation von Investmentportfolios gegeben (und auch er bekam dafür 1990 den Nobelpreis). Jedenfalls wurde mit der Black/Scholes/ Merton-Formel ein besonders wirksames Gewissheitsäquivalent für die Preisbildung von Optionen geschaffen und damit die Voraussetzung für eine beispiellose Expansion des Marktes für Derivate.

Die soziologische Relevanz der Formel als Beispiel für den Modus performativer Steuerung wird von Donald MacKenzie gebührend herausgestellt. Im Kern zeigt die Wirkung der Formel, dass »reality will eventually imitate theory«,[25] genau in der Weise, wie im Fall einer selbsterfüllenden Prophezeiung die Realität sich nach der Voraussage richtet. Wichtig ist, dass die Formel für die Berechnung angemessener Preise von Optionen zunächst – in der ersten Hälfte der 1970er Jahre – *nicht* empirisch valide war und nicht validiert werden konnte. Aber: »By the latter half of the 1970s, however, discrepancies between pattern of option pricing in Chicago and the Black-Scholes model diminished to the point of economic insignificance«.[26]

Händler richteten sich nach der Formel (deren berechnete Ergebnisse Fischer Black ihnen verkaufte) und veränderten damit die Preisbildung genau in die Richtung, die der Formel entsprach. Die der Formel unterlegten Annahmen, ohne die eine Berechnung unmöglich gewesen wäre, die aber bei der Entwicklung der Formel keineswegs mit der Realität übereinstimmten, wurden durch die praktische Anwendung der Formel schrittweise zur »neuen« Realität: »In 1973, these assumptions about market conditions were *wildly unrealistic* ... . Since 1973, however, the Black-Scholes-Merton assumptions have become, while still not completely realistic, a great deal more so.«[27]

Es ist aufschlussreich, sich einzelne Aspekte dieser symbolinduzierten Veränderung der Realität näher anzusehen. Einige Momente der Veränderung scheinen einer eher zufälligen Konstellation zu entspringen, während andere sich als Faktoren grundlegender Weichenstellung erweisen. Eher zufällig ist, dass sogar der technologische Wandel, der

25  Mit diesen Worten zitiert MacKenzie Robert C. Merton, der in dieser Schlussfolgerung das soziologische Theorem seines Vaters für die Finanzsoziologie reklamiert. Siehe MacKenzie 2003 b: 66.
26  MacKenzie 2003 b: 52.
27  MacKenzie 2003 b: 54. (Hervorhebung H. W.)

mit der Etablierung und Expansion von Internet, Vernetzung und Digitalisierung just zu dieser Zeit das amerikanische und zunehmend auch das globale Finanzsystem heftig erfasste, die Annäherung der Wirklichkeit an die Vorstellungen und Annahmen der Formel verstärkte. Beispielsweise setzt die Formel der Einfachheit halber darauf, dass die Transaktionskosten als nicht existent behandelt werden können. Tatsächlich schrumpften aufgrund von Vernetzung und Digitalisierung die Transaktionskosten für den Handel mit Derivaten in dieser Zeit zu einer vernachlässigbaren Größe.

Im Gegensatz zu diesem eher zufälligen Zusammentreffen von technologischem Wandel und symbolinduziertem sozialen Wandel ist ein zweiter Aspekt ausschlaggebend für eine bis heute unabsehbare Entwicklung, die durch die Formel angestoßen worden ist. Bis in die 1970er Jahre galt der Handel mit Optionen nicht als seriöses Finanzgeschäft und wurde auch in den USA eher dem Glücksspiel (»gambling«) zugeschlagen und daher an vielen Orten verboten. Mit der Formel änderte sich dieser Bewertungskontext grundlegend. Die Formel verlieh den bislang dubiosen Geschäften geradezu mathematische Präzision und Voraussagbarkeit, damit Legitimität und Seriosität. Sie brachte einen ungeheuren Aufschwung des Handels mit Derivaten in Gang, der auch das Zerplatzen der Spekulationsblase der 1990er Jahre überdauert und sich zunehmend als risikoreicher und wenig kontrollierbarer *over-the-counter-market* etablierte (als Markt, in dem Finanzhäuser direkt miteinander handeln, ohne Vermittler, Börse etc. und der Ende 2001 82,5 Prozent des Gesamtwertes der global gehandelten Derivate ausmachte).[28]

Ein dritter Aspekt der durch die Formel ausgelösten Veränderungsdynamik dürfte sich als langfristig wirksam herausstellen. Auf der Grundlage der Formel können »reguläre« Akteure des Finanzsystems, vor allem Investmentbanken, Fonds und andere institutionelle Investoren die Risiken erheblich besser einschätzen, die sie mit der Nutzung hochentwickelter, komplizierter Finanzierungsinstrumente eingehen. Die Risikokalküle und Risikomodelle der Akteure und Institutionen verändern sich. Umfassende Risiken lassen sich in besser überschaubare Teilrisiken dekomponieren und in wechselseitig ausbalancierte Risikoportfolios kombinieren. Zwar expandieren damit Risiken, aber ebenso expandiert auch die komplementäre Nutzung von Chancen, die bislang ungenutzt geblieben sind und insgesamt steigen damit, zumindest theoretisch, Effizienz und Effektivität der Ökonomie.

28 MacKenzie 2003 b: 58. Das Gesamtvolumen dieses Handels beträgt Ende 2001 $ 135 Billionen (amerikanisch: trillion); der Marktwert über $ 3,5 Billionen: MacKenzie 2003 a: 15, nach Daten der Bank for International Settlements in Basel (www.bis.org).

Das Besondere an dem von MacKenzie beschriebenen Fall liegt darin, dass sich der Auslöser für einen Kontext performativer Steuerung auf den konkreten, präzisen und kompakten Faktor einer einzigen finanzmathematischen Formel reduzieren lässt. Ist man durch das eklatante Beispiel erst auf die Verbindung von hochspezifischem Fall und seinem generalisierten Ausdruck in der Form der selbsterfüllenden Prophezeiung gestoßen, dann springen unzählige vergleichbare Fälle ins Auge. So betrachtet Michel Callon die Wirtschaftswissenschaft (Ökonomik) insgesamt als eine Art performativer ökonomischer Steuerung, weil sie nicht eine existierende reale Welt beschreibe, sondern eine modellierte Welt, die sie mit ihren Beschreibungen in eine reale Existenz bringe.[29] Selbst wenn man berücksichtigt, dass die Ökonomik keine unitarische Wissenschaft ist, sondern sich in konkurrierende Theorien und Modelle differenziert, so gilt doch in bemerkenswertem Maße, dass es dominante oder ›führende‹ Paradigmen gibt, die Einfluss in den Berufungsgremien für die Besetzung ökonomischer Lehrstühle ebenso verleihen wie Einfluss in den Beraterstäben oder Kommissionen der Regierungen oder bei der Auswahl von Nobelpreisträgern der Ökonomik. Es liegt dann nahe, diese Grundidee auf Symbolsysteme insgesamt auszudehnen und anzunehmen, dass ganz in der mythischen Tradition Symbolsysteme primär dazu da sind, eine symbolinduzierte performative Steuerung sozialer Realität zu leisten.

Ein zweites Beispiel für performative Steuerung spielt im Feld der politischen Ökonomie. Es betrifft den Fall des *Neoliberalismus* als Konstruktion einer symbolischen Ökonomie, die bereits im vorigen Abschnitt in ihren instrumentellen Simplifizierungen Thema war. Der Neoliberalismus wirkt als symbolische Ökonomie wie er zugleich symbolische Politik darstellt – beides im Sinne von Murray Edelman, also im Sinne einer gespielten, vorgeschobenen und genau in diesem Sinne performativen Nutzung von Symbolsystemen.[30] Gerhard Willke hat dem Thema Neoliberalismus eine aufschlussreiche Fallstudie gewidmet,[31] die hier zugrunde gelegt und nur in wenigen Komponenten ausführlicher dargestellt wird.

In soziologischer Sicht ist das frappierendste Merkmal der Neoliberalismusdebatte und insbesondere der allfälligen Kritik am Neoliberalismus, dass es »den Neoliberalismus« gar nicht gibt, weil ihn niemand vertritt – nicht einmal Milton Friedman oder das American Enterprise Institute. Er ist ein Kunstprodukt, den die Kritik sich in seltener Einmütigkeit als Phantom geschaffen hat. Der Hauptgrund dafür ist einsichtig: Im Kunstmodell des Neoliberalismus können sich alle darauf

29 Callon und Latour 1981 und dazu MacKenzie 2003 a: 10 f.
30 Edelman 1964.
31 Willke 2003 a.

einigen, wogegen sie sind, ohne auch nur andeuten zu müssen, wofür sie konkret sind oder welche Alternativen sie anzubieten haben. So treffen sich in einer radikalen, dämonisierenden Neoliberalismuskritik die üblichen Verdächtigen, einschließlich Theologinnen, Schriftstellerinnen wie Arundhati Roy, der unvermeidliche Baudrillard ebenso wie die Agrarlobby, um der Welt die Feinheiten heute möglicher Wirtschaftspolitik zu erklären. Will man nicht nur mit Zynismus auf dieses Geschwafel von Laien reagieren, dann ist zu erklären, warum die Kritik an einem Phantom eine solche globale mediale Wirkung entfalten kann.

Die Perspektive der hier skizzierten Symboltheorie legt nahe, einen wichtigen Grund darin zu sehen, dass für viele Beobachter die faktischen Bewegungen, Entwicklungen und Folgen der laufenden Globalisierung so unbegreiflich und bedrohlich erscheinen, dass sie sich hilflos einer Transformation ausgesetzt sehen, zu der keine faktische Alternative erkennbar ist. Also konstruieren sie eine symbolische Alternative. Diese setzt voraus, dass auch der Gegenstand der Kritik symbolisch erzeugt werden muss. Dieses symbolische Konstrukt »Neoliberalismus« gibt es zwar nicht, aber es gibt eine Fülle einzelner Merkmale der laufenden Globalisierung, die sich in diesem Konstrukt unterbringen und im Kontext des Konstrukts berechtigt kritisieren lassen. Nach und nach schafft sich diese berechtigt erscheinende Kritik ihren Gegenstand Neoliberalismus, eben weil die Kritik so berechtigt ist. Neben diese symbolische Wirkung tritt allerdings eine wenig beachtete diabolische Wirkung, die sich gegenwärtig zu einem beispielhaften Fall performativer Steuerung verdichtet.

Die aus der Sicht der Kritik diabolische Wirkung der Kritik ist darin zu sehen, dass viele Akteure der politischen Ökonomie, sozialdemokratische Regierungen, reformfähige Gewerkschaftsführer, IMF oder Weltbank eingeschlossen, hinter den Absurditäten der Kritik die Meriten eines Modells politökonomischer Ordnungsbildung zu sehen beginnen, das man als Neoliberalismus bezeichnen könnte. Die Realität beginnt die Theorie zu imitieren, völlig unabhängig vom Realitätsgrad oder von der Validität der Theorie. Die Kritik am Neoliberalismus stellt die geradezu dämonische Bedrohlichkeit von Merkmalen wie Konkurrenz, Leistungsprinzip, Deregulierung, marktförmige Selbststeuerung, Rentabilität, Flexibilität etc. heraus.[32] Was aber wäre, wenn all das, was die Neoliberalismuskritik ihrem Gegenstand anlastet, nicht Bedrohungen wären, sondern Tugenden eines Steuerungsmodells, das den Herausforderungen globalisierter Kontexte besser gewachsen wäre als die hilflosen Programme staatlicher Intervention? Was wäre, wenn der Neoliberalismus sich in seinen wichtigsten Momenten oder auch nur in Teilen nach und nach gegen die Übermacht staatlicher Regulierung

---

32 Willke, Gerhard 2003 a: 11.

und Bevormundung durchsetzen könnte? Was wäre, wenn die Exzesse einer politischen Hyperordnung dadurch abgemildert würden, dass zumindest in geeigneten Bereichen marktförmige Selbstorganisation und die Prinzipien der Subsidiarität und Förderalität wieder mehr Gewicht erhalten würden?

Festzuhalten ist, dass es bislang keine Denkschule oder Einrichtung gibt, die für das neoliberale Projekt stünde.»Empirisch beobachten lässt sich lediglich eine *Praxis* der Wirtschaftspolitik, die stärker als zuvor an der Maxime ›mehr Markt – weniger Staat‹ orientiert ist und auf Versatzstücke marktliberaler und monetaristischer Doktrinen basiert.«[33] Dennoch bewegt sich vor allem das in den Massenmedien veröffentlichte wirtschaftspolitische Denken deutlicher entlang der Linien eines Modells, das erst durch die Kritik am Neoliberalismus die Aufmerksamkeit der breiteren Öffentlichkeit erlangte und sich nun allmählich eine Realität schafft, die zum Modell passt. Dies wäre nach John Locke und den amerikanischen liberalen Föderalisten der zweite Durchgang einer performativen Steuerung von Gesellschaft, in der ein prospektives Modell liberaler Ordnungsbildung die Maßstäbe setzt, der sich die zögerliche Realität absolutistischer oder paternalistischer Staatsordnung dann doch annähert.

Auch die Soziologie ist in dieser Hinsicht Akteur, wenngleich ohne erkennbaren Einfluss. Diese Aussage ist nur scheinbar paradox. Die Soziologie produziert am laufenden Band symbolische Modelle der Gesellschaft und ihrer relevanten Teilsysteme. Sie wird darin nur noch von marodierenden Philosophen, Physikern und Journalisten übertroffen, die sich für kompetent halten, nebenher auch noch den Soziologen zu geben. Diese Modelle haben durchaus Wirkungen, aber die Soziologie bleibt einflusslos – und jedenfalls hinsichtlich der beteiligten Physiker und Journalisten muss man sagen: Gottseidank –, weil es für sie keine Möglichkeit gibt, nicht-zufällige Verbindungen zwischen einzelnen Modellen und konkreten Veränderungen sozialer Realität zu bestimmen.

Beispielsweise hat das Modell der Risikogesellschaft von Ulrich Beck vermutlich vielfältige Einflüsse auf konkrete Gesellschaften ausgeübt, auch wenn gänzlich unklar bleibt, welche. Der primäre Einfluss spielt auf der Ebene von Journalisten und Feuilletons, aber auch das ist indirekter, vermittelter, verschwommener Einfluss, der sich irgendwie auch auf den allgemeinen politischen Diskurs auswirkt. Irritierend könnte allerdings sein, dass die soziale Realität sich in keiner Weise in Richtung auf eine Risikogesellschaft zu bewegt, sondern im Gegenteil jedenfalls in den oberen Etagen der OECD-Länder und besonders ausgeprägt in Kontinentaleuropa seit Jahrzehnten eine *No-risk-society* institutiona-

33 Willke, Gerhard 2003 a: 185.

lisiert, die dabei ist, an ihrer Risikoaversion zu ersticken – ganz wie es Harold Wildavsky formuliert hat: »No risk is the highest risk of all.«[34] Oder in der kürzeren Diktion der Surfer: No risk, no fun.

Die Einflusslosigkeit der Soziologie bei der symbolinduzierten Gestaltung ihres Gegenstandes »Gesellschaft« ist besonders auffällig im Vergleich zu den Disziplinen, deren Gegenstand sich um ein spezialisiertes Symbolsystem herum kristallisiert – etwa die Ökonomik um das Medium des Geldes, die Jurisprudenz um das Medium des Rechts, die Politikwissenschaft um das Medium der Macht, die Kulturwissenschaften um das Medium der Ästhetik etc. Vermutlich ist der Gegenstand »Gesellschaft« zu umfassend, um einer symbolinduzierten performativen Steuerung in ähnlicher Weise zugänglich zu sein, wie die differenzierten Funktionssysteme theoretisch entwickelten Modellen der Beschreibung ihrer zukünftigen Realität zugänglich sind.

Immerhin scheint es Konstellationen des Umbruchs zu geben, in denen sogar die Soziologie zu den Ehren und Abstürzen einer performativen Steuerung kommt, *quand même*. Adam Smith, Hegel und Marx haben den Umbruch von der Agrargesellschaft zur Industriegesellschaft beobachtet und in symbolische Beschreibungen gefasst, die eine in ihren ersten Konsternierungen schon erkennbare, aber noch nicht existierende Realität imaginieren, um sie auf den Weg ihrer Selbstrealisierung zu bringen. Die einzigen Umbrüche von vergleichbarer Relevanz sind die seit einigen Jahrzehnten ansetzenden Transformationen der Industriegesellschaft zur Wissensgesellschaft und die Transformationen der Nationalstaaten zu globalisierten Kontexten. Sie bieten die Herausforderung und die Chance für die Sozialwissenschaften, von der immer noch stark zufallsgeprägten performativen Steuerung zur Idee der kontextuellen Steuerung überzugehen, entsprechende Modelle von Steuerung zu entwickeln und daraus Vorschläge für Möglichkeiten reflektierter Steuerung abzuleiten. Es ist zumindest denkbar, dass die Soziologie (neben der Politikwissenschaft) in der kontextuellen Steuerung dieses Umbruchs Einfluss gewinnt, weil es hier nicht nur um differenzierte Teilsysteme der Gesellschaft geht, sondern um das Ganze.

Neben vielem anderem steht dem allerdings entgegen, dass die Soziologie bislang den Kern einer über performative Steuerung hinausgehenden kontextuellen Steuerung der Gesellschaft außer Acht gelassen hat: die Erarbeitung einer soziologischen Theorie symbolischer Systeme. Wenn keine imaginativen Modelle dafür vorhanden sind, wie die tragenden Symbolsysteme der Gesellschaft, insbesondere Macht, Geld, Wissen und Moral in einer *gesellschaftsadäquaten* Form vorgestellt werden müssen, um einer sich erst entfaltenden Gesellschaftsformation den Weg zu weisen oder zumindest Anhaltspunkte für mögliche Wege

---

34 Wildavsky 1979.

zu geben, dann kann nicht verwundern, dass die Soziologie im Chor der steuerungsrelevanten Wissenschaften keine Stimme hat.

Bei bescheideneren und realistischeren Ansprüchen an Steuerung kommt allerdings zum Vorschein, dass doch eine ganze Reihe von soziologischen Überlegungen vorliegen, die jedenfalls als generische Grundlage einer mitlaufenden performativen Selbststeuerung der Gesellschaft gelten können. Dazu gehören vor allem die komplexitätstheoretisch, kommunikationstheoretisch und übergreifend systemtheoretisch fundierten Konzeptionen, die elaboriert begründen, dass und warum hochkomplexe Systeme, wie insbesondere moderne Gesellschaften, sich dezidiert *nicht* steuern lassen. Allerdings war die Soziologie bislang nicht gerade erfolgreich darin, diesen für die weitere Entwicklung der Moderne entscheidenden Punkt verständlich zu machen und entsprechende Einsichten bei relevanten gesellschaftlichen Akteuren zu wecken. Denn immer noch versuchen sich die Akteure und Institutionen gesellschaftlicher Steuerung darin, auch unter Bedingungen hoher Intransparenz und Eigendynamik der sozialen Systeme so etwas wie Steuerung zu bewerkstelligen. Allerdings seit langem und nachdrücklich ohne Erfolg.

Erst ein umfassender ökonomischer Druck, der alle Ebenen der föderalen Politik ebenso trifft wie die Akteure und Organisationen der großen Versicherungssysteme, der Sozialpolitik und der Tarifpolitik, verändert gegenwärtig diese Lage. Nun lässt sich nicht mehr länger verleugnen, dass eine Gesellschaftssteuerung völlig fehlgeleitet ist, die im Kern auf eine Erhöhung der Staatsquote und eine Intensivierung der Eingriffsdichte und Eingriffstiefe direktiver rechtlicher Intervention hinausläuft. Nachdem mit freundlicher Unterstützung durch die faktischen Prozesse der Globalisierung vor allem Ökonomik und Ökonomie auf Selbststeuerung und eine Rückführung staatlicher Regulierung setzen, also ein neu eingestelltes Zusammenspiel der gesellschaftlichen Funktionssysteme gefordert ist, könnte gegen ihre dominanten Absichten und Kompetenzen eine Soziologie relevant werden, die sich des Problems gesellschaftlicher Steuerung ernsthaft annimmt.

Die ersten Runden dieser Herausforderung brachten die übliche pseudorevolutionäre Arroganz und die übliche soziologische Ignoranz gegenüber den Zusammenhängen von Marktlogik und politischer Steuerung, wie bereits unter dem Stichwort des Elends der Neoliberalismuskritik angedeutet. Nachdem dies überstanden ist, könnte es in den weiteren Runden darum gehen, zunächst auf der Ebene der Symbolsysteme die Schwierigkeiten zu rekonstruieren, die einem polit-ökonomischen Regime der Steuerung lateraler Weltsysteme entgegenstehen. Dieses Regime sieht sich der doppelten Herausforderung gegenüber, einerseits die Verluste an Steuerungskompetenz zu kompensieren, welche die nationalstaatlichen Politiksysteme im Zuge fortschreitender Globalisierung erleiden und andererseits die Potentiale der Selbststeuerungsfähigkeit adäquat einzuschätzen, die den unterschiedlichen lateralen Weltsystemen im Zuge der Ausbildung globaler Gouvernanzregime zuwachsen. Absehbar ist also, dass der Suchkorridor für brauchbare Lösungen des Steuerungsproblems dadurch markiert ist, dass es weder darum gehen kann, die Steuerungslogik des modernen Nationalstaates auf transnationale oder gar globale Kontexte auszudehnen, noch darum, der Logik des Marktes in den neuen Räumen einfach freien Lauf zu lassen. Brauchbar erscheint stattdessen ein Regime dezentraler Kontextsteuerung, in dem die lateralen Weltsysteme, ob Weltfinanzsystem, Weltmassenmedien oder der Weltsport, ihre verteilte eigene Steuerungsintelligenz ausschöpfen, um sich selbst zu steuern. Dies würde die Voraussetzungen dafür schaffen, dass sie trotz ihrer Autonomie füreinander erreichbar und fähig sind, in Abstimmungsprozesse miteinander einzutreten, in denen die Kontextbedingungen einer gemeinsamen Welt ausgehandelt werden können – auf die sie immerhin angewiesen sind.

Die Ausarbeitung eines solchen Regimes dezentraler Kontextsteuerung ist nur als ein langfristiges Programm zu realisieren. In diesem Programm ist es nur und immerhin ein Schritt, die Logik der beteiligten Symbolsysteme näher zu beschreiben. Erst wenn ein erheblich verbessertes soziologisches und steuerungstheoretisches Verständnis der Dynamik symbolischer Systeme erarbeitet ist, lässt sich die Größenordnung des Problems abschätzen, mit Operationszyklen innerhalb der Symbolsysteme und mit bestimmten Konstellationen ihrer Konjektionen einen Modus kontextueller Steuerung zu erreichen. Aus soziologischer Sicht genügt es nicht, etwa das Symbolsystem des Geldes so weit zu durchschauen, dass eine kontextuelle Steuerung von Ökonomie und Finanzsystem machbar erscheint – wovon die Ökonomik noch weit entfernt ist. Genausowenig genügt es, etwa das Symbolsystem der Macht so weit zu verstehen, dass politische Steuerung mehr ist als nur ein Stochern im Nebel – wovon politische Theorie und politische Praxis sich weit entfernt wissen. Denn es ist gerade das Kernproblem jeder Gesellschaftssteuerung, das Zusammenspiel der verschiedenen Symbolsysteme, einschließlich Wissen, Moral, Liebe, Recht, Kunst und unter dem Aspekt der Relevanz des Fundamentalismus sogar Glaube, so zu gestalten, dass die Steuerungswirkungen in bestimmten Feldern nicht durch entgegenstehende, nicht-intendierte Wirkungen in anderen Feldern konterkariert werden.

Konkrete Beispiele performativer Steuerung sind außerordentlich wertvoll für eine Steuerungstheorie, weil sie mehrere Lektionen beinhalten. Zunächst machen sie deutlich, dass im Fall sinnhaft konstituierter Systeme jede steuernde Einwirkung auf deren Realität den Umweg über eine Einwirkung auf Symbolsysteme nehmen muss. Da Sinnsysteme keinen direkten Zugang zu irgendeiner Realität haben, sondern dieser Zugang immer symbolvermittelt ist, setzt nachhaltige Veränderung eine Veränderung der relevanten Symbole voraus. Weiter erhärten die Beispiele den Verdacht, dass nahezu alles an performativer Steuerung zufällig passender Zufall ist. Dies meint, dass ein experimentierendes Herumspielen[35] mit Symbolen, symbolischen Formeln, Modellen etc. manchmal unter bestimmten Umständen Wirkungen zeitigt, die Akteure vielleicht erhoffen, keiner aber direkt anvisiert hat. Und schließlich konfirmieren die Beispiele den beeindruckend richtigen Satz, dass sich in der »Steuerung« das durchsetzt, was sich durchsetzt – und genau dann ist es keine Steuerung, sondern Evolution.

Dies sind Gründe genug, zumindest Grundlagen dafür zu legen, über einen performativen Modus der Steuerung hinauszugelangen. Performativität geht über instrumentelle und reflexive Steuerung hinaus, aber sie erreicht nicht den Modus kontextueller Steuerung. Denn sie verfügt zwar über die prophetische Komponente und realisiert darin Futurität, aber ihr fehlt die komplementäre Komponente der Intentionalität. Das sich selbst steuerende Bewusstsein ist, wie vermerkt, dadurch ausgezeichnet, dass es genau in diesen *beiden* Komponenten die einfache Evolution übertrifft. Ausgangspunkt einer brauchbaren Steuerungstheorie ist allerdings nicht Intentionalität (in Verbindung mit Futurität) an sich. Grundlegend ist vielmehr die Bändigung oder Einbindung der Intentionalität. Die Idee kontextueller Intervention bändigt diese Intentionalität und macht sie bescheiden, indem sie darauf besteht, dass im Rahmen nicht-trivialer Systeme sich Intentionen weder direkt instrumentell noch indirekt reflexiv in Steuerungswirkungen umsetzen lassen. Dem stehen Eigendynamik und operative Geschlossenheit der jeweiligen Sinnsysteme entgegen. Daher ist ein weiter Umweg erforderlich, der Steuerung auf die Bahn einer konditionalisierten Selbststeuerung schickt. Erst die Verzögerungen und Distanzierungen dieses Umwegs sorgen dafür, dass Steuerung nicht mit direkten Eingriffen in operative Autonomien arbeitet, die sich kontraproduktiv oder gar selbstzerstörend auswirken, und dass Steuerung dennoch über die *bricolage* des performativen Modus hinaus Wirkungen erzielt, die nicht nur zufällig Sinn ergeben.

In diesem Sinne hängen Symboltheorie und Steuerungstheorie eng zusammen. Eine Steuerung der Symbole ist im Fall sinnhafter Systeme die einzige Möglichkeit der Systemsteuerung. Zugleich ist intentionale Steuerung unter Bedingungen hoher organisierter Komplexität nahezu unmöglich. Dies scheint eine angemessene Beschreibung der Problematik einer Steuerungstheorie zu sein. Sie verlangt von der Symboltheorie als Teil einer Steuerungstheorie Aufschluss darüber, wie die innere Form der Symbolsysteme als komplexes Ordnungsmuster zu verstehen ist, das

---

35  Donald MacKenzie spricht schon im Titel ausdrücklich von *bricolage* und begründet dann im Text die Ungerichtetheit der Genese der Black-Scholes-Merton-Formel: MacKenzie 2003 b: 60 ff.

die Strukturen, Prozesse und Regeln der Selbststeuerung bestimmt. Zu diesen Parametern der Selbststeuerung gehört vor allem der enge fundierende Zusammenhang der Trias sinnkonstituierter Symbolsysteme: Bewusstsein, Sprechen und Kommunikation. Sie bilden füreinander die maßgeblichen Kontexte, in denen das Zusammenspiel von Einheit und Differenz der Zeichenströme neue Konstellationen von Sinn schafft.

Steuerung zielt darauf, neue Konstellationen von Sinn in nicht-zufälliger, an Intentionen gekoppelter Weise herzustellen. Dabei ist vorausgesetzt, dass sich die Intentionen des Denkens nicht unvermittelt in solche des Sprechens und ebensowenig unverändert in solche der Kommunikation umsetzen lassen. Je deutlicher die Symboltheorie ein Bild davon zeichnet, wie die Relationierungen und Kopplungen der Symbolsysteme eine Gesamtdynamik formen, desto angemessener fallen die Vorstellungen darüber aus, wie sich die ursprünglichen Intentionen bei ihrem Marsch durch die Symbolsysteme verändern. Die zahlreichen Fälle performativer Steuerung sollten die Steuerungstheorie warnen und ihr ein gehöriges Maß an Skepsis und Zurückhaltung einimpfen. Denn performative Steuerung zeigt, dass im wesentlichen Zufall, *bricolage* und Notwendigkeit regieren und die Intentionen in der Regel im Nachhinein mit erfunden werden.

Immerhin ist performative Steuerung ein erprobtes Mittel, um Kontexte zu variieren und die Menge symbolisch verfügbarer Alternativen zu erweitern. Aufgabe von Kontextsteuerung wäre es dann, über Variation hinaus Kontexte so zu gestalten, dass relevante Symbolsysteme in der Bezugnahme auf diese neuen Kontexte für sich selbst und ihr Zusammenspiel neue Konstellationen von Sinn produzieren, die in der Richtung und im Korridor ihrer Veränderungen auf Veränderungen in den Kontexten zurückzuführen sind. Im Sinne einer Rückrechnung von einer intendierten zukünftigen Realität auf Gegenwart wäre die Möglichkeit der Rückführung dann ein Beleg dafür, dass auf zukünftige Wirkungen gerichtete Intentionen die Symbolsysteme in einer nicht nur zufälligen Weise beeindruckt haben.

Wiederum laufen diese Überlegungen darauf hinaus, dass eine Steuerung sozialer Systeme hoffnungslos ist, solange die sie treibenden Symbolsysteme ungeöffnete »black boxes«[36] darstellen. Allerdings wäre es vermessen anzunehmen, dass die bisherigen Überlegungen zur Symboltheorie die Lage vereinfachen würden. Vielmehr ist zu erwarten, dass die Komplikationen noch lange zunehmen, bevor ein Bild der Operationsweise von Symbolsystemen entsteht, das größere Klarheit verschafft.

Tatsächlich stehen im nächsten Schritt weitere Komplikationen an. Sie resultieren daraus, dass die Symbolsysteme der Kommunikation hohe Freiheitsgrade eröffnen, bestimmte Figuren oder Sequenzen von

---

36 Im Sinne von MacKenzie 2003a.

Symbolen ihrerseits symbolisch zu markieren, also weitere Stufen der Symbolisierung zuzulassen. Die reflexive und reflektierte Steigerung der Symbolisierung in weiteren, prinzipiell unbegrenzten Rekursionen kompliziert den Aufbau der Symbolsysteme. Zugleich gibt es der Kommunikation Hebelwirkungen (*leverage*) an die Hand, sich noch weiter von den einfacheren Verhältnissen des Denkens und Sprechens zu lösen.

Die nun zu behandelnden Rekursionen der Symbolisierung steigern in paradoxer Weise die Möglichkeiten *und* die Schwierigkeiten der Steuerung sozialer Systeme mit den Mitteln hochverdichteter, mehrstufig symbolischer generalisierter Kommunikationspakete. Die Kommunikation bedient sich an bestimmten Stellen für bestimmte Aufgaben eines *burst mode*, in dem ganze Kommunikationssequenzen in standardisierte Module komprimiert und in entsprechend routinisierten Verfahren der Dekompression gelesen werden. Auch in diesen Fähigkeiten entfernen sich die rekursiv verschachtelten Symbolsysteme von den eher rustikalen Kompetenzen des Bewusstseins, mit Stufen der Symbolisierung umzugehen.

# 9. Rekursionen der Symbolisierung

Das Grundmodell rekursiver Symbolisierung der Kommunikationssymbolik ist *Metakommunikation,* also Kommunikation über Kommunikation. Erste Derivate davon sind *l'art pour l'art,* Liebe der Liebe (*amour propre*), Finanzierung des Geldes, Ermächtigung der Macht, Wissen über Wissen, Lehre des Lehrens, Moralisierung der Moral, Schreiben über Schreiben, Organisieren des Organisierens etc. Alle Funktionssysteme der Moderne und viele Leistungsprozesse haben diesen ersten Kreis der Rekursion erreicht, mit der auffälligen Ausnahme des Sportsystems, das zu nahe am Körper ist, und des Religionssystems, das zu nahe an Gott ist, um Raum für rekursive Entfaltungen zu haben.

Eine andere Richtung und Qualität der Rekursion zeigt sich darin, dass alle Funktionssysteme und viele Leistungsprozesse *Reflexionstheorien* über sich selbst ausgebildet haben. Sie entwickeln darin Theorien der Reflexion ihrer selbst, das heißt ihrer Einheit als System und ihrer Differenz zu anderen Funktionssystemen: »Von Reflexions*theorien* kann man sprechen, wenn die Identität des Systems im Unterschied zu seiner Umwelt nicht nur bezeichnet wird (so dass man weiß, was gemeint ist), sondern begrifflich so ausgearbeitet wird, dass Vergleiche und Relationierungen anknüpfen können.«[1] Das Wissenschaftssystem entwickelt zunächst Erkenntnistheorien, dann Wissenschaftstheorien, die Ökonomie die Volkswirtschaftstheorie, die Politik erst die Staatstheorie, dann die Politiktheorie, das Recht die Rechtstheorie, das Erziehungssystem die Pädagogik, das Religionssystem die Theologie etc. und selbst noch das Familiensystem »auf der Basis älterer Vorstellungen des amour passion Konzepte für die Systemeinheit von Liebe und Ehe«.[2]

Die beiden unterschiedlichen Richtungen der Rekursion spiegeln die Differenz zwischen Reflexivität und Reflexion. In den reflexiven Rekursionen (Reflexivität) findet ein Mechanismus oder ein Prozess auf sich selbst Anwendung. Die Steigerung der Symbolisierung verläuft in die Tiefe immer weiterer Differenzierung und Verfeinerung. In den reflektierten Rekursionen (Reflexion) formt ein System ein Modell seiner selbst im System, ein inneres Modell des Systems als Symbolisierung der Einheit des Systems. Damit macht sich das System für sich selbst zugänglich und beobachtbar. Es setzt sich in die Lage, auf seine Identität zu reflektieren und schafft damit die Ansatzpunkt dafür, Intentionalität und Futurität in das System zu induzieren, wenn entsprechende Umweltbedingungen und Konjektionen von Symbolsystemen gegeben sind.

1 Luhmann 1984 a: 620.
2 Luhmann 1984 a: 621.

Die Steigerung der Symbolisierung richtet sich in den Optionenraum möglicher Identitäten.

Reflexionstheorien der Funktionssysteme entstehen massiert im Kontext des gesellschaftlichen Umbruchs zur Moderne im 18. und 19. Jahrhundert. Sie spiegeln einerseits den Durchbruch des Strukturprinzips der funktionalen Differenzierung zur dominanten Organisationsform der Gesellschaft, andererseits die komplementäre Eigenständigkeit der zunehmend selbstreferentiell operierenden Funktionssysteme, die ihre Einheit im Kontext der modernen Gesellschaft definieren und beginnen, diese Einheit als notwendig *und* kontingent zu behandeln.»Reflexionstheorien sind mehr als nur Erfahrungssammlungen. Sie schließen auch Zukunftsperspektiven ein, fordern Autonomie, erläutern Problemlösungskapazitäten und individualisieren ihr System.«[3]

Aus der Fülle von Problemen, die mit den Rekursionen der Symbolisierung verbunden sind, sollen hier nur zwei exemplarisch herausgegriffen werden. Reflexionstheorien reagieren darauf, dass Einheit und Identität sowohl der Gesellschaft insgesamt wie auch der einzelnen Funktionssysteme nicht mehr traditional oder religiös verbürgt sind, sondern unter den Fittichen einer aufgeklärten Rationalität kontingent werden. Dies schafft das kritische Folgeproblem der *Willkür* und der Kontrolle der notwendigen Willkür. Der nächste Abschnitt (1) wendet sich diesem Thema zu. Anschließend ist zu skizzieren, welche Problematik der Systemsteuerung sich auftut, wenn die reflexive Anwendung der Symbolsysteme auf sich selbst in immer abstraktere Stufen der Rekursion von Symbolen führt, die bereits jetzt nachdrücklich das Denken und das Wissen von Personen überfordern (II).

Beide Momente der Gestaltung sozialer Systeme, Willkür und Steuerung, hängen darin zusammen, dass der heroische Anfang der Willkür im Alltag der Systeme zur Steuerung profanisiert und professionalisiert wird, sobald es gelingt, den Anfang zu verklären oder vergessen zu machen. Zugleich muss für den Fall hochkomplexer Systeme Steuerung ganz von der Einfalt der Willkür gelöst werden, um Denken und Sprechen wenigstens der Idee nach auf Augenhöhe mit der Gestaltungsmacht der Symbolsysteme generalisierter Kommunikation zu bringen.

Ziel dieses abschließenden Kapitels ist es, am exemplarischen Fall des Machtmediums einige Rekursionen der Symbolisierung zu verfolgen. Dies dient dazu, ein erstes Bild davon zu gewinnen, wohin sich die Symbolsysteme mit gesteigerter Reflexivität und Reflexion entwickeln. Es zeichnet sich ab, dass gegenüber dieser Entwicklung der Symbolsysteme das Denken ins Hintertreffen gerät und die Kontrolle über die elaborierten Symboliken verliert. Auch wenn vorerst kein Ausweg aus diesem Dilemma erkennbar ist, so wäre doch schon einiges gewonnen,

3 Luhmann 1997a: 965.

REKURSIONEN DER SYMBOLISIERUNG

wenn die vorherrschenden Kontroll- und Steuerungsphantasien damit
erschüttert werden könnten.

I

Die Thematik der Willkür begleitet die Reflexionstheorien der Moderne
seit ihren Anfängen bei Machiavelli und Hobbes, nachdem schon in
der griechischen und römischen Klassik die Problematik der Willkür
aufgebrochen und nur mühsam durch den prekären Rekurs auf eine
transzendente Ordnung unter Verschluss gehalten werden konnte.[4] Die
gesellschaftsgeschichtliche Reifung der Funktionssysteme zu autonomen, operativ geschlossenen Kommunikationssystemen setzt sie endgültig der Wucht einer *nur* noch autologischen Selbstbegründung aus.
Sie gründen auf Willkür, weil nicht eine einzige traditionale, rationale
oder sonstige Begründung der Kritik standhält.

Anstatt dies zu beklagen und nochmals die verzweifelten Bemühungen der Klassiker zu rekapitulieren, diese anstößige Blöße zu verdecken,
stünde es einer Gesellschaftstheorie der Gegenwart gut an, die Exposition von Willkür als Fundament der Systembildung nicht nur zähne-
knirschend hinzunehmen, sondern als Befreiung von einem falschem
Dasein in den Illusionen der Sicherheit und der Wahrheit zu verstehen.

Es gibt weder Sicherheit noch Wahrheit, das ist der Ausgangspunkt.
Die Frage an die Gesellschaftstheorie ist, was zu tun sei, damit dennoch
Gesellschaft möglich ist. Eine der Antworten, die die Symboltheorie
zu geben vermag, verweist darauf, dass weder das Denken noch die
Sprache noch die Kommunikation Sicherheit geben und Wahrheit erzeugen können, weil sie ausnahmslos auf Willkür gründen, dass aber
als funktionales Äquivalent für Sicherheit und Wahrheit nun das geordnete Zusammenspiel der Symbolsysteme tritt. Sie führen die operative
Autonomie und Selbstbegründung ihrer Identität, also die Willkür ihrer
Eigenordnungen, zu einer nicht mehr willkürlichen Ordnung der Konjektionen der Symbolsysteme zusammen, und es ist diese emergente
Ordnung des Ganzen, der Trias von Bewusstsein, Sprache und Kommunikation, die den Schritt von der Willkür zu einer kontextsensitiven,
verschränkten und sich selbst stabilisierenden Architektur vollzieht.

Diese Ordnungsbildung durch resonante Fluktuationen ist keineswegs singulär und auch nicht auf Sinnsysteme beschränkt. Sie ist
vielmehr Grundprinzip der Ordnungsbildung komplexer dynamischer
Systeme. Von den Fällen präbiotischer und organischer Systeme unterscheidet sich der Fall sinnkonstituierter Systeme darin, dass die Konstellation von Bewusstsein, Sprache und Kommunikation mit den singulä-

4 Luhmann 1997 a: 959.

ren Fähigkeiten der Intentionalität und Futurität die einfache Evolution überwindet, aber damit auch den Halt verliert, den die Evolution als Letztbegründung gibt. Sinnsysteme müssen ihre Letztbegründung jenseits der Evolution selbst erfinden. Vom Makel der Willkür jeder dieser Begründungen können sie sich nicht befreien. Also müssen sie den vermeintlichen Mangel zum Prinzip erheben und ihre Ordnung darauf gründen, dass es keine relevanten und keine verbindlichen externen Ordnungsideen gibt, die als Modell der Eigenordnung dienen könnten.

Ein spezieller Aspekt dieses allgemeinen Prinzips der Ordnungsbildung durch Fluktuationen ist Ordnung durch Rekursionen. Rekursionen sind spezifischer insofern, als sie selbstreferentiell auf bereits bestehende Mechanismen, Prozesse etc. oder insgesamt auf die sich in den bestehenden Strukturen, Prozessen und Regelsystemen ausdrückende Identität des Sinnsystems beziehen und Ordnung als selektive Verknüpfung bestehender Komponenten generieren.

Die Evolution scheint sich damit zu begnügen, lokale Regeln zu nutzen, um beeindruckende emergente Systemqualitäten hervorzubringen. Reflexion und reflektierte Rekursionen schließen neben den lokalen Regeln auch globale (systemische) Regeln ein, können sich also auf die Identität des Systems insgesamt beziehen, was im Kontext bloßer Evolution vermutlich keinen Sinn macht. Kommunikation über Kommunikation, ein Spielen des Spielens, das Kaufen von Geld etc. nutzen also nicht nur die bestehenden Komponenten zu höherstufigen Verknüpfungen dieser Komponenten, vielmehr greifen diese Rekursionen auf ein sinnhaftes Verständnis, ein Bild oder eine leitende Idee des jeweiligen Symbolsystems zurück, um eine Leistungssteigerung *in der Logik des Systems* zu erreichen. Es ist diese Steigerung einer bereits artifiziellen Symbollogik, die den beteiligten beobachtenden Personen als vertiefte Entfremdung erscheinen muss und das Gefühl einer wachsenden Distanz trägt, obwohl die Rekursionen ohne eine Beteiligung der Bewusstseine nicht vom Boden abheben.

Zumindest aus der Sicht des Bewusstseins ist unverkennbar, dass rekursive Steigerungen der Symbolik eines Sozialsystems die Autonomie und Intransparenz des Systems vertiefen. Die Ordnungslogik der Symbolsysteme entfernt sich noch weiter von den Ordnungslogiken des Bewusstseins und der Sprache. Die Differenzen werden unübersehbar und nichts kann die alte Prätention halten, die Logik der Symbolsysteme der Kommunikation ließe sich auch nur entfernt auf Plausibilitäten des Bewusstseins oder der Sprache zurückführen. Tatsächlich bleiben nur Willkür und eine Eigenlogik, die sich nach einem beliebigen Anfang ihre eigene Pfadabhängigkeit schafft und diese in weiteren Stufen der Rekursion zu der scheinbar ehernen Ordnung des Systems ausbaut. Die Willkür des Anfangs wird durch Geschichte und Praxis schnell in Notwendigkeiten transformiert. Dennoch bleibt eine merkwürdige

Schwäche externer Legitimität, die jedes Funktionssystem und, weit schwieriger, auch noch die Gesellschaft insgesamt durch Selbstlegitimierung kompensieren muss.

Das Beispiel des politischen Systems zeigt die Problematik am deutlichsten, weil Politik unmittelbar ihre Legitimität vorweisen muss, um Abnahmebereitschaft für ihre Entscheidungen zu generieren. Im Übergang zur Moderne wird der Zusammenbruch der alten Legitimitätsformeln offenbar. »Im politischen System beginnt die moderne Reflexion mit dem Übergang vom mittelalterlichen zum modernen Souveränitätsbegriff, der nicht mehr nur die Unabhängigkeit im Verhältnis zu Reich und Kirche, sondern die Einheit der Staatsgewalt in einem Territorium zu erfassen sucht. Es scheint, dass in der Praxis der obersten Staatsgewalt, die durch keine andere Gewalt gezwungen werden kann, ein Moment der (rechtsfreien) Willkür nicht vermieden werden kann.«[5] Diese nun offenbar werdende Willkür veredelt Machiavelli zum Begriff der Staatsräson, Hobbes zum Begriff des in einen Gesellschaftsvertrag eingeschlossenen Herrschaftsvertrages, Corasius, Hobbes oder Bodin zum Begriff der Souveränität. All dies löst das Problem der Willkür des Ganzen in keiner Weise, sondern verdeckt die Paradoxie der Legitimität nur temporär und nur für ungenaue Beobachter.

Die genauen Beobachter sehen dafür umso mehr. Sie sehen zwar nicht, was das Symbolsystem selbst beobachtet, aber sie sehen, *wie* das Symbolsystem der Politik seine eigene Symbolik rekursiv als Einheit behandeln kann und wie es sein eigenes Operieren an der Symbolik der Einheit ausrichtet. Mit Hilfe dieser Beobachtung des Beobachters können Personen, etwa Philosophen, Staatstheoretiker oder Rechtsgelehrte, aber auch Pädagogen wie Rousseau oder reflektierte Praktiker der Politik wie die amerikanischen Föderalisten, eigene Modelle der Einheit der Politik entwerfen und mit den in der Politik beobachteten Operationsmodi kontrastieren.

Die Entwicklung der Reflexionstheorien der Politik reagiert so auf die grundlegende Verlegenheit des Politiksystems, das die Willkür seiner Begründung zugeben und zugleich in autonomen Festlegungen seiner Operationspfade wieder invisibilisieren muss.[6] Von Hobbes Herrschaftsvertrag durch unterstellten Gesellschaftsvertrag bis zu Rawls Schleier der Ignoranz imaginiert das Denken eine Situation ursprünglicher Nicht-Willkürlichkeit, um der radikalen Willkür der Fundierung der Politik zu entkommen. Die Begründungen von Hobbes bis Rawls taugen wenig, weil sie selbstverständliche oder verbindliche Werte postulieren, die es nicht gibt. Aber sie *bewirken* etwas sehr Wesentliches: Sie setzen eine performative Selbststeuerung der Politik in Gang, in der ein prospektives

5 Luhmann 1997a: 965.
6 Teubner 1999: 200 ff.

Modell humaner und liberaler Ordnungsbildung die Maßstäbe setzt, der sich die zögerliche Realität absolutistischer oder paternalistischer Staatsordnung dann doch annähert. Die Realität der Operationsform der Symbolsysteme beginnt die Theorien der Denker zu imitieren, völlig unabhängig vom Realitätsgrad oder von der Validität der Theorie. So schafft sich die Politik im Nachhinein eine legitime Basis, indem sie sich konstitutionalisiert. Sie gibt sich nach ihren eigenen Operationsregeln eine Verfassung, in der sie sich der prozeduralen Rationalität einer Legitimation durch demokratische Verfahren unterwirft und so ihren Ursprung in der Willkür vergessen macht. Im Nachhinein fügt sich die Realität dem Modell. Die Symbolsysteme, die diese Realität ausmachen, belegen damit, dass sie als Systeme beobachten und lernen können. In den Zyklen und Rekursionen der Reflexion behandeln sie ihre systemische Identität als kontingent, mithin als Größe, die unterschiedlichen Herausforderungen und unterschiedlichen Leitideen angepasst werden kann. In dieser Realisierung von Kontingenz tritt die durch Ordnungsbildung verdrängte Seite der Willkür auf der Seite der Ordnungsbildung wieder in Erscheinung. Jede Ausprägung von Ordnung ist möglich, wenn es denn die Mehrheit oder eine qualifizierte Mehrheit so will. Die fundierende Willkür lässt sich nicht endgültig aus dem System vertreiben. In irgendeiner Falte des Systems taucht sie wieder auf und pocht darauf, dass Sicherheit und Wahrheit Illusionen einer magischen Weltsicht bleiben.

Im Ergebnis könnte man für die Moderne von einer Springprozession sprechen, in der sich die rekursive Konstruktion von Absicherungen und Gewissheitsäquivalenten – besser: von Risikomodellen und Formen des Umgangs mit Ungewissheit – auf der einen Seite abwechselt mit der Wiederentdeckung basaler Unsicherheit und Ungewissheit auf der anderen Seite. Daraus resultiert eine gestufte, verschachtelte Architektur von Gewissheitsäquivalenten, die auf den Zusammenbruch einer Ordnungsform und auf die Auflösung von Gewissheitsfiktionen mit einer nächsten Stufe der Generalisierung und rekursiven Symbolisierung reagiert. Damit bewahrt sich das politische System der modernen Gesellschaft in seinen Ordnungsmodellen davor, sich der ursprünglichen und letztlichen Ungewissheit, der Gewissheit der Willkür, auszusetzen. Dass jede einzelne Ebene und die Architektur der Symbolsysteme insgesamt auf Unmögliches gerichtet ist – auf die Negation von Willkür –, bleibt somit invisibilisiert. Jede Krise der Gewissheiten führt nur dazu, dass sich ein weiterer Ring symbolischer Generalisierung um die Funktionssysteme legt und ein neues Bollwerk gegen Ungewissheit und Unordnung schafft.[7]

Nicht nur im Fall des politischen Systems haben Reflexionstheorien

7 Willke 2003 b: 321 f.

die Aufgabe, die fundamentale Willkür der Operationsweise der Funktionssysteme handhabbar zu machen. Dies meint, dass sie die Willkür weder ganz wegoperieren noch ganz offenlegen können, sondern für das System im jeweiligen gesellschaftsgeschichtlichen Kontext eine Balance zwischen diesen Extremen finden müssen, die für das System auszuhalten ist. Wie schwierig diese Balance ist und wie hartnäckig sich archaische Mythen halten, zeigt beispielhaft die Debatte um die Frage, ob die gegenwärtig zu ratifizierende europäische Verfassung eine religiöse Formel enthalten soll oder nicht. Selbst im 21. Jahrhundert scheint die reine Positivität des Rechts keine hinreichende Fundierung der Politik abgeben zu können. Weder das Ende der alteuropäischen Politik noch die Selbstlegitimierung des Staates scheinen für Theorie und Praxis der Politik akzeptable Hypothesen zu sein und in ihren Augen eine Autopoiese des Rechts zu tragen.[8]

Dennoch sind es solche Hypothesen, die auf dem Hintergrund einer unaufhaltsamen Säkularisierung der Moderne eine performative Steuerung der Politik vorantreiben. Zwar scheint es gegenwärtig so, als bewege sich mit Globalisierung und Wissensbasierung der Gesellschaft die Realität schneller als ihre Reflexionstheorien. Aber ein genauerer Blick zeigt, dass Gesellschaftstheorie und politische Theorie doch weitreichende Ideen zu Modellen von Weltgesellschaft und Wissensgesellschaft anzubieten haben, die grundlegende Auswirkungen auf Rolle und Funktion der Politik implizieren. Auch die Problematik von Willkür und Legitimität kommt damit erneut auf den Seziertisch. Sie wird Schockwellen der Verunsicherung auslösen, nachdem eine gewisse Beruhigung der Legitimitätsfrage dadurch erreicht worden ist, dass die prozedurale Rationalität einer Legitimität der Legalität breit akzeptiert ist und nur noch Kommunitariern und Fundamentalisten Angst und Schrecken einjagen kann.

Jede brauchbare Begründung für Legitimität ist ein weiterer Backstein in dem Wall, der den Ansturm der Willkür abwehren soll. Insofern müssten Derivate der Legitimität der Politik willkommen sein als Bundesgenossen für ihre Hauptaufgabe, kollektiv verbindliche Entscheidungen plausibel zu begründen und für Abnahmemotive zu sorgen. Aber so geradlinig ist dieses Spiel der Relationierungen nicht. Da unter den Kautelen der Wissensgesellschaft die relevanten Derivate der Legitimität für die Politik aus dem Symbolsystem des Wissens kommen, treffen unterschiedliche Symbollogiken aufeinander. Nach den Modellvorstellungen der funktionalen Differenzierung und der damit verbundenen operativen Autonomie muss dieses Zusammentreffen geradezu zwangsläufig als Kollision gewertet werden – es darf nicht in ein zwangloses Spiel der Kollusion übergehen.

Um diese Blockade aufzuheben, sind an mehreren Baustellen Nach-

8 Luhmann 1981 d; 1988 b; Teubner 1989.

besserungen zu leisten. Heikel ist vor allem die notwendige Revision des gesellschaftlichen Ordnungsprinzips der funktionalen Differenzierung, das weitgehend übereinstimmend als dominantes Strukturmodell moderner Gesellschaften verstanden wird. Ohne Zweifel bleibt auch in den Veränderungsprozessen der Globalisierung und Wissensbasierung der Primat funktionaler Differenzierung erhalten. Der Exodus der lateralen Weltsysteme aus den Grenzen des Nationalstaates belegt, wie deutlich sich die neuen globalen Kontexte an die Leitlinien funktionaler Differenzierung halten. Dennoch verschieben sich die Bedingungen der Möglichkeit der Differenzierung, weil die komplementären Voraussetzungen für die Integration des Ganzen prekärer und unwahrscheinlicher werden. Differenzierung sprengt ein System, wenn sie die systemischen Fähigkeiten überfordert, das parzellierte Ganze zu reintegrieren.[9] Der Primat funktionaler Differenzierung ist beherrschbar, solange er in die Grenzen nationalstaatlich organisierter Gesellschaften eingebunden ist und es der Kompetenzkompetenz der Politik gelingt, alle anderen Funktionssysteme auf die Einheit der Gesellschaft zu verpflichten.

Die neuen globalen Kontexte haben diese integrierende Kraft nicht, und es ist zweifelhaft, ob es auf globaler Ebene funktionale Äquivalente zum Nationalstaat geben wird oder geben soll. Dies zwingt die lateralen Weltsysteme dazu, an die Stelle der Einbindung in den Nationalstaat Regeln der *Selbstbindung* zu entwickeln, die sie zu brauchbaren Umwelten für andere Systeme machen, für Kompatibilitäten sorgen und der einäugigen Expansion der Weltsysteme die Idee einer geteilten Identität des Ganzen entgegensetzen. Solche Regeln sind erkennbar und sie beginnen zu greifen. So setzt das globale Finanzsystem seiner besinnungslosen Expansion selbst Grenzen, indem es mit den Regeln des Basler Akkords (Basel II) Grundsätze für die Bewertung und Absicherung von Risiken schafft, die international gelten und den Wettbewerb vergleichbaren Bedingungen unterwerfen. Für den globalen Welthandel setzt die WTO in ihren Streitschlichtungsverfahren eigene Regeln, die einen fairen Interessenausgleich ermöglichen sollen und die sich in der Praxis der Streitschlichtung tatsächlich einen hohen Grad von Anerkennung und Legitimität erworben haben. Das Weltsportsystem gibt sich Regeln gegen Dopingmissbrauch, an die sich inzwischen sogar die USA gelegentlich halten.

Sicherlich ist dieser zweite Prozess der (nun globalen) Zivilisierung weder flächendeckend noch abgeschlossen. Aber die für den ersten Prozess der Zivilisierung von Norbert Elias hervorgehobene Verlagerung von Außenzwang oder Fremdzwang zu Selbstzwang[10] ist als Verlagerung von nationalstaatlicher Zwangssteuerung zu globaler

9 Willke 1978.
10 Elias 1977.

Selbststeuerung in Gang gekommen und zum Grundmodell von *global governance* avanciert. Dies bedeutet, dass die lateralen Weltsysteme in den Prozessen notwendiger globaler Abstimmung und Reintegration sich nicht mehr als die einäugigen Barbaren gegenübertreten, als die sie aufgebrochen sind. Sie beginnen, sich selbst zu zivilisieren, weil sie ahnen, dass dies unabdingbar ist, um der barbarischen Kolonialisierung der Zukunft eine Zivilisierung der Zukunft entgegenzusetzen.

Mit der Thematik der Zivilisierung der Zukunft ist eine Idee angerissen, die dazu taugt, eine neue Grundlage für die Legitimität sinnkonstituierter Systeme zu schaffen. Systeme von Atomen bis zu Organismen, die an die einfache Evolution gebunden sind, brauchen keine Legitimation. Wenn sie ihre Legitimität begründen müssten, dann würde es ausreichen, auf die Gesetze der Evolution zu verweisen: In der Gegenwart existieren die Systeme als legitime, die sich nach den Regeln der Evolution in der Vergangenheit als erfolgreich erwiesen haben. Diese rein temporale Legitimität lässt sich für sinnkonstituierte Systeme nutzen. Sie sind mit den außerordentlichen Fähigkeiten der Intentionalität und der Futurität ausgestattet, können also Ziele verfolgen und sich Zukunft vorstellen und so, zusammengenommen, sich das Ziel setzen, optionale Zukünfte oder optionale zukünftige Welten zu realisieren. Sehen wir einen Moment davon ab, wie schwierig es ist, solche Ideen der Steuerung in der Praxis hochkomplexer Systeme umzusetzen, dann kommt zum Vorschein, dass auch für postevolutionäre Systeme der Kern der Legitimität in der Zeitdimension verortet ist. Sie legitimieren sich allerdings nicht mehr aus einer gelungenen Vergangenheit, sondern aus einer möglichen Zukunft.

Gestützt wird diese These durch die Einsicht, dass in der Sachdimension jede mögliche Begründung von Legitimität als gescheitert angesehen werden muss. Es gibt keine allgemein gültigen Inhalte, Werte oder Normen, keine allgemein gültigen Interessen, keine global verbindliche Moral, nicht einmal eine global gültige Idee der Gerechtigkeit. Die ebenso rührenden wie anmaßenden Versuche zu einer globalen Ethik sind nur die Sandkastenspiele alter Männer, die es sich leisten können, unverbindlich zu sein.[11] Bereits die Modelle formaler Demokratie und insbesondere die Institutionalisierung des positivierten Rechts verlagern deshalb die Bürde der Legitimation von der Sachdimension in die Sozialdimension: Legitimität folgt aus formaler Mehrheit. Die Mehrheit definiert, was als legitim gilt, wenn die dazu gehörigen Regeln prozeduraler Rationalität eingehalten worden sind.

Es wäre vermessen anzunehmen, dass diese in der Sozialdimension rein formal und prozedural definierte Legitimität auch dem Ansturm der organisierten Komplexität einer sich globalisierenden Wissensge-

---

11 Zur Kritik siehe Fischer-Lescano 2003.

sellschaft standhalten könnte. An vielen Stellen drängt sich den unterschiedlichsten Beobachtern auf, dass weitreichende und komplizierte Systemprobleme nicht nur nach formalen Mehrheiten entschieden werden sollten. Damit kommen vor allem Wissen und Expertise als Derivate der Legitimität ins Spiel. Diese Rückverlagerung in die Sachdimension der Legitimität ist alles andere als eine bloße Rückkehr. Denn inzwischen ist die Basis sachlicher Richtigkeit oder Brauchbarkeit ausgewechselt. Nicht mehr Moral oder Ethik, sondern Wissen und Expertise sind die relevanten Parameter für eine abgeleitete Legitimität.

Allerdings ist auch Expertise ein fragiles Gut. Zu jedem Wissen gibt es Alternativen und Revisionen und zu jeder Expertise Gegenexpertise. Dies ist keine Schwäche, sondern eine Stärke des Mediums Wissen als Ressource für Legitimität. Weil Wissen, anders als in der Regel Moral und Ethik, nicht mit Absolutheitsanspruch auftritt, sondern von vornherein auf laufende Revisionen seiner selbst setzt, entspricht es einer Logik der Instabilisierung und laufenden Revision politischer Macht etwa durch Wahlperioden oder durch die Begrenzung von Amtszeiten. Wissen schafft also keine endgültige Legitimität, sondern nur vorläufige und zeitlich bis zur Revision des Wissens begrenzte Argumente. Dies macht Wissen für die zeitliche Begrenzung von legitimer Macht attraktiv.

Kommt so die Sachdimension wieder zu Ehren, wenngleich in anderer Besetzung, so verlagert sich das Drama der Legitimität insgesamt doch in die Zeitdimension. Schon die formalen Regeln demokratischer Entscheidungsfindung wie auch die Regeln der kontinuierlichen Revision geltender Expertise fokussieren in einer bemerkenswerten Klarheit und Stringenz auf die Bedeutung von Zukunft. Weil die Regeln der Wahlperioden dafür sorgen, dass errungene Mehrheit und Macht in einer bestimmten Zukunft nicht mehr gelten sollen und nach Ablauf einer bestimmten Zeit neu zu bestimmen sind, bricht das zukünftig Mögliche in die Gegenwart ein und begründet in der Gegenwart Legitimität: Die Macht der Mehrheit ist legitim, weil die Mehrheit damit rechnen und akzeptieren muss, in der nächsten Wahl zur Minderheit zu werden. Weil die Regeln für die Revision geltender Expertise dafür sorgen, dass ein geltendes Wissen von einem zukünftigen Wissen ersetzt wird, wenn neue Einsichten, Evidenzen und Ergebnisse vorliegen, ist geltende Expertise immer schon im Lichte ihrer künftigen sicheren Revision paradox konstituiert. Sie ist wirksam (in der Gegenwart), weil sie unwirksam ist (in der Zukunft), und ihre Wirksamkeit beruht darauf, dass erkennbar und nachvollziehbar ist, unter welchen Bedingungen sie unwirksam wird.

Brisant wird diese Fundierung für Legitimität dort, wo Sachdimension und Zeitdimension zusammenspielen. Die Idee einer Zivilisierung der Zukunft zielt darauf, Gründe für Legitimität daraus abzuleiten, dass gegenwärtige Entscheidungen nicht die Gegenwart in die Zukunft extrapolieren, sondern dass eine bestimmte Qualität zukünftiger Realität die Leitlinie für gegenwärtiges Entscheiden abgibt. Dies ist schwieriger und voraussetzungsreicher, als auf den ersten Blick erkennbar. So sind die Vorstellungen über Nachhaltigkeit oder die Idee einer gegenwärtigen Übernahme von Verantwortung für zukünftige Generationen seit einiger Zeit in der Diskussion, aber es bleibt trotz aufwändiger Wissensbasierung etwa des Brundtland-Reports oder ähnlicher Berichte[12] unklar, was relevante politische Konsequenzen sein könnten und wie derartige Modelle möglicher Zukunft gegenwärtiges politisches Entscheiden verändern. Dies sollte vor allzu luftigen Erwartungen warnen und skeptisch gegenüber Versuchen machen, mit einfachen oder fertigen oder singulären Modellen die Welt zu retten.

Tatsächlich bleiben politische Entscheidungen auch und gerade in Arenen globaler Gouvernanz komplexe, langwierige und auf kontinuierliche Revision hin angelegte Prozesse. Je mehr aber die lateralen Weltsysteme nach den Prinzipien von Föderalität und Subsidiarität ihre Fähigkeiten zur Selbststeuerung aktivieren und die Entscheidungslast der Politik reduzieren, und je mehr die politischen Systeme sich auf die Kernaufgaben der Politik beschränken, auf die Herstellung der essentiellen Kollektivgüter, desto realistischer wird die Vorstellung, dass Zukunft überhaupt noch durch Kollektiventscheidungen gestaltet wird, anstatt verbaut zu werden. Für diese Problematik hat eine soziologische Steuerungstheorie einen Betrag zu leisten. Sie muss ihn leisten, weil sie die einzige Disziplin ist, die das Ganze der Gesellschaft im Blick hat; und sie kann ihn leisten, wenn sie sich dazu versteht, die Logik der Symbolsysteme als Kern einer eigenständigen Realität zu betrachten, die im Zusammenspiel mit der ganz anderen Logik von Personen eine mehrschichtige Welt konstituiert, die sich nicht auf die Handlungsrationalität von Personen reduzieren lässt.

Nutzt man das Projekt einer Zivilisierung der Zukunft dazu, in der Zeitdimension ein Derivat der Legitimität zu gewinnen, so verstärkt dies in paradoxer Weise das Problem der Willkür. Auf der einen Seite beschränkt dies die Willkür der Gegenwart, indem die von einer zukünftigen Realität gesetzten Restriktionen, Pfadabhängigkeiten, Kontextbedingungen etc. auf die Gegenwart zurückschlagen, also Handlungsoptionen und Entscheidungsmöglichkeiten kanalisieren. Noch mehr als die üblichen Extrapolationen und Anpassungen führen dann die aus der Zukunft abgeleiteten Zwänge dazu, dass alles möglich erscheint, aber keine Veränderung der vorgegebenen Trajektorien durchsetzbar ist. Die Zwänge des Faktischen setzen der Willkür des Normativen engste Grenzen.

12 Global 1980.

Andererseits aber ist nichts willkürlicher als die Zukunft, genauer: als die Vorstellungen möglicher Zukünfte. Jede Einschränkung dieses Reichtums an Optionen durch Modelle von Nachhaltigkeit, zivilisierter Zukunft, ökologischer Vernunft etc. setzt sich dem Einwand aus, unter dem Deckmantel von kognitiver Expertise normative Positionen einzuschmuggeln, solange der relevanten Expertise nicht der Status temporär unbestrittener Professionalität zugesprochen ist. Dies ist die Achillesferse jeder Legitimation durch Expertise. Aber mit einer Ferse als einziger Stelle von Verwundbarkeit lässt sich gut leben, zumal, wenn es keine besseren Angebote zu geben scheint.

Für die politische Praxis aller Stufen einer Mehrebenen-Politik, von der Kommune bis zu globalen Kontexten, bedeutet dies, dass die längst manifesten Prozesse der Einbindung unterschiedlichster Arten von Expertise nicht mehr angemessen begriffen sind, wenn sie schamhaft unter dem Feigenblatt einer »Beratung« der Politik verdeckt werden. Vielmehr sollten Theorie und Praxis der Politik dazu stehen, dass eine gewisse Verlagerung der Legitimität von formaler auf professionelle Rationalität Teil eines Transformationsprozesses ist, der unvermeidlich ist, um die politischen Systeme auf das Anspruchsniveau der Wissensgesellschaft zu bringen. Dies macht es für die Politik schwieriger, sich als eigenständig und autonom zu behaupten. Aber ähnliches gilt für alle anderen Funktionssysteme, die gezwungen sind, sich mit einer vertieften Wissensbasierung stärker von der Ressource Expertise abhängig zu machen. Dabei ist zu berücksichtigen, dass professionelle Expertise nicht mehr das Monopol des Wissenschaftssystems ist, sondern als relevante Praxis vorrangig in den differenzierten und spezialisierten Funktionssystemen und ihren Organisationen selbst hergestellt wird. Dies führt zu Architekturen hochgradig verteilter Intelligenz, dezentral vernetzter Expertise und unübersichtlichen Topologien relevanten Wissens.

Dies wirft viele Fragen auf. Für die Problematik der Reflexionstheorien scheint wichtig zu sein, dass die vertiefte Wissensbasierung aller Funktionssysteme, von der Politik bis zur Familie, vom Schulsystem bis zum Sportsystem, es noch schwieriger macht, die Einheit des Systems zu beschreiben. Zwar bleiben die differenzierten Logiken erhalten, und damit die Leitdifferenzen, Medien, Codierungen, Programmformen etc., die in ihren *Unterschieden* für das Ganze der Gesellschaft Sinn machen. Aber die internen Operationskaskaden, die Strickmuster von Verknüpfungen und Anschlüssen werden von der Ressource Wissen angedickt und voraussetzungsreicher. Die Systeme werden für sich selbst noch intransparenter und erschweren das Geschäft, die Einheit des Systems im System darzustellen. Welche Rechtstheorie ist heute verfügbar, die die Einheit des Rechts darzustellen vermag? Welche Geldtheorie kann die Einheit der Wirtschaft plausibel machen, welche Pädagogik die Einheit des Schulsystems? Nicht umsonst sehen sich die Reflexionstheorien daher in der Defensive und machen den kurzatmigen Partikel-Theorien der Myopiker Platz. Rekursionen der Symbolisierung, die sich auf Einheit und Identität ganzer Systeme richten, haben gegenwärtig wenig Konjunktur. Vielleicht hängt dies auch damit zusammen, dass der zweite Modus von Rekursionen, der Aufbau reflexiver Mechanismen der Symbolisierung, zur gleichen Zeit heiß läuft. In dieser Hinsicht scheinen Globalisierung und Wissensbasierung einen Wachstumsschub ausgelöst zu haben, der die innere Dynamik und Differenziertheit der Symbolsysteme der Kommunikation steigert – und gerade deshalb den Überblick über das Ganz so diffizil macht.

## II

In der Trias von Bewusstsein, Sprache und Kommunikation ist das Denken die auffällige Schwachstelle reflexiver Rekursionen der Symbolik. Ein Denken des Denkens lässt sich noch denken, aber weitere Rekursionen machen eher schwindelig. Auch die Sprache als *langue* bietet wenig Ansatzpunkte für reflexive Mechanismen. Fasst man die Sprache als Zeichensystem, dann sind allerdings vielfältige Stufen der Symbolisierung von Zeichen erkennbar, vor allem in den Zeichensystemen der Schrift und deren Steigerung in Kalligraphien aller Art. Demgegenüber ist die Kommunikation als Symbolsystem offenbar anders gebaut. Sie erlaubt im Prinzip jede Stufung reflexiver Rekursionen, auch wenn dies für Kommunikation auf der Basis von Sprache oder Schrift schnell keinen Sinn mehr zu ergeben scheint. Metakommunikation und selbst noch die Kommunikation über Metakommunikation sind in ihrem Sinn noch ohne weiteres einsichtig, aber jede weitere Steigerung erscheint eher als künstliche Spielerei.

Die symbolisch generalisierten Medien der Kommunikation setzen sich über diese Beschränkungen hinweg. Da symbolische Rekursionen bei Prozessen, Komponenten oder Mechanismen der Kommunikationsmedien Leistungspakete schnüren, die den Sinn haben, noch kompaktere, schnellere und stärker vorgefertigte Kommunikationssequenzen zusammenzufügen und als Module verfügbar zu machen, sind den Steigerungen keine prinzipiellen Grenzen gesetzt. Die Medien der Funktionssysteme zeigen allerdings deutliche Unterschiede darin, wie leichtgängig weitere Stufen der rekursiven Symbolisierung erfunden und realisiert werden. Die klassischen Medien wie Macht, Wissen, Geld und Liebe sind offenbar hochgradig steigerbar, während etwa Glaube (für das Religionssystem) oder Leistung (für das Sportsystem) engen Grenzen der Steigerung unterliegen. Ein Sonderfall ist Wissen insofern, als es in der klassischen Form als »Wahrheit« (für das Wissenschaftssystem) bestenfalls einer Steigerung durch Erkenntnistheorien zugänglich ist: Eine wahrere Wahrheit oder eine Wahrheit der Wahrheit sind schwer vorstellbar. Substituiert man dagegen Wissen für Wahrheit (dann allerdings nicht nur für das Wissen*schafts*system, sondern für *jedes* Wissen generierende Expertisesystem), dann öffnet sich das Feld für vielfältige Rekursionen des Wissens.

Um den Mechanismen und Logiken der rekursiven Steigerung der Symbolisierung auf die Spur zu kommen, werden im folgenden das Medium Macht und die Symbolsysteme organisierter Macht beispielhaft herangezogen, um die Voraussetzungen und Folgen der Steigerung kommunikativer Kompetenzen durch die Rekursionen der Symbolsysteme zu beleuchten. In einem zweiten Schritt sind dann einige Folgerungen für die Steuerungsleistungen des Rechts als Symbolsystem zu ziehen.

(a) *Macht* als Symbolsystem und Kommunikationsmedium hat eine lange Geschichte. Hier wird es nur in seiner modernen Ausprägung als Medium des politischen Funktionssystems moderner Gesellschaften betrachtet. Medium und Funktionssystem sind von Luhmann ausführlich behandelt worden,[13] so dass zur Kontextuierung zwei Markierungen genügen sollen. Zum einen ist die Verankerung des Mediums im »symbiotischen Mechanismus« der physischen Gewalt wichtig.[14] Zum anderen ist es die Aufgabe des Machtmediums, Funktion und Leistung des politischen Systems für die Gesellschaft kommunikativ abzusichern. Die Leistungen der Politik bestehen darin, für alle anderen Funktionssysteme die erforderlichen kollektiv verbindlichen Entscheidungen bereitzustellen, also etwa für das Schulsystem die allgemeine Schulpflicht oder für die Ökonomie die allgemeine Vertragsfreiheit durchzusetzen. Die Funktion der Politik für die Gesellschaft ingesamt ist darin zu sehen, durch die Prozessierung kollektiv verbindlicher Entscheidungen die Gesellschaft handlungsfähig zu halten.[15] Handlungsfähigkeit meint, dass die Politik die Gesellschaft dadurch vor sich selbst schützt, dass sie alle Ausübung von legitimer Gewalt und Macht auf die Bahnen politischer Prozesse zwingt, sie also monopolisiert und in der geregelten Form prozeduraler Rationalität wieder zur Verfügung der Gesellschaft stellt.

Die Symbolik politischer Macht kann und will ihre Herkunft von Mythos und Magie nicht verleugnen. Im Gegenteil: Selbst noch die politischen Systeme der modernsten und rationalsten Gesellschaften inszenieren sich selbst im Stil magischer Feste. An die Stelle des Totems tritt die Riesenprojektionswand, an die Stelle des magischen Zaubers

---

13 Luhmann 1971b; 1973; 1975a; 1981b; 1984b; 1998.
14 Luhmann 1981a: 228ff.
15 Politik garantiert die »Möglichkeit kollektiven Handelns bei nicht vorauszusetzendem Konsens«. Scharpf 1971: 1.

die märchenhafte Transformation von Trivialitäten in medial exaltierte Ereignisse. All dies macht dem Publikum eine Politik nachvollziehbar, die ihre vordergründige Symbolik medialer Magie benötigt, um die hintergründige Symbolik des Machtmediums davor zu bewahren, an den harten Grenzen der Verarbeitungsfähigkeit des Bewusstseins zu scheitern.

An diesem kritischen Punkt der Funktionsfähigkeit der Politik erweist sich, dass die Konjektionen der Symbolsysteme Bewusstsein und Kommunikation nicht mehr rund laufen, sondern Turbulenzen der Zeichenströme dadurch entstehen, dass die Stufen der rekursiven Symbolisierung nicht mehr zueinander passen und nicht mehr aneinander anschließen. Je weiter sich die Medien von ihren konkreten, fassbaren »symbiotischen« Grundlagen entfernen und sich in abstrakte Höhen schrauben, desto prekärer wird die Verbindung zwischen den Symbolsystemen des Bewusstseins und der Kommunikationsmedien. Zugleich haben sich die Funktionssysteme der Moderne bemerkenswert erfolgreich auf diese Erschütterungen der strukturellen Kopplungen eingestellt und operieren, als ob nichts passiert wäre – auch die Politik.

Dass ein großer Teil der Wahlbevölkerung weder das Wahlsystem versteht, noch die Parteien unterscheiden kann, noch den gewählten Kanzler kennt; dass ein noch größerer Teil der Bürger die politischen Streitfragen überhaupt nicht versteht oder gründlich missversteht etc., all dies scheint das Funktionieren der Politik nicht weiter zu stören. Die robuste »Intelligenz der Demokratie« (Lindblom) setzt sich auch gegenüber diesen Hindernissen durch. Dennoch können weder Gesellschaftstheorie noch politische Theorie der Frage ausweichen, welche Folgen die partielle Entkopplung von Bewusstsein und Symbolsystemen mit sich bringen und welcher Verlauf die Dialektik zweier Prozesse annehmen wird, deren Widersprüchlichkeit bislang beherrschbar erschien: einerseits die Entlastung durch eine Leistungssteigerung der Medien und andererseits die Belastung durch eine kognitive Überforderung der Personen, die den hochgetriebenen Rekursionen der Symbolsysteme nicht mehr folgen können.

Reflexive Rekursionen der Mediensymbolik steigern die bereits hoch generalisierten und aggregierten Symbole der Medien, indem die Symbole sich auf sich selbst beziehen und so die Distanz zu möglichen Verankerungen in körperlich greifbaren und sinnfälligen Realitäten ebenso vergrößern wie den Grad der potentiellen Entfremdung zwischen Lebenswelt und Symbolwelt. Die Organisierung und Verdichtung von Macht im Modell der *Hierarchie* steigert die Reichweite, Durchschlagskraft und Zentralisierbarkeit von Macht erheblich. Dies zeigt sich etwa im Vergleich mit den einfacheren Modellen der Despotie (einer entscheidet) oder der direkten Demokratie (alle entscheiden) vor allem darin, dass nun auch untergeordnete Vorgesetzte legitime Macht ausüben können und so eine Dekomposition der Macht möglich wird, ohne dass dies in Anarchie oder Chaos ausartet. Allerdings steigert Hierarchie auch den Grad an Entfremdung aller Machtunterworfenen, einschließlich des obersten Chefs, weil nun alle erfahren müssen, dass ihre Intentionen und Entscheidungen im System ein ungewisses Schicksal haben. Was treibt diese prekäre Entwicklung? Die primäre Angst, die jede Kommunikation von Anfang an begleitet, ist die Angst vor Ablehnung des Kommunikationsangebotes. Selbst ein Gott müsste diese Angst haben, denn Eva könnte ja nein zu dem kommunizierten Gebot sagen. Je artifizieller eine Kommunikation in den Stufen ihrer Symbolisierung wird, desto unwahrscheinlicher wird die Annahme der Kommunikation, desto berechtigter die Angst vor Ablehnung. »Symbolisch generalisierte Kommunikationsmedien entstehen zur Behandlung dieses Bifurkationsproblems, und zwar immer dann, wenn die Wahrscheinlichkeit der Ablehnung von Kommunikationen zunimmt in Situationen, in denen die Annahme der Kommunikation positive Funktionen hätte, also wichtige gesellschaftliche Probleme lösen könnte.«[16] Diese Formulierung Luhmanns verdunkelt das Problem allerdings eher. Denn die Frage ist gerade, was die positiven Funktionen wären und welche gesellschaftlichen Probleme gelöst werden könnten, wenn eine weitere Schleife in der Spirale der Symbolisierung gelänge.

Diese Überlegungen stoßen darauf, dass Rekursionen der Symbolisierung die Lösung eines selbst gestellten Problems der Kommunikation als solcher, also eines der Gesellschaft von der Gesellschaft als Kommunikationszusammenhang selbst gestellten Problems darstellen. Die Lösung funktioniert zunächst. Aber dadurch, dass sie funktioniert, also Kommunikationen beschleunigt und verdichtet, verschärft sie gleichzeitig das Problem um eine weitere Umdrehung. Rekursionen der Symbolisierung sind Rekursionen der Abfolgen von Problemen, die sich Lösungen suchen, die ihrerseits zu Problemen werden. Der Despot weiß (im Prinzip), ob seine Kommunikationen angenommen oder abgelehnt werden, und er kann entsprechend reagieren – es sei denn, er heißt Osmin. Der Chef einer hierarchischen Organisation dagegen kann sich zwar im Normalfall darauf verlassen, dass seine Kommunikationen angenommen werden und Legitimität, Autorität und Formalität als rekursive Symbolisierungen seiner Macht dahin wirken, dass im wesentlichen alles weitere routinemäßig funktioniert – das wäre die ›positive Funktion‹.

Damit ist erreicht, dass auch komplexere und unübersichtlichere Problemstellungen, etwa industrielle Massenproduktion von Autos oder die Organisierung der Steuerverwaltung eines Flächenstaates, die die Kompetenzen nur einer Person oder aller gleichgeordneten Personen übersteigen würden, lösbar werden – das wäre die Lösung wichtiger

16 Luhmann 1998: 37.

gesellschaftlicher Probleme. Aber die Kehrseite ist, dass auch der Chef nicht wissen kann, was ein Normalfall ist und wann er vorliegt. Er kann nicht wissen, wann ein Ausnahmefall an irgendeiner Stelle des kompliziert geschichteten Systems Ablehnungen provoziert, und welche Folgen dies für das System haben könnte.

Ein erster Antrieb für rekursive Symbolisierung ist demnach die in die Grundlagen von Kommunikation eingebaute Asymmetrie von Annahme und Ablehnung und der daraus entspringende Druck für soziale Systeme, die Annahme*wahrscheinlichkeit* von Kommunikationsangeboten zu erhöhen. Je wahrscheinlicher die zugrunde liegende Symbolik die Annahme von Kommunikationen macht, desto routinierter, schneller und dichter können Kommunikationspakete gepackt und verschickt werden und desto leichter finden sie Anschluss an andere Kommunikationssequenzen. Ob eine gewissermaßen automatisch ablaufende Verdichtung und Beschleunigung der Kommunikation für eine Gesellschaft und für die an ihr beteiligten Menschen sinnvoll ist, lässt sich soziologisch nicht beantworten. Soziologisch relevant ist, dass eine solche Dynamik beobachtbar ist. In der Perspektive einer Steuerungstheorie führt dies etwa zu der Frage, welche Einrichtungen erforderlich und geeignet erscheinen, um die gesellschaftliche Kapazität der Selbststeuerung an den veränderten Bedarf anzupassen.

Ein weiterer Antrieb für rekursive Symbolisierung lässt sich als das Matthäus-Prinzip der Kommunikation bezeichnen: Je mehr kommuniziert wird, desto mehr Kommunikationen sind möglich. Hier spielen die Verweisungslogik des Protomediums Sinn und die Anschlusslogiken der Medien der Kommunikation so zusammen, dass umso mehr offene Enden und Verweisungsmöglichkeiten entstehen, je mehr Kommunikationen durch Annahme aneinander anschließen. Auch dieser Mechanismus präferiert einseitig die Seite der Annahme von Kommunikation (statt Ablehnung) und drängt soziale Systeme als Kommunikationssysteme in die Richtung einer Verdichtung und Beschleunigung von Kommunikationssequenzen. Diese geraten nur dann nicht ins Stolpern, wenn entsprechende Mechanismen der mehrstufigen Symbolisierung und Generalisierung die Möglichkeiten der Kommunikation so verdichten und beschleunigen, dass die beteiligten Personen noch mithalten können.

Als symbolisch generalisiertes Kommunikationsmedium ist Macht von Anfang an ein Symbolsystem, das Kommunikationen im Themenkreis der Durchsetzung von Entscheidungen gegen Widerstand dadurch verdichtet und beschleunigt, dass die Wahrscheinlichkeit der Annahme entsprechender Kommunikationsangebote nicht nur erhöht wird, sondern für alle Normalfälle geradezu routinemäßig unterstellt werden kann. Kann sich ein Häuptling, König, Priester, pater familias etc. qua Tradition, Glauben, Charisma oder Abstammung auf Symbole der Macht (Insignien, Zeichen, Titel etc.) berufen, dann gelten im Bereich des Routinebetriebs alle seine Entscheidungen als legitim. Über diese Fälle braucht nicht weiter kommuniziert zu werden. Nur für besondere oder gravierende Fälle gelten andere Regeln, etwa Regeln der Anrufung der Götter, des Palavers oder der Gerichtsverhandlung, um der Bedeutung dieser Fälle auch kommunikativ gerecht zu werden.

Man kann sich den Beschleunigungseffekt dieser sozialen Innovation der symbolischen Generalisierung wohl nicht dramatisch genug vorstellen. Dennoch scheint in einer gesellschaftsgeschichtlichen Sicht diese erste Stufe der Symbolisierung die Wirbel der Kommunikation kaum zu beruhigen. Vielmehr scheint jedes Plateau möglicher Kommunikationsdichte nur dazu da zu sein, um als Anlauf für einen weiteren Sprung zu dienen.

Eine erste Rekursion der Symbolik der Macht führt zur *Hierarchie* als organisierter Struktur abgestufter Machtbefugnisse, die in eine Symbolik von *Ämtern* gefasst ist. Die Ämter sind hierarchisch differenziert und gleichzeitig auf jeder einzelnen Ebene generalisiert. Sie bilden als Zusammenhang ein ingeniöses Tableau zugleich differenzierter und generalisierter Entscheidungskompetenzen: Der Amtsinhaber entscheidet in seinem differenzierten, ebenenspezifischen Bereich, aber dort entscheidet er alle relevanten Fragen. Es wird vorstellbar, Bewässerungsanlagen, Pyramiden, eine chinesische Mauer, Kathedralen, Konzentrationslager, stehende Heere, Finanzverwaltungen oder Atombombergeschwader zu errichten. Mit Hilfe reflexiver Symbolisierungen des Machtmediums kommen Leistungen in den Bereich des Möglichen, welche die Fähigkeiten und Kompetenzen einzelner Personen unvorstellbar übersteigen. Die Menschen können nicht mehr wissen, was sie können, wenn sie sich an organisierter Macht beteiligen.

Schon diese erste Rekursion der Machtsymbolik als Hierarchie zeigt die Richtung weiterer Rekursionen an. Sie verläuft entlang der Möglichkeiten der Organisierung machtförmig codierter Kommunikationen, das heißt der Schaffung valider Architekturen organisierter Symbolsysteme der Macht. Diese dienen als Steuerungszentren spezialisierter Sozialsysteme – spezialisiert auf die Produktion systemisch verbindlicher Entscheidungen. Die Organisierung von Macht in immer elaborierteren Organisationsformen jenseits von Hierarchie steigert die Möglichkeiten, in komplexen Kontexten routinisiert und situationsgerecht zu entscheiden.

Immer geht es beim Prozess des Organisierens von Macht darum, Beziehungen zu relationieren, die im idealtypischen ursprünglichen Zustand doppelt kontingent sind, weil beide Seiten einer Kommunikationsbeziehung (sowohl Ego wie Alter) ja *oder* nein sagen können. Jede höherstufige Organisierung von Macht beruht auf Stufen der Relationierung von Relationen. Während die erste Stufe der Bildung des Machtmediums die eigentliche Symbolisierung leisten muss, indem dort die Drohung,

Erwartung oder Unterstellung des Einsatzes physischer Gewalt an ein Zeichen oder ein Symbol gebunden wird, so dass der Verweis auf das Symbol den tatsächlichen Einsatz physischer Gewalt ersetzt,[17] verlieren alle weiteren Stufen der Rekursion immer mehr die Bodenhaftung und setzen sich in die Höhen der symbolischen Relationierung von symbolischen Relationen ab. Sie betreiben damit den Prozess der weiteren Systembildung des Mediums und konsolidieren es in den Routinen, Automatismen, konfirmierten Erwartungsmustern und den vorfabrizierten Kommunikationssequenzen der tief gestaffelten Symbolsysteme, die für die weitere mögliche Kommunikation so viel voraussetzen, dass schwer zu sehen ist, wie das Bewusstsein damit Schritt halten soll.

Die weiteren Rekursionen der Machtsymbolik gründen also darauf, dass es gelingt, elaboriertere Architekturen des organisierten Entscheidens aufzubauen. Die Entscheidungsarchitektur von Hierarchie ist verhältnismäßig einfach, ebenso wie diejenige der verwandten Formen Absolutismus, Despotie, Zentralstaat, Monopol etc. Stärker heterarchisch geformten Architekturen, vom föderalen Verbund bis zur Matrixorganisation, von der Oligarchie bis zur Demokratie, von strategischen Allianzen bis zum Netzwerk,[18] steigern mit dem Grad organisierter Komplexität ihre Kapazität und ihre Kompetenz, mit komplexen Entscheidungslagen adäquat umzugehen und auch in Problemkonstellationen zu Entscheidungen zu kommen, die verlangen, dass hochgradig dezentral verteilte Einflussfaktoren zusammenspielen.

Diese Seite der Rekursionen des Prozesses des Organisierens wird in der Organisationssoziologie ausführlich behandelt, wenngleich in aller Regel ohne Bezug auf die Konstituierung von Macht als symbolisch generalisiertes Steuerungsmedium. So beschreibt etwa Karl Weick aufschlussreich die Genese dieses Prozesses im Paradigma der soziokulturellen Evolution von Organisationen. Er sieht die Aufgabe des Organisierens darin, ein tragfähiges Sicherheitsniveau herzustellen, um Abstimmungs*muster* zu ermöglichen, die den gesellschaftsevolutionären Aufgabenstellungen gewachsen sind: »Wenn wir sagen, eine Organisation handle, dann betonen wir damit, dass doppelte Interakte, nicht solitäre Akte das Rohmaterial darstellen, welches zu Prozessen

---

17 Siehe die Rolle der »Posen, Gesten und Geschrei«, des Herdes und der Brotschnitten in den Fallstudien zu Prozessen der Machtbildung bei Popitz. Popitz resümiert: Maßnahmen der Gewaltanwendung lassen sich »mit der Zeit umsetzen in bloße Drohungen. Aber auch diese Drohungen brauchen schließlich kaum mehr ausdrücklich ausgesprochen zu werden, sie verstehen sich von selbst. Das System der Umverteilung funktioniert wie von allein, es gewinnt *eine selbständige, freischwebende Funktionssicherheit.*« Popitz 1968: 30f. (Hervorhebung H. W.)
18 Teubner 2004.

zusammengefügt wird. Wir betonen damit ebenfalls, dass es die Zusammenfügung, das *Muster* der Interakte ist, was die Ergebnisse bestimmt – nicht die persönlichen Eigenschaften einzelner Individuen ... . Aus der Position des isolierten Individuums heraus wird die Welt niemals viel Sinn machen, noch werden seine Intentionen mit einiger Regelmäßigkeit verwirklicht werden, da die volle, mit allen Mitgliedern der Organisation verbundene Erinnerungsoberfläche komplizierter ist, als irgendeine Teilgruppe von ihnen verstehen kann.«[19] In diesen Formulierungen ist der Bezug zu Intentionen, Machbarkeit und Macht als Mittel zur Verwirklichung von Intentionen deutlich. Organisationen verändern die Basis für Machbarkeit und Macht. Sie ermöglichen Rekursionen der Machtsymbolik, die den Individuen verschlossen bleiben.

Da diese Seite der reflexiven Steigerung von Macht in der Organisationssoziologie differenziert behandelt wird, soll hier ein anderer Aspekt betont werden. Er beleuchtet eine Form der reflexiven Symbolisierung die Luhmann als *Zweitcodierung* bezeichnet.[20] Auch eine Zweitcodierung realisiert eine Relationierung von symbolischen Relationen und nutzt mithin den grundlegenden Mechanismus der Rekursion. Sie erreicht aber eine besondere Qualität dadurch, dass sie die Symbolik in ein anderes, »eleganteres« Feld von Symbolen verschiebt. Die Zweitcodierung von Eigentum als Geld, von Wahrheit als Logik oder von Macht als Recht verdichtet und beschleunigt das Prozessieren von Symbolen um eine weitere Stufe dadurch, dass noch umfassendere Bündel von Erwartungen unterstellt und als normalisierte Kontexte für hochunwahrscheinliche Kommunikationsprojekte genutzt werden können.

(b) *Recht:* Im Fall des Machtmediums eröffnet die Zweitcodierung als Recht eine Trajektorie, die mit der Erfindung des Nationalstaates, der Institutionalisierung von Politik, von positiviertem Recht und Demokratie (als Organisationsform der Rechtsbildung) Geschichte und Gestalt der Moderne entscheidend mitgeprägt hat. Systemtheoretisch gesprochen bildet sich auf dieser Basis rekursiver Symbolisierung das gesellschaftliche Teilsystem der Politik mit der Funktion, kollektiv verbindliche Entscheidungen zu treffen und durchzusetzen. Die rohe Symbolik der Macht nimmt die zivilisierte Form des Rechts an. Die Rechtsetzung als Prozess der Generierung von Entscheidungen lässt sich an evolutionäre und zivilisatorische Fortschritte des Prozesses des Organisierens anschließen. Gesetzgebungsprozess und Rechtsprogrammatik sind damit geradezu auf eine Steigerung ihrer Leistungsfähigkeit hin angelegt, auch wenn dies auf den ersten Blick dem eingebauten Konservatismus der normativen Codierung des Rechtsmediums widerspricht.

19  Weick 1995 a: 54 und 302.
20  Luhmann 1975 a: 34 ff.

Bei aller unbestrittenen Leistung des Rechts als zivilisierte Entscheidungsform sieht es sich unter dem Aspekt der gesellschaftlichen Herausforderungen doch einer doppelten Kritik ausgesetzt. Für die Legitimität des Gesetzgebungsprozesses reicht die Generalform *Demokratie* nicht mehr aus. Und für die Rationalität der Rechtsprogrammatik reichen die Generalformen Konditionalprogramm und Zweckprogramm nicht mehr aus. Dies sind bekannte und laufende Debatten der Demokratietheorie und der Rechtstheorie, die hier nicht zu vertiefen sind.[21]

Eine hintergründige Kritik der Organisations- und Prozessformen der Machtsymbolik betrifft die die Moderne kennzeichnende Errungenschaft, wonach rechtlich codierte Macht für eine bestimmte, nationalstaatlich organisierte Gesellschaft das Monopol legitimer Machtausübung beanspruchen kann. In diesem Monopol treffen sich die Souveränität des Staates nach außen als Ausdruck seiner völkerrechtlichen Position und die Souveränität des Gesetzgebers nach innen als Ausdruck der demokratischen Repräsentation der Bürger. In beiden Hinsichten gerät die Machtsymbolik – und damit Recht, Demokratie und Politik nationalstaatlich organisierter Gesellschaften – unter Druck. In dieser hintergründigen oder tiefenstrukturellen Dimension wird die Machtposition der Politik von innen durch die »Politik« anderer gesellschaftlicher Teilsysteme (Infrapolitik) untergraben und von außen durch die »Politik« globaler Kontexte (Suprapolitik).

Was aus der Sicht des Rechtssystems als Bedrohung oder Untergrabung des klassischen Rechts angesehen werden könnte, stellt sich in einer symboltheoretischen Betrachtung ganz anders dar, nämlich als Vorspiel zu weiteren Rekursionen der Symbolik des Machtmediums. Als Steuerungsmedium scheint das Recht sich in eine Sackgasse rigider Normativität manövriert zu haben. Die nahezu ausschließliche normative Ausrichtung der Programmatik des Rechts begrenzt seine Fähigkeit, in sehr komplexen, dynamisch veränderlichen Problemlagen noch als brauchbares Medium der Steuerung wahrgenommen zu werden. Eine der Folgen ist eine signifikante Flucht aus dem Recht in alternative Formen der Regelsetzung und Mediatisierung insbesondere bei Problemlagen, die zeitkritisch und wissensintensiv sind oder die darüber hinaus noch die Grenzen nationalstaatlicher Jurisdiktion überschreiten.

Diese laufende Veränderung der Machtsymbolik durch weitere Rekursionen der Symbolisierung soll nicht vertieft werden, da es hier nur darauf ankommt, ein allgemeines Bild der Voraussetzungen und Folgen einer weiteren reflexiven Steigerung der Machtsymbolik zu gewinnen.

Die Zweitcodierung der Macht als Recht ist eine herausragende zivilisatorische Leistung der Moderne. Die unbestrittene Leistung schützt allerdings weder vor Kritik noch davor, dass unter veränderten

---

21 Willke 1983; Teubner 1989 und 2003.

gesellschaftlichen Bedingungen die Leistung hinter neuen Bedarfen und Notwendigkeiten zurückbleibt. In einer gesellschaftsgeschichtlichen Konstellation, in der die Dynamiken von Wissensgesellschaft und globalen Kontexten zusammenspielen, weist das Recht Defizite seiner Steuerungsfähigkeit nicht zufällig genau in diesen beiden Dimensionen auf: Es steht weitgehend hilflos vor der Steuerungsproblematik wissensbasierter und wissensintensiver Organisationen, und es reicht aufgrund seiner territorialen Verankerung in der nationalstaatlich organisierten Politik mit seiner Steuerungswirkung nicht in den transnationalen oder globalen Raum hinein. Die eine Dimension fällt unter das Stichwort der Infrapolitik, die andere unter das Stichwort der Suprapolitik.

Eine differenzierungstheoretische oder systemtheoretische Beschreibung der Rolle der Politik hebt zwei Merkmale hervor: die Monopolisierung der Ausübung legitimer Gewalt und die Funktion, für die Gesellschaft kollektiv verbindliche Entscheidungen zu produzieren. Immer schon haben findige Kritiker dem entgegengehalten, dass auch in anderen Bereich von Gesellschaft, etwa Familie oder Unternehmen, Macht ausgeübt werde und dass gerade in diesen Teilsystemen verbindliche Entscheidungen getroffen werden. Auch die Gegenargumente zur Kritik sind bekannt: Aufgrund ihrer Kompetenzkompetenz kann die Politik bestimmen, welche Ausprägungen von Macht und Gegenmacht sie in Teilsystemen, auch in Familie oder Unternehmen, zulassen oder unterbinden will. Und sie kann bestimmen, zu welchen Fragen oder Problemen sie kollektiv verbindliche Entscheidungen treffen will und welche Bereiche sie der dezentralen, autonomen Entscheidungskompetenz anderer Teilsysteme überlassen will.[22]

Ein elaboriertes Argumentationsniveau setzt all dies voraus und wendet sich der Frage zu, wie sich die Konstellationen von Ressourcen und Einfluss verändern, wenn es nicht ausschließlich und vielleicht nicht einmal primär die formalen und normativen Kompetenzen sind, die Entscheidungsprozesse in Organisationen (Familien, Unternehmen, Krankenhäuser, Verbände, Universitäten etc.) steuern, sondern weichere Ressourcen wie Charisma, Reputation, Wissen, Expertise oder anderes. Die Organisationssoziologie thematisiert dies unter Titeln wie Mikropolitik[23], Mikrostrukturen[24] oder *infra-resources*.[25] Überlegungen dieser Art spiegeln die Schwierigkeiten, die einem auf die Autonomie der Politik fixierten Machtbegriff aus der darunter liegenden Ebene der Organisation und aus der darüber liegenden Ebene transnationaler oder globaler Kontexte entgegenschlagen, sobald die Einflussbeziehun-

22 Malkin und Wildavsky 1991.
23 Küpper und Ortmann 1988.
24 Knorr Cetina und Bruegger 2002.
25 Rogers 1974.

gen und Ressourcenkonstellationen so unübersichtlich werden, dass die normative Autorität der Politik weder das Dickicht organisationaler Infrapolitik zu durchdringen vermag noch in der Lage ist, in den Weiten globaler Suprapolitik Steuerungswirkungen zu erreichen.

Damit sind zwei Richtungen erkennbar, in denen sich die Machtsymbolik durch rekursive Steigerungen weiterentwickelt. In einer prozessualen Dimension ist erkennbar, dass *der Prozess des Organisierens* von Macht von eher einfachen Modellen wie Hierarchie oder Monopol zu eher elaborierten Modellen wie Heterarchie oder Polyzentrizität führt. In dieser Hinsicht ist zu erwarten, dass Macht als symbolisch generalisiertes Medium der Kommunikation umso leistungsfähiger wird, je filigraner und phantasiereicher die Architekturen organisierter Komplexität gestaltet sind, in denen die Dialektik von Differenzierung und Integration noch so eingefasst und geordnet ist, dass systemisch verbindliche Entscheidungen nicht schon unmöglich werden. Das weltweite Experimentieren mit neuen Organisationsformen, Unternehmensmodellen, Entscheidungsarchitekturen, Gouvernanzregimen etc. und die Wellen evolutionärer Veränderungen in der Populationsdynamik valider Organisationsarchitekturen belegen, wie kraftvoll, innovativ und rücksichtslos diese Suche nach gesteigerter Effizienz der Entscheidungsfindung, nach Modellen entscheidungsfähiger organisierter Komplexität, unter Bedingungen von Konkurrenz und Hyperkomplexität verläuft.

Eine zweite Richtung rekursiver Steigerung der Machtsymbolik zeigt sich in einer strukturellen Dimension. Die fundierende Idee dieser Richtung ist nicht eine erweiterte Organisierung der Macht, sondern eine erweiterte Codierung der Macht, die Zweitcodierung der Macht als Recht. Die Erfindung einer erweiterten Codierung verspricht zumindest theoretisch ein prinzipiell unerschöpfliches Potential rekursiver Leistungssteigerung, weil die Zweitcodierung nur als Spezialfall des allgemeineren reflexiven Mechanismus der *Metacodierung* gelten muss. Das Potential der Metacodierung der Macht ist in der gesellschaftsgeschichtlichen Praxis bislang unter strengem Verschluss gehalten worden, weil die Stufe der *Zweit*codierung, vielleicht zur Überraschung aller, nach wie vor so erfolgreich ist, dass es einem Tabubruch gleichkommt, über Drittcodierungen und weitere Schritte nachzudenken. Tatsächlich ist es angezeigt, hier vorsichtig zu operieren, weil das Recht sich im Rahmen demokratischer Entscheidungsprozesse ein so hohes Maß an zivilisatorischer Qualität und Legitimität erworben hat, dass nichts dafür spricht, dies leichtfertig aufs Spiel zu setzen.

Aber die Praxis läuft der Theorie davon. Wenn die Theorie den Anschluss halten oder gar performativ eingreifen will, dann muss sie sich mit den Möglichkeiten höherstufiger Codierungen befassen. Hinter der Zweitcodierung der Macht als Recht steht als generelles Prinzip die Idee der Regelbildung. Das Recht setzt Regeln und in elaborierteren Stufen auch Prämissen der Regelbildung. Es beschreibt also normative Verfahren der Bildung normativer Regeln. Rechtliche Regeln sind als Regeln darin besonders, dass sie an der demokratischen Legitimität der Politik partizipieren, indem die Organisationsform der Politik die Garantie für die Legitimität der Legalität abgibt. Und sie sind zweitens als Regeln besonders darin, dass sie als normative Regeln enttäuschungsresistent operieren. Das heißt, sie gelten auch dann, wenn die Realität von der Regel abweicht.

Erkennt man hinter der Zweitcodierung der Macht die allgemeinere Idee der Regelbildung, dann springt ins Auge, dass gerade auch der politische und demokratische Impetus der Erfindung des positivierten Rechts darin besteht, das Medium der Macht einer *Regulierung* zu unterwerfen. In einer bemerkenswerten Rekursion bildet die Politik das Rechtssystem aus, welches Regeln schafft, die eine Regulierung der Politik durch Recht bewirken und darüber hinaus das rohe Medium der Macht der Macht normativer Regulierung und demokratischer Zivilisierung unterwirft. Wenn es aber in diesem Sinne auf Regulierung ankommt, dann lässt sich schwer ausschließen, dass eine historisch gewordene, bestimmte Form der Regulierung kontingent ist und nur eine von vielen denkbaren Möglichkeiten darstellt, die Funktion der Politik für die Gesellschaft – die Produktion kollektiv verbindlicher Entscheidungen – so zu gestalten, dass die zentralen Kriterien der Partizipation (Demokratie) und der Absorbtion von Ungewissheit (Rechtsstaat) möglichst weitgehend erfüllt sind.

Vor diesem Hintergrund erschließt sich, dass jede funktionierende Regulierung der Macht nichts anderes bewerkstelligt als eine Metacodierung des Machtmediums. Die Art der Codierung ist determiniert durch die Erfolgs- und/oder Qualitätskriterien, die als leitende Merkmale eines bestimmten Regulierungsregimes gelten sollen. Sind dies Kriterien der Partizipation von Personen an der Genese von Entscheidungen und der Absorbtion von Ungewissheit hinsichtlich der Willkür von Herrschaft, dann gelten Demokratie und Rechtsstaat als adäquater Ausdruck der Metacodierung von Macht. Sind es aber andere Kriterien, wie etwa die Zusammenführung global verteilter Expertise für die optimale Wissensbasierung von Entscheidungen, das Kriterium nachhaltiger Zukunftsfähigkeit oder das Kriterium eines adäquaten Umgangs mit globalen Risiken, dann sind andere Metacodierungen der Machtsymbolik gefordert, weil das Recht in seiner überkommenen Form diesen Aufgaben nicht gewachsen ist.

Die folgende Matrix zeigt eine einfache Schematisierung von Formen der Codierung von Recht, die sich in den beiden Dimensionen der Orientierung auf Fairness oder Folgen (a) und der Orientierung auf normative oder auf kognitive Erwartungen (b) unterscheiden. Während sich das klassische formale Recht seit langem schon in Richtung auf

Zweckprogramme ausfaltet, stehen Relationierungsprogramme und hybride Steuerungsprogramme noch am Anfang ihrer Karriere.

| Programmstruktur des Rechts | Fairnessorientierung (logic of appropriateness) | Folgenorientierung (logic of consequences) |
|---|---|---|
| Normative Orientierung | formales Recht der Konditionalprogramme | regulatives Recht der Zweckprogramme |
| Kognitive Orientierung | regulatives Recht der Relationierungsprogramme | hybrides Recht der Steuerungsprogramme |

Einen bedenkenswerten Vorschlag für eine angemessene Metacodierung unter den Bedingungen einer sich verdichtenden Globalisierung macht Gunther Teubner mit der These der »Emergenz einer Vielzahl von Zivilverfassungen« in den globalen Funktionssystemen jenseits der Nationalstaaten. Er zielt damit für den Fall lateraler Weltsysteme auf einen zivilgesellschaftlichen Konstitutionalismus, der ganz unterschiedliche Quellen des Rechts, der Legitimität und der Kompetenz für Regelbildung zusammenführt, um für die beteiligten Sozialsysteme das Potential ihrer spezialisierten Kompetenzen und ihrer Eigendynamik durch eine gesellschaftliche Institutionalisierung freizusetzen. Dies führt zu einem Verständnis von Globalisierung als »ein polyzentrischer Prozess, in dem unterschiedliche Lebensbereiche ihre regionalen Schranken durchbrechen und je für sich autonome Globalsektoren konstituieren.«[26] Diese Sicht entspricht sehr weitgehend der Idee lateraler Weltsysteme, fügt ihr aber die verfassungsrechtliche Komponente einer Binnenkonstituionalisierung bei, welche die noch rohe Qualität der Selbststeuerung der lateralen Weltsysteme auf das Anspruchsniveau eines *societal constitutionalism* bringt. Die Metacodierung der Macht umfasst dann Komponenten und Ressourcen wie »internationale Organisationen, Nichtregierungsorganisationen, Medien, multinationale Unternehmen, globale Anwaltspraktiken, globale Funds, globale Verbände, globale Schiedsgerichte«[27] und weitere Akteure und Einrichtungen globaler Kontexte.

Es liegt auf der Hand, dass in diesen wilden Agglomerationen von Regelbildungskomponenten und -kompetenzen die formalen Qualitäten des demokratisch verfassten Rechtsbildungsprozesses ziemlich zersaust werden. Diesem Verlust stehen allerdings Gewinne gegenüber, die im Kern auf eine wiedergewonnene Regelungskompetenz in den staatsfreien Räumen globaler Gouvernanz hinauslaufen. Wo in den lateralen Weltsystemen die nationalstaatliche Politik nicht hineinreicht, formiert sich eine Suprapolitik selbstorganisierter Regelbildung und Entscheidungs-

26 Teubner 2003: 11.
27 Teubner 2003: 15.

findung, die sich der Idee eines »governance without government«[28] performativ annähert.

Eine weitere Runde der Meta-Codierung des Symbolsystems der Macht – nach der Zweitcodierung als Recht – gewinnt gegenwärtig an Gewicht und Bedeutung: die Codierung von Macht in Systemen der globalen Gouvernanz. Mit großem Tempo bilden sich Komplexe von Organisationen, Institutionen, Regelwerken, Entscheidungsverfahren und Legitimitätsformen, die für spezifische Problemfelder mit globaler Reichweite und mit globalem Anspruch die Funktion politischer Steuerung übernehmen und damit den Aufbau von Einrichtungen globaler Gouvernanz (»global governance«) vorantreiben. Diese Komplexe symbolisch geformter und überformter Machtbeziehungen entwachsen der vertrauten Welt des Nationalstaates und seiner demokratisch formalen Legitimität der Legalität. Sie erzeugen schrittweise eine eigene Spezifität und Verdichtung (»thickness«)[29] des Globalen. Sie trennen sich allerdings keineswegs von der Ebene der nationalen Politiksysteme, sondern bleiben dieser Ebene über viele Kanäle und Relationen verhaftet. Über den Grad und das Gewicht der verbleibenden Anbindung globaler Kontexte an die Nationalstaaten tobt seit langem der Streit zwischen Globalisten und Staatisten – beispielhaft der Streit zwischen David Held und Stephen Krasner.[30]

In der Perspektive einer soziologischen Theorie symbolischer Systeme ist der Prozess der Ausbildung von Architekturen globaler Gouvernanz aufschlussreich, weil sich daran wie in einem Realexperiment die Veränderung der Symbolik der Macht *nach* ihrer Zweitcodierung als Recht beobachten lässt. Das Problem besteht also nicht darin, auf globaler Ebene und für globale Kontexte brauchbare Organisationsformen der Macht zu etablieren. Die anstehende Aufgabe ist schwieriger. Es geht darum, Organisationsformen globaler Macht zu entwickeln, die den hohen Ansprüchen an demokratischer Legitimität und zivilisatorischer Bändigung der Macht in den Formen des Rechtsstaats genügen können, ohne im strengen Sinne Recht zu sein. Aus diesem Dilemma resultieren die vielfältigen Versuche, alternative Formen des Rechts, hybride Verknüpfungen unterschiedlicher Regelsysteme, Derivate der Legitimität, Annäherungen von Entscheidungsverfahren an Repräsentativität und Responsivität zu konstruieren und zu verbinden, damit Organisationen globaler Gouvernanz kollektiv verbindliche Entscheidungen herstellen können, die im Rawls'schen Sinne fair sind.

---

28 Reinicke 1998
29 Sassen 1999: 1. Keohane und Nye (2000: 5 f.) sprechen von »thick globalism« und beschreiben Globalisierung als den Prozess »by which globalism becomes increasingly thick.«
30 Dazu Krasner 2001.

Die Meta-Codierung, die hier unterwegs ist, bringt in mindestens zwei Dimensionen grundlegende Veränderungen gegenüber dem klassischen Recht des demokratischen Nationalstaates mit sich: Zum einen übernimmt mit der stärkeren Profilierung der Wissensgesellschaft die kognitive Komponente der Regelbildung gegenüber der normativen die Führung hinsichtlich der Steuerungskompetenz; zum anderen verschiebt sich mit der Vertiefung der Globalisierung die Steuerungslogik globaler Regeln von einer Orientierung auf inhaltliche Angemessenheit im Sinne formaler Fairness zu einer Ausrichtung auf Folgen im Sinne von Folgenorientierung oder Konsequentialismus.[31] Für eine Studie der gegenwärtigen Veränderungen der Souveränität von Nationalstaaten postuliert Krasner: »The basic contention of this study is that the international system is an environment in which the logics of consequences dominate the logic of appropriateness.«[32]

Soziologisch aufschlussreich daran ist, dass die Codierung des Symbolsystems der Macht nach der Epoche der Dominanz des Nationalstaates von den Kräften und der Dynamik der Globalisierung geprägt wird. Die für den frühen Nationalstaat passende Prägung durch eine vorrangig normative und redistributive Orientierung verschwindet nicht über Nacht. Aber sie macht in einer gesellschaftsgeschichtlichen Transformation doch alternativen Prägungen Platz, die stärker auf kognitive Orientierung und eine Ausrichtung auf Folgen gekennzeichnet ist.

Die klassische Form der Macht als *Sollensordnung*, die der Konditionalprogrammierung des Rechts entspricht, wird bereits durch die bestehenden Komponenten einer Zweckprogrammierung zur *Wollensordnung*, in der ein politischer Wille in Gesetzen Zwecke postuliert, die in Zukunft gestaltet werden und welche die Zukunft gestalten wollen. Zugleich nimmt das Symbolsystem der Macht auch Züge einer *Wissensordnung* an, weil mit der Ausfaltung der Wissensgesellschaft eine ausgeprägte und systematische Wissensbasierung des normativen Sollens und des politischen Wollens unvermeidbar werden – das Recht insgesamt muss sich dem Stand des Wissens fügen und politische Programme werden von Sachverständigenräten, Kommissionen, Beratung und »Think tanks« näher an eine Ausformulierung herangebracht, die dem Stand der geltenden Expertise entspricht.

Damit kommt eine Metacodierung des Symbolsystems der Macht in den Blick, die im Hegelschen Sinn als *Vernunftordnung* bezeichnet

31 Die Unterscheidung zwischen normativer und kognitiver Stilisierung von Erwartungen ist von Luhmann (1981c; 1983; 1993a ) entwickelt worden, die Unterscheidung von »logics of appropriateness« und »logics of consequences« haben March und Olsen 1998 entwickelt. Vor allem Stephen Krasner (1999) hat die letztere Unterscheidung für die Analyse internationaler und globaler Kontexte aufgegriffen.

32 Krasner 1999: 6.

werden könnte. Vernunft meint eine über die funktionalistische Vernunft der lateralen Weltsysteme und deren spezifische Einäugigkeit[33] hinausgehende globale Zivilität, die auch noch, wenngleich nur in Extremfällen, die Souveränität der Nationalstaaten außer Kraft setzt. Die Vernunft liegt in einem Werden globaler Gouvernanzregime, die Ordnung und Unordnung in offeneren Architekturen zusammenfügen und dabei einerseits die Hyperordnung der Nationalstaaten aufbrechen und andererseits die Anarchie einer »westfälischen« oder »realistischen« Weltordnung in einer Vielzahl dezentraler Zivilverfassungen bindet. (Siehe als Überblick über die Formen der Codierung der Machtsymbolik die folgende Matrix).

| Codierung der Symbolik der Macht | Fairnessorientierung (logic of appropriateness) | Folgenorientierung (logic of consequences) |
|---|---|---|
| Normative Orientierung | Macht als Sollensordnung Zweitcodierung als Recht | Macht als Wollensordnung Drittcodierung als intentionales Recht (Intention von Folgen) |
| Kognitive Orientierung | Macht als Wissensordnung Drittcodierung als wissensbasiertes Recht (Wissen über Inhalte) | Macht als Vernunftordnung Metacodierung als rekonstruktives Recht (Konstruktion globaler Zivilität) |

Auch wenn die Idee einer Vernunftordnung der Macht utopisch anmutet, bezeichnet sie doch eine Trajektorie der Entwicklung des Symbolsystems der Macht, die dann in den Bereich des Möglichen rückt, wenn eine kognitive Stilisierung der Macht mit einer Ausrichtung auf die Folgen machtbasierter Interventionen zusammenspielen würde. Die Aussichten darauf müssen einer Fallstudie zur Machtsymbolik vorbehalten bleiben. Immerhin ist eine Folgenorientierung des Machtmediums in der Codierung von Zweckprogrammen längst Routine, und auch die Transformation bestimmter Aspekte der Macht als Wissensordnung ist auf vielen Ebenen unterwegs: von der Steuerung kommunaler Entscheidungsprozesse bis zum Streitschlichtungsverfahren der WTO.

Die dargelegten Rekursionen des Symbolsystems der Macht lassen nicht erkennen, dass weiteren, höherstufigen Codierungen der Machtsymbolik prinzipielle interne Beschränkungen entgegenstünden. Ein kursorischer Blick auf die Medien des Geldes, der Moral oder des Wissens bestätigen diese Vermutung. Die faktisch gegebenen Begrenzungen weiterer Rekursionen scheinen demnach nicht von innen, sondern von

33 Willke 2001 a: 192 ff.

außen zu kommen. Ich nehme an, dass die entscheidenden Schranken daher rühren, dass das Denken des Menschen mit weiter vorangetriebenen Rekursionen nicht mehr mithalten kann. Wie immer die Bewertung dieses Sachverhalts ausfallen mag, jedenfalls verhindert die verhältnismäßig einfache Symbolik des Denkens solche Ausprägungen der Rekursivität kommunikativer Symbolsysteme, die sich nicht mehr in den Rahmen möglicher Kopplung und Interferenz einfangen lassen. Anders formuliert: Die Symbolsysteme der Kommunikationsmedien können sich nicht zu weit von den Denkmöglichkeiten des Menschen entfernen. Sie laufen sonst ins Leere, weil sie sich dem Denken uneinholbar entfremden.

Es lässt sich gegenwärtig wohl nur darüber spekulieren, was passiert, wenn das Denken als mentale Operationsform auf höherstufige Rekursionen der Kommunikationsmedien trifft und die resultierenden Konfusionen von mentalen und symbolischen Operationen ein Niveau hinnehmbarer Indifferenz überschreiten. Man braucht keinen symbolischen Verschwörungstheorien anzuhängen, um zu befürchten, dass die Verwerfungen und Übersteigerungen des Weltfinanzsystems – von der »bubble economy« bis zu Bilanzierungsskandalen der Gegenwart – oder die faktische Hilflosigkeit der nicht mehr überbietbaren Militärmacht der USA gegenüber »Glaubenskriegern« damit zu tun hat, dass die Symbolsysteme des Geldes, der Macht oder der Moral das Denken überfordern, also unfassbar werden.

Jedenfalls das systemische Denken hat vielfältige Beobachtungen protokolliert, wonach kommunikativ konstituierte Sozialsysteme mit vertiefter Rekursivität sich dem kontrollierenden Zugriff des Bewusstseins entziehen. Wenn schon so überschaubare Sozialsysteme wie Familie, Gruppe oder Team allzu häufig die beteiligten Bewusstseine überfordern und das Denken nur unter größten Mühen sich vorstellen kann, dass es nicht nur mit dem Denken anderer Personen konfrontiert ist, sondern mit dem fremden und unerbittlichen Denken der Institutionen, dann verheißt dies für den Umgang des Denkens mit lateralen Weltsystemen und globalen Symbolsystemen nichts Gutes.

Jede Empirie zeigt, dass der Optionenraum der symbolischen Kommunikationsmedien unbegrenzt ist und sich nur vorläufig und auf Widerruf den Zwängen der strukturellen Kopplung mit dem Denken beugt. An beiden Enden der Skala der Kopplung fasert die Verbindung bereits aus. Immer wieder verliert das Denken den Kontakt zu Systemen, die sich zu weit oder zu schnell entfernen: Dann ereignen sich die Katastrophen, die nur deshalb »unnormal« sind, weil das Denken sie sich nicht vorstellen kann – und die als normalisiert gelten, sobald das Denken sie empirisch zur Kenntnis nehmen muss. Am anderen Ende der Skala erzwingt das Denken gegenüber den Symbolsystemen eine robuste Primitivität – von talk shows bis zu politischen Programmen –, die man als

Protest des Denkens gegen seine permanente Überforderung lesen kann. Je stärker Symbolsysteme ihre eigene Intentionalität als Eigendynamik zur Geltung bringen und eine eigene Futurität an die Imaginationskraft des Denkens ankoppeln, umso mehr wird das Denken die Kontrolle über die Symbolsysteme verlieren.

Dies könnte Grund genug dafür sein, in soziologischer Absicht eine Theorie symbolischer Systeme auf den Weg zu bringen. In einer ersten Aufklärung hat das Denken seine eigenen Mythen in Frage gestellt und manche davon auch überwunden. Eine nächste Aufklärung sieht sich neuen Mythen konfrontiert, die das Denken erschrecken müssen, weil es noch keine Mittel hat, sich der Macht der reinen Symbole und der Mythen der Symbolsysteme zu erwehren. Vielleicht sollte der nächste Schritt des Denkens deshalb noch gar nicht auf eine Lösung dieser Zerrissenheit zielen, sondern sich damit begnügen, die Mythen der Symbolsysteme besser zu verstehen.

# V. Schlussbetrachtung zur Ironie symbolischer Steuerung

Noch jeder Epoche der Gesellschaftsgeschichte ist es gelungen, ihre Illusionen über eine Beeinflussung der großen Symbolsysteme hinter den eigenen Mythen zu verbergen. Die Hybris einer ›Allmacht der Gedanken‹ wechselt zwar ihre Form, aber sie überwindet immer wieder die intellektuellen Depressionen, die einem Schub von Aufklärung folgen, indem ein neuer Anlauf eine Resurrektion der Ideen verspricht und eine revidierte Allmacht des Denkens in neuen Modellen ihren Ausdruck findet. Der Übergang von einem instrumentellen zu einem reflexiven Umgang mit Symbolsystemen spiegelt alle Phasen des Prozesses. Selbst die Einsicht, dass Symbole nur Symbole sind, ändert nichts daran, dass sogleich erste Ideen einer mentalen Bemächtigung der Symbolsysteme, etwa des Geldes, des Rechts oder der Moral, ihre Autoren und ihr Publikum finden.

Mit den Konturen eines kontextuellen Modus der Steuerung der Symbolsysteme kommt zum Vorschein, dass gegenüber dem Denken und Handeln von Personen die Symbolsysteme selbst die Prämissen definieren, unter denen die Intentionen eines performativ gewendeten Sprechens überhaupt die Ebene der Systeme symbolisch generalisierter Kommunikation erreichen können. Dies setzt eine symbolische Kopplung voraus, die nicht weiterhin alle wichtigen Anschlüsse verfehlt, indem sie »kommunikatives Handeln« schon als ausreichend ansieht, um erwartbare Wirkungen in den tieferen Regionen der Symbolisierung zu erreichen. Kommunikatives Handeln mag der Selbstverständigung sprechender Subjekte dienen. Aber es schlägt in die Schutzwälle der Eigenlogik gesellschaftlicher Symbolsysteme nicht einmal kleine Kratzer.

Eine Parallele zu technischen Systembildungen mag den Grundgedanken verdeutlichen. So wie jeder Sprechakt die Sprache auch mitproduziert, wie infinitesimal klein der Beitrag des einzelnen Sprechens auch sein mag, und so wie jede Kommunikation zugleich auch Gesellschaft reproduziert, wie infinitesimal gering der Beitrag der einzelnen Kommunikation auch sein mag, so produziert jedes instrumentelle Handeln von Menschen zugleich auch Instrumente und Techniken des Handelns und verändert darin, wie infinitesimal auch immer, die Bedingungen der materiellen Reproduktion: »Auf jeder ihrer Stufen schwitzt die Produktion Werkzeuge aus; diese entstehen als eine materielle Niederlegung, als ein zweites Produkt neben den eigentlichen Produkten.«[1] Entschei-

1 Dieses und die folgenden Zitate bei Winkler 2004: 136-143.

dendes geschieht nun in einem Umschlag, in dem die Nebenprodukte zu eigenen Hauptprodukten werden: »Die Werkzeuge sind Voraussetzung weiterer Produktion. Es ergibt sich also ein Zyklus; und dieser Zyklus wird sich auf ständig erweiterter Stufe reproduzieren. ... Nicht die Produkte, sondern die Werkzeuge sind insofern der eigentliche Träger der Traditionsbildung.«

Interessant ist, dass Hartmut Winkler dieses Argument im Kontext einer Medientheorie entwickelt und, ausgehend von der Figur der Werkzeuge, im Reich des Symbolischen parallel konstruieren will. Es geht ihm nicht um Kommunikationsmedien, sondern um Verbreitungsmedien, vorrangig um technische Medien wie Film, Photo oder Fernsehen. Mit Blick auf diese scheut er vor einem »technikdeterministischen« Ansatz zurück und leugnet – »und sei es aus taktischen Gründen« – dass es eine Autonomie oder Teilautonomie der technischen Praxen gibt. Faktisch aber widerlegt er selbst seine Ausgangsvermutung und kommt im Ergebnis zu Systembildung und zu Mechanismen der Einkapslung, wonach »Medientechniken und Infrastrukturen eine besonders ›harte‹ Ebene der Einschreibung sind. Diskurse sind fluide, Medientechniken sind hart/monumental.«

Tatsächlich operieren heute die Techniksysteme, Konventionen und Infrastrukturen des globalen Mediensystems in einem Maße eingekapselt, eigendynamisch und rekursiv, dass einzelne mediale Äußerungen und Diskurse an diesen monumentalen Architekturen nichts Erkennbares, sondern nur infinitesimal Geringes ändern – und doch insgesamt jede mediale Äußerung das Mediensystem reproduziert, wie jede kleinste Planetenbewegung die Statik einer Galaxie. Genau in diesem Sinne »bleibt das Rätsel, auf welche Weise die *Praxen* in die Struktur der Medien sich einschreiben und ob veränderte Praxen die Chance haben, in einer veränderten Medienstruktur sich niederzuschlagen.«[2]

Sowohl die allgemeine Techniksoziologie wie auch die spezielle Theorie technischer Medien spielen ein wenig mit der Steuerungsproblematik herum, aber sie bieten weder Hilfen noch Ansatzpunkte für eine brauchbare Theorie der Steuerung symbolischer Systeme, weil ihnen die theoretischen Mittel fehlen, um die Eigenlogik verdichteter Symbolsysteme beschreiben zu können. Immerhin gibt es Diskurse um Stichworte wie lose Kopplung,[3] Pfadabhängigkeit, Eigendynamik[4] oder Steuerbarkeit.[5] Und immerhin bieten die abgebrochenen großen Diskurse des 19. Jahrhunderts, für die Hegel und Marx stehen, die monumentalen Architekturen einer Steuerungstheorie von Staat und Recht einerseits,

2 Winkler 2004: 106.
3 Weick 1976; Perrow 1988.
4 Mayntz 1987.
5 Mayntz 1995; Scharpf 1989; Luhmann 1989; Willke 2001.

von Geld und Kapital andererseits, die aufzustocken wären, um den Symbolsystemen der Gegenwart auf Augenhöhe entgegenzutreten.

Ausgangspunkt – nicht Endpunkt – eines solchen fortgesetzten Diskurses ist die Zumutung, die Operationsform der großen Symbolsysteme als Autopoiese zu denken. Prämisse jeder angemessenen Konzeption von Steuerung ist dies, weil man vom imaginierten Ende einer Trajektorie her denken muss, um die infinitesimale Progression der Absonderung sehen zu können, welche die Sprache als *langue* von den Myriaden von Sprechakten nimmt und welche die Symbolsysteme der Macht, des Geldes, des Rechts etc. von den Milliarden von Transaktionen nehmen, die als Einzelne gegenüber den sedimentierten Figuren der Systemgeschichte bedeutungslos werden, auch wenn sie insgesamt als Prozess und Zirkulation die weitere Selbstreferenz der Symbolsysteme interpunktieren. Erst wenn man die Entäußerung der Symbole zu Systemen eigener Logik ins Äußerste treibt, ist überhaupt das Problem zu erkennen, um das es geht. Notwendige Nullhypothese jeder Steuerungstheorie symbolischer Systeme ist die Ableitung, dass Steuerung unmöglich ist. Autopoiese heißt Blindheit gegenüber den *Operationen* der Außenwelt. Operative Geschlossenheit heißt Taubheit gegenüber den Sirenegesängen der Umwelt. Entäußerung der Symbole heißt Sprachlosigkeit gegenüber den Offerten des individuellen Denkens und Sprechens. »Der Geist hat Wirklichkeit, und die Akzidenzen derselben sind die Individuen.«[6] »Das Kapital ist also keine persönliche, es ist eine gesellschaftliche Macht.«[7] Wer von den Heutigen hat den Mut, die Autopoiese des Geistes, der Symbole und der entäußerten Systeme so radikal zu denken?

Erst wenn die Beobachtung so weit ins Äußerste ausgreift, gibt sie sich die Möglichkeit, das zu sehen, was dem linearen Denken verborgen bleiben muss. Zwar entstehen die Symbolsysteme nicht unabhängig vom Denken und Sprechen des Menschen, ebensowenig wie die großen technischen Systeme und Infrastrukturen unabhängig davon entstehen. Aber mit wachsendem Eigengewicht kapseln sie sich ein und beginnen, in eigenen operativen Zyklen zu kreisen und mit den Rotationen der Selbstreferenz eine eigene Gravitationskraft aufzubauen. Auch dann noch, trotz dieser weiten Entäußerung, sind die Symbolsysteme dem steten Partikelstrom der vielen einzelnen Denkbewegungen und Sprechakte ausgesetzt wie die Planeten den Sonnenwinden. Aber die Partikel steuern die Planeten nicht mehr, so wie auch einzelne Gedanken und Sätze die großen Symbolsysteme nicht steuern, ja kaum berühren.

Insbesondere bleibt den Symbolsystemen die Aufladung des Denkens und Sprechens mit Intentionen fremd. Sie haben ihre eigenen Intentionen – wenn man sprach-analog so beschreiben möchte, was

6 Hegel 1970: 305, 156, Zusatz.
7 Marx 1968: 541.

dem Denken wie eine Intentionalität der Symbolsysteme erscheint: die Werkzeuge treiben Werkzeuge hervor, das Kapital gebiert das Kapital als Verselbständigung des Wertes im Kapital, und die Macht verlängert sich in mehr Macht durch die Anwendung von Macht auf Macht. Die Rekursionen selbstreferentieller Operationen verändern ihren Gegenstand innerhalb der Logik des Systems. Zu beobachten ist eine interne Steigerungsdynamik, die aussieht, als wäre sie intendiert. Vielleicht liegt deshalb der Kurzschluss so nahe, von den beobachteten Eigenintentionen der Symbolsysteme auf Intentionen von Personen zu schließen und anzunehmen, dass sie, die Personen, irgendetwas mit den Intentionen der Symbolsysteme zu tun haben könnten. Der Entfremdung des Handelns, die viele beobachtet haben, entspricht eine Entfremdung der Intentionalität von Denken, Sprache und Kommunikation, die vom mythischen Denken an latent bleiben konnte, die aber spätestens für die Fälle etablierter Symbolsysteme der Kommunikationsmedien manifest und monumental werden.

Die Steigerung entfremdeter Intentionalität zur Differenz von Logiken, gar zur Differenz von Formen der Vernunft, sieht auch Habermas, solange es ihm darum geht, die Kolonialisierung der Lebenswelt durch mediengeleitete Interaktionen zu beschreiben, die nicht mehr einer instrumentellen Logik gehorchen, sondern einer »den selbstgesteuerten Systemen innewohnende[n] funktionalistische[n] Vernunft.«[8] Aber es geht schon lange nicht mehr um Kolonialisierung sondern um Ausgründung und *Outsourcing*. Der Umgang mit elaborierten Symbolsystemen gehört, anders als Denken und Sprechen, nicht zu den Kernkompetenzen des Menschen. Deshalb tut er gut daran, sie als eigene Operationszentren auszulagern, sobald der Schleier der Ignoranz einer magischen Einheit zerrissen ist. Erst diese konfirmierte Entfremdung schafft die Distanz zu den Symbolsystemen, die unabdingbar ist, um sie mit vollem Respekt in ihrer Eigenlogik, in ihrer funktionsspezifischen systemischen Vernunft wahrzunehmen.

Dann bleibt als Modus der Steuerung nur Ironie. Die Tugend der Ironie kommt ins Spiel, wenn reflektierte Akteure verstanden haben, dass generalisierte Symbolsysteme nur sich selbst steuern und sich nicht von außen steuern lassen, dennoch aber eine milde Fiktion der Steuerbarkeit aufrechterhalten bleiben muss, weil sonst zu viele tragende Säulen des geltenden Weltbildes ins Wanken gerieten und diese Bewegung und Verwirrung – Agilität – zwar notwendig, zugleich aber unerträglich ist. »Ironie ist klares Bewusstsein der ewigen Agilität, des unendlich vollen Chaos.«[9] In einer pantheistischen Sicht kehrt Friedlich Schlegel in dieser Formulierung zu den alten Mythen zurück, die in der notwendigen

8 Habermas 1992: 83.
9 Friedrich Schlegel, Philosophische Lehrjahre, zit. bei Behler 1972: 70.

Einheit alles Lebenden und alles Heiligen ihre Tröstung gegenüber der Unvollkommenheit des Faktischen fanden. »Der eigentliche ironische Gehalt dieser Sehweise liegt demnach in einem symbolischen Verständnis alles einzelnen und notwendig begrenzten Seins als Teil der unendlichen Lebensfülle.«[10]

Ich habe das Argument der Ironisierung in meiner *Ironie des Staates*[11] ausführlich behandelt, so dass hier nur einige Fortschreibungen hinzuzufügen sind. Ironie hilft den Aufgeklärten einer Epoche, die sich nicht zum jeweils angesagten Tremolo der Tiefsinnigkeit hinreißen lassen, darüber hinweg, dass uns im andauernden Prozess der Zivilisierung die Symbolsysteme aus dem Kopf heraus und über den Kopf gewachsen sind – »der enthusiastische Heraustritt des Geistes aus sich selbst und die skeptische Rückkehr in sich selbst.«[12] Selbst für den Ironiker bleibt der Stachel der elenden Enttäuschung darüber, dass die in ihre eigene Umlaufbahn entäußerten Symbolsysteme nicht mehr wirklich erreichbar sind. Bereits Friedrich Schlegel hatte dieser Enttäuschung »die Würde der Selbstbeschränkung« entgegengestellt und sie als das Höchste bezeichnet, das dann noch bleibt.[13] Allerdings wird heute ein solches romantisches Pathos nicht ausreichen, um den Verlust der Steuerungskompetenz zu kompensieren. Dafür neigen die Symbolsysteme zu sehr zu Ausschlägen, die sich aus der Sicht von Personen als Systemrisiko nachhaltig bemerkbar machen und in Erinnerung rufen, dass die großen Symbolsysteme nicht mehr an den Fäden individueller Intentionen hängen, aber vielleicht die Intentionen an den Fäden der Symbolsysteme.[14]

Dies führt zu einer Sicht der Ordnung des Ganzen als Polykontexturalität, als mögliche Unordnung, als Heterotopia autonomer Symbolwelten. Es liegt auf der Hand, dass jede Unordnung, auch die mögliche, das Geschäft der Steuerung erschwert. Aber genau dies ist die Situation: dass die Grade unmöglicher Ordnung die Parameter möglicher Steuerung abgeben und umgekehrt die Notwendigkeit möglicher Unordnung innerhalb und zwischen den Symbolsystemen die Unmöglichkeit intentionaler Steuerung begründet. Die Frage ist also, wie Verständigung, Abstimmung, Koordination oder gar Steuerung zwischen den komplexen, selbstreferentiellen Symbolsystemen des Mentalen, der Sprache und der Kommunikationsmedien möglich sein soll, wenn deren Identität gerade auf der *Differenz* zueinander, auf unterschiedlichen Semantiken, Rationalitäten, Operationsregeln, Kontingenzräumen, Entwicklungs-

---

10 Behler 1972: 71.

11 Willke 1992.

12 So charakterisiert Behler die transzendentale Haltung Schlegels, die Schlegel im Anschluss an Fichte entwickelt: Behler 1972: 87.

13 Schlegel 1988: Nr. 37.

14 Aufschlussreich – und erschreckend – dazu Geithner 2004.

dynamiken etc. beruht und wenn diese Differenziertheit nicht bloßes Ärgernis ist, sondern die konstituierende Eigenart eines komplexen, koevolutionären Zusammenhangs der Symbolsysteme: »It is as though the symbolic power of words is only on loan to its users. If symbols ultimately derive their representational power, not from the individual, but from a particular society at a particular time, then a person's symbolic experience of consciousness is to some extent society-dependent – it is borrowed. Its origin is not within the head. It is not implicit in the sum of our concrete experiences.«[15]

Eine Antwort lässt sich auf der Spur eines Satzes von Schumpeter suchen, den Rorty zitiert:[16] »Die Einsicht, dass die Geltung der eigenen Überzeugungen nur relativ ist, und dennoch unerschrocken für sie einzustehen, unterscheidet den zivilisierten Menschen vom Barbaren.« Für den Fall der Symbolsysteme müsste dieser Satz lauten: Die Einsicht, dass die selbstreferentiellen Semantiken der Symbolsysteme nicht vereinbar sind, und dennoch unerschrocken für wechselseitige Abstimmung einzustehen, unterscheidet den ironischen vom tragischen Beobachter.

Für den Tragiker verfangen sich die Systeme in ihren selbst gestellten Fallen und jeder Versuch rettender Rationalität bestärkt nur diesen unabänderlichen Entwicklungspfad. Für den Ironiker dagegen eröffnet die unabänderliche Distanz zwischen den Systemen den Spielraum für die Möglichkeit einer Akkordierung von Kontingenzen, wenn erst einmal klar ist, dass dies nicht aus der Position einer höheren oder überlegenen Rationalität (welchen Beobachters oder Akteurs auch immer) bewirkt werden kann, sondern allein aus der Reflexion der äußeren Distanz in einer *inneren Distanz der Systeme zu sich selbst,* die ihnen die eigene ironische Position eines Spielens mit ihren Kontingenzen erlaubt. In diesem Sinne bedeutet Ironie »eben nichts andres, als dieses Erstaunen des denkenden Geistes über sich selbst, was sich oft in ein leises Lächeln auflöst; und wiederum auch dieses Lächeln des Geistes, was aber dennoch einen tief liegenden Sinn, eine andre, höhere Bedeutung, nicht selten auch den erhabensten Ernst unter der heiteren Oberfläche verbirgt und in sich einschließt.«[17]

Dies mag für individuelle Akteure wenig Tröstung bieten. Immer noch sehen sie sich wuchernden Symbolsystemen der Macht, des Rechts, des Geldes, des Wissens, der Kunst, des Glaubens etc. gegenüber und müssen hinnehmen, dass sie wenig ausrichten können. Aber vielleicht geht es gar nicht darum, etwas auszurichten. Vielleicht sollte die in ironischer Sicht erforderliche Selbstbeschränkung damit beginnen, dass Akteure gegenüber fremden Symbolsystemen nichts ausrichten wollen,

15 Deacon 1997: 452.
16 Rorty 1989: 87.
17 Behler 1972: 83.

sondern sich mit besseren Optionen der Beobachtung begnügen. Dann könnte sich erweisen, dass die Kunst der Steuerung nicht darin besteht, in fremde Welten zu intervenieren, sondern darin, die Beobachtung fremder Welten zum Anlass zu nehmen, in die eigene Welt so zu intervenieren, dass Selbststeuerung auch und gerade unter Bedingungen der Selbstbeschränkung unvermutete Optionen schafft.

# Literatur

Abel, Günter, *Zeichen der Wirklichkeit*, Frankfurt am Main: Suhrkamp 2004.

Abel, Theodore, 1949, »The operation called ›Verstehen‹«, in: *American Journal of Sociology*, 54, S. 211 ff.

Ackerman, Bruce, *We the People*, Foundations, Cambridge, Mass: Harvard University Press 1991.

Allport, Floyd, »The structuring of events: Outline of a general theory with applications to psychology«, in: *The Psychological Review*, 61, Sept. 1954, S. 281 ff.

Argyris, Chris und Donald Schön, *Organizational learning – A theory of action perspective*, Reading, Mass.: Addison-Wesley 1978.

– *Organizational learning II. Theory, method, and practice*, Reading, Mass.: Addison-Wesley 1996.

Assmann, Jan, »Sepulkrale Selbstthematisierung im Alten Ägypten«, in: *Selbstthematisierung und Selbstzeugnis. Bekenntnis und Geständnis*, herausgegeben von Alois Hahn und Volker Kapp, Frankfurt am Main: Suhrkamp 1987, S. 208 ff.

Austin, John, *How to do things with words. The William James lectures delivered at Harvard University in 1955*, London u. a.: Oxford University Press 1971.

Axelrod, Robert, *The Evolution of Cooperation*, New York: Basic Books 1984.

Axelrod, Robert und Robert Keohane, »Achieving Cooperation under Anarchy: Strategies and Institutions«, in: World Politics, Vol. 38, No. 1, 1985, S. 226 ff.

Baecker, Dirk, *Womit handeln Banken?*, Frankfurt am Main: Suhrkamp 1991.

– »Die Unterscheidung zwischen Kommunikation und Bewusstsein«, in: *Emergenz: Die Entstehung von Ordnung, Organisation und Bedeutung*, herausgegeben von Wolfgang Krohn und Günter Küppers, Frankfurt am Main: Suhrkamp 1992, S. 217 ff.

– (Hg.), *Probleme der Form*, Frankfurt am Main: Suhrkamp 1993 a.

– (Hg.), *Kalkül der Form*, Frankfurt am Main: Suhrkamp 1993 b.

– »Im Tunnel«, in: *Kalkül der Form*, herausgegeben von Dirk Baecker, Frankfurt am Main: Suhrkamp 1993c, S. 12 ff.

– »Das Spiel mit der Form«, in: *Probleme der Form*, herausgegeben von Dirk Baecker, Frankfurt am Main: Suhrkamp 1993d, S. 148 ff.

– »Dezentrale Steuerung, denn das Ganze ist weniger als die Summe seiner Teile«, unveröffentlichtes Manuskript, Universität Witten/Herdecke 2003.

– Wozu Soziologie? Berlin: Kadmos 2004

Bateson, Gregory, *Steps to an Ecology of Mind*, New York: Ballantine 1972.

Baudrillard, Jean, »Das Globale und die Gewalt«, in: *Frankfurter Rundschau*, Nr. 184 vom 9. August 2003, S. 9 f.

Baum, Howell, »The Advisor as Invited Intruder«, in: *Public Administration Review*, 42 1982, S. 546 ff.

Behler, Ernst, *Klassische Ironie, Romantische Ironie, Tragische Ironie. Zum Ursprung dieser Begriffe*, Darmstadt: Wissenschaftliche Buchgesellschaft 1972.

Belardi, Nando, *Supervison. Von der Praxisberatung zur Organisationsentwicklung*, Paderborn: Junferman 1994.

Bendix, Reinhard, *Max Weber. An intellectual portrait.* [zuerst 1960]. With an introduction to the new edition by Guenther Roth, Berkeley/Los Angeles/London: University of California Press 1977.

Bette, Karl-Heinrich, *Systemtheorie und Sport*, Frankfurt am Main: Suhrkamp 1999.

– *Strukturelle Aspekte des Hochleistungssports in der Bundesrepublik. Ansatzpunkte für eine System-Umwelt-Theorie des Hochleistungssports*, Sankt Augustin: Hans Richarz 1984.

Bolz, Norbert, »odds and ends. Vom Menschen zum Mythos«, in: *Mythos und Moderne*, herausgegeben von Karl Heinz Bohrer, Frankfurt am Main: Suhrkamp 1983, S. 471 ff.

Brennan, Geoffrey und James Buchanan, *The Reason of Rules*, Cambridge/London: Cambridge University Press 1985.

Buchanan, James, »Gleiche Spieler, anderes Spiel. Wie bessere Regeln der Politik auf die Sprünge helfen«, in: *Frankfurter Allgemeine Zeitung*, Nr. 80 vom 3. April 2004: 13.

Callon, Michel und Bruno Latour, »Unscrewing the Big Leviathan: How actors marcor-structure reality and how sociologists help them to do so«, in: *Advances in social theory and methodology: toward an integration of micro- and macro-sociologies*, herausgegeben von Karin Knorr Cetina und Aaron V. Cicourel, Boston: Routledge and Kegan Paul 1981, S. 277 ff.

Cassirer, Ernst, *Philosophie der symbolischen Formen. Erster Teil: Die Sprache*, Text und Anmerkungen bearbeitet von Claus Rosenkranz, *Gesammelte Werke*, Hamburger Ausgabe Band 11, Hamburg: Felix Meiner Verlag 2001.

– *Philosophie der symbolischen Formen. Zweiter Teil: Das mythische Denken*, Text und Anmerkungen bearbeitet von Claus Rosenkranz. *Gesammelte Werke*, Hamburger Ausgabe Band 12, Hamburg: Felix Meiner Verlag 2002.

Castoriadis, Cornelius, *Gesellschaft als imaginäre Institution. Entwurf einer politischen Philosophie*, übersetzt von Horst Brühmann, Frankfurt am Main: Suhrkamp 1990.

Chomsky, Noam, *Studien zu Fragen der Semantik*, Frankfurt am Main: Ullstein 1978.

– *Syntactic structures*, Berlin: Mouton de Gruyter 2002.

Cusanus, Nicolaus von Cusa, Des Cardinals und Bischofs Nicolaus von Cusa wichtigste Schriften in deutscher Übersetzung von F. A. Scharpff. Band: *Von der Wissenschaft des Nichtwissens (de docta ignorantia)*, Freiburg im Breisgau: Herder 1862.

Deacon, Terrence, *The symbolic species. The co-evolution of language and the human brain*, London: Allen Lane, The Penguin Press 1997

Derrida, Jacques, *Grammatologie*, Frankfurt am Main: Suhrkamp 1974.

– *La voix et le phénomène. Introduction au problème du signe dans la phénoménologie de Husserl*, 4. Aufl. Paris: Presses Universitaires de France 1983.

Dörner, Dietrich, *Die Logik des Mißlingens*, Reinbek: Rowohlt 1989.

Douglas, Mary, *How institutions think*, Syracuse: Syracuse University Press 1986.

Dreeben, Robert, *Was wir in der Schule lernen*, Frankfurt am Main: Suhrkamp 1980.

Dreyfus, Hubert und Stuart Dreyfus, »Making a Mind Versus Modeling the Brain: Artificial Intelligence Back at a Branchpoint«, in: *Daedalus 117*, Winter 1988.

Driver, Michael und Siegfried Streufert, »Integrative complexity: An approach to individuals and groups as information-processing systems«, in: *Administrative Science Quarterly 14*, 1969, S. 272 ff.

Durkheim, Emile, *Die Regeln der* soziologischen Methode, 5. Aufl., Darmstadt und Neuwied: Luchterhand 1976.

Edelman, Murray, *The symbolic uses of politics*, Urbana: University of Illinois Press 1964.

Eigen, Manfred, »Self-Organization of Matter and the Evolution of Biological Macromolecules«, in: *Naturwissenschaften 58*, 1971, S. 465 ff.

Eigen, Manfred und Peter Schuster, *The hypercycle: A principle of natural self-organization*, Berlin u. a.: Springer 1979.

Eigen, Manfred und Ruthild Winkler, *Das Spiel. Naturgesetze steuern den Zufall*, 2. Auflage, München/Zürich: Piper 1976.

Elias, Norbert, *Über den Prozeß der Zivilisation*, Bd. 2., Frankfurt am Main: Suhrkamp 1977.

Fehr, Johannes, *Saussure: Zwischen Linguistik und Semiologie. Ein einleitender Kommentar*. Erster Teil von: Ferdinand de Saussure. Linguistik und Semiologie, Frankfurt am Main: Suhrkamp 2003.

Feigenbaum, Edward und Pamela McCorduck, *The fifth generation. Artificial intelligence and Japan's computer challenge to the world*, New York: New American Library 1984.

Fetscher, Iring, *Einleitung zu Thomas Hobbes: Leviathan*, Frankfurt am Main: Suhrkamp 1984.

Fischer-Lescano, Andreas, »Rezension«, in: *Archiv für Rechts- und Sozialphilosophie 89*, 2003, S. 287 ff.

Flam, Helena, »Corporate Actors: Definition, Genesis and Interaction«, in;

*MPIFG Discussion Paper 90/11*, Köln: MPI für Gesellschaftsforschung 1990.

Foerster, Heinz von, *Wissen und Gewissen. Versuch einer Brücke*, Frankfurt am Main: Suhrkamp 1993.

Freud, Sigmund, *Totem und Tabu. Einige Übereinstimmungen im Seelenleben der Wilden und der Neurotiker*, in: *Gesammelte Werke*, Band IX, Frankfurt am Main: S. Fischer 1944.

Friedman, Michael, *Carnap, Cassirer, Heidegger. Geteilte Wege*, Aus dem Englischen von der Arbeitsgruppe ›Analtytische Philosophie‹ am Institut für Philosophie der Universtiät Wien. Frankfurt am Main: S. Fischer 2004.

Gäfgen, Gérard, »Steuerungswirkungen von Institutionen: Theoretische Grundlagen und wirtschaftspolitische Konsequenzen«, in: *Theorie der Wirtschaftspolitik. Festschrift zum fünfundsiebzigsten Geburtstag von Hans Möller*, herausgegeben von Graf von der Schulenburg und Hans-Werner Sinn, Tübingen: Mohr 1990, S. 162 ff.

Gehlen, Arnold, »Probleme einer soziologischen Handlungslehre«, in: *Studien zur Anthropologie und Soziologie*, herausgegeben von Arnold Gehlen, Neuwied: Luchterhand 1963, S. 196 ff.

– *Urmensch und Spätkultur*, 2. Aufl., Frankfurt am Main: Klostermann 1964.

Geithner, Timothy. 2004. »Changes in the structure of the U.S. financial system and implications for systemic risk«, *Pdf-file available at www.cerf.cam.ac.uk*.

Global, 2000, *Global 2000. Der Bericht an den Präsidenten*, deutsche Übersetzung herausgegeben von Reinhard Kaiser, Frankfurt am Main: Zweitausendeins 1980.

Habermas, Jürgen, *Theorie des kommunikativen Handelns*, 2 Bde. Frankfurt am Main: Suhrkamp 1981.

– *Texte und Kontexte*, Frankfurt am Main: Suhrkamp 1991.

– *Nachmetaphysisches Denken. Philosophische Aufsätze*, Frankfurt am Main: Suhrkamp 1992.

Hamel, Gary und Liisa Välikangas, *The quest for resilience*, Harvard Business Review: 52-63 2003.

Hayek, Friedrich von, *Die Theorie komplexer Phänomene*, Tübingen: Mohr 1972.

Hegel, Georg Wilhem Friedrich, *Philosophie des Rechts. Die Vorlesung von 1819/20 in einer Nachschrift*, herausgegeben von Dieter Henrich, Frankfurt am Main: Suhrkamp 1983.

– *Grundlinien der Philosophie des Rechts*, in: *Werke in zwanzig Bänden*, Band 7. Frankfurt am Main: Suhrkamp 1970.

– *Phänomenologie des Geistes*, in: *Werke in zwanzig Bänden*, Band 3. Frankfurt am Main: Suhrkamp 1986.

– *Jenaer Schriften 1801-1807*, in: *Werke in zwanzig Bänden*, Band 2. Frankfurt am Main: Suhrkamp 1986 a.

Heintz, Bettina, »Emergenz und Reduktion. Neue Perspektiven auf das

Mikro-Makro-Problem«, in: *Kölner Zeitschrift für Soziologie und Sozialpsychologie* 56:1-31, 2004.

Hirschman, Albert, *Leidenschaften und Interessen. Politische Begründungen des Kapitalismus vor seinem Sieg*, Frankfurt am Main: Suhrkamp 1987 (1977).

Hobbes, Thomas, *Leviathan. Oder Stoff, Form und Gewalt eines kirchlichen und bürgerlichen Staates*, [zuerst 1651], Frankfurt am Main: Suhrkamp 1984.

Hofstadter, Douglas, *Gödel, Escher, Bach: an eternal golden braid*, Harmondsworth, UK: Penguin 1984.

Holland, John, *Emergence: From chaos to order*, Cambridge, MA: Cambridge University Press 1998.

Holmes, Stephen, »Poesie der Indifferenz«, in: *Theorie als Passion. Niklas Luhmann zum 60. Geburtstag*, herausgegeben von Dirk Baecker u. a., Frankfurt am Main: Suhrkamp 1987, S. 15 ff.

Husserl, Edmund, »Krisis«, in: *Cartisianische Meditationen*, in: *Gesammelte Schriften*, Band 8, herausgegeben von Elisabeth Ströker, Hamburg: Felix Meiner 1992.

Jahn, Thomas, »Glaubenskrieg (um neuronale Netze)«, in: *Capital 1997*, S.131 ff.

Kagan, Robert, »Power and weakness«, in: *Policy Review*, www.policyreview. org/jun02/kagan, Juni 2002, 113, S. 1 ff.

Kappelhoff, Peter, »Komplexitätstheorie. Neues Paradigma für die Managementforschung?«, in: *Theorien des Managements*, Managementforschung Band 12, herausgegeben von Georg Schreyögg und Peter Conrad, Wiesbaden: Gabler 2002, S. 49 ff.

Kelsen, Hans, *Reine Rechtslehre*, 2. Aufl. Wien, 1960.

Keohane, Robert, »Ironies of sovereignty: The European Union and the United States«, in: *Journal of Common Market Studies 40*, 2002, S. 743 ff.

Keohane, Robert und Joseph Nye, »Introduction«, in: *Governance in a globalizing world*, herausgegeben von Joseph Nye und John Donahue, Washington, D. C.: Brookings Press 2000, S. 1 ff.

Kim, Daniel, »The link between individual and organizational learning«, in: *Sloan Management Review*, 1993, S. 37 ff.

Klein, Louis, *Corporate Consulting. Eine systemische Evaluation interner Beratung*, Heidelberg: Carl-Auer-Systeme Verlag 2002.

Knorr Cetina, Karin und Urs Bruegger, »Global microstructures: The virtual societies of financial markets«, in: *American Journal of Sociology 107*, 2002, S. 905 ff.

Krasner, Stephen, *Sovereignty. Organized hypocrisy*, Princeton, N. J.: Princeton University Press 1999.

– »Globalization, power, and authority«, www.pro.harvard.edu/papers-000/000008KrasnerSte.pfd, 2001.

Küpper, Willi und Günther Ortmann (Hg.), *Mikropolitik. Rationalität, Macht und Spiele in Organisationen*, Opladen: Westdeutscher Verlag 1988.

Laclau, Ernesto, »Why do empty signifiers matter to politics?«, in: *Politics, theory, and contemporary culture*, herausgegeben von Jeffrey Weeks, New York: Columbia University Press 1994, S. 277 ff.

Langer, Susanne, *Philosophie auf neuem Wege. Das Symbol im Denken, im Ritus und in der Kunst*, übersetzt von Ada Löwith, Frankfurt am Main: Fischer Verlag 1965.

Law, John, »Heterogeneities«, paper presented to the meeting on »Uncertainty, Knowledge and Skill«, 6th-8th November 1997 at Limburg University, www.lancaster.ac.uk/sociology/stslaw4.html, 1997.

Lindemann, Gesa, »Doppelte Kontingenz und reflexive Anthropologie«, in: *Zeitschrift für Soziologie 28,* 1999, S. 165 ff.

Luhmann, Niklas, *Grundrechte als Institution*, Berlin: Duncker & Humblot 1965.

– *Soziologische Aufklärung 1,* 2 Aufl., Opladen: Westdeutscher Verlag 1971 a.

– *Politische Planung*, Opladen: Westdeutscher Verlag 1971 b.

– »Sinn als Grundbegriff der Soziologie«, in: *Theorie der Gesellschaft oder Sozialtechnologie – Was leistet die Systemforschung?*, herausgegeben von Jürgen Habermas und Niklas Luhmann, Frankfurt am Main: Suhrkamp 1971 c, S. 25 ff..

– »Moderne Systemtheorie als Form gesamtgesellschaftlicher Analyse«, in: Jürgen Habermas und Niklas Luhmann, *Theorie der Gesellschaft oder Sozialtechnologie – Was leistet die Systemforschung?*, Frankfurt am Main: Suhrkamp 1971 d, S. 7 ff.

– »Politische Verfassungen im Kontext des Gesellschaftssystems«, in: *Der Staat 12,* 1973, S. 1 ff. und 165 ff.

– *Zweckbegriff und Systemrationalität* [zuerst veröffentlicht 1968], Frankfurt am Main: Suhrkamp, 1973

– *Macht*. Stuttgart: Enke 1975 a.

– *Soziologische Aufklärung 2*, Opladen: Westdeutscher Verlag 1975 b.

– »Generalized Media and the Problem of Contingency«, in: *Explorations in General Theory in Social Science. Essays in Honor of Talcott Parsons*, herausgegeben von Jan Loubser et al., Vol. 2, New York 1976, S. 507 ff.

– *Soziologische Aufklärung 3*, Opladen: Westdeutscher Verlag 1981 a.

– *Politische Theorie im Wohlfahrtsstaat*, München-Wien: Olzog 1981 b.

– *Ausdifferenzierung des Rechts*, Frankfurt am Main: Suhrkamp 1981 c.

– »Selbstlegitimation des Staates«, in: *Archiv für Rechts- und Sozialphilosophie*, Beiheft Nr. 15, herausgegeben von Norbert Achterberg und Werner Krawietz 1981 d, S. 65 ff.

– »Autopoiesis, Handlung und kommunikative Verständigung«, in: *Zeitschrift für Soziologie 11,* 1982, S. 366 ff.

– *Rechtssoziologie*, 2. erw. Aufl., Reinbek: Rowohlt 1983.

– *Soziale Systeme. Grundriß einer allgemeinen Theorie*, Frankfurt am Main: Suhrkamp 1984 a.

– »Staat und Politik: Zur Semantik der Selbstbeschreibung politischer Systeme«, in: *Politische Theoriegeschichte: Probleme einer Teildisziplin*

*der Politischen Wissenschaft,* Sonderheft 15/1984 der Politischen Vierteljahresschrift, herausgegeben von Udo Bermbach, Opladen 1984 b.
- »Autopoiese als soziologischer Begriff«, in: *Sinn, Kommunikation und soziale Differenzierung. Beiträge zu Luhmanns Theorie sozialer Systeme,* herausgegeben von Hans Haferkamp und Michael Schmid, Frankfurt am Main: Suhrkamp 1987 a, S. 307 ff.
- »Sprache und Kommunikationsmedien. Ein schieflaufender Vergleich«, in: *Zeitschrift für Soziologie 16,* 1987b, S. 467 ff.
- *Die Wirtschaft der Gesellschaft,* Frankfurt am Main: Suhrkamp 1988 a.
- »Das Ende der alteuropäischen Politik«, in: *La fin du politique. Tijdschrift voor de Studie van de Verlichting en van het vrije Denken 16,* herausgegeben von M. Weyembergh und J. M. Piret, Amsterdam 1988 b, S. 249 ff.
- *Die Wissenschaft der Gesellschaft,* Frankfurt am Main: Suhrkamp 1990.
- »Sthenographie und Euryalistik«, in: *Paradoxien, Dissonanzen, Zusammenbrüche. Situationen offener Epistemologie,* herausgegeben von Hans Gumbrecht und Ludwig Pfeiffer, Frankfurt am Main: Suhrkamp 1991, S. 58 ff.
- *Das Recht der Gesellschaft,* Frankfurt am Main: Suhrkamp 1993 a.
- »Zeichen als Form«, in: *Probleme der Form,* herausgegeben von Dirk Baecker, Frankfurt am Main: Suhrkamp 1993b, S. 45 ff.
- *Die Kunst der Gesellschaft,* Frankfurt am Main: Suhrkamp 1995 a.
- *Die Soziologie und der Mensch. Soziologische Aufklärung 6,* Opladen: Westdeutscher Verlag 1995 b.
- *Die Realität der Massenmedien,* 2. erw. Aufl., Opladen: Westdeutscher Verlag 1996.
- »Die Sinnform Religion«, in: *Soziale Systeme 2:* 3-33, 1996 a.
- *Die Gesellschaft der Gesellschaft,* 2 Bände, Frankfurt am Main: Suhrkamp 1997 a.
- *Die Kunst der Gesellschaft,* Frankfurt am Main: Suhrkamp 1997 b.
- *Die Politik der Gesellschaft,* Frankfurt am Main: Suhrkamp 2000.
- *Einführung in die Systemtheorie,* herausgegeben von Dirk Baecker, Heidelberg: Carl-Auer 2002.
- *Einführung in die Theorie der Gesellschaft,* herausgegeben von Dirk Baecker, Heidelberg: Carl-Auer 2005
Lyotard, Jean-Francois, *Der Widerstreit,* übersetzt von Joseph Vogl, zweite, korrigierte Auflage, München: Fink 1989.
MacKenzie, Donald, »Opening the Black Boxes of Global Finance«, *www.ed.ac.uk/MacKenzie,* 2003 a.
- »An equation and its worlds: Bricolage, exemplars, disunity and performativity in financial economics«, *www.ed.ac.uk/MacKenzie,* 2003 b; auch in: *Social Studies of Science 33:* 831-868.
Macpherson, Crawford, *Die politische Theorie des Besitzindividualismus. Von Hobbes bis Locke,* Frankfurt am Main: Suhrkamp 1980.

Malik, Rex »Japan's Fifth Generation Computer Project«, in: *Futures 15*, June 1983, S. 205 ff.

Malkin, Jesse und Aaron Wildavsky, »Why the traditional distinction between public and private goods should be abandoned«, in: *Journal of theoretical politics 3*, 1991, S. 355 ff.

March, James und Johan Olsen, »The new institutionalism: organizational factors in political life«, in: *American Political Science Review 78*, 1984, S. 734 f.

- *Rediscovering Institutions*, New York: Free Press 1989.
- »The institutional dynamics of international political orders«, in: *International Organizations 52*, 1998, S. 943 ff.

Marion, Russ, *The edge of organization. Chaos and complexity theories of formal social systems*, Thousand Oaks u. a.: Sage 1999.

Marx, Karl, *Marx-Engels-Werke (MEW)*, Dietz: Berlin 1956 ff.

Marx, Karl, *Die Frühschriften*, hg. von Siegfried Landshut, Stuttgart: Kröner, 1968.

Maturana, Humberto, »Autopoiesis«, in: *Autopoiesis. A Theory of The Living Organization*, herausgegeben von Milan Zeleny, New York/Oxford: North Holland 1981, S. 21 ff.

- *Erkennen: Die Organisation und Verkörperung von Wirklichkeit*, Braunschweig/Wiesbaden: Vieweg 1982.

McCorduck, Pamela und Edward A. Feigenbaum, *The Fifth Generation: Artificial Intelligence & Japan's Computer Challenge to the World*, Boston, MA: Addison-Wesley 1983.

McCulloch, Warren, *Embodiments of Mind*, Cambridge, Mass.: MIT-Press 1965.

Meadows, Donella, John Richardson und Gerhart Bruckmann, *Groping in the Dark. The First Decade of Global Modeling*, Chichester u. a.: John Wiley & Sons 1982.

Merton, Robert K., »The self-fulfilling prophecy« in: *Social theory and social structure*, herausgegeben von Robert K. Merton, New York: Free Press 1949, S. 179 ff.

Mingers, Susanne, *Systemische Organisationsberatung. Eine Konfrontation von Theorie und Praxis*, Frankfurt am Main: Campus 1995.

Minsky, Marvin, *The Society of Mind* [zuerst 1985), New York: Touchstone 1988.

Morin, Edgar, *Der Mensch und das Kino. Eine anthropologische Untersuchung*, übersetzt von Kurt Leonhard, Stuttgart: Klett 1958.

Müller-Herold, Ulrich, »Selbstordnungsvorgänge in der Späten Präbiotik«, in: *Emergenz: Die Entstehung von Ordnung, Organisation und Bedeutung*, herausgegeben von Wolfgang Krohn und Günter Küppers, Frankfurt am Main: Suhrkamp 1992, S. 89 ff.

Nonaka, Ikujiro und Hirotaka Takeuchi, *The knowledge-creating company. How Japanese companies create the dynamics of innovation*, New York, Oxford: Oxford University Press 1995.

North, Douglass, »A transaction cost theory of politics«, in: *Journal of Theoretical Politics* 2, 1990, S. 355 ff.

Ort, Nina, »Sinn als Medium und Form. Ein Beitrag zur Begriffsklärung in Luhmanns Theoriedesign«, in: *Soziale Systeme* 4, 1998, S. 207 ff.

– »Volition – zu einem nicht-empirischen operativen Zeichenbegriff«, in: *Theorie – Prozess – Selbstreferenz. Systemtheorie und transdisziplinäre Theoriebildung*, herausgegeben von Oliver Jahraus und Nina Ort, Konstanz: Universitätsverlag Konstanz 2003, S. 261 ff.

Parsons, Talcott, *The Social System*, New York 1964 (1951).

– »Social structure and the symbolic media of interchange«, in: *Approaches to the study of social structure*, herausgegeben von Peter Blau, New York: Free Press 1975, S. 94 ff.

Peat, David, *Artificial Intelligence: How Machines Think*, New York: Bean Books 1988.

Perrow, Charles, *Normale Katastrophen: die unvermeidbaren Risiken der Großtechnik*, Frankfurt am Main: Suhrkamp 1988.

Peters, Tom, *Thriving on Chaos. Handbook for a Management Revolution*, London: Pan Books 1989.

Piechotta, Hans Joachim, »Ordnung als mythologisches Zitat. Adalbert Stifter und der Mythos«, in: *Mythos und Moderne*, herausgegeben von Karl Heinz Bohrer, Frankfurt am Main: Suhrkamp 1983, S. 83 ff.

Plessner, Hellmuth, *Die Stufen des Organischen und der Mensch*, 3. Aufl., Berlin und New York: de Gruyter 1975.

Polanyi, Michael, *Personal Knowledge*, Chicago: University of Chicago Press 1958.

Popitz, Heinrich, *Prozesse der Machtbildung*, Heft 362/363 der Reihe Recht und Staat, Tübingen: Mohr 1968.

Pörksen, Uwe, »Vorfeld und Sache. Die Leistungen nonverbaler Kommunikation und der Vorrang der Sprache, wo Politik gefragt ist«, in: *Das Regime des Image*, herausgegeben von Gerhard Lischka und Peter Weibel, Bern: Benteli 2003, S. 110 ff.

Pottage, Alain, »Power as an art of contingency: Luhmann, Deleuze, Foucault«, in: *Economy and Society* 27, 1998, S. 1 ff.

Proust, Marcel, *À la recherche du temps perdu*, Band IV, herausgegeben von Jean-Yves Tadié, Paris: Gallimard 1989.

Reinicke, Wolfgang, *Global public policy. Governing without government?*, Washington D. C.: Brookings Institution Press 1998.

Rheinberger, Hans-Jörg, Michael Hagner und Bettina Wahrig-Schmidt, *Räume des Wissens. Repräsentation, Codierung, Spur*, Berlin: Akademie Verlag 1997.

Riegas, Volker und Christian Vetter (Hg.), *Zur Biologie der Kognition. Ein Gespräch mit Humberto R. Maturana und Beiträge zur Diskussion seines Werkes*, Frankfurt am Main: Suhrkamp 1990.

Rogers, Mary, »Instrumental and infra-resources: the bases of power«, in: *American Journal of Sociology* 79, 1974, S. 1418 ff.

Rorty, Richard, *Kontingenz, Ironie und Solidarität*, Frankfurt am Main: Suhrkamp, 1989.

Ruderman, Richard, »Odysseus and the possibility of enlightenment«, *American Journal of Political Science 43*, 1999, S. 138 ff.

Sassen, Saskia, »Spatialities and temporalities of the global: Elements for a theorization«, www2.ucsc.edu/cgirs/publications/cpapers/sassen.pdf, 1999.

Saussure, Ferdinand de, *Linguistik und Semiologie. Notizen aus dem Nachlaß. Texte, Briefe und Dokumente*. Gesammelt, übersetzt und eingeleitet von Johannes Fehr, Frankfurt am Main: Suhrkamp 2003a.

– *Wissenschaft der Sprache. Neue Texte aus dem Nachlass*. Herausgegeben und mit einer Einleitung versehen von Ludwig Jäger. Übersetzt und text-kritisch bearbeitet von Elisabeth Birk und Mareike Buss, Frankfurt am Main: Suhrkamp 2003b.

Scharpf, Fritz, *Die politischen Kosten des Rechtsstaats. Eine vergleichende Studie der deutschen und amerikanischen Verwaltungskontrollen*, Tübingen: Mohr 1970.

– »Planung als politischer Prozess«, in: *Die öffentliche Verwaltung 4*, 1971, S. 1 ff.

Schelling, Friedrich Wilhelm Joseph, *System des transzendenten Idealismus*, in: *Werke*, Band 2, in: ders., *Werke. Auswahl in drei Bänden*, herausgegeben und eingeleitet von Otto Weiß, Leipzig: Fritz Eckardt 1907.

Schlegel, Friedrich, »Kritische Fragmente«, in: ders., *Studienausgabe*, Band 1,. herausgegeben von Ernst Behler and Hans Eichner, Paderborn u. a.: Schöningh., 1988, S. 239-250

Schröder, Jürgen, *Einführung in die Philsophie des Geistes*, Frankfurt am Main: Suhrkamp, 2004.

Segal, Lynn, *Das 18. Kamel oder die Welt als Erfindung. Zum Konstruktivismus Heinz von Foersters*, München/Zürich: Piper 1988.

Simmel, Georg, *Philosophie des Geldes*, Gesamtausgabe Band 6, herausgegeben von David Frisby and Klaus Köhnke, Frankfurt am Main: Suhrkamp 1989.

– *Soziologie. Untersuchungen über die Formen der Vergesellschaftung*, Gesamtausgabe Band 11, herausgegeben von Otthein Rammstedt, Frankfurt am Main: Suhrkamp 1992.

Simon, Herbert, »Die Architektur der Komplexität«, in: *Handlungssysteme*, herausgegeben von Klaus Türk, Opladen: Westdeutscher Verlag 1978, S. 94 ff.

– *The Sciences of the Artificial*, Cambridge, Mass.: Harvard University Press 1981.

Simon, Hermann, »Chaos, Ordnung und Strategie«, in: *Frankfurter Allgemeine Zeitung*, Nr. 196 vom 24. August 2002, S. 53.

Smith, Adam, *Der Wohlstand der Nationen*, übertragen und herausgegeben von Horst Recktenwald, 5. Aufl., München: dtv 1990.

Soeffner, Hans-Georg, *Gesellschaft ohne Baldachin. Über die Labilität von Ordnungskonstruktionen*, Weilerswist: Velbrück 2000.

Sokolowski, Robert, »Natural and Artificial Intelligence«, in: *Daedalus. Journal of the American Academy of Arts and Sciences*, Winter 1988, S. 45 ff.

Spencer Brown, George, *Laws of Form*, New York: Dutton 1979.

Stäheli, Urs, »Der Code als leerer Signifikant? Diskurstheoretische Beobachtungen«, in: *Soziale Systeme 2*, 1996, S. 257 ff.

Stichweh, Rudolf, »Die Autopoiesis der Wissenschaft«, in: *Theorie als Passion. Niklas Luhmann zum 60. Geburtstag*, herausgegeben von Dirk Baecker et al, Frankfurt am Main: Suhrkamp 1987, S. 447 ff.

Sveiby, Karl, »What is information?«, http://www2.eis.net.au/-karlerik/information.html, 1997.

Szymborska, Wistawa, »Platon oder warum«, übersetzt von Karl Dedecius, in: *Frankfurter Allgemeine Zeitung*, Nr. 150 vom 2. Juli 2003, S. 33.

Teubner, Gunther, *Recht als autopoietisches System*, Frankfurt am Main: Suhrkamp 1989.

Teubner, Gunther, »Ökonomie der Gabe – Positivität der Gerechtigkeit: Gegenseitige Heimsuchungen von System und différance«, in: *Widerstände der Systemtheorie. Kulturtheoretische Analysen zum Werk von Niklas Luhmann*, herausgegeben von Albrecht Koschorke and Cornelia Vismann, S. 199-212, Berlin, 1999.

– »Globale Zivilverfassungen: Alternativen zur staatszentrierten Verfassungstheorie«, in: *Zeitschrift für ausländisches öffentliches Recht und Völkerrecht 63*, 2003, S. 1 ff.

– *Netzwerk als Vertragsverbund. Virtuelle Unternehmen, Franchising, Just-in-time in sozialwissenschaftlicher und juristischer Sicht*, Baden-Baden: Nomos., 2004

Teubner, Gunther und Helmut Willke, »Kontext und Autonomie: Gesellschaftliche Selbststeuerung durch reflexives Recht«, in: *Zeitschrift für Rechtssoziologie*, 1984, S. 4 ff.

Varela, Francisco, *Kognitionswissenschaft – Kognitionstechnik. Eine Skizze aktueller Perspektiven*, Frankfurt am Main: Suhrkamp 1990.

Wahring-Schmidt, Bettina, »Spur, Zeichen, Repräsentation. Politik und Wissenschaft bei Thomas Hobbes«, in: *Räume des Wissens. Repräsentation, Codierung, Spur*, herausgegeben von Hans-Jörg Rheinberger, Michael Hagner, und Bettina Wahring-Schmidt, Berlin: Akademie Verlag 1997, S. 123 ff.

Waldrop, Mitchell, *Complexity. The emerging science at the edge of order and chaos*, London: Penguin 1994.

Warfield, John, *Societal Systems. Planning, Policy and Complexity*, New York/London: John Wiley & Sons 1976.

Warglien, Massimo und Michael Masuch, »The logic of organizational disorder: an introduction«, in: *The logic of organizational disorder*, herausgegeben von Massimo Warglien und Michael Masuch, Berlin/New York: de Gruyter 1996, S. 1 ff.

Weber, Max, *Wirtschaft und Gesellschaft*, 5. Aufl., Tübingen: Mohr 1972.

- *Die protestantische Ethik I. Eine Aufsatzsammlung,* herausgegeben von Johannes Winckelmann, Hamburg: Siebenstern 1973.
Weick, Karl, *Der Prozeß des Organisierens,* Frankfurt am Main: Suhrkamp 1995a.
- *Sensemaking in Organizations,* Thousand Oaks/London: Sage 1995b.
Weick, Karl und Karlene Roberts, »Collective mind in organizations: Heedful interrelating on flight decks«, in: *Administrative Quarterly 38,* 1993, S. 357 ff.
Wenger, Etienne, *Communities of practice. Learning, meaning, and identity,* Cambridge, UK: Cambridge University Press 1999.
Wiener, Norbert, *Kybernetik. Regelung der Nachrichtenübertragung im Lebewesen und in der Maschine,* Düsseldorf u. Wien: Econ 1963.
Wildavsky, Aaron, »No risk is the highest risk of all«, in: *American Scientist 67,* 1979, S. 32 ff.
Williamson, Oliver, *The economic institutions of capitalism. Firms, Markets, Relational Contracting,* New York/London: Free Press 1985.
Willke, Gerhard, *Keynes. Eine Einführung,* Frankfurt am Main: Campus 2002a.
- *Neoliberalismus,* Frankfurt/New York: Campus 2003a.
Willke, Helmut, *Stand und Kritik der neueren Grundrechtstheorie. Schritte zu einer normativen Systemtheorie,* Berlin: Duncker & Humblot 1975.
- »Zum Problem der Integration komplexer Sozialsysteme: Ein theoretisches Konzept«, in: *Kölner Zeitschrift für Soziologie und Sozialpsychologie 30,* 1978, S. 228 ff.
- *Entzauberung des Staates. Überlegungen zu einer gesellschaftlichen Steuerungstheorie* (als PDF-Datei verfügbar auf www.uni-bielefeld.de/pet unter Literatur), Königstein/Ts.: Athenäum 1983.
- »Differenzierung und Integration in Luhmanns Theorie sozialer Systeme«, in: *Sinn, Kommunikation und soziale Differenzierung. Beiträge zu Luhmanns Theorie sozialer Systeme,* herausgegeben von Hans Haferkamp und Michael Schmid, Frankfurt am Main: Suhrkamp 1987, S. 247 ff.
- *Ironie des Staates. Grundlinien einer Theorie des Staates polyzentrischer Gesellschaft,* Frankfurt am Main: Suhrkamp 1992.
- *Systemtheorie II: Interventionstheorie,* 2. Aufl., Stuttgart: Lucius & Lucius (UTB) 1996.
- *Supervision des Staates,* Frankfurt am Main: Suhrkamp 1997a.
- »Dumme Universitäten, intelligente Parlamente«, in: *Wie wird Wissen wirksam?,* iff texte Band 1, herausgegeben von Ralph Grossmann, Wien/ New York: Springer 1997b, S. 107 ff.
- *Systemisches Wissensmanagement,* 2. Aufl. 2001, Stuttgart (UTB): Lucius & Lucius 1998a.
- »Organisierte Wissensarbeit«, in: *Zeitschrift für Soziologie 27,* 1998b, S. 161 ff.
- »Die Gesellschaft der Systemtheorie«, in: *Ethik und Sozialwissenschaft. Zeitschrift für Erwägungskultur 11,* 2000, S. 195 ff.

– *Atopia. Studien zur atopischen Gesellschaft,* Frankfurt am Main: Suhr-
kamp 2001 a.
– *Systemtheorie III: Steuerungstheorie,* 3. Aufl., Stuttgart: Lucius & Lucius
(UTB) 2001 b.
– »Die Krisis des Wissens«, in: *Österreichische Zeitschrift für Soziologie*
26, 2001 c, S. 3 ff.
– *Dystopia. Studien zur Krisis des Wissens moderner Gesellschaft,* Frank-
furt am Main: Suhrkamp 2002 b.
– *Heterotopia. Studien zur Krisis der Ordnung moderner Gesellschaft,*
Frankfurt am Main: Suhrkamp 2003 b.
Winkler, Hartmut, *Diskursökonomie. Versuch über die innere Ökonomie
der Medien,* Frankfurt am Main: Suhrkamp., 2004.
Yan, Hao, Sung Ha Park, Gleb Finkelstein, John H. Reif und Thomas H.
LaBean, »DNA-templated self-assembly of protein arrays and highly
conductive nanowires«, in: *Science 301,* 2003, S. 1882 ff.
Zizek, Slavoj. 2005. *Körperlose Organe. Bausteine für eine Begegnung
zwischen Deleuze und Lacan,* Frankfurt am Main: Suhrkamp.